U0128719

# 郭象《莊子注》的詮釋向度

楊穎詩 著

文 史 哲 學 集 成
文史哲出版社印行

國家圖書館出版品預行編目資料

郭象《莊子注》的詮釋向度/楊穎詩著.-- 初
版 臺北市：文史哲,
民 102.04
頁；公分（文史哲學集成；638）
參考書目：頁
ISBN 978-986-314-104-4（平裝）

1.（晉）郭象 2.莊子 3.研究考訂

121.267　　　　　　　　　　102006334

文 史 哲 學 集 成　　638

# 郭象《莊子注》的詮釋向度

著　　　者：楊　　穎　　詩
出 版 者：文 史 哲 出 版 社
　　　　　http://www.lapen.com.tw
　　　　　e-mail：lapen@ms74.hinet.net
登記證字號：行政院新聞局版臺業字五三三七號
發 行 人：彭　　正　　雄
發 行 所：文 史 哲 出 版 社
印 刷 者：文 史 哲 出 版 社
臺北市羅斯福路一段七十二巷四號
郵政劃撥帳號：一六一八○一七五
電話886-2-23511028・傳真886-2-23965656

**實價新臺幣四八○元**

中 華 民 國 一 ○ 二 年（2013）四 月 初 版

# 郭象《莊子注》的詮釋向度

# 目　　次

# 序 言

　　讀先秦諸子，以《莊子》最爲難解，蓋不惟其用語之恣肆泛洋，其義理也是恢詭譎怪，使得後來的讀者，多以己意爲解，人言言殊，迷其旨歸。郭象雖稱善注，亦何嘗例外，無怪乎後世有言，非郭象註莊子，乃莊子註郭象。因此，迄於今日，讀莊者亦多耽於郭注，鮮能辨其分際，由是可知，讀莊誠難，注莊已是不易，而善解兩者尤爲不易。依詮釋學的理論可知，世間本無絕對符合文本原意的客觀注解，但是如何明辨其間義理的分齊，把握二家的旨趣，則非深入二家思想的內核理論，得其神理者，不能辨析其間的異同。

　　先秦道家，《老子》爲始創，以無爲爲教，以自然爲宗。《莊子》開展，逍遙自適。《老子》雖唱言沖虛之道，無爲之事，不言之教，而始終扣緊君人南面之立場以治理天下爲歸趣，爲古代聖王立法。《莊子》雖也承繼無爲的理趣，卻以開展生命的境界爲主，自適其適，不再以政治爲先。《老子》所言的「無棄人」、「無棄物」，襟懷宏大，有擔荷群生的理想，但仍然是立足於聖王治下的不棄，而《莊子》則指出一途人人皆可調適上遂的不自棄的理境。若將二家思想驗諸今世，則確然可知政治固然爲人類世界不可或缺的一環，但聖王的格局如何賦予時代意義，無疑地要重新思考。

《莊子》所揭示的「內聖外王」架構，亦不必以政治作為唯一的解讀，而是如何安處於天地，尋求生命的價值意義的開拓、生命境界的昇進，才是當代的思潮。《莊子》早在先秦時代，已經意識到政治不必是每個生命唯一的選擇，生命的世界自有其深闊閎大而且純粹潔淨的意義空間，可以供吾人自在的追求。觀其所言「自適其適」已經指出生命的意義可由自己決定，不必藉由他人賜予。行文中對殘障生命尊嚴道德的肯定，深入民間，對百工百業，閭巷市井生活情狀的熟稔，對民不聊生，生命困境的關懷，皆歷歷可徵。而歷代讀者或認為《莊子》是衰世之書，以為失意仕宦之慰藉，或山林隱逸之淵藪，皆未能體察《莊子》對生命關懷的深刻洞見。

郭象注莊，既承繼老莊，又吸納漢魏思想，其中有融合，有創造，以此建構他獨有的玄學視域，名為注書，實則以述為作，自成一家之言。在延續莊子關懷生命的意義脈絡之下，提出自生獨化的理論；在「功成事遂，百姓皆謂我自然」的聖王道化政治的思維下，指向「神器獨化於玄冥之境」的理想政治哲學。在這理論架構下，成全各殊生命的自我實現，以此安頓群生，而所謂聖王的功化必以群生得以盡其性分為具體的內容；聖王的無為的修養，依於自然原則的一切作為，又是群生可否盡其性分的前提，兩者相待而成，互為辯證，其理論的豐富、圓融，在思想史上，都達到新的高度，其義蘊衡諸現代的政治、教育都有足以省思參考者。

治傳統之學，衡諸今日，誠為不易，論其難處之大者，約有二端可說：一為語言的隔閡，時代不同，用語既異，語感生疏，能兼治訓詁，疏通章句，察識義理者本來就不多，

加上老成凋謝，造成縱向經典詮釋意義脈絡的斷裂危機，已是不爭的事實。二爲百餘年來，傳統崩毀，西潮衝擊，在救亡圖存的氛圍下，對傳統經典的詮釋觀點、思維的方式、意義的賦予，都借助於西方學術思想，已然形成逆格義的風潮，其甚者以爲不如此不足以論學。平情而論，不論自覺或不自覺，勢在峻迫，不免失於激切，於理於情，皆難持平。回顧過往，就吸收西學而論，似乎欠缺了一份從容和不亢不卑的態度；詮釋傳統，則又好像少了些尊重和反省，在這種境況下，經典淪爲對象化的材料，失去其本有的意義形式，縱使偶有所得，也是支離片斷，不成體系。詮釋主體性的異位，在這段橫向詮釋的過程中，也造成了經典意義的失落。學術思想本應與時俱進，不斷創造，豐富日新，這是無可反對也不能違背的原則，至於如何達到這個目標，則需要冷靜的頭腦，妥善的思考。吸收異質文化的長處以彌補自己的不足當然是必要的，唯有如此，才能豐富壯大；傳統的汰蕪存菁，更化生新亦是不可或缺的一環，唯有保住傳統，才有本有源。如何在變動鉅烈的時代裡，使經典的傳承不失其主體性，毋令其意義失落或斷裂，且進一步能兼容並蓄、融鑄創新，則需要有超越的智慧，平正的態度，寬容的心胸，遠大的眼光和真情的體貼，深厚的學殖，繼之以篤實誠懇的耕耘，具體切實的作爲，方能安然地渡此剝復，看到新世代的曙光。

　　穎詩出生於澳門，高中以前唸的是教會學校，來台就讀於台灣師大國文學系，欣然有志於義理之學，尤醉心於《莊子》，在大學期間，逐步奠定章句訓詁的小學基礎，暇日更以書鈔的方式扎下熟悉文本的根基，於中央大學唸碩士班期

間，幸得修習楊祖漢教授的宋明儒學及相關課程，於儒道義
理分際，稍能辨析，學有進程，不好高騖遠，加之性情閑靜
誠篤，堅毅過人，好學精進，有堅持，有理想。今觀其所撰
「郭象《莊子注》的詮釋向度」，即是立足於文本，發明底
蘊，在詮釋過程中，縱或不免援用西方哲學的概念，也是屬
於參照或輔助的性質，不失經典詮釋的主體性，掌握住郭象
的「性分」概念貫串全書，在盡性中見齊物、說逍遙、論自
生，提出圓教的可能性，互融互證，同時揭示道家除了去執
去礙的消極工夫之外，亦有順成任性的正向工夫，思考縝密，
構成一套完整的當代詮釋系統，在眾多有關郭象的詮釋論述
中，是一本具有學術識見，參考價值的著作。樂於見此書付
梓，爰綴數語，斯為序。

**莊耀郎**於世新大學中文系

2013.3

# 自　序

　　郭象注《莊》獨步千古，爲歷代治莊學者所重視，亦爲道家玄理發展中不可或缺的一部分。郭象《莊子注》雖以注經的方式呈現其哲學思想，然而並未受形式所限，而有論述不完整、或前後不相應的弊病；相反地，郭象在前人注《莊》的成果下，吸收並銷融了前人學說，自成一圓融無礙之系統。郭象以注書方式重新詮釋《莊子》，反映了魏晉時代的學術思潮，以「神器獨化於玄冥之境」的政治理想來回應當時的政治局面，復活了《莊子》，並積極展開《莊子·天下》篇「內聖外王」之道，更把《老子》「功成事遂，百姓皆謂我自然」的思想發揮至極致，實爲道家思想之一大結穴。

　　本文以討論郭象《莊子注》詮釋的主題內容、工夫論、境界論及其詮釋方法等四個方面來說明郭《注》之於《莊子》義理的轉向，並指出其論學宗趣爲「神器獨化於玄冥之境」的道化政治理境。

　　首先，從郭象《莊子注》詮釋之主題內容區分，可大別爲六個部分，即性分合一、兩層逍遙、迹冥圓融、不齊之齊、自生獨化、圓融名教等內容，其主題內容以性分作爲論述起始，以「神器獨化於玄冥之境」之道化政治理想爲其義理之歸終。其次，從工夫論及其形態來看，其工夫內容則以「任

性安分」、「任順物情」為主，為一積極成全萬物之任順形態。其積極成就萬物之目的，在於使萬物均能自生獨化，各自實現其性分，在其自己，會而共成一天，由此而極成天下神器獨化於玄冥之境。再次，從境界論來看，則顯聖凡均能透過工夫修養體證各人生命中的最高境界，當各人體證其生命最高境界的同時，天下神器則能達致獨化玄冥，由此而揭示道化政治的最高理想。聖凡均能即俗任真，獨化自得，此乃「神器獨化於玄冥之境」之具體內容，在此可見其政治理想，更由此見其哲學體系之圓融。最後，從詮釋方法來看，則可掘發其著作之用心，莫不在於以「寄言出意」的方式，有系統地並且圓滿地展示其道化政治的理境。吾人發現郭象注文，從不同角度切入，均能見其詮釋方向已從《莊子》之重視個人的修養 —— 內聖的問題，轉向展示群體的安頓 —— 外王的問題。

從郭象的詮釋轉向可見，《莊子注》除了繼承《莊子》及傳統道家義理外，於義理內涵上則有更進一步的發展，充分落實「內聖外王」的具體內容，並呈顯道化政治的理境。

本文在碩士論文的基礎上，有所增刪修改而成，碩士論文以郭象《莊子注》為研究對象，肇因於大學時被《莊子》之顯豁透脫所吸引，在莊師耀郎的教導下，於課餘分別抄寫《莊子》、郭象《注》、成玄英《疏》。當年抄寫之時，雖似懂非懂，未能深究箇中義理，然而心嚮往之，除了藉此方式熟悉章句之外，無形中也為日後研究道家義理扎下根基。承大學熱愛莊學之緒，遂以「郭象《莊子注》的詮釋向度」為題，於撰寫論文之前，再度抄寫郭《注》，所不同的是把

郭《注》按主題分類抄寫，這個工夫使我能進一步掌握郭《注》義理梗概，以及各主題思想之間的關係，對我撰寫論文時檢索資料及思考義理架構均有很大的助益。

　　本文的完稿與修訂，並非單靠個人努力可以完成。首先得感謝指導教授莊師耀郎、楊師祖漢的悉心栽培、指導，老師們無私地分享他們的研究心得、不辭勞苦地與我反覆討論箇中內容，激發我從更多更廣的角度去思考問題，往往補足我在寫作時所忽略的面向，在這種情況下論文內容方能得以進一步充實。其次，在論文完成以後，又得劉錦賢老師、周雅清學姐於百忙之中仔細閱讀並多方指正，使本文於出版前得以進一步完善，謹於此一一致謝。最後，擬以錢緒山在《傳習錄》序言中「油油然唯以此生得聞斯學而為慶」作結，感謝帶領我進入中國哲學領域的黃師瑩暖，讓我有機會體會中國哲學的美好與精深。希望此書付梓出版後能得到海內外方家的指正。

　　自赴台讀大學起，與家人聚少離多，又於撰寫論文期間，外祖父溘然離世，自小祖孫相依的情景，於今夢迴，仍不禁淚潸，唯有盡力在學問的路上奔走，才能稍稍放下思念，如今，書將出版，謹以此書獻給我最愛的外祖父。

　　　　　　癸巳正月**楊穎詩**謹職於臺灣師大國文研究所

# 第一章　緒　論

　　本書以「郭象《莊子注》的詮釋向度」爲題，乃就郭象注《莊》的詮釋方向、宗趣作出全面整理，並嘗試爲郭象《莊子注》架構其理論系統，揭示郭象論學宗旨。在進入正文討論前，先釐清以下幾點：首先，說明研究動機與目的。其次，就前人研究之成果作出考察，以確立所能發揮的空間。再次，就研究方法作出說明，以示如何能較確切揭示郭象《莊子注》的詮釋轉向。最後則討論郭象生平及其著述之外緣問題，並就向、郭《莊子注》之疑案作出說明，以釐清所謂郭象《莊子注》之內容爲何。

## 第一節　研究動機與目的

　　郭象《莊子注》於中國莊學史來看，其地位可謂獨步千古，幾乎爲千百年來治《莊子》者所共同推崇。[1]後世解莊，多以郭《注》爲依據，如隋唐時，陸德明即依郭象注本而作《莊子音義》，成玄英依郭《注》而作《疏》。宋初，王元澤仿郭氏《莊子注》體例著《南華真經新傳》。及至明清時

---

1　見方勇：《莊子學史》（第一冊）（北京：人民出版社，2008.10），頁400。

期有關莊學著作，如張登雲《莊子南華真經參補》、孫應鰲《莊義要刪》、李廷機《莊子玄言評苑》、陳深《莊子品節》、陳懿典《新鍥南華真經三注大全》、沈汝紳《南華經集評》、鄒之嶧《莊子郭注》、歸有光《南華真經評注》、孫鑛《莊子南華經》、錢澄之《莊子詁》、馬其昶《莊子故》、郭慶藩《莊子集釋》等，「或以郭象的《莊子注》本爲底本，或引郭象注作爲立論的依據」，可見郭《注》對後世莊學有著深遠、廣大的影響。[2]

　　縱然郭《注》對後世影響極大，然而自晉起，論者對郭象《莊子注》之評價不一、褒貶迥異。對郭《注》稱譽有加者如晉人張騭《文士傳》曰：「象作《莊子注》，最有清辭遒旨。」[3]唐人陸德明《經典釋文序錄》云：「惟子玄所注特會莊生之旨，故爲世所貴。」[4]又於《經典釋文・莊子音義》曰：「子玄之注，論其大體，真可謂得莊生之旨矣。」[5]均從注文能彰顯《莊子》大意而稱譽之。自宋代起始有「莊子注郭象」之語，[6]即以莊子注郭象來稱許郭《注》，便能看出郭

---

2 同上注，頁 401。
3 〔南朝・宋〕劉義慶著，劉孝標注，余嘉錫箋疏：《世說新語箋疏・文學第四・十七》注引〔晉〕張騭：《文士傳》（北京：中華書局，2009.3），頁 244。
4 〔唐〕陸德明撰，吳承仕疏證：《經典釋文序錄疏證》（北京：中華書局，2008.6），頁 141。
5 見〔清〕郭慶藩集釋，王孝魚點校：《莊子集釋》（臺北：萬卷樓圖書，1993.3），頁 1115。本文所引《莊子》、郭象注、成玄英疏原文，皆出自此書，以下只標注篇目、頁數。另外凡校改《莊子》、郭象注文，而沒有標示出處者，均按王孝魚點校《莊子集釋》的內容作出校改。
6 〔南宋〕蘊聞《大慧普覺禪師法語・卷二十二》曰：「無著云，曾見郭象注莊子；識者云，卻是莊子注郭象。」《大藏經》47 冊（臺北：新文豐出版，1973.6），頁 904。

《注》非純爲注書之說，乃透過其注進行創造性的詮釋，闡述其異於《莊子》的思想內容。及後，宋末元初之劉壎亦云：「郭象注莊子，議論高簡，殊有意味。凡莊生千百言不能了者，象以一語了之。余嘗愛其注混沌鑿七竅一段，惟以一語斷之曰『爲者敗之』，止用四字，辭簡意足，一段章旨無復遺論，蓋其妙若此。世謂莊子注郭象，亦是一說。」[7]劉氏亦取前人「莊子注郭象」之說，認爲郭《注》較諸《莊子》更能「一語了之」，論理更爲高簡。明朝高弅、楊愼、馮夢禎、焦竑、文震孟等人均承舊說而稱許郭《注》，高弅云：「晉郭象注莊子，人言莊子注郭象，妙處果然……其言眞足羽翼莊氏而獨行天地間。」[8]更認爲郭象能「羽翼莊氏」、「獨行天地」，把郭象《注》的地位提到與《莊子》同爲一家之言，可謂稱譽備至。楊愼謂：「昔人謂郭象注《莊子》，乃《莊子》注郭象耳。蓋其襟懷筆力，略不相下，今觀其注，時出俊語。與鄭玄之注《檀弓》亦同而異也。」[9]亦把郭象之注《莊》比作鄭玄之注《禮》，肯定郭《注》於莊學上無可忽視之地位。馮夢禎曰：「注《莊子》者郭子玄而下，凡數十家，而精奧淵深，其高處，有發莊義所未及者，莫如子玄氏。蓋莊文，日也；子玄之注，月也；諸家，繁星也；甚則爝火螢火

---

7　〔元〕劉壎：《隱居通議・卷十九・莊子注》（《叢書集成初編》8，臺北：新文豐出版社，1985），頁 194。

8　〔明〕高弅：《郭子翼莊》（《無求備齋莊子集成初編》11，臺北：藝文印書館，1972），頁 1。

9　〔明〕楊愼：《莊子解》（《無求備齋莊子集成續編》3，臺北：藝文印書館，1974），頁 3-4。

也……昔人云：非郭象注莊子，乃莊子注郭象。」[10]則認爲《莊子》、郭《注》日月同光，較諸諸家注《莊》唯郭《注》獨高，且能「發莊義所未及」，由此更見馮氏對郭《注》的肯定，認爲郭《注》乃《莊子》之進一步發展者。焦竑認爲向、郭之注「旨味淵玄，花爛映發，自可與莊書並轡而馳，非獨注書之冠也。嗣後解者數十家，如林凝獨、陳詳道、黃幾復、呂惠卿、王元澤、林希逸、褚秀海、朱得之諸本，互有得失，然視子玄，奚啻蓋壤。」[11]可見注《莊》者眾，獨郭象《注》能與《莊子》並駕齊驅，獨步千古。文震孟序《南華真經評註》曰：「自晉宋清談熾盛，謂三日不讀老、莊，則舌本間強，乃其所寄於唇舌間，如寓響絲桐，聲過不留，一詞半句，無有傳者，乃所以爲清談耳。獨郭象注流傳今，而說者猶謂莊子注郭象也。夫惟莊子注郭象，象注所以傳，若使郭注莊子，則吐棄時賢久矣。」[12]文氏所評，對郭象《注》更爲稱譽。如果只是單純的郭象注解《莊子》，而跟其他的注家不能有所區分的話，則郭象《注》就不會受到那麼高的稱譽。

由上述可見自宋明起，對郭《注》稱譽者雖不鮮見，然而毀之者更甚。唐人文如海曰：「郭象注放乎自然而絕學習，

---

10 〔明〕歸有光：《南華真經評注》馮序（《無求備齋莊子集成續編》19，臺北：藝文印書館，1974），頁 17-18。

11 〔明〕焦竑：《焦氏筆乘‧卷二‧向秀莊義》（《續修四庫全書》1129冊，上海：上海古籍，2002），頁 525。

12 〔明〕歸有光批閱，文震孟訂正：《南華經評注》（影印明刊本）（杭州：杭州古舊書店，1983）序。

失莊生之旨。」[13]即認為郭《注》有違《莊子》之意。宋人
批評郭《注》者亦不遜於同朝稱許郭《注》者，如魏了翁曰：
「輔嗣注易，不但為玄虛語，又間出己意，一段易反晦而難
明。故世謂郭象注莊子，反似莊子注郭象。」[14]魏氏以郭象
注《莊》為喻來批評王弼注易之玄虛、晦而難明，出以己意，
可見魏氏認為王、郭之注《易》、《莊》均以注文表述己意，
並不尊重文本原意，箇中貶斥之意亦甚明顯。劉震孫曰：「讀
者泥其辭而不求其意，往往例以不經目之，如郭象所云者，
是豈真知莊子哉！」[15]亦認為郭象注《莊》不理原文意思而
作注，是為不知《莊子》之本懷。熊朋來亦以注解經書不能
私出己意的角度看郭《注》，遂曰：「漢儒以漢法解經，如
周禮中五齊二酒，皆以東漢時地名酒名言之，更代易世，但
見經文易通，而注語難曉，使人有莊子注郭象之嘆。」[16]可
見宋人對郭《注》批評及稱譽，亦多由於前人謂郭象《莊子
注》為「莊子注郭象」而作出兩種不同的評價，譽之者則謂
其「羽翼莊氏」、「獨行天地」、「發莊義所未及」，能與
鄭玄注《禮》相比；毀之者則謂其「反晦而難明」、「泥其

---

13 〔北宋〕晁說之引〔唐〕文如海：《莊子疏》，見〔元〕馬端臨：《文
　　獻通考 —— 經籍考》卷三十八（臺北：新文豐出版公司，1986.9），頁
　　901。文氏此評則有待商榷，郭象所絕者乃學乎性分之外之事，至於
　　無心而習其性分所有者，郭象並不反對，關於郭象對於「學」跟「習」
　　的分別，見第二章第一節。
14 〔南宋〕魏了翁：《鶴山集》卷108（《景印文淵閣四庫全書》1173冊，
　　臺北：臺灣商務，1986），頁583。
15 〔南宋〕劉震孫：〈南華真經義海纂微序〉，見〔南宋〕褚伯秀：《南
　　華真經義海纂微》一百六卷（《正統道藏》25冊，臺北：新文豐出版
　　社，1977），頁578。
16 〔南宋〕熊朋來：《經說》卷4，見《四庫全書》，184冊，頁307。

辭而不求其意」、「注語難曉」。不僅宋代如是，元人陳天祥評朱子《中庸注》曰：「觀聖人天地所不能盡之一句……猶有可說，然已幾於莊子註郭象矣。」[17]已見「莊子注郭象」一詞已淪為貶斥注文不能疏通文本之意。清代姚鼐《惜抱軒文集・莊子章義序》曰：「郭象之注，昔人推為特會莊生之旨。余觀之特正始以來所謂清言耳，於周之意，十失其四五」。[18]方潛更認為「世稱郭象善解莊，郭象惡知莊……郭象惡知莊子之本哉！……若郭象之徒者，莊子之罪人耶！……若郭象之註莊固不足論。」[19]可見姚鼐、方潛均認為郭象不得莊子之本，當中以方潛批評更為激烈，認為郭象乃「莊子之罪人」，且其《注》亦不如世人所言善解《莊子》之意，實為不足論及之作。不僅古代如是，當代亦有學者視郭象為「入室操戈，完全顛倒莊子本懷」之作。[20]由此可見關於郭《注》的評價，譽之者以為郭象得莊生之旨、「發莊義所未及」，非之者則認為郭象不知莊子之本、乃「莊子之罪人」！

　　從以上對郭《注》正反兩面的評價可見，郭《注》義理內容有異於《莊子》者為不爭之事實，然而批評者並未就其異同處，及詮釋何以異於《莊子》者作出進一步的說明。既謂郭《注》能「發莊義所未及」，然而並未論及郭象所發《莊

---

17　〔元〕陳天祥：《四書辨疑》卷 15，（《四庫全書薈要》75 冊，臺北：世界書局，1986），頁 190。

18　〔清〕姚鼐：《惜抱軒文集・卷三・莊子章義序》（《續修四庫全書》1453 冊，上海：上海古籍，2002），頁 17。

19　〔清〕方潛：《南華真經解》序（《無求備齋莊子集成續編》36，臺北：藝文印書館，1974），頁 3-6。

20　見唐端正：〈郭《注》〈齊物論〉糾纏 —— 論天籟、真宰、道樞、環中、天鈞、兩行〉，《鵝湖月刊》326 期，2002.8，頁 21。

子》未及者爲何？亦未分析其何以能發《莊子》之未及？及其發《莊子》之未及者的目的又爲何？或謂郭《注》「特會莊生之旨」，或謂其「失莊生之旨」，然而其所「特會」、其所「失」者又爲何物？若就郭象詮釋《莊子》所同所異來看，則其所同者即其繼承《莊子》的內容，所異者便是其「創造性的詮釋」。如此，則應可進一步追問，就其異於《莊子》處而言，是否僅傳統謂之「逍遙義」獨異於《莊子》？還是除了「逍遙義」外，尚有其他思想內容與《莊子》相異？若郭象所詮釋之內容有多方面異於《莊子》，而發其所未發，且各思想內容之間又具有統一性、連貫性，而圓通無礙，則郭象《莊子注》的義理內容，不僅爲一隨文注疏之注書體，實爲有意以注《莊》的方式來建構個人之哲學體系的著作。[21]

就前人研究成果來看，古代學者對於郭象《莊子注》與《莊子》之異同，不論是譽之，還是非之，均僅以數語作出評斷，而並未就二者之所同所異，或何以同何以異，及其爲異者之宗趣作出詳細的比較說明。及至近年，研究郭象《莊子注》漸有進境，把郭象獨立成家作爲研究對象，然而即使能指出《莊子注》爲獨立思想者而非注書之疏通文句、訓詁

---

21 關於「哲學體系」的定義及其具體內容，今取劉笑敢先生的說法，先生認爲哲學體系應具以下五個條件：一，其思想必須以討論哲學問題爲主。二，有豐富多側面的思想內容。思想單一，只講一個問題當然稱不上體系。三，多側面的思想之間有內在的統一性、連貫性。四、這些不同思想側面之間有一種理論結構上的關係，或曰邏輯上的相互關係。五，這些討論應該是有相當的獨特性、創造性的，完全綜合別人已有的思想就很難稱作思想體系，至少不能稱爲新的思想體系。見劉笑敢：《詮釋與定向 —— 中國哲學研究方法之探究》（北京：商務印書館，2009.3），頁 41。

名物者，也無法作出充分之展開說明，在義理上亦無充分論
證。即使有獨立研究《莊子注》，指出《莊子注》異於《莊
子》者，亦未能就其所異處來揭示《莊子注》的著述特色。
即使能揭示《莊子注》的著述特色，亦未能歸納出郭《注》
之哲學體系及其宗趣為何。[22]職是之故，擬就郭象《莊子注》
詮釋《莊子》之內容重點、工夫論、境界論及其詮釋方法作
出系統性的整理，以期理出郭象《莊子注》的哲學系統，並
論證郭象注《莊子》之中心思想為「神器獨化玄冥之境」(〈莊
子序〉)，[23]由此顯出《莊子注》在詮釋《莊子》時既有所

---

22 周雅清在檢討前人研究《莊子》、郭《注》、成《疏》時指出「若求全
　　責備，用『比較義理分齊、建構思想體系、探討哲學地位』的嚴格標
　　準，加以評量當前的研究，就會發現它們大多有一個共同的局限，即：
　　只是專家專題式的研究。詳盡展示理論內涵者，往往忽略比較義理的
　　異同；能比較義理異同者，往往欠缺體系的建構；而能建構體系者，
　　又往往無法裁決研究對象的哲學地位。」見周雅清：《莊子哲學詮釋
　　的轉折 —— 從先秦到隋唐階段》(國立臺灣師範大學國文研究所博士
　　論文，2011)，頁 20-21。

23 關於〈莊子序〉的真偽問題，王利器先生發表於《哲學研究》第九期
　　之〈〈莊子序〉的真偽問題〉一文，就《宋會要輯稿》第五十五冊《崇
　　儒四·勘書》的一則記載進行討論，指出宋人杜鎬認為「〈莊子序〉
　　非郭象之文」，王氏認為杜鎬之說必有其據，故以為〈序〉文非郭象
　　所作。然而王氏並未提出更詳細、有力理據證明此說，自此以後，即
　　引起學界作出討論。如余敦康：《魏晉玄學史》(北京：北京大學出版
　　社，2004.12)，頁 415-421；王曉毅：《郭象評傳》(南京：南京大學出
　　版社，2006.8)，頁 148-160；楊立華：《郭象《莊子注》研究》(北京：
　　北京大學出版社，2010.2)，頁 33-40，均有作出討論，當中以認為〈莊
　　子序〉乃郭象所作者居多。於王利器質疑〈莊子序〉真偽問題之前，
　　王叔岷先生即於其《郭象莊子注校記·自序》中曰：「宋人有謂此序
　　非郭象之文，未足據信。」(臺北：中央研究院歷史語言研究所，
　　1993.3)，頁 1。不論〈莊子序〉是否為郭象所作，觀乎〈莊子序〉既
　　與《莊子注》義理脈絡一貫，亦能扼要概括全書大旨，則〈序〉文真
　　偽之疑惑亦無損其價值。

繼承，亦有所發揮，且成一家之言。

# 第二節　前人研究成果考察

　　根據前文所述可知，往昔研究郭象《莊子注》成果甚爲豐碩，難以自魏晉以後凡論及郭《注》者均一一進行考察檢討。本書題爲「郭象《莊子注》的詮釋向度」，即以研究郭象《莊子注》之哲學體系的詮釋轉向、宗趣爲主，故本節僅就論及郭《注》之哲學體系的研究成果進行檢討，而不旁及檢討專題式的研究成果。所謂專題式的研究成果，可從專著及單篇論文兩方面舉例說明之：一，若就專著而言，如戴璉璋先生之《玄智、玄理與文化發展》、容肇祖之《魏晉的自然主義》便是，前者僅就郭象之自生、玄冥、逍遙等義而論，後者則僅就郭象之自然主義而作出討論，二者所論亦涉及與郭象同時的思想內容比較，然而因未就郭象詮釋《莊子》之整體內容作出系統性的論述，故不在本節討論之列。二，若就單篇論文而言，如周雅清之〈《莊子・齊物論》與向郭《注》的義理殊異辨析〉、沈素因之〈郭象《莊子注》之工夫論探究〉便是，前者就《莊子・齊物論》與郭《注》之義理異同作出討論，後者則就郭象之工夫論進行探討，二者所論各有特色，亦頗具創見，然而因均未就郭象之哲學體系作出全面討論，故亦不擬在本節進行討論。凡專題式的研究成果，均在論及相關內容的章節處，隨論題所涉及，而分別進行討論。又因前輩學者研究成果眾多，本節僅能就筆者研讀所及，以

具有代表性者進行回顧檢討，其餘研究成果若間有內容可採可論者、可參考者，則於論文內容專題中徵引討論。

　　關於前人研究郭象《莊子注》的哲學體系成果考察，可歸納出兩種研究角度，一爲「郭象注莊子」，另一種則爲「莊子注郭象」。宋代「莊子注郭象」的說法一直影響後世學者對郭《注》的評價，及至晚明林堯俞、郭良翰，始就「郭象注莊子」及「莊子注郭象」背後的詮釋意義作出討論。林堯俞於《南華經薈解》中作序，曾爲之辨解曰：「《南華》注者百餘家，而郭象爲著。……至謂非象注莊，而莊注郭，則何以稱焉？蓋注書之家，名爲訓故，字比句櫛，期於曉暢而止耳。乃象之於莊也，洞其寓言之意，而神明之，而宏擴之。莊或有不可解之語，而象無不極馳騁之路，讀者第見其邃於理，燁於詞，以爲若《左氏》之可以孤行者，是著書之體，非注書之體。何也？以非字比而句櫛故也。」[24]於此，林氏明確指出「注書之體」與「著書之體」的不同，前者乃訓詁名物、疏通章句之作，乃傳統「注不破經，疏不破注」之注書方式；後者即莊子注郭象之說，視郭象之《莊子注》爲一家之言，藉由注《莊》馳騁其說，近乎今之所謂「創造性的詮釋」。[25]郭良翰謂：「蓋自《南華》之尊爲經也，解者無

---

24　〔明〕林堯俞：〈南華經薈解序〉，見〔明〕郭良翰：《南華經薈解》（《無求備齋莊子集成初編》13，臺北：藝文印書館，1972），頁 1-3。

25　所謂「創造性的詮釋」，本文採傅偉勳先生的說法，即認爲「創造的詮釋學家不但爲了講話原思想家的教義，還要批判地超克原思想家的教義局限性或內在難題，爲後者解決後者所留下而未能完成的思想課題。創造的詮釋學之所以與普通意義的詮釋學訓練不同，而有獨特的性格，亦即哲理創造性，即在於此。」見傅偉勳：《從創造的詮釋學到大乘佛學》（臺北：東大圖書館，1990.7），頁 11。又先生認爲創造

慮數十家，愈解愈不可解也。……於是世始盡詘諸子，孤行
郭子玄之說。昔之人至謂非郭注莊，乃莊注郭。迨於今，玄
風大暢，辯囿競馳……於是乎，昔之注莊易，莊注難也者；
而今也，莊注易，注莊難矣。誠注之難易也，師心於一己易，
肖神於作者難也。」[26]又曰：「莊註自子玄而後，玄風大暢，
家挾赤水之珠。郭子註莊，莊子註郭，互有闡明，發所未發。」
[27]亦正道出郭《注》孤行於世，於原文之外另有發明，充分
肯定郭《注》於莊學上的地位。不僅如此，郭氏更指出昔人
注《莊》易，今人注《莊》難的原因，是因為注書者難於不
以己意去詮釋《莊子》而又能傳達作者之神萃；與此相反，
昔人以《莊》注己難，今人以《莊》注己易的原因，是因為
注書者易於藉著注《莊》來說明自己所要申述的內容。可見
「莊子注郭象」此說，發展至晚明，已非純粹的毀譽郭《注》
而言的評價，而是正視「莊子注郭象」的說法，來說明郭象
以注《莊》來詮釋其哲學洞見，實為「著書之體」，而非「注
書之體」，將郭《注》視之為發《莊子》所未發的哲學著作，
而賦予獨立意義。清代姚範認為「讀莊子者不必泥於郭《注》，
郭《注》政當自為一書，以郭《注》讀莊則於莊子文義有閡
而不明者矣。」[28]李發枝於《王右丞集箋註序》曰：「郭象
註莊直是借南華大旨自成一部。」[29]當代學者王叔岷先生認

---

性的詮釋學只有達到「必謂」的層次，即「為了解決原思想家未能完
成的思想課題」，才真正算是狹義的創造的詮釋學。同前書頁 10、45。
26　郭良翰：《南華經薈解・南華經薈解說》，頁 17-19。
27　郭良翰：《南華經薈解・南華經薈解凡例》，頁 25。
28　〔清〕姚範：《援鶉堂筆記》（臺北：廣文書局，1971.8），頁 1897。
29　〔清〕趙松谷：《王右丞集箋註》（臺北：廣文書局，1977.12），頁 2。

爲：「郭象之注《莊子》，乃郭象之《莊子》，非莊子之《莊子》也。大凡注解古書，雖欲會其本旨，難免雜糅己見，更難免受時代之影響。……不知郭《注》之失，正郭《注》之本色也。……夫治《莊子》者，固不必泥於郭《注》，郭《注》直是借《莊子》大旨，自成一書。」[30]可見自明末起已有相當的學者視郭《注》爲自成一書之說，認爲是「著書之體」，非僅以「注書之體」視之。

　　古代學者雖明分「郭象注莊子」爲「注書之體」及「莊子注郭象」爲「著書之體」兩種詮釋《莊子》的方法，然而將《莊子注》進行獨立研究，而作出系統式的整理，歸納出郭象《莊子注》的哲學體系者，則始於當代研究。於此必須再三強調，所謂成體系之哲學理論，則必須具多方面之思想內容而各思想內容之間又具有統一性、連貫性，更重要的是具有相當的獨特性、創造性的，若僅僅是綜合別人已有的思想就很難稱作思想體系，[31]在這前提下，筆者審視前輩學者的研究成果時，則以其是否具有系統性、一致性、創造性爲主要討論內容。以下將從「注書之體」及「著書之體」這兩大類型分別討論，以見在前輩學者所歸納的郭象哲學體系之後是否尚有進一步發言的空間。

# 一、注書之體

　　前人對郭象《莊子注》的評價，不論是稱譽者如陸德明

---

30 王叔岷：《郭象莊子注校記》（臺北：中央研究院歷史語言研究所），自序，頁 1-2。
31 見劉笑敢：《詮釋與定向 —— 中國哲學研究方法之探究》，頁 41。

謂之「特會莊生之旨」（《經典釋文序錄》）、「真可謂得莊生之旨」（《經典釋文·莊子音義》）；還是貶抑者如方潛認爲郭象誤解莊子，乃「莊子之罪人」（《南華經解·序》），勞思光謂：「郭《注》雖表現作注者之思想，但以言闡明莊子理論，則相差尚遠也。」「郭《注》畢竟未能真接觸莊子理論之中心也。」[32]可見不論是譽之者，還是貶之者，無不由「注書之體」來看待郭《注》，凡能得《莊子》之旨，則譽之；若學者認爲，郭《注》有不合《莊子》之處，便非議之。[33]蘇新鋈與林聰舜是以「注書之體」詮釋郭象思想體系的典型代表，以下將分別說明之。

## （一）蘇新鋈的《郭象莊學平議》

　　蘇新鋈於其作《郭象莊學平議》中認爲「本體──宇宙」論、認識論、政治論、人生論四類可統攝《莊子》一書之義

---

32 分別見勞思光：《新編中國哲學史》（二）（臺北：三民書局，2002.10），頁 179、頁 183。另外勞思光亦曰：「作爲注莊看，實非成功之作。」同前引書，頁 185。偶有勞氏認爲郭象之意可解莊子處，即其評爲「不失莊意」，同前引書，頁 183；反之，則評爲「誤解文句」、「令人失笑」，同前引書，頁 185。可見，勞氏之批評，無不就郭《注》爲注書之體的標準來看。

33 當代研究郭象的學者，亦多因郭象不合《莊子》之意，而批評之，如錢穆認爲郭象自生之說「曲護莊而明背莊之說」、「雖不明駁莊書，然亦非確守莊意。」便以守莊意爲標準，以注書體的角度看待郭《注》，分別錢穆：《莊老通辨》（臺北：東大圖書，1991.12），頁 429、頁 431。同樣認爲郭象「誤詮」《莊子》者亦屬以「注書之體」來看待郭象之說，如盧桂珍在〈郭象《莊子注》誤詮之舉要與解析〉中認爲郭象的「寄言」爲「誤詮」，必須以超越，甚至反轉、扭曲才能獲得真義，見氏著〈郭象《莊子注》誤詮之舉要與解析〉，《魏晉南北朝文學與思想學術研討會論文集》第五輯（臺北：里仁書局，2004.11），頁 890。

理內容，故論郭《注》對《莊》義之發明，亦可依此四項順
序申述，以明象注莊義之得失。[34]先不論以四類統攝《莊子》
是否得宜，光憑蘇氏按其所擬之《莊子》系統來論郭象《莊
子注》，就能看出蘇氏純以「注書之體」來看待郭《注》，
並未就郭《注》之系統獨立作出歸納整理。

　　蘇新鋆不僅依其對《莊子》的分類來統攝郭《注》，即
使在辨析郭象《莊子注》與《莊子》原文義理異同時，亦常
混而為一。《莊子》重心，郭象重性，二者所重殊異，蘇氏
卻混而為一，全因沒有正視郭象論「性分」的內容所致。如
蘇氏認為《莊子》之人生理論是要適性自得，須在一心上能
作極深之虛靜工夫，不踰越性分，而達致有一道家義逆提逆
覺之精神生活方可。[35]蘇氏又認為郭象甚能把握《莊子》之
齊物義，「特別是對莊文就物之性足自得為平齊者而言平齊
一義，最能盛發其蘊」。[36]「適性自得」乃郭象所重之工夫
修養，而超越成心以真心照見一切方為《莊子》所重的工夫
修養，二者工夫進路本有不同，不能混同為一。蘇新鋆之所
以如此疏理《莊子注》、《莊子》之義理內容，全因其順注
文所言去理解原文，混然未加分別所致。

　　對於郭象《注》的義理評價，蘇氏往往只以郭《注》是
否得莊生之旨而論，其曰：「郭象之莊學，就其思想理論與
莊子原意之是否符合及同樣高妙神玄言，則似可謂郭象莊學
之整體智思，實不及莊子之宏大而辟，深閎而肆，而足成開

---

34　見蘇新鋆：《郭象莊學平議》（臺北：臺灣學生書局，1980.10），頁 197。
35　同上注，頁 290-291。
36　同上注，頁 220。

宗立極之莊學大家。然其注對莊書若干個別重要義旨之闡發，往往實亦甚能與莊文前後媲美，使莊文之思想理論得其注而益彰，致更能屢世為人傳誦不輟，致亦不愧為一流之名士莊學家。」[37]更見蘇氏僅以郭象為眾多注書者中之尤佳者，並沒有正視郭《注》異於《莊子》者為何？其所異的原因，以及所異者之指向亦未談及，實未洞見郭象思想內容足以自成體系之處。

## （二）林聰舜的《向郭莊學之研究》

林聰舜於其《向郭莊學之研究》中認為向秀、郭象以思辨分解之玄學性格來建構其哲學系統，[38]並把向郭《莊子注》之思想內容分為四個部分：逍遙、自生、齊物、迹冥，就此而言，林氏似視向郭《注》為「著書之體」，而非「注書之體」；然而林氏雖謂向郭有其理論系統，[39]實際上，在評價向郭之思想內容以其能否掌握《莊子》之義為準的，[40]若有與《莊子》思想不同者，便謂之「違悖莊子價值哲學之本色」、「不解莊子」，[41]可見林氏仍未能獨立看待向郭《注》之思想價值，而僅以「注書之體」視之。

從林聰舜詮釋向郭思想內容可見以下個四問題：第一，因其沒有獨立討論性分內容，而不顯向郭重性之特色。第二，

---

37 同上注，頁 423。
38 見林聰舜：《向郭莊學之研究》（臺北：文史哲出版社，1981.12），頁54。
39 同上注，頁 49。
40 同上注，頁 80。
41 同上注，分別見頁 144、147。

因其整個哲學體系向郭並論，並沒有區分向郭異同，於「自生」說時混郭象之「自生」義爲向秀之「自生」說。[42]第三，郭象所重視的政治問題，林氏僅就逍遙義、迹冥論兩部分論之，觀乎郭《注》，其自生獨化、齊物等說法中，未見其論及政治內容，若能論及，方爲全面。第四，觀乎林氏所詮釋的四大論題內容中，亦未見彼此間之連貫性，唯所稱述之共通點，則是認爲向郭之說流於俗情，不如《莊子》之超拔，若果真如其所言，則向郭之哲學體系亦無法證成其所謂玄學發展之高處。[43]

若從林氏所歸納之哲學體系來看，因林氏認爲向郭以思辨進路爲主，遂認爲向郭《注》缺乏工夫修養，無法貞定生命價值，[44]致使林氏評價向郭之哲學體系時，常認爲向郭之說順俗妥協，且理論自相矛盾。觀乎郭《注》內容，郭象之哲學體系並非無工夫進路去極成道化政治之最高境界，林氏認爲向郭純以思辨爲主，以此定調向郭之義理性格，此說是否能涵攝向郭《注》之所有內容，內部的理論是否圓融，或可以再進一步思考。

從以上分析可見，若以「注書之體」來詮釋郭象之哲學體系，不但無法凸顯郭象《莊子注》的義理轉向，更會混淆

---

42 關於向郭「自生」說之異同，見第七章結論。

43 林聰舜認爲向郭莊注實爲前人理論之更高綜合，見林聰舜：《向郭莊學之研究》，頁 49。若果如此，何以林氏認爲向郭《注》既有理論缺憾，又爲順俗妥協，缺乏理想之作？前後理解顯然未能一致。

44 林聰舜《向郭莊學之研究》曰：「向郭之注雖多義旨淵玄，花爛映發之妙解，卻往往貞不住價值面之意義，使高卓之玄理下儕於末流之俗情，因而價值意義與現象意義遂混而爲一，難分涇渭也。」頁 199。

《莊子注》與《莊子》義理內容。[45]這不僅影響我們理解《莊子注》的思想內容，更因誤以郭象所言爲《莊子》所述，以注文解釋原文，造成對《莊子》原意的誤解。

## 二、著書之體

當代研究《莊子注》者，已知郭《注》實與《莊子》有異，故從郭象《莊子注》之內容歸納郭《注》之哲學體系，認爲郭象《注》可成一家之言。然而學者歸納出之哲學體系各有不同，以下將從較具代表性的說法，作出討論，以見前輩學者所得之郭《注》哲學體系是否真能涵攝《莊子注》之所有內容，而各內容之間彼此又是否具有連貫性與統一性；既然前人認爲郭象《莊子注》能成一家之言而爲「著書之體」，則自應有其獨特性與創造性。下文將從郭《注》體系之統一性、連貫性與獨性、創造性等標準對前人的研究成果作出討論，以考察是否尚有可進一步研究的空間。

---

45 楊立華之《郭象《莊子注》研究》便是一例，楊氏雖爲郭《注》思想內容著書研究，然楊氏僅以郭《注》爲「注書之體」，關於郭象「寄言出意」的說法，楊立華則認爲郭象以此來「疏解文本的內在衝突，從而爲文本構建起內在的統一性」，見氏著《郭象《莊子注》研究》，頁 75。對於郭象注與原文意思不同時，便謂郭象是爲疏通文意而不惜「曲解」、「背離」原文意思，然而在細節背離後又總能被收攝到莊子思想之中，同前引書，頁 82-86。基於楊氏視郭《注》爲「注書之體」的理解，縱然其書分述郭象「自生與獨化」、「性分與自然」、「逍遙」、「齊物」、「治道」等思想內容時，亦僅以平列式展示郭《注》中之思想內容，而不見各思想內容之間的連貫性與統一性，更不辨《莊》、郭之異同，遂至郭象《莊子注》思想體系不顯，無法爲其《注》之哲學地位給出定位。

## （一）馮友蘭 —— 以「無無論」來詮釋
## 郭象之哲學體系

　　馮友蘭早年於《中國哲學史・第二篇經學時代・第六章南北朝之玄學下》，曾發表對向秀、郭象玄學的見解，後來於《中華學術論文集》中發表〈郭象《莊子注》的哲學體系〉一文，[46]修改其在此之前對郭象的一些看法，歸納並論述郭象所建構的玄學體系，此文後又經修改，收入馮氏著《中國哲學史新編・第四十一章　郭象的「無無論」 —— 玄學發展的第三階段》之中，下文將以馮氏於《中國哲學史新編》中對郭象哲學系的評斷作爲討論依據。

　　馮友蘭視郭《注》爲繼承前人《莊子》注文的著作，非爲注而注，而是借《莊子》發揮其獨有的哲學見解，建立其個人的哲學體系，[47]可見馮氏亦視郭《注》爲一「著書之體」。馮氏把郭《注》的內容分八個部分展開論述，分別爲「有無論」、「性命論」、「動靜和生死論」、「無對有對」、「有言無言」、「無心無爲無待」、「聖人論」以及「名教與自然」。馮氏認爲郭象的核心觀點是以「無無論」否定了「貴無論」，並以「無無論」作爲「宗極指導」的無，否定了「有生於無」的宇宙形成論，使其哲學體系與「貴無論」對立起來，而與「崇有論」站在同一邊，決定了其哲學體系是唯物

---

46　馮友蘭：〈郭象《莊子注》的哲學體系〉，《中華學術論文集》（北京：中華書局，1981.11），頁 525-595。
47　馮友蘭：《中國哲學史新編》（第四冊）（臺北：藍燈出版社，1981.12），頁 145。

主義的。[48]馮氏認爲郭象以「辯名析理」的方式建立其完整的哲體系，使玄學發展至高峰。

　　馮友蘭以「無無論」來定位郭象的哲學體系，繼而把郭象歸類爲「崇有論」，姑勿論馮氏此說是否如理，光從其歸納得來之郭象哲學體系可議者有三：第一，馮氏並未能以「無無論」統貫其所分類的八大詮釋內容，縱然由八大詮釋內容可見郭象哲學體系具有多面相之思想內容，亦不見其說明彼此之間的統一性與連貫性。第二，馮氏認爲郭象之獨化論是繼續裴頠的「崇有論」來反對「貴無論」，而傳統道家貴無，主張「無爲而無不爲」，眾所周知，裴頠所論崇有並不屬道家之義理系統，那麼郭象以注《莊》來發揮個人思想內容，到底是歸屬道家義理系統而有所發展，還是另立一家於道家義理系統之外？因此，勢必很難將郭象《莊子注》之哲學洞見進行定位。第三，既謂郭《注》具獨有見解，則其獨有之見解是馮氏所謂之繼承裴頠反對貴無而致之崇有？還是發揮了《莊子》論事物本性此一觀點？[49]抑或是因應時代所需，以其說來爲封建貴族、當權者作出合理的解釋，使封建統治得以合理化地維持下去？[50]若其創見歸屬發揮裴頠崇有之論而致，則很難歸屬於道家義理系統；若爲發揮《莊子》義理而致，則應屬道家義理之進一步發展，仍屬道家系統內的義理；若裴頠、《莊子》之義理兼而得之，則二者之間是否有扞格之處，還是郭象於二者之外另立一新義理系統？若其創

---

48 同上注，頁 199。
49 同上注，頁 173。
50 同上注，頁 195。

見只爲當時士族門閥說法，則落在思想史的脈絡，揣測作者的動機，很難有一致的看法，並且減殺郭象哲學之義理高度，亦無工夫論可言，更無境界論可說，如此見解，是否眞能獨立成家，爲一完整之哲學體系，則又是另一疑問。可見馮友蘭以「無無論」論述郭象之哲學體系，仍存有許多待解釋的問題，至於將郭象理解爲唯物主義，則是典型的逆格義，能否相應理解郭象的義理仍有很大的討論空間。

## （二）牟宗三 —— 以道家圓教來詮釋郭象之哲學體系

牟宗三先生研究郭象的相關資料，主要的論述集中在《才性與玄理》第六章及《圓善論》第六章第四節之中，其餘資料則散見於《中國哲學十九講》、《四因說演講錄》等著作之內。

牟宗三先生雖然沒有對郭象研究單獨成書，但在《圓善論》卻表明：「就迹本圓以說圓境固應是道家之所許可，向郭之注固有其推進一步『辯而示之』之新發明也。」[51]此處所說的「推進一步」，是指郭象詮釋《莊子》義理時有所推進而言，由此可見牟宗三先生已經意識到郭象注《莊》是「著書之體」，而非僅爲「注書之體」。

牟先生認爲郭象《莊子注》的主要論題可分爲逍遙義、迹冥論、天籟義、養生義、天刑義及四門示相義等六個部分。其中發揮得最精詳透闢者爲逍遙義與迹冥論，並以郭象特彰

---

51 見牟宗三：《圓善論》（臺北：臺灣學生書局，1996.4），頁 292。

迹冥圓融之義爲其慧解，以此說明道家義之聖人渾圓化境。除此以外，先生亦曾指點說明「道家，工夫自心上作，而在性上得收穫。」[52]郭象的《莊子注》可說在「性上得收穫」的最佳說明。此乃湯用彤先生《魏晉玄學論稿》將郭象定調爲崇有性格之後，而另闢理境者。雖然如此，牟先生並未將郭象注中的各項論題一一展開，因爲其研究之重點不在此之故，不能求全責備。

牟先生對郭象最大的貢獻並不止於前述觀點，而是總結道家學說，將道家的圓教歸給郭象，這是研究郭象最深刻的洞見，能指出前人所未見者，對後來的學者影響甚鉅。

## （三）李中華 —— 以崇有來詮釋郭象之哲學體系

李中華於許杭生等人編寫之《魏晉玄學史》中，認爲郭象在思想上有不同於老莊、何晏、王弼的新解釋，反對貴無論，並對崇有論有所發展，此乃郭象於哲學史上的主要貢獻，[53]由此可見李氏亦視郭象之注《莊》爲一「著書之體」，而非僅爲注書而作《莊子注》。李中華亦試圖以郭象之崇有主張作爲其哲學特點，並把郭象的玄理分四個重點去討論，分別爲：「物各自造」的自然觀、「變化日新」的發現觀、「以不知爲宗」的認識論、人生觀與社會政治思想，並從宇宙論觀點來詮釋郭象之自然觀及發現觀，認爲郭象之自生獨化、「天地自動」等說，是爲了說明宇宙生成；並認爲郭象以「不

---

52 牟宗三：《才性與玄理》（臺北：臺灣學生書局，2002.8），頁 208。
53 見許杭生、李中華、陳戰國、那薇等：《魏晉玄學史》（陝西：陝西師範大學出版社，1989.7），頁 319。

知」、「無心」等方法來認識宇宙萬物，如此以下，郭象之哲學體系便獨異於中國哲學緊扣生命而論之特質，即使李中華另立一節論述郭象之人生觀、政治思想，仍顯得與前三項詮釋之思想內容不甚相干，致使其歸納之郭象哲學體系，在思想內容上彼此失去連貫性，而顯得在理論上無法貫通。

除了李中華所展示之郭象思想內容顯得失去連貫性外，李氏所詮釋之郭象思想內容亦欠統一性。李中華認為郭象在思想上有別於老莊、何、王而作新解，而與裴頠同屬崇有，又把郭象與老莊、裴頠之「有」混同為一，[54]亦認為郭象否定「道生物」來認定其為否定貴無論。[55]到底郭象於老莊、何、王及裴頠之間，所同所異者為何？又何以同，何以異？其所同所異的背後是為了說明什麼宗趣而立論？郭象之義理形態是於道家義理形態上有所發展，還是其義理形態根本已異於道家而另成一家之言？關於此等問題，李中華均未有所說明。究其原因，在於李中華對於郭象之「自然」、「自生獨化」等說法未能有相應的理解，誤以為「無不能生有」即裴頠崇有之說。若不緊扣道家傳統而言郭象之自然、自生、「不知其所以然」均就無心無為而說，而就宇宙論、認識論去理解郭象的說法，則在詮釋郭象義理系統時，必然會造成許多矛盾，而無法凸顯出郭象哲學體的統一性。

---

54 同上注，頁 320。
55 同上注，頁 333。

## （四）湯一介 —— 以崇有獨化來詮釋
　　　　郭象之哲學體系

　　湯一介論郭象之哲學體系者見其《郭象與魏晉玄學》，湯氏此書曾經三次改版，初版並沒有探討郭象的「政治」、「名教」、「聖人」等論題，二訂版則增補之，及其第三版，最大異動者爲刪去增訂本中之〈郭象的哲學體系〉（上）、（下）兩章。[56] 以下將以湯氏之《郭象與魏晉玄學》第三版作爲檢討郭象哲學體系之依據。

　　湯一介認爲郭象《注》改造了《莊子》思想，[57] 由此可見湯氏亦視郭《注》爲一「著書之體」。湯氏認爲郭象之「無爲」異於《莊子》所言而與裴頠有相似之處，又以迹冥論修正了《莊子》的說法，更以崇有的思想注《莊》，發展了《莊子》思想。[58] 湯氏把郭象哲學分論爲有與無、動與靜、知與無知、聖人可學致與不可學致、理與自性、獨化與相因、無待與有待、無爲與有爲、順性與安命等九大哲學論題，更以「崇有獨化」貫串各論題。湯氏以事物之實有、變化來理解「崇有獨化」的概念，致使其論郭象之「有與無」僅就事物之存在與否來說，論「動與靜」則就事物之運動與變化而論，論「知與無知」時以認知事物的方式來理解，詮釋「獨化與相因」時即以事物間的活動來說明，談「無待與有待」則認

---

56 見周雅清：《莊子哲學詮釋的轉折 —— 從先秦到隋唐階段》，頁 22-23。
57 見湯一介：《郭象與魏晉玄學》（第三版）（北京：北京大學出版社，2009.11），頁 223。
58 同上注，頁 228-237。

爲此乃相對主義下看事物所成的分別，談「順性與安命」時即以命定論視之，論「無爲與有爲」即認爲「無爲」乃特定的爲，而非什麼都不做的「無爲」，凡此種種說法，均由於湯氏從事物之變化，現象之有無來詮釋郭象之「崇有獨化」而致，致使其論與主體修養無關，脫離中國哲學以生命爲中心的論學傳統。唯獨湯氏之論聖人可學與否則從聖人之修養境界與眾人不同說起，至於如何體證聖人境界，即工夫論的內容則沒有論及。由此可見，湯一介詮釋郭象的思想內容多從事物現象著手，致使其詮釋之九大論題中，有八項與事物變化相關，獨聖人可學與否一項與個人精神境界相關聯，郭象之學果如湯氏所論，則其哲學體系務必打成兩截 —— 其一就事物變化而論，其二就修養境界而論，一內一外，二者不相及，思想內容便無統一性、連貫性可言，即使勉強謂其哲學體系爲「崇有獨化」，亦無法把各論題統合在一起。難怪湯氏認爲郭象的思想體系仍未夠周延，內部存有若干矛盾。[59]至於湯氏所理解之「崇有獨化」是否具有獨特性、創造性，亦自有可議空間，因爲若僅就客觀事物變化而論「獨化」，而不能緊扣人生實踐論之，則未見與裴頠所論者何異，如是，便談不上獨特性與創造性。

## （五）王曉毅 —— 以「性」本論來詮釋 郭象之哲學體系

王曉毅論郭象的哲學體系見於其著《郭象評傳》之中，

---

59 同上注，頁 285。

王氏認為郭象注《莊》雖受體例限制，然而實能成一宏大而精緻之哲學體系，[60]可見王氏亦以「著書之體」的方式來詮釋郭象《莊子注》。

王曉毅企圖以本體存在的「性」作為郭象哲學體系的核心樞紐，[61]貫串其所詮釋之郭《注》體系，其體系內容包括「性」本論、歷史觀、心性論、政治學說、人生哲學五個部分。王氏嘗試以「『性』本論」貫串各論題，並認為彼此之間互相包涵、滲透。[62]實際上王曉毅論歷史觀時，與其所提「『性』本論」之關聯不大；又其「人生哲學」僅就命運、逍遙二義而論，則自生、獨化之說難道就與人生哲學無關？王氏把郭象之迹冥論視作「詮釋方法」而不納入理論體系中加以析論，難道迹冥論與人生、政治無甚關聯？關於「齊物」之義更未被王氏納入任何一論題中進行討論，不知為何疏漏？縱觀郭《注》內容均涉及政治而論，若如王氏將郭《注》體系內容分成五項，則易令人誤以郭象論自生獨化、性分、逍遙等內容時完全沒有論及道化政治的內容，可見王氏此一分類不僅未能把郭象《莊子注》的哲學體系系統化，反而容易造成誤解，不見各詮釋內容之系統性與一致性。

不僅如此，若就郭《注》之所以能成一體系而言，必有其創造性與獨特性。王曉毅把郭《注》思想內容所分之五類，此分類法，用於研究《莊子》、朱子、黃宗羲或歷代之思想研究亦無不可。在這種情況下，此五者之內容平列而不見彼

---

60 見王曉毅：《郭象評傳》，頁 235。
61 同上注，頁 253。
62 同上注，頁 235。

此間之連貫性、統一性，亦不見郭象《莊子注》異於《莊子》之特色所在，更不能凸顯郭象《莊子注》之宗趣，遂使郭《注》之獨特性與創造性隱而不見。

## （六）莊耀郎——以「神器獨化於玄冥之境」為核心來詮釋郭象之哲學體系

莊耀郎先生分別於早年的《郭象玄學》，以及後來所發表的兩篇單篇論文——〈郭象《莊子注》的性分論〉、〈郭象獨化論的再省思〉均有涉及郭象《莊子注》哲學體系的相關論述。先生認為郭象「以述為作」，有別於《莊子》而為一家之言，[63]由此可見先生亦以郭象《莊子注》為一「著書之體」。

先生於早年之《郭象玄學》中以「自然」作為詮釋郭象哲學體系之觀點，貫串其分論之逍遙觀、自然論、性分論、有無論與無為論、聖人論、名教觀、生死觀、自生論、獨化論與玄冥論等主題內容，而以「獨化」為終，遂曰：「由自然到玄冥獨化的理論體系，其中各個主題間脈絡錯綜而自成系統。」[64]其後先生發表〈郭象《莊子注》的性分論〉一文則修改先前說法，認為若論郭象只止於「自然」一義，則只論及道家通義，說明自然義發展到郭象已圓融完足而已，至於郭象著書獨運之心杼，則未能著明，遂以「神器獨化於玄冥之境」的道化政治理想境界作為郭象玄論宗趣所在。[65]於

---

63　莊耀郎先生：《郭象玄學》（臺北：里仁出版社，2002.8），頁36。
64　同上注，頁40。
65　莊耀郎先生：〈郭象《莊子注》的性分論〉，《中國詮釋學》第五輯（濟南：山東人民出版社，2008.3），頁163-164。

是，先生以「神器獨化於玄冥之境」重新詮釋郭象體系之觀點，並以性分作爲各論題之起點，以道化政治之理想境界爲宗趣貫串郭象之自然、逍遙、齊物、名教、獨化等說法，於立論之起點、終點處均見各思想內容之間的統一性與連貫性，從其性分論，以及道化政治理境亦見郭象《莊子注》立論之獨特性與創造性。及後，先生發表〈郭象獨化論的再省思〉一文，重新檢視郭象的玄理體系，再次強調郭象玄理最終向「神器獨化於玄冥之境」而趨，並指出郭象以「獨化論」統攝其玄理體系，若從道家的通義而論則是「自然的存有論」的完成，若從郭象玄理的原創性來看則是「獨化的存有論」的建立。[66]先生後來歸納所論，在詮釋上已建構一個立體綜攝的理論體系，使得各論題之間可以相融無礙，在詮解的方法上可以成一系統，自圓其說。

以性分作爲支撐點連貫各思想內容，並指出各思想內容之宗趣同爲指向「神器獨化於玄冥之境」的說法，不但能凸顯郭象的哲學洞見，並且能明確分辨郭象異於《莊子》的義理內涵，然而，有關郭象各思想內容之如何指向道化政治理想，及其所展示之內容爲何，先生於後來兩篇單篇論文中由於篇幅所限僅能點出郭《注》之大體方向，而未充分展開說明。而且在先生的著作之中，不論前後期所述，關於郭象有無工夫論、境界論等問題，亦未有積極面的論述，僅認爲郭《注》爲一實踐的思辨形態，而工夫之有無或高下未必是最

---

66 莊耀郎先生：〈郭象獨化論的再省思〉，《世新中文研究集刊》第八期，2012.7，頁5。

重要的因素。[67]然而郭象之哲學體系，若以思辨的方式爲進路，且不論郭象有無工夫，則工夫論也應是其哲學體系中的重要一環，是無可置疑的。考諸郭《注》，其工夫論層層遞進，亦有異於《莊子》者而別具特色，若輕忽其獨有的工夫論，以及由工夫而開顯之境界，則郭象《莊子注》哲學體系之特色仍未被徹底呈現，於此郭象哲學裡所呈現之圓教內容，亦無法得到具體充分的說明。

　　由以上討論內容可見，前輩學者研究成果甚爲豐碩，且各有所見，遞有進境；然而，詮釋學的理論告訴我們，後續研究者永遠擁有更寬闊的視野，有待開發、修密與求深求精。縱觀前輩學者對郭象哲學體系的歸納研究，可見郭《注》當可自成一書，關於郭象《莊子注》爲「著書之體」的看法，亦漸成學界對其著作在哲學史上的定位。若僅就郭象繼承道家「無爲而無不爲」、「守母存子」等通義來看郭《注》的哲學體系，認爲其說僅僅揭示人文活動之如何可以爲而不敗、執而不失者，則顯然忽略了郭象在繼承傳統思想的同時，亦有因應時代問題而作出精當、獨到的識見，於是便會輕忽了郭象在魏晉玄學思想發展史上承先啓後的代表性地位。[68]一如熊鐵基所言：「郭象思想是有一個較完整的體系的，說它是玄學體系也好，說它是玄學的最高代表也好，都說明其思想體系的意義和價值。但我們要強調指出的是，郭象的思想是植根於《莊子》思想的，他是通過闡釋《莊子》的思想

---

67 莊耀郎先生：《郭象玄學》，頁 35。
68 見戴璉璋：《玄智、玄理與文化發展》（臺北：中研院文哲所，2003.6），頁 291。

而表達自己的思想。他理解的《莊子》的思想，也就是他自己的思想。……郭象的《莊子注》就是魏晉時期的莊子。這也就是魏晉時期的莊學，郭象是魏晉時期莊學的典型代表。」[69]可見不論是以「崇有論」、「無無論」、「崇有獨化」、「性本論」，還是以「神器獨化於玄冥之境」來詮釋郭象之哲學體系的前輩學者，無不以魏晉時代所關心的課題內容來詮釋郭象之哲學體系。然而何以獨以「神器獨化於玄冥之境」作為郭象《莊子注》之論學宗趣，於下節之「研究方法」將加以說明，並於後面各章節之中展開論證。

## 第三節　研究範圍與方法

本文研究範圍以今存郭象《莊子注》為主要研究對象，並以此探討郭象《莊子注》之立言宗趣，及嘗試架構其玄學體系。至於今存郭象《論語體略》之佚文，則可佐證詮釋郭《注》的思想內容，凡涉及相關內容之資料者，皆可收納補充。

在研究郭象《莊子注》的詮釋向度時，主要是運用了詮釋上的四個觀點：一，詮釋的系統性、一致性；二，運用「詮釋學的循環」詮解文本；三，正視詮釋上的「時間距離」與「前見」；四，肯定提問對於揭示文本意涵的重要性。筆者希望透過運用詮釋上這些觀念，使研究郭《注》時有一較為系統性與一致性的理解。對上於述的四項原則說明與運用，

---

69 見熊鐵基、劉固盛、劉韶華等：《中國莊學史》（湖南：湖南人民出版社，2008.3），頁190。

將分述如下。[70]

# 一、強調詮釋的系統性與一致性

詮解郭象《莊子注》的前提是，我們必須承認文本，即《莊子注》具有一系統性，除非「文本是不可理解」，[71]否則我們不應輕率地斷言文本為「自相矛盾」、「難以自圓其說」。在這種情況下，方可避免強加己見來支解文本，小從而反省詮釋過程是否有所不足，或對文本有所誤解。

關於上述問題袁保新先生有更具體的說明，袁氏認為「一項合理的詮釋應該將經典本身視為在思想上一致和諧的整體，避免將詮釋對象導入自相矛盾的立場。」[72]若無「詮釋的系統性與一致性」來作為評定各詮釋系統的標準，則極容易導致「知識論上無政府主義」（epistemological anachism），袁氏又以詮釋《道德經》為例：「因為任何一個人都可以宣稱他的詮釋就是老子《道德經》的本懷，而別人的批評他都

---

70 筆者須強調的是，此處是借用詮釋學的某些概念來幫助對文本的理解，並對前人的研究成果作出討論，而不是直接以詮釋學作為研究方法。因為凡是研究方法的建立，都必須依文本自身的邏輯脈絡逐步架構，人文研究領域中，沒有一種方法是放諸四海而適用無方的。

71 伽達默爾著，洪漢鼎譯《真理與方法 —— 哲學詮釋學的基本特徵》曰：「只有那種實際上表現了某種意義完全統一性的東西才是可理解的。所以，當我們閱讀一段文本時，我們總是遵循這完滿性的前提條件，並且只有當這個前提條件被證明為不充分時，即文本是不可理解時，我們才對傳承物發生懷疑，並試圖發現以什麼方式才能進行補救。」（北京：商務印書館，2005.10），頁 399。

72 見袁保新：《老子哲學之詮釋與重建》（臺北：文津出版社，1997.12），頁 77。

可以逕自答覆爲『老子思想本來就是混亂矛盾如此』。換言之，這將使任何學術上的討論與批評成爲不可能。因此，在詮釋活動上，假定經典本身具有思想內部的一致性、統整性，實是一不得不有的預設。」[73]由此可見承認文本的系統性與一致性爲詮釋郭象《莊子注》的先決原則，否則在詮釋過程中，動輒輕言郭《注》內容自相矛盾，則極易陷入「知識論上無政府主義」。

　　如湯一介在詮釋郭象《莊子注》時則認爲：「由於郭象的思想體系並不十分周延，致使其體系內部不能不存在若干矛盾。」[74]而湯氏之所謂矛盾者，主要見於其所理解郭象之「自生獨化」與「相因」、「相與」等思想內容之中。湯氏認爲郭象所言難以自圓其說，遂曰：「如果從『自爲』或『無相爲』的方面看，一事物對其他事物無所謂功用；而從存在著的事物必然存在著方面看，任何事物對其他事物都有功用。……郭象爲堅持其『獨化』理論，只承認『自爲』的意義，而不承認『相與爲』的意義，並認爲只有在『無相爲』中才可以實現『相與爲』，爲此他提出『相因之功，莫若獨化之至』這一重要命題，這正是郭象『獨化崇有』哲學體系所要求的。在這個問題上，郭象哲學在反對『目的論』和『外因論』方面無疑是有特殊貢獻的，但是他在否認任何外在條件對事物存在的作用方面則陷入難以自圓其說的困境。」[75]湯

---

73 見袁保新：《從海德格、老子、孟子到當代新儒學》（臺北：臺灣學生書局，2008.12），頁 264。
74 湯一介：《郭象與魏晉玄學》（第三版），頁 285。
75 同上注，頁 289。

氏此說全在於他把郭象之「自生獨化」與「相因」、「相與」等思想內涵理解爲事物之間的作用關係。若以各人無心實踐氣稟中性分所有的內容，來看待郭象所言之「自生獨化」；再從萬物不能只依待自己而存在，故須彼此「相因」、「相與」來看郭象之「自生獨化」與「相因」、「相與」的關係，似乎便能不致陷入湯氏所謂之「難以自圓其說的困境」，從而可以消除詮釋上所謂矛盾之說。[76]

由此可見，當詮釋過程中，詮釋者將文本處處講成無法相融的窘境，而他人所詮解之內容卻能達到無「自相矛盾」、「難以自圓其說的困境」時，是否應先反省此一詮釋方式出了問題，繼而參照其他的詮解，嘗試發現更好的詮釋方法，才不至於動輒歸咎「文本是不可理解」的遁辭。[77]

## 二、運用「詮釋學的循環」詮解文本

在肯定郭象《莊子注》爲一系統性與一致性的「注書之體」的前提下，則可進一步以「詮釋學的循環」的原則，爲郭《注》的立言宗趣及其分散在各篇章的注文作一致性的詮釋。

伽達默爾認爲：「我們必須從個別來理解整體，而又必須從整體來理解個別。……這是一種普遍存在的循環關係。由於被整體所規定的各個部分本身同時也規定著這個整體，

---

76 關於此問題的討論詳見第三章第二節。
77 袁保新：《老子哲學之詮釋與重建》中即認爲「一項合理的詮釋，對其詮釋方法與原則應有充分的意識，並願意透過與其他詮釋系統的對比，調整修正其方法與原則。」頁 77。

意指整體的意義預期（Antizipation von Sinn）才成為明確的理解。」[78]於是，我們可以視郭《注》的立言宗趣為「整體」，各注文為「個別」，由「整體」規定「個別」，用「個別」尅應「整體」，則宗旨是「整體」、是大者，《注》文是「個別」、是小者，大必統小，小必向大，互為呼應、詮釋，若能達到無牴觸矛盾之說，則大義可明。所謂「詮釋學的循環」是指「通過整體與部分間的辯證之相互作用，它們就把意義互給了對方；這樣看來，理解就是一種循環。由於在此『循環』之內意義最終持存著，故我們就稱它為『詮釋學的循環』。」[79]透過「詮釋學的循環」使大小相應而不矛盾牴觸，若遇有「個別」不清楚的觀念亦可以「整體」的宗趣來詮釋「個別」注文，[80]此即以清楚的觀念來說明不清楚的章句，使得不清楚的章句也可以順適得解，則其各種詮釋的說法都可以統一在這個脈絡下理解，而不至於支離破碎、南轅北轍。

　　舉例言之，依前文所述的原則，馮友蘭以「無無論」此一「整體」來作為郭象的哲學體系立言宗趣，其「整體」與馮氏把郭《注》的內容所分述的八個「個別」內容，即「有無論」、「性命論」、「動靜和生死論」、「無對有對」、「有言無言」、「無心無為無待」、「聖人論」、「名教與自然」之間的系統性與一致性則不甚明顯，在這種情況下「整

---

78 伽達默爾著，洪漢鼎譯：《真理與方法 ── 哲學詮釋學的基本特徵》，頁 395。
79 帕瑪著，嚴平譯：《詮釋學》（臺北：桂冠圖書，2002.10），頁 98。
80 袁保新《老子哲學之詮釋與重建》曰：「一項合理的詮釋應該儘可能運用經典本身無疑義的文獻來解釋有疑義的章句，用清楚的觀念來解釋不清楚的觀念。」頁 77。

體」既不能籠罩「個別」，「個別」亦無法扣緊「整體」，
彼此間無甚關聯，如此便失去詮釋系統的一致性。不獨詮釋
內容如是，凡透過生命體證的學問，必須經由工夫步步實踐
而至，在工夫圓熟處即能體證其生命的最高境界，在這種情
況下「依宗起教，以教定宗」，郭象之工夫論與其境界論，
亦可構成一「整體」與「個別」的關係。證成道化政治最高
境界的途徑，即工夫論為「個別」；透過層層工夫體證得到
的道化政治的理境，則為「整體」。若認為郭象《莊子注》
為沒有工夫論者，則其所言之境界勢必無法得到真正的落
實，只淪為一虛說，果真如此，則郭《注》大量談及之「任
性安分」的修養方法，及其展示道化政治理境的內容，亦定
必淪為空說，勢必減殺其思想的邏輯性、關聯性，及其義理
內涵的高度。

　　也許，有人會質疑，若要在理解部分之前把握整體，那
又如何能在部分都未能理解前就把握「整體」？而我們所假
定的「整體」，又是否真為郭《注》之宗趣？於此，我們必
須了解「詮釋學的循環」得先假定了我們擁有最小限度的前
知識，使我們能跨入詮釋循環圈中，讓我們對被討論的話題
略知一二。[81]就是說，我們在為郭《注》的宗趣定位之前，
必須先對郭《注》以及道家的義理系統有一定的理解，再行
假設，以明察郭《注》的詮釋向度及其立言宗趣。而假設得
來的整體宗旨，必須以「最能籠罩所有注文的義理內涵」為
原則，才不導致惡性循環，若以一偏之見來詮解注文，則易

---

81 帕瑪著，嚴平譯：《詮釋學》，頁 99。

導致詮釋上的暴力。只有在「詮釋學的循環」下，才能以「整體」籠罩「個別」，再從「個別」扣緊「整體」，並確保了文本義理的系統性與一致性，而不致詮釋時造成割裂文義、斷章取義，如此方能合理地詮釋郭象《莊子注》的義理內涵。[82]

　　在「詮釋學的循環」此一詮釋條件下，以「神器獨化於玄冥之境」爲郭象《莊子注》之宗趣，並嘗試以此來統攝其各段注文所展示的義理內涵及工夫修養等個別內容，此即前述以「整體」籠罩「個別」的詮解方法；與此同時，亦以散見於各篇章之注文內容及工夫修養來回應「神器獨化於玄冥之境」的道化政治最終理境，此即前述以「個別」扣緊「整體」的詮解方法。透過此方法，郭象《莊子注》中分論之逍遙、齊物、自生、獨化、性分、自然名教等說法及其工夫論皆統攝於「神器獨化於玄冥之境」此一宗旨之內，「整體」與「個別」相互呼應，如此詮釋自能圓融無礙。

　　若在詮釋過程中有違「詮釋學的循環」此原則，換句話說，所立的「整體」不能籠罩「個別」，「個別」亦無法扣緊「整體」，則詮釋內容便會出現許多自相矛盾之說。如林聰舜認爲向郭迹冥論雖極富玄趣，然而其論猶有缺憾，不無自相矛盾之說。林氏曰：「其（案：指向郭）所謂自然、無爲，則爲順任真性而不蕩越於外，……此說仍有其基本糾結，因就莊注之內容而觀，其『性』觀念之內涵，基本上乃爲『才性』之義，僅具現象意義，而無價值意義。故若以『自然』、

---

82 伽達默爾著，洪漢鼎譯《真理與方法 —— 哲學詮釋學的基本特徵》曰：「一切個別性與整體的一致性就是正確理解的合適標準。未達到這種一致性就意味著理解的失敗。」頁396。

『無為』本身作為價值標準，則畢竟『性』之何種存在狀況或活動應視為『自然』、『無為』，殊難斷定。且適性之觀念若無限擴展，則并反自然，反無為之活動，亦可稱之為『自然』、『無為』，而其理論將自我矛盾也。」[83]若如林氏所說，郭象之言「性」乃就「才性」而言，然而是否僅具現象義而不具價值義，或許容有進一步的討論空間。因郭象之言「適性」實有一無心任順、自然順成的工夫在，以保存性分在充分實現時的純粹價值；加上所適之「性」是就先天氣稟而言，而不就後天好惡或流蕩的欲求而論，故其說便無林氏所謂「適性之觀念無限擴展」，有著「反自然」、「反無為」的可能。[84]如此，究竟是郭象思想內部的不一致，抑或詮釋者自己本身造成的問題，似可得到釐清。

由此可見，基於不宜導入「文本是不可理解」的困局，或輕言文本為一自相矛盾的內容，故在詮釋郭象《莊子注》時必須以「詮釋學的循環」對郭《注》進行詮釋，方能真實地把握其論學宗趣。

## 三、正視詮釋上的「時間距離」與「前見」

所謂詮釋上的「時間距離」（Zeitenabstand）是指解釋者與原作者之間，因彼此各有「前見」（Vorurteile），且為一種不可消除的差異，而此差異是由於他們之間的歷史距離

---

83 見林聰舜：《向郭莊學之研究》，頁 174。
84 關於郭象論性分是就先天氣稟而言，而不就後天好惡而論的說明，詳見第二章第一節。

所造成的；加上每一時代都必須按照它自己的方式來理解歷史傳承下來的文本，而文本的意義永遠的超越它的作者，因爲理解並不是一種複製的行爲，而是一種創造性的行爲。[85]可見郭象帶著個人時代背景特色去詮解《莊子》爲一無法避免之事實，故將《莊子注》視爲一具時代特色之創造性的著作亦屬無可爭辯。問題在於，我們理解《莊子注》的同時，亦無可避免自然帶著各自的「前見」去理解郭《注》，而所謂的「前見」（Vorurteile）並不意味著是一種錯誤的判斷，而是可以正面地爲我們提供理解文本的一個出發點。[86]在這種情況下，並不是要我們徹底消除自己的「前見」，或無視郭象的視域進行詮釋，而是以同情的理解，嘗試進入郭象注《莊》的時空背景之中，使我們的視域，與郭象的視域相融合，才有可能適當的進行詮釋，把握郭象著述大旨。

　　面對詮釋郭象《莊子注》的最大問題有二：第一，在於古今文化背景的殊異；第二，則在於儒道義理分際異同。前者的問題相較後者易於發現，問題產生主要由於古今文化差異造成；後者之問題的存在則相對幽微而不易察覺，乃中國哲學義理分齊的問題，無關古今中外，主要由於各人「前見」而影響詮釋者的詮釋方向。下文將分別舉例略作說明，以示詮釋過程中該如何正視詮釋者與郭象之間的「時間距離」及「前見」。

　　若就第一個問題而論，最能體現古今學術思想的差異

---

85　伽達默爾著，洪漢鼎譯：《真理與方法 —— 哲學詮釋學的基本特徵》，頁 402-403。
86　同上注，頁 369-387。

性，即在於如何掌握郭《注》原文的能力，究其原因不得不歸結到西學對傳統的衝擊。[87]如「自然」一義，爲郭《注》，也是道家義理的通義，然而中國傳統文化近百餘年來因西學傳入，致使理解「自然」一義與西方哲學之「自然主義」相混同。西方之「自然主義」是用機械原理說明宇宙現象，一切現象均是有所依待，落在因果關係系列之中，成爲他然的脈絡中之一事物，恰好與道家之「自己如此」的自然義相反，[88]而失其無心無爲的生命中之工夫義。郭象之「自然」義與西方之「自然主義」乃截然不同脈絡中的兩種思想模式，不能混二者爲一，然而不少學者詮解郭《注》時忽略此一關鍵原則，逐認爲郭象「自生獨化」之說爲一宇宙論。如李中華即認爲郭象之「自然」爲西方之「自然主義」，認爲郭象之「造物者無主」與恩格斯評述之赫胥黎有相類處，同爲「宇宙的造物主和主宰者是不存在的，對我們來說，物質和能是既不能被創造也不能被消滅」。[89]又因李氏對傳統道家之「自然」義無相應同情的理解，逐把郭象言「天地亦無心而自動」，理解爲「天體論」，與《晉書・天文志》之言「天高窮於無窮，地深測於不測……其光耀布列，各自運行，猶江海之有潮汐，萬品之有行藏也。」的說法混爲一談。[90]

不僅如此，湯一介在詮釋郭象的「無爲」時，落在形而

---

87 周雅清曾指出研究莊學之鴻溝，即在於西學對傳統的衝擊，見氏著《莊子哲學詮釋的轉折 —— 從先秦到隋唐階段》，頁 31。

88 見牟宗三：《中國哲學十九講》（臺北：臺灣學生書局，1999.9），頁 90。

89 見許杭生等：《魏晉玄學史》，頁 331。

90 同上注，頁 347。

下之「無所作為」來理解，遂以為郭象言「所謂無為之業，非拱默而已」（〈大宗師〉注）、「夫無為也，則群才萬品各任其事，而自當其責矣」（〈天道〉注）之「無為」義為一「特定的『有為』」，而大異於《莊子》之「無為」義。[91] 如此詮解郭象，亦在於「時間距離」的影響，今人使用「無為」一詞乃就「無所作為」而論之，是以常識語言解釋學術語言，未能守住解釋文本章句訓詁的原則，強以今義詮解郭象之意，則必形成詮釋上的扞格。

　　若就第二個問題而論，產生儒道義理混同的原因，泰半因為詮釋者受到各人「前見」的影響，而未能釐清儒道義理分齊。承上述引例所言，縱然近人研究郭象《莊子注》時亦注意到郭象所謂「無為」、「自然」等義，乃傳統道家義理脈絡下「無心造作」、「自然而然」之意，於詮解「自生獨化」時，仍不能避免或受兩漢氣化宇宙論影響，而認為郭象此說是為了說明宇宙生成而立，遂致詮釋郭《注》時未能緊扣生命當下存在而論。[92] 如此，若將郭象「自生獨化」之說，理解為僅為說明宇宙生成論，則與其逍遙、齊物、迹冥論、名教觀、性分論等主題內容無必然之關聯，勢必導致截斷成兩個不相干的部分，而使郭《注》義理系統無法融貫、統一。

　　除此以外，在詮解郭《注》義理時，或因郭象言「仁義」，

---

91 見湯一介：《郭象與魏晉玄學》（第三版），頁 229。

92 認為郭象「自生獨化」之說為宇宙論者如錢穆：《莊老通辨》（臺北：東大圖書，1991.12），頁 421；勞思光：《新編中國哲學史》（二）（臺北：三民書局，2002.10），頁 180；周大興：《東晉玄學論集》（臺北：中研院文哲所，2004），頁 144；盧桂畛：《境界‧思維‧語言 —— 魏晉玄理研究》（臺北：臺大出版中心，2010.7），頁 199。

論禮法制度，而認為郭象《莊子注》「以道家的自然哲學與儒家的綱常倫理相融合」，乃「中國儒道結合的產物」、[93]「是以儒解道」、「調和儒道之說」。[94]郭象是否有意會通儒道，就撰述動機而言，已無從考證，然而若據郭《注》內容所言，其所謂之「仁義」、禮法制度，仍屬道家義理脈絡下之「仁義」、禮法，屬於道家之義理形態實無容置疑。其次，或以為郭象用語與佛理相近，以此認定郭《注》內容受到佛理影響，[95]此等詮釋不但無助於融合詮釋者與郭象之視域，反而造成混同各家義理分際的困擾。除了儒道佛三教義理分際須明辨之外，亦須明辨莊學內部義理發展之轉折。傳統注書的原則為「注不破經，疏不破注」，然而莊學之中《莊子》、郭象《莊子注》、成玄英《莊子疏》之間的詮釋轉折，亦不容忽視。如郭象之「迹冥論」與「成心」一說，便與《莊子》及《莊子疏》相異，若詮釋時不加分辨，誤以三者所言無異，則造成理解郭《注》哲學系統時，形成理論上的種種矛盾，關於此一問題的詳細討論，可見第二、三章「主題內容」。

　　由以上所述可見，在詮釋過程中，如沒有正視郭《注》與詮釋者之間的「時間距離」與「前見」，則不只在理解字詞文意上與文本之間相互扞格、牴觸；更會影響我們理解整部郭《注》的詮釋向度。例如：認為郭象言「君臣就位」、

---

93　見王曉毅：《郭象評傳》，頁 194。

94　余敦康認為郭象的代表作是《莊子注》和《論語體略》，《莊子注》是以儒解道，《論語體略》是以道解儒，見氏著《魏晉玄學史・魏晉玄學與儒道會通》，頁 10。林聰舜認為向郭迹冥論齊一儒道、任自然不廢名教的主張為調和儒道之說，見氏著《向郭莊學之研究》，頁 161。

95　見王曉毅：《郭象評傳》，頁 194-195。

「上下咸得」的目的是在於加強君主權力，爲庶族勢力尋找政治出路，從而鞏固封建地主階級的統治。又或者，認爲郭象「任性安分」的說法是要老百姓甘心被剝削欺壓，以便統治者更「合理」地剝削勞動人民，另一方面論證封建等級制度合理性麻痺人民的意志，使其忘掉榮辱，甘心作奴隸。[96]如此詮釋，莫不由於以詮釋者之「前見」附會魏晉時代的部分政治實況所造成之說法。又例如，詮釋者或受《晉書》、《世說新語》的影響，認爲郭象「爲人行薄」，[97]遂因人廢言，推翻郭象所有說法，視郭象所論的一切理想，爲包裝其「選擇了與現實利益適應的一面」，[98]且不論《世說》、《晉書》所言可信度如何，詮釋文本時應扣緊注文內容稱理而談，不宜因人廢言，使得解說時易致偏差。

　　雖然文本一經詮釋，就無可避免地參入了詮釋者的個人「前見」，實不可能完全密合詮釋郭象《莊子注》的內容，[99]然而並不代表我們無法用較爲適當、合理地詮釋郭象《注》，一如前文所述，只要我們能正視彼此間的詮釋「時間距離」與「前見」，融合自身視域與郭象詮釋《莊子》之視域，便

---

96 分別見許杭生等：《魏晉玄學史》，頁 382、頁 394。湯一介：《郭象與魏晉玄學》（第三版），頁 294；康中乾：《有無之辨 —— 魏晉玄學本體思想再解讀》（北京：人民出版社，2003.5），頁 361，亦有相類看法。
97 關於此說之詳細內容，詳見下節「郭象生平及其著述」。
98 見陳少明：《《齊物論》及其影響》（北京：北京大學出版社，2005.9），頁 102。
99 伽達默爾著，洪漢鼎譯《真理與方法 —— 哲學詮釋學的基本特徵》曰：「歷史方法的潛在前提就是，只有當某物歸屬於封閉的關係時，它的永存的意義才可客觀地被認識。」頁 405。案：換言之，只要文本是開放的，一經詮釋，就無可避免的佔有詮釋者的時代精神。

能凸顯郭《注》的詮釋轉向及其立言宗趣。首先，只要我們將理解置入郭象所處的時代背景，方能同情地理解注文所述內容，然而此所謂置入郭象所處的時代背景，並不是將注文內容去回應魏晉史實，如李中華認為郭象「多賢不可以多君，無賢不可以無君」之說，是為了說明「君主不能拱手靜默什麼也不幹，而是要『俯仰萬機』、『手足樊夷』。他認為只有這樣，西晉王朝的統治才能得以維持。」[100]以時代歷史因素討論思想，固然不能排除此種可能，然而也會導致郭象思想被局限在某些歷史事件事之中，只會減殺了郭《注》哲學思想的高度。更甚的是將郭《注》只作為回應當時的存在困境所提出的政治理想，局限於個別的政治的事件上去理解，以晉惠帝為例，證明「無為政治並不能從根本上克服專制政體的內在矛盾，它只是一種在肯定專制政體的前提下，力圖將政治機器的運轉納入正常軌道的理論，只能限制專制集權的濫用，卻不能改變專制政體的本體。」[101]以現實政治上的種種問題歸咎於道化政治的理境，誤以人病為法病，則不但對文本無同情的理解，且因局限於某特定史事來詮釋文本，而忽略了義理的普遍性。由以上舉例可見，將自身置入郭象所處的時代背景來理解注文時，仍須注意是否有過猶不及的情況出現，若沒有相應同情的理解，則詮釋者自身與郭象之間的視域便無法融合。「一項合理的詮釋，必須一方面將詮釋主題置於它們隸屬的特定時代與文化背景來了解，但另一

---

100　見許杭生等：《魏晉玄學史》，頁 395。
101　見盧國龍：《郭象評傳 —— 理性的薔薇》（廣西：廣西教育出版社，1997.8），頁 178。

方面也要能夠抽繹出它不受時空拘限的思想觀念，而且儘可能用現代語言與哲學經驗傳遞給讀者。」[102]故在詮釋郭象《注》時，既要同情地理解其著述旨趣是因應當時所面對的時代問題而發，亦不能泥於特殊的歷史事件中詮解注文，以致減殺郭《注》哲學思想的普遍性與超越性，此乃正視詮釋上之「時間距離」與「前見」之必要。

　　除了以詮釋者自身置入郭象所處的時代背景來理解其立言宗趣外，「一項合理的詮釋必須能夠還原到經典中，取得文獻的印證與支持，而其詮釋觀點籠罩的文獻愈廣，則詮釋就愈成功。」[103]所詮釋的觀點能有文本印證，方有所本，才能傾聽文本的說法。除了嚴守章句訓詁的原則外，當遇有不清楚的觀念時，亦應以文本中無疑義的內容來解釋有疑義的內容，方能盡可能合理地詮釋文本；[104]而文本裡的內容越是能夠統攝於詮釋觀點下，則越見其詮釋系統之系統性與一致性。

## 四、肯定提問對於揭示文本意涵的重要性

　　承上所論，只有正視文本與詮釋者之間的「時間距離」與「前見」，融合自身視域與郭象詮釋《莊子》之視域，方能凸顯郭《注》的詮釋轉向及其立言宗趣。然而隨著詮釋者之視域不同，眾人對文本的理解也容有有不同的看法，從而對文本作出深淺不同的提問，並藉著詮釋者之提問而獲得更

---

102 見袁保新：《老子哲學之詮釋與重建》，頁 77。
103 同上注。
104 同上注。

能與文本相融之視域，[105]進一步而言，即肯定提問對於揭示文本意涵來說，是極具重要性的詮釋環節。[106]

由詮釋者對文本提出深淺不同的提問可見，所提的問題是開放的，然而所謂問題的開放性並不是漫無邊際的，它的界限是由問題視域所劃定，若問題沒有這種界限，則是一個空問題。[107]若進一步思考則可發現，不僅提問是開放的，被提問的文本亦是開放的，倘若文本不具備開放性，則所有詮釋者所提出的提問，以及由提問而揭示出之意涵，理應只有一種答案，而不可能揭示出開放的、不同的意涵。正因文本具備開放性，歷來詮釋郭《注》者才會得出不同之詮釋結果，或以之為某種社會階級的擁護者說法，或視之為道化政治的典範完成，之所以會造成落差甚大之詮釋結果，細究其因，則在於詮釋者之「視域」不同，造成理解、詮釋文本的過程中對文本作出不同程度及視角之提問所致。

---

105 伽達默爾著，洪漢鼎譯《真理與方法 —— 哲學詮釋學的基本特徵》曰：「因此視域（Horizont）概念本質上就屬於處境概念。視域就是看視的區域（Gesichtskreis），這個區域囊括和包容了從某個立足點出發所能看到的一切。……一個根本沒有視域的人，就是一個不能充分登高遠望的人，從而就是過高估價近在咫尺的東西的人。反之，『具有視域』，就意味著，不局限於近在眼前的東西，而能夠超出這種東西向外去觀看。誰具有視域，誰就知道按照近和遠、大和小去正確評價這個視域內的一切東西的意義。因此詮釋學處境的作用就意味著對於那些我們面對傳承物而向自己提出的問題贏得一種正確的問題視域。」頁 411。

106 伽達默爾在引述柏拉圖辯證法時，則明確指出「承認問題對於一切有揭示事情意義的認識和談話的優先性」。見伽達默爾著，洪漢鼎譯：《真理與方法 —— 哲學詮釋學的基本特徵》，頁 492。

107 見伽達默爾著，洪漢鼎譯：《真理與方法 —— 哲學詮釋學的基本特徵》，頁 493。

　　歷代詮釋郭《注》者頗多，面對不同時代、不同詮釋者的提問，我們必須予以尊重，然而並不等同凡是提問，並且由之而得出的詮釋結果均具同等價值。因此提問可能是正確的，也有可能是錯誤的、歪曲的，所謂錯誤的問題是指「當某個提問並未達到開放狀態，而又通過堅持錯誤前提來阻止這種開放，我們便把這個提問稱之爲錯誤的。」[108]例如，陳少明認爲郭象藉著注〈齊物論〉發揮其安於臣妾之道，實爲其服從社會上權勢利益者的表現，職是之故，郭象論「自然」亦是爲了「包裝」他「選擇了與現實利益適應的一面」。[109]姑且不論史書所載是否屬實，如此必導致注文中所有具正面價值之思想，均淪爲「包裝」作者人格而立言。如此詮釋，則導致詮解郭《注》具有正面價值內容時，導向封閉狀態，在這種情況下之提問所揭示而得的答案均爲「包裝」人格的目的而論，如此便爲錯誤的提問。而歪曲的提問則指「那種偏離方向的東西。一個問題的歪曲性在於，問題沒有真實的方向意義，因而不可能有任何回答。同樣，對於那些並不完全錯誤、但也不是正確的主張，我們也說它們是歪曲的。」[110]例如，或有詮釋者肯定郭象玄論爲玄學典範的完成，於思想史上有著崇高的地位，並視其「獨化於玄冥之境」的論點爲道化政治的極至；然而又以現實上郭象操弄權柄、擅權專勢，其有爲之迹至爲明顯，遂認爲郭象「學行不一」有隱而難言

---

108 同上注。
109 見陳少明：《〈齊物論〉及其影響》，頁 107 及頁 110。
110 見伽達默爾著，洪漢鼎譯：《真理與方法 —— 哲學詮釋學的基本特徵》，頁 494。

的原因。[111]詮釋者對文本作出如此提問，且不論郭象為人是否如此「薄行」，以及此斷語在詮釋學上揣測撰述動機是否能得以成立，後設研究亦宜以「不因人廢言」，就文本「稱理而談」為詮釋劃定界限，故凡是揣測作者撰述動機之提問，或是因人廢言不就文本稱理而論之提問，都屬於歪曲的提問。為免影響行文流暢度，關於前人詮釋文本時所提出的問題、結論，多於附注中進行討論、辨析，以求透過對詮釋者之間不同的提問的討論，尋找更好的詮釋方法。

隨著不同時代詮釋者的提問，所揭示的郭《注》意涵亦隨之而有所不同。正如伽達默爾所言：「通過在理解中新的強調，文本被帶進某個真正進程之中，這正如事件通過其繼續發展被帶入真正進程之中一樣。……理解的每一次實現都可能被認為是被理解東西的一種歷史可能性。我們此在歷史有限性在於，我們自己意識到在我們之後別人將以不同的方式去理解。……對於同一部作品，其意義的充滿正是在理解的變遷之中得以表現。」[112]由此可見，郭象《莊子注》所蘊涵的意義，不但無法被前人研究所窮竭，即使是以後的詮釋者，也無法徹底窮盡其底蘊。只要有新的材料、新的研究方法、新的視域、新的提問出現，郭象《注》即可持續被詮釋著，賦予不同的詮釋向度，職是之故，始有進一步研究空間。

除了運用以上四種詮釋方法外，在詮釋郭《注》的主要義理內容時，因郭象注文每條所及之義理內涵富豐，有如因

---

111 見盧桂珍：《境界‧思維‧語言 —— 魏晉玄理研究》，頁 21-22。
112 見伽達默爾著，洪漢鼎譯：《真理與方法 —— 哲學詮釋學的基本特徵》，頁 506。

陀羅網，非謂所引者只談逍遙，便不涉及齊物、獨化等義，故引文所論詳略，各因其論題不同而有所偏重，遂以每節詳略互見的方式去討論說明。例如在談逍遙時，則以論逍遙爲主，縱然所引章句涉及迹冥論、自生獨化之說，仍只作相關的簡要論述，其餘內容則留待討論迹冥圓融、自生獨化等章節時，再加以闡釋，使得輕重、主從有所分別，條理得以清晰。

# 第四節　郭象生平及其著述

## 一、郭象生平

關於郭象的生平事跡，史籍所載並不詳盡，主要見於《世說新語》及其《注》引《文士傳》、《名士傳》二書之片段，《晉書》亦據《世說新語》及其《注》而作《郭象傳》。郭象生卒年之確定年份，因古籍不載，僅能靠現存史料作出推論。關於其生年的擬定，今人一般以「魏晉人卒壽爲六十歲」及相關的資料逆推郭象生年，[113]不知此說所據何在；至於其卒年，則按《晉書・列傳第二十・郭象傳》所載「永嘉末病卒」來作出推定。[114]因其生卒年無從考訂，在眾多說法之中，王曉毅以與郭象年齡相差不遠之庾敳、劉輿、胡毋輔之、王澄等人的生年爲依據，即假設郭象生年是在 262 年至 269 年

---

113　見盧國龍：《郭象評傳 —— 理性的薔薇》，頁 5。
114　〔唐〕房玄齡：《晉書》（北京：中華書局，2008.2），頁 1397。

之間，取其平均數則爲 265 年。王氏提出的說法恐怕是較爲
合理的推斷，故暫定其生卒年上限爲西元 262 年，下限爲 311
年。[115]至於郭象籍貫的說法，雖不如其生卒年之無從考證，
但仍有不同的說法，今取其一般的說法：郭象，字子玄，河
南人。[116]

　　有關郭象生平事跡，及其才略，見諸《晉書》、《世說
新語》，《晉書》曰：

　　　郭象，字子玄，少有才理，好《老》《莊》，能清言。

---

115 學界對於郭象生卒年說法不一，多數學者認爲郭象生於西元 252 年
　　至 312 年，如李中華、盧國龍、莊耀郎先生、余敦康、楊立華均持
　　此看法。李中華之說見許抗生等：《魏晉玄學史》，頁 311；其餘，分
　　別見盧國龍：《郭象評傳 ── 理性的薔薇》，頁 5；莊耀郎先生：《郭
　　象玄學》，頁 1-2；余敦康：《魏晉玄學史》，頁 347；楊立華：《郭象
　　《莊子注》研究》，頁 32。湯一介、方勇則認爲郭象生於西元 253 年，
　　分別見湯一介：《郭象與魏晉玄學》（第三版），頁 188；方勇：《莊子
　　學史》第一冊，頁 377。學術界對於郭象生於哪年，多認爲「不知本
　　於何典」，而其卒年，多據《晉書・列傳第二十・郭象傳》：「永嘉末，
　　病卒。」頁 1397 推敲而得。王曉毅則推其生年於 262-269 之間，
　　逝於 311 年，見氏著《郭象評傳》，頁 121。
116 關於郭象籍貫問題，亦有好幾種說法：一、其籍貫未見於《世說新
　　語》。二、爲河南人：《世說新語》注引東晉張隱《文士傳》稱之「河
　　南人」，見《世說新語箋疏》，頁 244；《晉書・列傳第二十・庾峻傳》
　　曰：「豫州牧長史河南郭象。」頁 1396；《晉書・列傳第五・裴秀傳》
　　附《裴楷傳》曰：「河南郭象。」頁 1052。三、爲穎川人：〔南朝・
　　梁〕皇侃撰，陳蘇鎮、李暢然、李中華、張學智、王博、吳榮曾校
　　點：《論語義疏・序》卻稱之爲「穎川郭象」（《儒藏（精華篇 104）》，
　　北京：北京大學出版社，2007.4）。四、爲河內人：唐人陸德明於《經
　　典釋文序錄》中稱之爲「河內人」，見《經典釋文序錄疏證》，頁 144。
　　案：據莊耀郎先生考證，穎川指當時的許昌，即今河南許昌縣東三
　　十里的地方；河內即今河南沁陽縣，位置在黃河之北，又稱河南省
　　河北道，縣治在野王。現今學術界一般較爲接受郭象是河南人的說
　　法。見莊耀郎先生：《郭象玄學》，頁 2。

太尉王衍每云：「聽象語，如懸河瀉水，注而不竭。」
州郡闢召，不就。常閒居，以文論自娛。後闢司徒掾，
稍遷至黃門侍郎。東海王越引為太傅主簿，甚見親
委，遂任職當權，熏灼內外，由是素論去之。（《晉書・
列傳第二十・郭象傳》，頁 1396-1397）[117]

豫州牧長史河南郭象善《老》《莊》，時人以為王弼
之亞。斅甚知之，每曰：「郭子玄何必減庾子嵩。」
象後為太傅主簿，任事專勢。斅謂象曰：「卿自是當
世大才，我疇昔之意都已盡矣。」（《晉書・列傳第二十・
庾峻傳》，頁 1396）[118]

郭象「才甚豐贍」，[119]能言善辯，且好老莊，可謂郭象之所
以能注《莊》而自成一家的原因。王弼乃魏晉玄學之開創者，
郭象之被時人稱為「王弼之亞」，庾斅亦稱之為「當世大才」，
孫興對郭象亦甚為稱許，孫興曰：「其辭清雅，奕奕有餘，
吐章陳文如懸河瀉水，注而不竭。」[120]可見郭象於當時已頗

---

117 《晉書》此段亦見於《世說新語》及其注。《世說新語箋疏・賞譽第
　　八下・三十二》曰：「王太尉云：『郭子語議如懸河寫水，注而不竭。』」
　　頁 519。《世說新語》注引《文士傳》曰：「子玄有雋才，能言莊老。」
　　見《世說新語箋疏》，頁 519。
118 《晉書》此段與《世說新語》及其注相類同。《世說新語箋疏・賞譽
　　第八上・二十六》曰：「郭子玄有俊才，能言老、莊。庾斅嘗稱之，
　　每曰：『郭子玄何必減庾子嵩！』」頁 515。注引袁宏《名士傳》曰：
　　「郭象字子玄，自黃門郎為太傅主簿，任事用勢，傾動一府。斅謂
　　象曰：『卿自是當世大才，我疇昔之意，都已盡矣！』其伏理推心，
　　皆此類也。」見《世說新語箋疏》，頁 515-516。
119 見《世說新語箋疏・文學第四・十九》，頁 247。
120 據《北堂書鈔》卷九十八引《語林》語，認為此讚美之詞出於孫綽，
　　而非王衍。虞世南編撰，孔廣陶校註《北堂書鈔・卷九十八》曰：「《語
　　林》云：王太尉問孫興公曰：『郭象何如人？』答曰：『其辭清雅，

負盛名。不僅如此，據史書所載，裴楷「嘗與河南郭象談論，
一坐嗟服。」[121]可見郭象有言辯之才，實爲不虛。

　　然而關於郭象生平，自閉居到出仕，後世評價好壞參半。
郭象先是閑居，後投身官場，曾爲司馬越之司空掾，再任黃
門侍郎，參加蕩陰戰役；其後爲司馬越引爲太傅主簿；及後，
司馬越爲丞相，郭象轉爲丞相府主簿，仕途順遂。[122]對於郭
象任官的評價，史書評之甚爲嚴峻，如《晉書》所載「任職
當權，熏灼內外」、「任事專勢」、「操弄天權，刑賞由己」
[123]《名士傳》則謂其「任事用勢，傾動一府」。[124]後世學者，
則有與史書評價不同者，如章太炎〈讀郭象論嵇紹文〉則認
爲郭象「爲東海王主簿，獨奮筆無所忌。……象則晉之清言
者也，黽厲守正，邈遠于儒。」[125]章氏之評郭象身處亂世，
仍能直言不諱，無懼流俗，更是難能可貴。李中華認爲苟晞
上表，把郭象判爲邪佞奸黨，乃黨派之爭所致。[126]盧國龍認
爲郭象依附東海王而出仕，是爲了拯救淪亡的西晉，盧氏更

---

奕奕有餘，吐章陳文如懸河瀉水，注而不竭。」……今案本鈔卷一
百〈歎賞篇〉引《語林》同，陳本改今《晉書》非也。」（北京：學
苑出版社，1998.3），頁 3。案，陳本指陳禹謨補註本，見陳禹謨補
註：《北堂書鈔》（《景印文淵閣四庫全書》889 冊，臺北：臺灣商務，
1986），頁 475 上，孔校甚是。

121 見《晉書・卷三十五・裴秀傳附裴楷傳》，頁 1052。
122 關於郭象平生任官之概況，參見王曉毅：《郭象評傳》附錄，頁
　　380-392。
123 《晉書・列傳第三十一・苟晞傳》，頁 1669。
124 《世說新語箋疏・賞譽第八上・二十六》注引袁宏《名士傳》，見《世
　　說新語箋疏》，頁 515。
125 章炳麟：《太炎文錄初編・文錄一・讀郭象論嵇紹文》（《續修四庫全
　　書》1577 冊，上海：上海古籍，2002），頁 406。
126 見許抗生等：《魏晉玄學史》，頁 307。

認為《晉書》是依酷吏苟晞所上表奏而言郭象「任事專勢」、「任職當權，熏灼內外」，故不足為憑。[127]莊耀郎先生則認為文獻不足徵，難以有限的資料與於春秋之褒貶評定郭象，若從郭象著作中所言「夫取富貴，必順乎民望也，若挾奇說，乘天衢，以嬰人主之心者，明主之所不受也，故如有所譽，必有所試，於斯民不違，僉曰舉之，以合萬夫之望者，此三代所以直道而行之也。」（〈列禦寇〉注）便可得知郭象用心並不如史書所評，亦不矯情排斥富貴，他之所以出仕，大概因其「直道而行」，於亂世中既不採取退隱，亦不媚主而行。[128]

　　由上引資料可見，論才氣，郭象確有才理，且好老莊，能清言，如懸河瀉水；論人品，後世對郭象所評好壞參半，《晉書》、《世說新語》評之「為人行薄」，[129]後世學者則持有與《晉書》、《世說新說》不同看法，原因在於《晉書》、《世說新說》不足採信。劉昫修《舊唐書》時於〈房玄齡傳〉中認為房玄齡等人所修《晉書》之《郭象傳》寧採《世說》「詭謬」之說而不取《文士傳》較為平實的說法，究其因，則在於「史官多是文詠之士，好采詭謬碎事，以廣異聞；又所評論，競為綺豔，不求篤實，由是頗為學者所譏。」[130]職是之故，《晉書》採《世說新語》的說法，所載是否為實錄，

---

127　見盧國龍：《郭象評傳 —— 理性的薔薇》，頁 8-9。
128　莊耀郎先生：《郭象玄學》，頁 5-6。
129　見《晉書・列傳第二十・郭象傳》，頁 1397、《世說新語箋疏・文學第四・十七》，頁 244。
130　〔後唐〕劉昫：《舊唐書》（臺北：臺灣商務印書館，2010.11），頁 16-677。

留與後人可議之處。《四庫全書總目》亦指出「唐修晉書，本據臧榮緒等舊史，而益以諸家小說，煩碎猥雜及牴牾錯互之處，皆所不免。」「《晉書》所以猥雜者，正爲喜採小說耳，而國緒乃多取瑣碎故實及清談譫語，與房喬等所見正同，是如塗塗附矣。」[131]明人茅國縉輯《晉史刪》，因《晉書》繁冗，故刪其繁者以存其要，然而其刪書原則與房玄齡撰《晉書》的原則相同，由此可見，《晉書》、《晉書刪》皆採《世說》的說法，有違史書求真的態度，未能據實載之。《四庫全書總目》更認爲劉孝標注《世說新語》「糾正義慶之紕繆」[132]，可見注語所引，較諸《世說新語》更具參考價值，更能見郭象之爲人操守。[133]

# 二、郭象著述

縱然《晉書》、《世說新語》所載郭象之爲人與《世說》注文以及近人的評價有所出入，但仍無損郭象著作的價值，關於郭象著作據文獻所載有《莊子注》、《論語體略》、《論

---

131　《四庫全書總目・卷五十・史部》（北京：中華書局，1987.7），頁457。

132　見《四庫全書總目・卷一百四十・子部》曰：「孝標所注特爲典贍，高似孫《緯略》亟推之，其糾正義慶之紕繆，尤爲精核。所引諸書，今已佚其十之九，惟賴是注以傳。」頁1182。

133　《世說新語》注引《文士傳》曰：「象字子玄，河南人。少有才理，慕道好學，託志老、莊。時人以爲王弼之亞，辟司空掾、太傅主簿。」、「象作《莊子注》，最有清辭遒旨。」較《世說》言郭象「爲人薄行」、「見秀義不傳於世，竊以爲己注」之說更爲可靠。見《世說新語箋疏・文學第四・十七》，頁244。關於象竊秀注之說詳見下文。

語隱》、《老子注》、《論稽紹》、《致命由己論》、《碑論》十二篇、《郭象集》。除《莊子注》保存完整外，《論語隱》、《致命由己論》、《碑論》十二篇、《郭象集》早已亡佚。《論語體略》、《老子注》尚存佚文：《論語體略》佚文見於皇侃《論語義疏》及馬國翰《玉函山房輯佚書》；《老子注》佚文則見於《道德真經注疏》、李霖《道德真經取善記》。《論稽紹》文已不可見，只存後人徵引之殘篇。

後世研究郭象思想均以其《莊子注》為主，旁及《論語體略》佚文。就《論語體略》佚文九條而論，均與郭象之道化政治哲學相關，亦可與《莊子注》相互參照，更能佐證《莊子注》為郭象所注。至於《莊子注》因《世說新語》及《晉書》所云，致使後世或以為郭象竊向秀注為己用，下文將引《世說新語》所錄作出討論，文曰：

> 初，注《莊子》者數十家，莫能究其旨要。向秀於舊注外為解義，妙析奇致，大暢玄風。惟〈秋水〉、〈至樂〉二篇未竟而秀卒。秀子幼，義遂零落，然猶有別本。郭象者，為人薄行，有儁才。見秀義不傳於世，遂竊以為己注。乃自注〈秋水〉、〈至樂〉二篇，又易〈馬蹄〉一篇，其餘眾篇，或定點文句而已。後秀義別本出，故今有向、郭二《莊》，其義一也。（《世說新語箋疏‧文學第四‧十七》，頁 243-244）[134]

---

[134] 《晉書》引《世說》內容而作〈郭象傳〉，內容大致相同，文曰：「先是注《莊子》者數十家，莫能究其旨統。向秀於舊注外而為解義，妙演奇致，大暢玄風。惟〈秋水〉、〈至樂〉二篇未竟而秀卒。秀子幼，其義零落，然頗有別本遷流。象為人行薄，以秀義不傳於世，遂竊以為己注，乃自注〈秋水〉、〈至樂〉二篇，又易〈馬蹄〉一篇，

關於郭象竊向秀注為己用的說法，均源於《世說新語》「郭象者，為人薄行，有儁才。見秀義不傳於世，遂竊以為己注。」此段而致，《晉書》襲其說以入〈郭象傳〉，後人亦多繼承《世說》、《晉書》所言認為郭象《莊子注》是剽竊向秀而得，如宋代高似孫、王應麟，明代焦竑、胡應麟、謝肇淵、陳繼儒、王昶春、袁守定、陸以湉等便是持郭象剽竊向秀注文之說，宋明學者對郭象剽竊向秀說多無疑義，似亦成定論。[135] 自清以後，錢曾、王先謙、吳承仕、劉盼遂等人對郭《注》自向秀說疑之者亦不少，而他們質疑的根據是就《晉書・向秀傳》與〈郭象傳〉的內容出現矛盾而提出質疑。[136]〈向秀傳〉曰：

> 莊周著內外數十篇，秀為之隱解，發明奇趣，振起玄風。……惠帝之世，郭象又述而廣之，儒墨之迹見鄙，道家之言遂盛焉。（《晉書・列傳十九・向秀傳》，頁 1374）

〈向秀傳〉與〈郭象傳〉、《世說新語》所論各有異同，所同者乃向秀注本「妙析奇致，大暢玄風」；所異者乃〈向秀傳〉謂郭象乃「述而廣之」，而〈郭象傳〉、《世說新語》則謂郭象「自注〈秋水〉、〈至樂〉二篇，又易〈馬蹄〉一篇，其餘眾篇，或定點文句而已」。就其異處而言，則必有以下疑問：第一，到底郭象於《莊子注》乃「述而廣之」，還是只注〈秋水〉、〈至樂〉二篇，易〈馬蹄〉一篇，其餘

---

其餘眾篇或點定文字而已。其後秀義別本出，故今有向、郭二《莊》，其義一也。」見《晉書・列傳第二十・郭象傳》，頁 1396-1397。
135 見許抗生等：《魏晉玄學史》，頁 311。
136 見湯一介：《郭象與魏晉玄學》（第三版），頁 197。

篇章稍作定點文句而已？第二，向秀注莊既有別本，且嵇康、呂安亦曾讀其注，而稱之曰「莊周不死矣！」[137]向秀「及成」《莊子注》以示嵇康、呂安二人，何以謂向秀注書未竟而卒？又既有別本，而又能發明奇趣，何以向秀之注本不傳，而為郭象注本所取代？第三，若果真如〈郭象傳〉、《世說新語》所言向秀子幼，義遂零落，加上郭象為人薄行，「見秀義不傳於世，遂竊以為己注」，然而又曰「惠帝之世，郭象又述而廣之」，於惠帝時向秀兒子最小也有二十歲，何以說其年幼？且向秀二子當其時分別官至侍中及御史中丞，又豈能無視其父之注為郭象所竊而無所反應？[138]由此可見《晉書・郭象傳》所引《世說新語》之內容，與其〈向秀傳〉之內容，已有不相合之處。[139]

　　若不就向、郭所注內容而論，僅就《世說新語》及《晉書》所述內容來看，亦能見二者所述之矛盾所在。若從向、郭《莊子注》的內容來看，則更見《世說新語》及《晉書》之說並不如實。向秀《莊子注》雖失傳，然而可從張湛注《列

---

137 見《世說新語箋疏・文學第四・十七》注引〈秀別傳〉曰：「秀與嵇康、呂安為友，趣捨不同，嵇康傲世不羈，安放逸邁俗，而秀雅好讀書。二子頗以此嗤之。後秀將注《莊子》，先以告康、安，康、安咸曰：『此書詎復須注？徒棄人作樂事耳！』及成，以示二子。康曰：『爾故復勝不？』安乃驚曰：『莊周不死矣！』」頁 243。

138 關於向秀二子於晉惠帝時已為成人，且為已有令譽之朝中名士的內容考據，詳見盧國龍：《郭象評傳 —— 理性的薔薇》，頁 16。

139 李中華認為《晉書》自《世說新語》取材，是因為郭象的生平著述材料在南朝劉宋及梁時，已亡佚很多，故唐人編《晉書》時，在《郭象傳》中除了「永嘉末病卒」外，再沒有增加其他新的內容。加上《晉書》非一人所作、政治忌諱和選材遺漏，使對郭象的記載前後不能一致。見許抗生等：《魏晉玄學史》，頁 304。

子》中引向秀《莊子注》的部分內容，得見向、郭注《莊》的分別。

　　近人王叔岷先生將向、郭《注》文字內容異同作比較研究後，指出「向郭所注莊子，其篇目多寡已不同」、「向有注郭無注者四十八條，向郭《注》全異者三十條，向郭《注》相近者三十二條，向郭《注》相同者二十八條」，足見郭《注》之與向注，異多同少，且全異者不限於〈秋水〉、〈至樂〉、〈馬蹄〉三篇，以證《世說》、《晉書》言郭象僅「自注〈秋水〉、〈至樂〉二篇，又易〈馬蹄〉一篇」，依現有資料檢視，並非真實。王氏又證得向氏有注，郭氏未襲片言者凡四十五條；向郭《注》全異者凡三十條；郭《注》本於向注，而有所損益，以成其說者凡三十二條；向郭《注》相同者，然其中並非詞句全同者凡二十八條，由此可見郭象並非只是「定點文句」，亦非竊向注為己有，《世說》、《晉書》之說很難符合今傳資料之實。[140]

　　若不自向郭二注之文字異同比較，進一步就二人之義理內容比較，則更見向、郭《注》之異同。周雅清則指出向秀

---

140　見王叔岷：《莊學管窺》，頁 113-130。《經典釋文序錄疏證》引《四庫提要》曰：「張湛《列子注》中，凡文與《莊子》同者，亦兼引向、郭二《注》，有二家一字不異者，有向有而郭無者，有大同小異者。是則所謂郭竊向書點定文句者，殆非無證。」頁 143。余嘉錫言：「向秀《莊子注》今已不傳，無以考見向、郭異同。《四庫總目》一百四十六《莊子提要》嘗就《列子》張湛《注》、陸氏《釋文》所引秀義，以校郭《注》。有向有郭無者，有絕不相同者，有互相出入者，有郭與向全同者，有郭增減字句大同小異者。知郭點定文句，殆非無證。」見余氏箋疏《世說新語箋疏》，頁 245。二者所言，未若王叔岷之舉證豐詳，遂謂郭《注》竊向書，點定文句。

不可能爲《莊子注》這一套道化政治體系的建構者，原因有三：首先，若郭象只是將向注據爲己有，則何以《莊子注》與今存郭象之《論語體略》佚文不論在思想內容還是文字表達上，均出一轍，均爲闡釋爲政之道？其次，依〈向秀別傳〉所載，向秀於嵇康未逝世之前作注，此時向秀對政治則採取疏離態度，則與《莊子注》之旨在發明「經國體致」（〈天下〉注）之取向大不相同。再次，《莊子注》所表現出之建構理想政治的旺盛企圖心，與向秀一生的經歷不甚吻合，可見向秀很難是今本《莊子注》這一套道政治體系的建構者。[141]不僅如此，若從向秀「不生不化」之說與郭象論「自生獨化」的內容更見二人論生化之義理內涵本不相同。向秀曰：「吾之生也，非吾之所生，則生自生耳。生生者豈有物哉？無物也，故不生也。吾之化也，非物之所化，則化自化耳。化化者豈有物哉？無物也，故不化焉。若使生物者亦生，化物者亦化，則與物俱化，亦奚異於物！明夫不生不化者，然後能爲生化之本也。」[142]其不生、不化雖亦似郭象之言自生獨化，然而其生化背後卻以「自然」爲先於眾物者，[143]以「自然」爲「不生不化者」，可見向秀所論乃肯定有一超越的道體存在，並以此超越的道體生化萬物，其言「自生」僅就萬物之生化無心的作用義而言，而非如郭象所謂之「自生」乃「外不資於道」（〈大宗師〉注）、「上不資於無」（〈天地〉

---

141 見周雅清：《莊子哲學詮釋的轉折 —— 從先秦到隋唐階段》，頁 12-14。

142 〔東晉〕張湛注，楊伯峻撰：《列子集釋》（北京：中華書局，2008.12），頁 4，張湛注引向秀說。「無物也」三字據王叔岷之說補之。

143 《列子集釋》引向秀注曰：「同是形色之物耳，未足以相先也。以相先者，唯自然也。」，頁 49。

注），沒有一形上主宰來生化萬物。[144]由二人之論生化的義理內容不同，更見若郭象僅對向注定點文字，或爲剽竊向注者，何以有此不同的看法？

　　雖然向、郭在注《莊》之思想內容上有不少相同處，然而古人以述爲作，多在注書時繼承前人說法而不另加說明，蓋郭象繼承向秀注，有如向秀之繼承崔譔之莊《注》一樣，[145]並非僅就前人所作「定點文句」而已，而是郭象在前人《注》的基礎上「述而廣之」，發展其道化政治之哲學體系。職是之故，今本《莊子注》所呈現之系統相宜歸於郭象所有，[146]筆者所論之郭象《莊子注》亦是就郭象於前人注《莊》的基礎上所作之注文而論，即向秀及前人之《注》亦自在其中。

---

144　關於郭象「自生獨化」之義理內涵，詳見第三章第二節。
145　據《世說新語》注引《秀本傳》曰：「或言秀遊託數賢，蕭屑卒歲，都無注述。唯好莊子，聊應崔譔所注，以備遺亡云。」《世說新語箋疏・文學第四・十七》注，頁234。
146　見莊耀郎先生：《郭象玄學》，頁14。

# 第二章　主題內容（一）

　　郭象從《莊子》之重心轉向重性，以性分作為其思考眾多問題的起點，繼承並發展了《莊子》之逍遙、齊物大旨。郭象由其兩層逍遙論推出迹冥圓融之說，又從性分之自適、自得轉出萬物自生獨化之意，從萬物之自爾而見自然中自有名教，由此可見郭象注《莊》的主題內容之間關係有如因陀羅網，彼此相融、互見，以下將從郭象之性分合一、兩層逍遙、迹冥圓融、不齊之齊、自生獨化、圓融名教等六個主要詮釋重點分別闡述，以明辨各主題內容之義理內涵、分際及其轉向之宗趣。

## 第一節　性分合一

　　性分乃郭象《莊子注》之重要概念，郭象重性，《莊子》重心，實為《莊子注》義理內容的重要轉向，關於二者所重之不同莊耀郎先生曾作精要的比較：

> 莊子重心，重主體之能動性、普遍性，恆指點吾人能不安不忍，於成心之芒昧陷溺中超拔出來，調適上遂，以安頓吾人之身心性命，自適其適，做自己生命

> 的主人，一心之真淳徹達，是重主體實踐的主要內
> 容。郭象重性，則特顯氣性之特殊性和限制性，是屬
> 於客體義的一面，非主觀意志所能改變。既非主觀意
> 志所能改變，則只能成全它，順任它，發展它，實現
> 它，而表現為生命萬殊的姿態。[1]

郭象重性，可見其詮釋方向已從《莊子》之重主體實踐，轉
向重客體義，從《莊子》重向上超拔，以心齋、坐忘工夫逆
返向上貞定人生，轉向任性安分成全萬殊生命呈現的不同面
相。郭象論性的這個轉向，致使其論逍遙、齊物皆異於《莊
子》，甚至論自生獨化、名教亦自性分轉出，故性分可謂郭
象哲學之核心概念，亦為其道化政治哲學立論的基礎。[2]今就
其性分之殊異性、限制性，以及明王如何任天下之性分等內
容作出討論，以明其大概。

# 一、性分之殊異性

## （一）從氣稟論性

凡言性有兩路：一順氣而言，二逆氣而言。順氣而言，
則性為氣質之性，亦曰「氣性」，如王充之言性；或曰「才
性」，如《人物志》之所論，則以「才性」為重點。逆氣而
言，則在於「氣」之上逆顯一「理」，如宋明儒之「天地之

---

1 見莊師耀先生：〈郭象《莊子注》的性分論〉，頁 164。
2 莊耀郎先生認為郭象「以性分說作為道化政治重要的一環」，見先生著
〈郭象《莊子注》的性分論〉，頁 172。王曉毅亦認為性分乃「郭象哲
學的核心」，見氏著《郭象評傳》，頁 273。

性」、「義理之性」。[3]順氣言性乃完成之、實現之；逆氣言
性乃貞定之、主導之，郭象則屬於順氣言性的一路。關於性
分的定義郭象有清楚的表述，其注曰：

> 言自然則自然矣，人安能故有此自然哉？自然耳，故
> 曰性。（〈山木〉：「人之不能有天，性也。」句下注，頁694）
>
> 受生各有分也。（〈知北遊〉：「無知無能者，固人之所不免也。」
> 句下注，頁768）
>
> 所稟之分各有極也。（〈養生主〉：「吾生也有涯。」句下注，
> 頁115）

以稟受、「自然」說性，即順告子「生之謂性」、荀子「本
始材樸」義、[4]董仲舒「如其生之自然之資謂之性」、[5]王充
「用氣為性，性成命定」[6]之說，以氣論性，是從殊異性論，
而不從普遍性論，從普遍性則是由道德論。郭象言性是就稟
氣的異質的差別性而言，屬生就義，如善惡、美醜、大小、
智愚、才不才等。分是就稟氣的程度多少而言，屬實現義，[7]
如智愚亦有等級程度之分，雖同為智者亦有相對的高下之
別，符應於外則為眾人之職分。性分由生就稟受而得，自非

---

3 牟宗三：《才性與玄理》，頁1。
4 〔先秦〕荀卿，李滌生：《荀子集釋・禮論篇》（臺北：臺灣學生書局，
　2000.3），頁439。
5 〔西漢〕董仲舒著，蘇輿撰，鍾哲點校：《春秋繁露義證・深察名號》
　（北京：中華書局，2010.1），頁291。
6 〔東漢〕王充著，黃暉撰：《論衡校釋・無形篇》（北京：中華書局，
　1990.2），頁59。
7 莊耀郎先生便認為：「言『性』是生就義、根據義；言『分』是稟受義、
　實現義，兩者是相符應的」。見先生著〈郭象《莊子注》的性分論〉，
　頁165。

後天人力所能改易，故郭象又曰：

> 天性所受，各有本分，不可逃，亦不可加。（〈養生主〉：「是遁天倍情，忘其所受。」句下注，頁 128）

> 言性各有分，故知者守知以待終，而愚者抱愚以至死，豈有能中易其性者也！（〈齊物論〉：「一受其成形，不忘以待盡。」句下注，頁 59）

性分不因個人好惡而損益更替，可見其說受到漢代氣化宇宙論的影響，主張「性命固當」。[8]雖說性分不可改易，且性成命定，然而其說與王充之性成命定說有所不同，亦不能把「豈有能中易其性」理解爲「凡是存在的都是合理的」。王充「性成命定」論認爲人生之初，稟氣有厚薄之別，因此才智、品性、貴賤、貧富、榮辱均被決定，而不得易改，故曰：「並爲人，或貴或賤，或貧或富。富或累金，貧或乞食；貴至封侯，賤至奴僕。非天稟施有左右也，人物受性有厚薄也。俱行道德，禍福不均，並爲仁義，利害不同。」（《論衡校釋·幸偶篇》，頁 40）可見後天怎麼努力、行善亦不能積福，任何命遇均在父母施氣之時就被決定。若就性命內涵而言，郭象言「尊卑先後之序，固有物之所不能無也」（〈天道〉注）、「尊卑貴賤，於其體中各任其極」（〈天運〉注），又曰「足於天然而安其性命，故雖天地未足爲壽而與我並生」（〈齊物論〉注），與王充同以富貴貧賤、命遇壽夭論性命，然而郭象與王充所論者不同處有三：就「成性」歷程來說，郭象曰「忘貴賤」（〈德充符〉注）、「忘壽夭」（〈天地〉

---

8 郭象於〈德充符〉注曰：「性命之固當。」頁 190、頁 213。

注），即必涵一工夫修養，通過後天努力即可極性分之至，成全個人的生命才情，可見郭象對後天人爲努力是給予肯定的，異於王充之以聖人教化變化善惡，[9]前者爲自律之工夫修養，後者則不無他律之嫌，此爲其所異者一；就命限意義來說，郭象固然知道所稟性分之不可改易，但並非如王充之消極地聽命，而是轉爲積極地成全，在成全處有一安其性命之修養在其中，此爲其所異者二；就呈現境界來看，王充所展示者爲一氣化下之理，爲一材質主義之命定主義，無所謂境界高下可言，郭象之性命論乃就道化政治之充極實現的最高境界立論，天下如其自己地呈顯性分之極致，此其異於王充者三，職是之故，雖同爲以氣論性，於義理分際上卻不可混郭象之「性命固當」爲王充之「性成命定」，[10]亦不可誤解其說爲「凡是存在的都是合理的」。[11]

---

9 《論衡校釋・率性篇》：「論人之性，定有善惡。其善者，固自善矣，其惡者，故可教告率勉，使之爲善。」頁 68。又同篇曰：「性惡之人，亦不稟天善性，得聖人之教，志行變化。」頁 74。

10 把郭象性命論視爲命定論者，亦肇因於不分王充與郭象之說，如李中華、湯一介等前輩學者即持此說，分別見許杭生等：《魏晉玄學史》，頁 340；湯一介：《郭象與魏晉玄學》（第三版），頁 292。

11 劉笑敢即認爲郭象性分不能易改之說似爲「凡是存在的都是合理的」。且否定了社會各階層的升遷和流動，抹殺了莊子哲學原有的對現實的批判和不滿，也取消了莊子向上、向外、與道爲一、與天地萬物爲一的精神境界的追求。見氏著《詮釋與定向 —— 中國哲學研究方法之探究》，頁 191。相類的看法亦見於許杭生等：《魏晉玄學史》，頁 337。案：郭象言不可「中易其性」乃就一體平鋪之最高境界立論，跂羨性分之外，勉強而爲，只會失性蕩真，關於此問題以下將作出更詳細討論。

## （二）氣性的多樣

　　郭象以氣論性，可分兩方面言之，一為形相之殊性，即大小、方圓、美醜、動靜等；一為材質內容之殊性，如聰明、賢愚、文武等。茲先說形相之殊性，郭象曰：

> 以小求大，理終不得，各安其分，則大小俱足矣。（〈秋水〉：「又何以知天地之足以窮至大之域！」句下注，頁571）

> 言物聲既異，而形之動搖亦又不同也。動雖不同，其得齊一耳，豈調調獨是而刀刀獨非乎！（〈齊物論〉：「厲風濟則眾竅為虛。而獨不見之調調，之刀刀乎？」句下注，頁49）

> 夫莛橫而楹縱，厲醜而西施好。所謂齊者，豈必齊形狀，同規矩哉！故舉縱橫好醜，恢恑憰怪，各然其所然，各可其所可，則理雖萬殊而性同得，故曰道通為一也。（〈齊物論〉：「故為是舉莛與楹，厲與西施，恢恑憰怪，道通為一。」句下注，頁71）

因萬物稟性殊異，故由其形相上說有大小、動靜、橫縱、美醜之別，然而縱然稟性不同，其理萬殊，能自得即無別。關於萬物平齊之理見第三章第一節，此處只就氣性的內容「形相之殊性」作一論述。

　　其次，就才質內容的殊性言之。才性落在每個個體上，表現為各樣專才，舉凡離朱之目明、師曠之耳聰、賢愚、文武等均為才性的某種表現。注文曰：

> 聰明之用，各有本分，故多方不為有餘，少方不為不足。然情欲之所蕩，未嘗不賤少而貴多也，見夫可貴而矯以尚之，則自多於本用而困其自然之性。若乃忘

> 其所貴而保其素分，則與性無多而異方俱全矣。（〈駢
> 拇〉：「而多方於聰明之用也。」句下注，頁 313-314）

從稟氣聰明來說，每人各得之分各有不同，並且所稟受之天
然本分不能有所損益，亦不能中易，故只要能安其所稟，少
者不跂求他人之多，而多者不矜尚其所得，便不會受情欲所
牽引，賤少而貴多，故稟氣多少，均不以之為有餘或不足。
郭象又以牛馬為例，說明性分，其注云：

> 人之生也，可不服牛乘馬乎？服牛乘馬，可不穿落之
> 乎？牛馬不辭穿落者，天命之固當也。苟當乎天命，
> 則雖寄之人事，而本在乎天也。（〈秋水〉：「牛馬四足，
> 是謂天；落馬首，穿牛鼻，是謂人。」句下注，頁 591）

> 穿落之可也，若乃走作過分，驅步失節，則天理滅矣。
> （〈秋水〉：「故曰，無以人滅天。」句下注，頁 591）

牛馬稟氣於天，為人所乘服，既為人所乘服必須穿牛鼻、絡
馬首，雖穿、絡為人事，然而均根源於其性分所有，故仍屬
於自然。郭象此說是否合乎《莊子》原意，當可再商榷。《莊
子》曰：「牛馬四足，是謂天；落馬首，穿牛鼻，是謂人。」
（〈秋水〉，頁 590）依《莊子》之意，以牛馬為例明辨天
人之際，是為了分別自然與人為之意：《莊子》認為牛馬四
足，奔走於草原之間，行其所該行而不知其所以然，便是無
心的表現，自然的舉動；今以轡頭絡於馬頭之上，用韁繩穿
在牛鼻之內，強牛馬以服人事，便是有心的行為，人為的表
現。然而郭象就此扭轉《莊子》之意，以人為本位，認為即
使是人力強加於牛馬之上，只要其不走作過分，驅步失節，
順其自然本性而加諸人事，雖穿落，亦無不可。畢竟「馬之

真性，非辭鞍而惡乘」（〈馬蹄〉注），若非加之以分外之事，便不爲過，亦不足爲害。[12]由牛馬之喻，可見郭象之所謂「自然」或「性分」並非純任先天，而是允許有人事的努力、創造介入其中，若不過其分，不扭曲走作，仍屬自然，如此則先天、後天均可納入自然性分來討論。[13]

把聰明、賢愚、智力納入才性範圍內討論，自先秦以來無不如此，然而把仁義亦歸屬氣性，而不以道德爲首出者，則爲郭象論性分所取之方式。或以爲郭象有效撥反了《莊子》批判仁義的精神旨趣，乃維護儒家之舉；[14]或以爲其說與老莊根本反對「仁義」的精神相反，而爲儒道合一之政治理論。[15]也許可以循郭《注》對前述論題作出討論，以辨郭說是否援儒入道，有違老莊之旨，其注曰：

> 夫仁義自是人之情性，但當任之耳。恐仁義非人情而憂之者，真可謂多憂也。（〈駢拇〉：「意仁義其非人情乎！彼仁人何其多憂也？」句下注，頁 318）

---

12 郭象曰：「馬以過分爲害。」（〈徐無鬼〉注）

13 湯一介認爲郭象「把某些由人強加給其他東西的因素說成是其『本性』。」見氏著《郭象與魏晉玄學》（第三版），頁 228。循郭象之意，非謂強加因素爲本性，而是爲別人掘發者須爲本性所有，亦是成性的一種表現。

14 鄧聯合認爲郭象任仁義之性，爲具體落實踐履仁義，以及通過實踐所獲得的自我生命安頓。鄧氏更認爲郭象有效撥反了《莊子》批判仁義的精神旨趣，維護了儒家的價值觀念。見氏著《逍遙遊釋論 —— 莊子的哲學精神及其多元流變》（北京：北京大學出版社，2010.11），頁 295-296。

15 李中華認爲老莊根本反對「仁義」，然而郭象把儒家的仁義道德納入道家的「自然」之中，看作與生俱來的本性，則不同於正始、竹林、元康時期貴無論的政治學說，而是一種儒道合一的政治理論。見許杭生等：《魏晉玄學史》，頁 390。

故多方於仁義者，雖列於五藏，然自一家之正耳，未
能與物無方而各正性命，故曰非道德之正。夫方之少
多，天下未之有限。然少多之差，各有定分，毫芒之
際，即不可以相跂，故各守其方，則少多無不自得。
（〈駢拇〉：「多方乎仁義而用之者，列於五藏哉！而非道德之正
也。」句下注，頁 313）

郭象以仁義爲人之情性其中一個面相，才會有「性長於仁耳」
之說（〈駢拇〉注），郭象此言實承於《莊子》「意仁義其
非人情乎！彼仁人何其多憂也？」之義，[16]《莊子》認爲仁
義本爲人之情性，郭象承此義直接肯認仁義乃出於人之情
性，若以爲仁義不是出自人情，便是過慮。然而郭象所言與
儒者之言「仁義」又有何異同？郭象以仁義言性，是否悖於
傳統道家之義？以下將儒道論仁義之義理分際比較討論，以
明郭象「仁義自是人之情性」、「性長於仁」的義理內涵。

　　首先，就郭象之說是否暗同儒家義理而言：郭象以仁義
爲性分的內容，似與儒者以仁義爲性相似；其言「各正性命」

---

16　「意仁義」之「意」應解作「料想」，而不同於成疏解「意」爲「噫，
　　嗟歎之聲也。」《莊子集釋》，頁 318。成疏順郭《注》講「意」爲噫
　　歎，認爲此乃「莊生深嗟此迷，故發噫歎。」實與《莊子》之意不同，
　　若順成疏所言，《莊子》下文曰：「故意仁義其非人情乎！」（〈駢拇〉，
　　頁 319）之「意」亦作「噫」解，便不符合文法使用習慣──歎詞不
　　出現在句首，而在介詞之後。因是之故，「意」應作「料想」解。後
　　人常不自覺成《疏》理解《莊子》，故要改字，方能梳通上下文句，
　　嚴靈峰改後句「故意仁義」爲「故曰仁義」，便是一例，見氏著《莊
　　子選注》（臺北：正中書局，1982.5），頁 66；後陳鼓應取嚴氏之意詮
　　釋莊子又是一例，見氏著《莊子今注今譯》（北京：中華書局，2009.2）
　　頁 259-260。

似亦與《周易·彖傳》「乾道變化，各正性命」[17]之說相同。然而儒道判教，不能從字面有幾分相似，便可謂之援儒入道，或謂之陽道陰儒，為儒家護法。自《周易》言「乾道變化」，以至宋儒周濂溪以「誠」比配「乾元」，由「誠」體現「乾道」、天道之「乾道變化，各正性命」，均就乾道使一切成為存在，在存在處表現其合理而言；宇宙變化都是從真誠的道德實踐來理解天道的生生不已。「性」是之所以要存在的理由，「命」是活動方向，在各正性命的地方誠斯立。故儒家之形上學為一道德的形上學，並借此證成道德秩序即宇宙秩序，宇宙秩序即道德秩序。[18]然而郭象論仁義，只以其為性分的一種表現，並不以之為首出，故其正為「一家之正」，只歸屬於氣性之特殊義。其曰「性長於仁」（〈駢拇〉注）即由氣稟之渥薄來說明在呈現時或長於仁，或短於義等，並未在根源上給仁義德性一清楚通透的說明。郭象認為只有在實踐仁義時，以無心的方式實踐仁義，才能與物無方，各正性命——正其「各有定分」的氣性性命，或為多者，或為少者，均不可相跂羨，只有各安其氣稟所受，方能得其正。

其次，就郭象之說是否悖於道家義理而論：郭象認為「多方於仁義者，……一家之正，未能與物無方而各正性命」、

17 〔三國·魏〕王弼著，樓宇烈校釋：《王弼集校釋·周易注·上經》（臺北：中華書局，1999.12），頁 213。以下凡引《周易》、《老子》、《老子注》均據此書。

18 關於儒家言「乾道變化，各正性命」之說可參考牟宗三：《心體與性體》（一），（臺北：正中書局，1999.8），頁 324-327 的說明，至於王弼與宋儒論「各正性命」之異同，可參考牟宗三：《才性與玄理》，頁 103-107 的說法。

「仁義自是人之情性」繼承了《莊子》之說。《莊子》一書往往把有心、刻意爲仁義者，視爲不合乎人情之自然，然而並沒有反對仁義，其所反對者乃以執定仁義爲唯一之價值，非凡仁義必反之，故《莊子》曰：「大仁不仁。」（〈齊物論〉，頁83）又曰：「至仁無親。」（〈天運〉，頁498）儒家以仁義爲首出，凡出乎仁義道德者始予肯定之，若非屬仁義者則不給予肯定，這種以仁義爲唯一價值的立場，無異落入《莊子》所批評的「君人者」——只會「以己出經式義度」化物（〈應帝王〉，頁290）、「藏仁以要人」、「入於非人」（〈應帝王〉，頁287）等行爲，落入是己非人的分別，與〈天下〉篇所評之「天下多得一察焉以自好」（〈天下〉，頁1069）者無異。《莊子》認爲義理必須具有適應性，不能執一以爲是，故認爲儒家「以仁爲恩，以義爲理，以禮爲行，以樂爲和」（〈天下〉，頁1066）均爲畫地自限，強同彼我，難以真心照見一切，超越於是非之分別。同樣，《老子》言「天地不仁」（《老子・五章》）、「絕仁棄義」（《老子・十九章》），其所謂不仁、絕棄均從工夫義上說，所棄絕者乃有心造作之不純粹者，而非從存有上否定仁義，只有純粹的生命，方能創造純粹的價值，保住存有層上一切事物，此即牟宗三先生所說的「作用地保存」。[19]可見郭象以仁義言性，並未悖於老莊之旨，其所異者，在於郭象以安於性分所稟之仁義爲自得，《莊子》則以無心行仁義爲自然，前者從性說，後者從心說。故雖同言仁義、「各正性命」，《莊

---

19 見牟宗三：《中國哲學十九講》，頁134。

子》所言之無心無為之「仁義」乃從保住純粹之仁義上說，郭象則從稟氣上長於實現或仁或義之呈現上說。將仁義之實現和氣性關聯起來，一方面說明道德實踐在實現上的多元性，另一方面也說明除了聖人可以全面地實現仁義之外，一般人的氣稟既有所偏，如此則在實踐仁義時亦不免有其限制，其所限制者並非仁義之德，而是作為氣稟之通孔侷限了仁義的外顯。

　　從前述可見，郭《注》論性分的內容，多扭轉《莊子》所說，而加以闡述，其言聰明、仁義，均從安於氣稟性分而說，而非僅就無心造作之工夫而言，其論性分，甚至把由外在引發所稟受潛存之性分，如牛馬之穿落，均被列入性分之中。然而郭象牛馬穿落之說為一比喻，凡舉例證義者，只取其部分相似處，郭象此說是為了強調性分實現義──性分由實踐而彰顯，凡實踐者必涉及應物，應物即有可能引發性分內潛存不顯的內容，故我們不必執著於文字表述，認為郭象此說是為現實辯護。[20]因此，凡現實之名教制作合乎人性之自然本有者，郭象皆予肯定，如此理解，是稱理而談。若一定要說

---

20 鄧聯合即認為郭象此說是為現實辯護，力圖維護儒家傳統，然而此說十分粗糙，因為即使荀子言社會規範和體制也只能算「偽」，而不是「性」，這是明顯違背莊子精神。鄧氏指出納偽入性，性偽雜混，失去「性」的先天性和理想性。見氏著《逍遙遊釋論──莊子的哲學精神及其多元流變》，頁 298-299。撇開鄧氏批評郭象違背莊子精神之說，強同荀子與郭象之「偽」，就能看出其說於二者義理分際未能有確切之分辨。荀子言「化性起偽」（《荀子集釋·性惡篇》，頁 545）乃就人為而言「偽」，郭象言「違天為偽」（〈人間世〉注），乃就與自然相對之有心造作而言「偽」，二者同言「偽」，然而義理內涵全不相同，不可不辨。

郭象是為當時之時代現實辯護，則是從思想史，雜著歷史事件之因素而論，類此揣測推論，則漫衍而難有一致的說法。

## （三）才性與欲惡

既知郭象認為受外在客觀因素影響而誘發性分內本有而潛存者，仍將它歸屬稟性，繼而或問欲惡喜好又是否屬性分的內容，還是欲惡只屬後天習性，不能視之為性分內之質？關於此問題，郭象亦有嚴明的區分，其注曰：

> 苟知其極，則毫分不可相跂，天下又何所悲乎哉！夫物未嘗以大欲小，而必以小羨大，故舉小大之殊各有定分，非羨欲所及，則羨欲之累可以絕矣。夫悲生於累，累絕則悲去，悲去而性命不安者，未之有也。（〈逍遙遊〉：「上古有大椿者，以八千歲為春，八千歲為秋。」句下注，頁13）

> 聰明之用，各有本分，故多方不為有餘，少方不為不足。然情欲之所蕩，未嘗不賤少而貴多也，見夫可貴而矯以尚之，則自多於本用而困其自然之性。（〈駢拇〉：「而多方於聰明之用也。」句下注，頁313-314）

眾人常以小羨大，不知性分自生就之時便有所限定，故曰：「少多之差，各有定分，毫芒之際，即不可以相跂。」（〈駢拇〉注）性有定分，同稟聰明之才，二者縱使只有毫釐之差亦不能跂及，只要能安於其所稟受，則多者不以其多為有餘，少者不以其少為不足，自然不會因此生起羨欲，為羨欲所累。若「知其小而不能自大，則理分有素，跂尚之情無為乎其間。」（〈秋水〉注）只是常人常情貴多賤少、以小羨大，而不知

跂尙羨欲無損益乎性分分毫，反而自傷其性。「以欲惡引性，
不止於當」（〈則陽〉注），可見跂尙羨欲皆源於人之情欲
所蕩，而跂尙羨欲非出於本性是很明白的。若以欲惡當作本
性，便會誤認偏私、殘害等欲念爲本性，遂以爲任其偏私之
情，即適其偏私之性；順其殘害之欲，即足其殘害之性，致
使性分、欲惡二者不分。[21]從欲惡論性分，可見欲惡爲後天
之事，性分爲先天所稟，二者迥異，郭象的分辨是很清楚的。
若從性分論欲惡亦然，郭注曰：

> 人之生也直，莫之蕩，則性命不過，欲惡不爽。（〈在
> 宥〉：「聞在宥天下，不聞治天下也。」句下注，頁 364）

稟性與生俱來，凡蕩越於性分之外，則欲、惡之間便失其標
準；若不失其性，則欲、惡有所本，便不會有過或不及的情
況；如是，欲惡便不爲欲惡，無損其真。由此可見，正其性
命方爲正本清源之舉，本源得以澂清，則性命自不蕩失，不
爲欲惡所誘；若從不爲欲惡牽動性分而言，則爲後天自省工
夫，不爲欲惡所誘則能保性命之真。前者於本上做工夫，後
者則在末上做工夫。然而性命之真能否保住與之是否被彰顯
則爲不同層次的工夫問題，此即與其效學、積習相關，於此
便可由性分之不可法效而見性分之限制義。

## 二、性分之限制性

受氣稟所限，各人才性有異，然而郭象並不以爲性分無

---

21 支道林即以殘害爲性，誤解郭象之意，後人隨支氏所言認欲爲性，以
爲郭象之說有所不足，詳見本章第二節。

須經過努力就能呈現，與之相反，郭象認為性分必須經由積習方能成就，然而，何以郭象又言教學無益？觀乎郭象注文，其言「習」與「學」通常區分為兩個不同概念，言「習」則多具正面肯定之意，[22]言「學」則多為負面否定之詞。[23]然而「習」與「學」之間的分際到底為何？如何才知道吾人所為乃「習」而非「學」？性分受氣稟所限，又是否因此而否定後天人為努力？性分符應於外而落實為百官百業，所謂「臣妾之分」的說法，又是否即為宿命論？若否，則用意為何？下文試就上述問題作出討論，以明郭象立言宗趣。

## （一）積習報性

郭象以舉力負重為喻說明行其性內與性外之別：「舉其性內，則雖負萬鈞而不覺其重也；外物寄之，雖重不盈錙銖，有不勝任者矣。」（〈人間世〉注）郭象認為凡行其稟氣之內，「舉其自舉，載其自載」，所負雖重，亦如「天下之至輕」（〈人間世〉注）；若為其氣稟之外，而強行之，雖所舉之重量不及錙銖，猶不能勝任。其謂「物各有分，不可強相希效」（〈秋水〉注）之意亦在於此，既知稟氣之不可易，然而又曰：

> 夫積習之功為報，報其性，不報其為也。然則學習之

---

22 郭象言「習」屬負面義者，僅兩條，一為「世以任自然而不加巧者為不善於治也，揉曲為直，厲駕習驥，能為規矩以矯拂其性，使死而後已，乃謂之善治也，不亦過乎！」（〈馬蹄〉注）；另一為「後世人君，將慕仲尼之遺軌，而遂忍性自矯偽以臨民，上下相習，遂不自知也。」（〈列禦寇〉注）
23 除「學生者務中適。」（〈達生〉注）一條無負面義。

> 功，成性而已，豈為之哉！（〈列禦寇〉：「夫造物者之報人
> 也，不報其人而報其人之天。」句下注，頁 1043）

> 夫穿井所以通泉，吟詠所以通性。無泉則無所穿，無
> 性則無所詠，而世皆忘其泉性之自然，徒識穿詠之末
> 功，因欲矜而有之，不亦妄乎！（〈列禦寇〉：「齊人之井
> 飲者相捽也。故曰今之世皆緌也。」句下注，頁 1044）

郭象言「積習報性」是報其所稟之性，積習之功在於成就性
分之所有，不報其性分所無者，重點不在爲。所謂「爲」是
指後天的作爲，積學是爲了「報其天性，不報人功」（〈列
禦寇〉疏）。若以天臺宗之三因佛性類比說明，則氣稟之性
分乃其正因，積習與否、後天客觀因素具備與否等均爲其緣
因，具備正因、緣因後，能彰顯其才性者方爲修成了因，[24]故
所報之性乃報其正因，重點不在緣因，故曰「不報其爲」；
所成之性，乃成其正因而非緣因，即不就其後天作爲爲主，
故曰「豈爲之哉」。後天作爲不是報性能否成就的本質因素，
而只作爲報性之助緣，故學習之功，只在於酬報本性所有者。
若以郭象穿井通泉之喻加以說明，即爲地底要有泉水，亦要
有穿鑿的工夫或輔助穿鑿的工具，方能通泉；穿鑿成井的過
程中，穿鑿的工夫固不可少，但穿鑿工夫只爲得到泉水，若
地底無泉，徒有再多的穿鑿工夫，亦是惘然。同樣吟詠通性
亦然，吟詠爲助緣，只報其性而不報吟詠之功，然而世人多

---

24 以三因佛性作喻，並非指佛道背後義理相同，而是就其方法論之相似
　　而論。佛家之性爲佛性、空性，以證得涅槃爲究竟；道家之性偏就自
　　然本性而言，以無爲成就無不爲爲終究，就郭象而言，本節所論則偏
　　於才性。

「謂己能有積學之功，不知其性之自然」（〈列禦寇〉注），
而不知泉性、己性爲本，穿鑿、吟詠的工夫爲末，得泉之性、
己之性則穿鑿、吟詠之功可忘，不必矜而有之。雖然郭象以
穿鑿、吟詠之功爲末，然而並不等同郭象不重視積習工夫，
因其爲末是就不作爲決定性的條件而言，故又曰：

> 言物雖有性，亦須數習而後能耳。（〈達生〉：「善游者數
> 能。」句下注，頁 642）

> 夫自然之理，有積習而成者。蓋階近以至遠，研粗以
> 至精，故乃七重而後及無之名，九重而後疑無是始
> 也。（〈大宗師〉：「參寥聞之疑始。」句下注，頁 257）

所謂「自然之理」即指「性分」，性分雖生就而有，但仍須
後天人爲努力積習，方能將潛存之性分實現。登高必自卑，
行遠必自邇，欲要至遠、至精，則必須冶煉，方能報性成才。
凡習而有所成，皆成其自然之理，故又曰：「習以成性，遂
若自然。」（〈達生〉注）可見，由後天人爲努力，而成其
性者，郭象不以之爲有心造作，反而認爲此是不知其所以然
而然，似是有意，實乃行其所當行，以成就其本有之性分，
此即其「積習報性」之義。蓋有才者，亦須積習，以及具備
一定的充分條件，方能成性，否則縱有師曠、離朱之才，若
無後天的努力，仍無法顯其性；反之，若無才者，縱然穿鑿
致力，終因無泉性而徒勞無功。

## （二）絕學去知

由上述可見聖人亦非生就而成，縱稟聖人、聖王之才，
若無後天努力，亦不能成其才，郭象既肯定「學習之功」，

何以又認爲「教學無益」（〈天道〉注）、「絕學去知」（〈天道〉注）？由郭象對「學」的規定，便可知其大義，注曰：

> 汎然無習而自能者，非跂而學彼也。（〈外物〉：「嬰兒生
> 無石師而能言，與能言者處也。」句下注，頁935）

> 由外入者，假學以成性者也。雖性可學成，然要當內
> 有其質，若無主於中，則無以藏聖道也。（〈天運〉：「由
> 外入者，無主於中，聖人不隱。」句下注，頁518）[25]

凡有所跂羨，蕩越於性分以外之事，郭象均稱之爲學；相對於學而言，「教因彼性，故非學也」（〈外物〉注），凡自然無心以成其性分之內者，則視爲習而非學，可見郭象對於學與習是有嚴分的。凡不在氣稟以內的事物，即由外入，縱然假借效學呈顯其性分之外事物，或可勉強成之，然而卻因其爲外加，而非本具於性內，亦無法可大可久，故又曰：「夫由知而後得者，假學者耳，故淺也。」（〈知北遊〉注）此所謂「由知而後得」之「知」，並非認知之意，成疏曰：「見賢思齊，捨己效物，假學求理，運知訪道，此乃淺近，豈曰深知矣！」（〈知北遊〉疏）可見所謂「見賢思齊」乃捨己效物之舉，借助效學求理是有心用知以訪道的行爲，此等有心爲而爲之舉，均屬淺近之事，而非本性所有，故不屬於自然。唯有「絕學去教，而歸於自然之意」（〈知北遊〉注），方能應其內有之質。然而，郭象更欲批評之學，乃迷途不返之學，其注曰：

> 已治性於俗矣，而欲以俗學復性命之本，所以求者愈

---

25 《世德堂本》「性可」作「由假」。二說皆可，只是前者言「性可」指
勉強加諸於性之性，終無法可久。

非其道也。已亂其心於欲，而方復役思以求明，思之
愈精，失之愈遠。（〈外物〉：「嬰兒生無石師而能言，與能言
者處也。」句下注，頁 935。）

此五者，皆以有為傷當者也，不能止乎本性，而求外
無已。夫外不可求而求之，譬猶以圓學方，以魚慕鳥
耳。雖希翼鸞鳳，擬規日月，此愈近彼愈遠，實學彌
得而性彌失。（〈齊物論〉：「五者园而幾向方矣。」句下注，
頁 88）[26]

所謂俗學，即凡非開掘其真性所本具之質，而是欲以跂求性
外之事，如此便如抱薪救火，越救越失，乃迷途而不知反之
舉。凡學性外之事，皆肇因於欲而生跂尚之意，故言：「知
以無涯傷性，心以欲惡蕩真。」（〈人間世〉注）心知執著
一生起，便隨欲惡而行，跂求性分以外之事，就好比以圓學
方，擬規日月而無成方矩之性，終不能成其方矩；以魚慕鳥，
欲學鸞鳳而無高飛之能，終不能高飛遠舉。可見本性所無，
徒學而無所得，越學則失其性越遠，蕩失真性，遂致逐物不
返，此等皆為傷性之舉。郭象更多番以離、曠為例，說明跂
尚相效之弊，注曰：

夫有耳目者，未嘗以慕聲盲自困也，所困常在於希離
慕曠，則離曠雖性聰明，乃是亂耳目之主也。（〈駢拇〉：
「多於聰者，亂五聲，淫六律，金石絲竹黃鐘大呂之聲非乎？而
師曠是已。」句下注，頁 314）

夫聲色離曠，有耳目者之所貴也。受生有分，而以所

---

26 其中「此愈近彼愈遠，實學彌得而性彌失」兩句，依曹礎基、黃蘭發
點校《南華真經注疏》（北京：中華書局，1998.7），頁 46 斷句。

**貴引之，則性命喪矣。若乃毀其所貴，棄彼任我，則聰明各全，人含其真也。**（〈胠篋〉：「擢亂六律，……而天下始人含其明矣。」句下注，頁 355）

**不付之於我而屬之於彼，則雖通之如彼，而我己喪矣。故各任其耳目之用，而不係於離曠，乃聰明也。**（〈駢拇〉：「通如師曠，非吾所謂聰也；屬其性乎五色，雖通如離朱，非吾所謂明也。」句下注，頁 328）

人情之常，多者未嘗慕少者；同樣有耳目者，未嘗慕聾盲，故人不被聾盲所困。然而「見目而求離朱之明，見耳而責師曠之聰」則為世人之通病，「故心神奔馳於內，耳目竭喪於外」（〈人間世〉注），不知受生有分，以所欲引其性則為強己效彼，彼性不為我所有，則為喪己性而不知自任。若能「絕離棄曠，自任聞見」（〈駢拇〉注），由其性分所有，棄其性分所無，則能成全所稟性分，成就個人之聰明。若凡事只懂希效，師人以自得，雖有所得亦無根，終為捨己效人而逐物於外，故郭象言絕學任性，其所絕乃性分所無而強學人者，所任乃性分固有之質，絕學之意在於要眾人明白，人性萬殊各異，強相法效，反而不能實現其真性，「故學之善者，其唯不學乎！」（〈知北遊〉注）而所謂「不學」者，非無所學也，乃不學彼而失己，殉己於人。世人不明性分所稟，「謂己能有積學之功，不知其性之自然也。」（〈列禦寇〉注）凡在性分內經由積習，而能發揮外顯者，「雖習非學」（〈庚桑楚〉注）。

由此可見絕學和積習並不矛盾，因為不論絕學任性還是積習報性，均剋就性分而論，絕是絕學性分以外之物，是防

弊去病；積是積習性分以內之事，是鍛鍊成功，此爲一體兩面的說法，正反申述，圓融而不矛盾。郭象嚴分學習之意，在於讓我們明白，稟性有異，「雖去已一分，顏孔之際，終莫之得也。」（〈德充符〉注）即使只差一點也無法逾越聖賢之間的鴻溝，由此可體現性分的限制性，然而我們如何方可得知其限所在？即如何能知道哪些是性分內之質，哪些爲性分以外之事？若無法釐清，則有兩種情況無法報其性：一是畢身誤認學其性分以外之事爲習，終身營營役役而不得報其性；另一類是認爲自己無此性分，而不肯冶煉其器，終究難成大器。郭象絕學任性之說，會否忽略了人文創造的一面？以下將就此而作出討論。

## （三）限制與創造

郭象曰：「所不知者，皆性分之外也。」（〈齊物論〉注）然而知與不知之分際，該如何釐定？如何才不爲知以外之事，而不傷其性？觀其文曰：

夫率性直往者，自然也；往而傷性，性傷而能改者，亦自然也。庸詎知我之自然當不息黥補劓，而乘可成之道以隨夫子耶？而欲棄而勿告，恐非造物之至也。（〈大宗師〉：「庸詎知夫造物者之不息我黥而補我劓，使我乘成以隨先生邪？」句下注，頁 281）

天下之物，未必皆自成也，自然之理，亦有須冶鍛而爲器者耳。（〈大宗師〉：「夫無莊之失其美，據梁之失其力，黃帝之亡其知，皆在鑪捶之間耳。」句下注，頁 280）

郭象此說正好說明如何知其所限，何者爲分外之事。率性直

往，即無心而爲，固然是自然之事，此爲一般人所理解的。
然而往而傷性，只要能知返，不將錯就錯，亦屬自然。一般
人以黥劓爲害，然而若命遇必須如此，須爲仁義所黥，是非
所劓，何不順此天刑，乘此造化？或若生命之中自有承此仁
義是非黥劓之性，能任順而不傷，亦屬自然。凡有不順際遇，
即棄而不往，焉知是性分所限，還是未爲冶鍛，故不能成器？
可乘仁義是非，而受益於夫子，亦自是其性分所有，方不爲
仁義是非所傷；只是若往而無法自得，已是傷性，便須棄而
不學，方爲自然。有如牛馬穿落而爲人所乘一樣，若非外力、
客觀因素使其有可乘之便利，又怎知道牛馬穿落亦未爲不
可，爲人所乘亦在其性分之內？由此可見郭象率性自任之
說，並不限制個人作多方面發展的可能，其所限制者，只在
各人所表現之專長上所顯。而此所謂限制並不是指天道自然
有所限，因天道自然無心造作，故能與物俱往，通達無礙；
其所謂限制，是就天道自然落在個體身上，因個體性分有所
限，只能表現某一面相之才性，只要吾人能「止於所知之內」
（〈齊物論〉注），則能臻至生命之極，充極遊於性分之內，
於有限顯無限。

　　郭象除了消極地沒有限制個人作多方面發展嘗試外，亦
積極地鼓勵與時並進，以應所需，注曰：

> 當古之事，已滅於古矣，雖或傳之，豈能使古在今哉！
> 古不在今，今事已變，故絕學任性，與時變化而後至
> 焉。（〈天道〉：「古之人與其不可傳也死矣，然則君之所讀者，
> 古人之糟魄已夫！」句下注，頁492）
> 古無所尊，今無所卑，而學者尊古而卑今，失其原矣。

（〈外物〉：「夫尊古而卑今，學者之流也。」句下注，頁 938）

郭象認為不應尊古卑今，學古之事以矯本性，只有與時變化，方能當時應務，不失本性。絕學任性，具有與時俱進的意義，凡隨時因物者，必能應今事而具新意，可見郭象自不反對創意之事，鼓勵創新以合時宜。郭象雖沒有明言創造力為才性的一種，然而其說亦應涵此義，故現實上或有以仁義為其所長，或有以耳聰目明為其所善，或有以別具殊性之創造力為其專業，方能成就社會上百官百業。

## （四）各司其任

性分符應於外而成就為百官百業，故郭象言性分，便有「臣妾之分」的說法，此亦是其論性分的特色處，注曰：

> 凡得真性，用其自為者，雖復皂隸，猶不顧毀譽而自安其業。故知與不知，皆自若也。若乃開希幸之路，以下冒上，物喪其真，人忘其本，則毀譽之間，俯仰失錯也。（〈齊物論〉：「如求得其情與不得，無益損乎其真。」句下注，頁 59）

> 若皆私之，則志過其分，上下相冒，而莫為臣妾矣。臣妾之才，而不安臣妾之任，則失矣。故知君臣上下，手足外內，乃天理自然，豈真人之所為哉！（〈齊物論〉：「如是皆有為臣妾乎？」句下注，頁 58）

因各人才性之不同，成就社會上之百業，形成不同社會階層和面相，不管販夫皂隸，還是君相、臣妾均原由氣稟之所限，而後居不同之職分。只要能安於其所稟受，不管職分是高如君相，還是是低如販夫皂隸，亦可忘其榮辱毀譽，所以無論

知或不知其氣稟所有，只要能自適性分之內，不跂尚分外，以下冒上，便能存其真而自得。一旦私欲生起，使得臣妾之才，而不安於其臣妾之分，上下相冒，便失其性，而有違性分自然。[27]郭象此說與儒家之言「在上位不陵下，在下位不援上，正己而不求於人則無怨。」（《中庸・第十四章》）有所不同，儒者認爲君子遵道而行，無處而不安，亦不欲求得其分位以外之事，故居上位者不欺凌於下，處下位者則不攀援於上，安於己位而無所怨，是從仁義道德立說。其不陵下、不援上，是因其有德性主宰個人生命，故能不受環境影響而動搖心志，無求於外、無待於外。[28]郭象是從性分上說上下不相冒、從能力職分上各安其位；儒家是從道德倫理上說不陵下、不援上，此二者根源不同，不可不察也。

性分符應於外，而爲社會百官百業，皆爲自然而然的結果，此是天理自然之落實，而非有心安排。郭象此說並非爲當權者維護，或得勢之人維護既得利益，打壓社會基層，而是從理上說社會制度本該有此。[29]若「千人聚，不以一人爲

---

27 陳少明《《齊物論》及其影響》曰：「郭象是玄學注莊的代表，其說雖雜有講君臣之分這類較有儒家色彩的觀念，但其自然主義的取向與《莊子》的面貌總體上算是吻合。」頁189。陳氏此說實把郭象以性分才質論「君臣之分」，與《論語・顏淵》：「君君，臣臣，父父，子子。」見〔南宋〕朱熹《四書章句集註》（臺北：鵝湖出版社，2000.9），頁136。以下凡引《四書》原文及朱子注等內容均自此書。及董仲舒之「三綱五常」均就名分上而論君臣，立論基點不同，陳氏之說實混漫儒道分際。

28 關於《中庸・第十四章》「在上位不陵下，在下位不援上，正己而不求於人則無怨。」義理之疏解，詳見於楊祖漢先生：《中庸義理疏解》（臺北：鵝湖出版社，2002.8），頁153-159。

29 李中華認爲郭象的社會政法思想的不合理處有二：一方面郭象認爲老

主，不亂則散。故多賢不可以多君，無賢不可以無君，此天人之道，必至之宜。」（〈人間世〉注）國不可以無君，無君便無主，無主則各以己見為是，必致天下大亂。而君之所以為君，乃因賢才應世而為君；臣之所以為臣，乃以其才為輔佐之故，故曰：「時之所賢者為君，才不應世者為臣。」此有如「天之自高，地之自卑，首自在上，足自居下，豈有遞哉！」（〈齊物論〉注）下及百姓百業亦然，均受氣稟限制，才之遇不遇所致，社會上下，只有各安其分，各司其任，方能和諧共處，若各不安其分，便易致禍亂，其注曰：

> 夫工人無為於刻木而有為於用斧，主上無為於親事而有為於用臣。臣能親事，主能用臣；斧能刻木，工能用斧。各當其能，則天理自然，非有為也。若乃主代臣事，則非主矣；臣秉主用，則非臣矣。故各司其任，則上下咸得而無為之理至矣。（〈天道〉：「故古之人貴夫無為也。上無為也，下亦無為也，是下與上同德，下與上同德則不臣；下有為也，上亦有為也，是上與下同道，上與下同道則不主。」句下注，頁 465）[30]

---

百姓要甘心被剝削欺壓，以便更「合理」地剝削勞動人民，另一方面論證封建等級制度合理性麻痺人民的意志，使其忘掉榮辱，甘心作奴隸。見許杭生等：《魏晉玄學史》，頁 394。王曉毅：《郭象評傳》，頁 276 亦有類似說法。凡言「剝削」、「麻痺」者，皆已落入人病而言，非就制度本身何以成立之本質而說，揆郭象之說，皆就制度之實而言，非就其病而說。郭象言「無榮辱」（〈則陽〉注）為超越榮辱之意，而非謂「忘掉榮辱」，凡道家講忘、無，為超越義，不能作忘記、空無講。皁隸受稟分所限，若以下冒上，則為不安其分，必失其性；只有得真性者，方能自得，安其所遇。可見郭象之說不為欺壓百姓，更不為麻痺人民意志，而在於個體生命之自我實現、知分盡分。

30 《莊子集釋》原為「臣能親事，主能用臣；斧能刻木而工能用斧；」

此所謂「有為」者，非有心為而為，與「無為」相對之「有
為」，而是形而下之有所作為之意，同樣其言「無為」亦是
形而下之沒有作為之意。「無為於刻木」是指工人不刻木，
而是透過斧去刻木，在此斧是有為於木，而工人是無為於刻
木；同理，君王不必親自處理民事，而由臣子處理民事，在
於處理民事上而言，君王是無為於民事，而只是有為於用臣
去處理事務。在這種情況下工人與人君亦非有為於木與事，
而是各司其任，運用其斧與臣為其所該為。若主代臣事，凡
事由君王親力親為到民間代理庶務，則君不君，臣不臣，終
致群品不在其位，不安其分，果真如此則將天下大亂。只有
君臣各安其任，各司其分，即君有為於用臣，臣有為於親事，
方能「上下咸得」，君臣各得其性，各盡其分。[31]郭象此說
雖將無為、有為打為兩截，近於黃老道家「君道無為，臣道
有為」之說，然而卻不全然同於黃老之治，從下文便可見其
不同處，郭象曰：

> 夫無為之體大矣，天下何所不無為哉！故主上不為冢
> 宰之任，則伊呂靜而司尹矣，冢宰不為百官之所執，
> 則百官靜而御事矣；百官不為萬民之所務，則萬民靜
> 而安其業矣；萬民不易彼我之所能，則天下之彼我靜

---

今依《南華真經注疏》斷句，並據《道藏》成疏本，刪「而」字，見
曹礎基、黃蘭發點校：《南華真經注疏》，頁 268。

31 李中華認為郭象言「君臣就位」、「上下咸得」目的在於加強君主權力，
為庶族勢力尋找政治出路，從而鞏固封建地主階級的統治。見許杭生
等：《魏晉玄學史》，頁 382。陳少明亦認為郭象此說是「對社會上權
勢利益者的服從」，見氏著《〈齊物論〉及其影響》，頁 107。案：郭象
此說是就道化政治之最高理境而立說，並以此安頓天下群生，故類似
的批評並不相應。

> 而自得矣。故自天子以下至於庶人，下及昆蟲，孰能
> 有為而成哉！是故彌無為而彌尊也。（〈天道〉：「以此進
> 為而撫世，則功大名顯而天下一也。」句下注，頁461）

此所謂「無為」乃就不為分外之事而言，與《老子》無為無
不為之義不同，同於前述之「無為」之說，又與此則之「不
為」意義相通。君主不越其分而為冢宰的職任，則伊尹、呂
望具冢宰之能的人，便能如其分的統領百官而為外朝宰相；
冢宰不為百官之事，而能任百官親御其事，則百官便能任其
分；同理，百官亦然，不為萬民所為之庶務，萬民便能安居
樂業。自君主以下，冢宰、百官、萬民，即使連昆蟲亦能各
安其分，天下皆為其性分之內，便能不失自然之性，無為而
自得，故曰「孰能有為而成！」郭象此說正展示道化政治下
之和諧社會狀況：萬物群品，各有安頓，各盡其能。劉卲《人
物志》亦有近於郭象此說者，其文曰：

> 兼有三才，三才皆備，其德足以屬風俗，其法足以正
> 天下，其術足以謀廟勝，是謂國體，伊尹呂望是
> 也。……凡此十二才，皆人臣之任也，主德不預焉。
> 主德者，聰明平淡，總達眾材，而不以事自任者也。
> 是故，主道立，則十二才各得其任也。[32]

劉卲同樣以才性論人，把人臣之任分為十二類，其中一類即
以伊尹、呂望為例，此類人物兼備清節家之德、法家之法、
術家之術三才而為國體，其德行足以激勵風俗，其立法足以
規範天下，其權術足以克敵致勝，雖兼三才，然而仍為人臣

---

32 〔三國·魏〕劉卲：《人物志·流業》（《四部備要》本）（臺北：臺灣
　中華書局，1966.3），頁7-8。

之任，不具君主的才德。劉卲認爲君主應爲秉性聰明而平淡，總攬群才而不必親力承擔具體事務，只要治國之道一立，爲人臣者均得其用。劉卲這種以才性論君臣，君任臣而不必事事親爲的主張，爲郭象所承繼，並以道家無爲精神，及其性分之說融通其中。

　　至於郭象異於黃老之治處，則在於郭象以君順臣之才而不爲臣任，臣順百姓之能而不爲百姓之職，皆爲無心而爲的表現。君臣百姓各爲其性分之內，雖有所作爲，但皆屬無心而成，故合無爲、有爲爲一。自通體圓融來看，天下無爲而治，體現了「一體平鋪」，[33]天下群生均能如如的實現自己性分的道化政治境界；從個別分析而言，天下群生之性分符應於外而爲百官百業，以此說明社會分工，安頓眾生。黃老之治只論及君主之治術，尚不及道化的層次，故郭象之說實爲銷融黃老之治，把「君道無爲，臣道有爲」之說融於性分

---

[33] 「一體平鋪」乃就修道最高境界之圓融無礙而說，牟宗三先生以此形容《莊子》齊物最高境界及道化政治之極致，牟先生認爲至人體道，以常心觀照萬物，故「無物不然，無物不可」，此乃就最後的境界說，故爲「一體平鋪擺在這裡」，要是通通是，要非通通非。分別見牟宗三：《政道與治道》（臺北：臺灣學生書局，2003.3），頁 34 及牟宗三主講，盧雪崑記錄：〈莊子〈齊物論〉講演錄（5）〉，《鵝湖月刊》第323 期，2002.5，頁 8。牟先生又曰：「『萬物盡然』就是一體平鋪，全體放下，一切放下。」見牟宗三主講，盧雪崑記錄：〈莊子〈齊物論〉講演錄（13）〉，《鵝湖月刊》第 330 期，2002.12，頁 7。周雅清則以「一體平鋪」觀作爲郭象對《莊子注》的詮釋觀點，其對於「一體平鋪」則有更具體清析晰的說明，周氏認爲「一體平鋪，其實就是外王事功圓成之後，一切浮動均爲止息，而萬物皆得在其自己、如其自己、成其自己的自然境界。」見氏著《莊子哲學詮釋的轉折 —— 從先秦到隋唐階段》，頁 182。前者依作用義「放下」、「無執」處指點，後者則進一步指出最高境界之實現，即一切浮動止息之正面意義的說明。

自然的理論之中，既繼承老莊無爲無不爲之意，亦銷融黃老之治，更承《人物志》以才性論群品之說而有所推進。

# 三、明王任天下之性分

郭象既以性分論群生，其論聖人時自不例外。郭象承接兩漢、魏以氣稟論聖人，[34]故言聖人不可學，其注文曰：

> 夫松柏特稟自然之種氣，故能為眾木之傑耳，非能為而得之也。言特受自然之正氣者至希也，下首則唯有松柏，上首則唯有聖人，故凡不正者皆來求正耳。若物皆有青全，則無貴於松柏；人各自正，則無羨於大聖而趣之。（〈德充符〉：「受命於地，唯松柏獨也在冬夏青青；受命於天，唯舜獨也正。」句下注，頁 194）

> 俱食五穀而獨為神人，明神人者非五穀所為，而特稟自然之妙氣。（〈逍遙遊〉：「不食五穀，吸風飲露。」句下注，頁 29）

所謂「特稟自然之妙氣」、「特受自然之正氣」，均從稟受之氣來說性。郭象以松柏來喻聖人，雖同稟種氣卻獨爲眾木之傑，通年青全，木質堅勁；聖人則如眾木之松柏，與眾人

---

34 〔東漢〕孔融〈聖人優劣論〉曰：「荀愔等以爲：聖人俱受乾坤之醇靈，稟造化之和氣，該百行之高善，備九德之淑懿，極鴻源之深閟，窮品物之情類。」見氏著《孔北海集》（《景印文淵閣四庫全書》1063冊。臺北：臺灣商務印書館，1983），頁 243。〔三國・魏〕嵇康〈明膽論〉曰：「夫元氣陶鑠，眾生稟焉。賦受有多少，故才性有昏明。唯至人特鍾純美，兼周外內，無不畢備。」見嵇康著，戴明揚校注：《嵇康集校注》（臺北：河洛圖書，1978.5），頁 249。

一樣同食五穀，然而獨稟自然妙氣，「非能爲而得之」，可見聖人天縱而成。未能稟受正氣者，即使欲希羨求正，卻因「心中無受道之質，則雖聞道而過去。」（〈天運〉注）可見聖人不能透過效學而成。落在名教分位來說聖人便是聖王，故聖君只許一個，且不能學致，而曰：「多賢不可以多君，無賢不可以無君。」（〈人間世〉注）。《莊子》以聖人、神人、至人來說明體道之人最高的修養境界，郭《注》則落在政治上，專就君主而言聖人，[35]故聖人即聖王，乃指涉道化政治中的君主的理想人格。

聖王爲天縱，從客觀面來說即有性分作爲保證：聖王「無爲於親事而有爲於用臣」，所以必須具有任人之專長，方能成就其「用臣」之職分，故曰：

> 善用人者，使能方者爲方，能圓者爲圓，各任其所能，人安其性，不責萬民以工倕之巧。（〈胠篋〉：「毀絕鉤繩而棄規矩，攦工倕之指，而天下始人有其巧矣。故曰大巧若拙。」句下注，頁355）
>
> 殊職自有其才，故任之耳，非私而與之。文者自文，武者自武，非大人所賜也，若由賜而能，則有時而闕矣。豈唯文武，凡性皆然。（〈則陽〉：「五官殊職，君不私，故國治。」句下注，頁911）

用臣之道在於各任其能，使臣民各司其位，而不習分外之事。

---

35 郭象曰：「夫神人即今所謂聖人也。夫聖人雖在廟堂之上，然其心無異於山林之中，世豈識之哉！徒見其戴黃屋，佩玉璽，便謂足以纓紱其心矣；見其歷山川，同民事，便謂足以憔悴其神矣；豈知至至者之不虧哉！今言王德之人而寄之此山，將明世所無由識，故乃託之於絕垠之外而推之於視聽之表耳。處子者，不以外傷內。」（〈逍遙遊〉注）

殊職之才各有不同，聖王用臣的原則，不在於考量個人利益，
與之以私，而是量才授職，使文者居文臣之位，武者任武將
之職，各任其職。上位者不按冢宰百官所應備之才能來選拔
人才，單憑君王賜位而得，便無法任其能稱其分，終至於失
性。豈唯任臣如是，治民亦然，百姓百品，若人君要求萬民
必如工倕般機巧，以鉤繩作規矩，則萬民必捨己逐物，求其
性分以外之資，而不知師其分內，便可得其稟性之巧，能為
圓者自能成其圓，善作方者亦能成其方。可見聖王有任臣民
之才，使之各在其位，各任其能，便為道化政治下聖王治國
的客觀保證。然而除了客觀性分保證外，亦需聖王之主觀修
養作保證方能成就道化政治。聖王「無心而付之天下」[36]、
委任無私，故曰：「君欲絕，則民各反守其分。」（〈山木〉
注）因其無心、無私、絕欲，天下臣民均能各任其分。可見
天下臣民性分之得以彰顯，需有主客觀兩方面的保證方能成
就，故郭象曰：

> 天下若無明王，則莫能自得。今之自得，實明王之功
> 也。然功在無為而還任天下。天下皆得自任，故似非
> 明王之功。夫明王皆就足物性，故人人皆云我自爾，
> 而莫知恃賴於明王。雖有蓋天下之功，而不舉以為己
> 名，故物皆自以為得而喜。（〈應帝王〉：「明王之治：功蓋
> 天下而似不自己，化貸萬物而民弗恃；有莫舉名，使物自喜。」
> 句下注，頁 296-297）

---

36　《論語體略‧衛靈公第十五》：「子曰：吾之於人也，誰毀誰譽？如有
　　所譽者，其有所試矣。斯民也，三代之所以直道而行也。」句下注。
　　見《玉函山房輯佚書》3（臺北：文海出版社，1974.12），頁 1687。

明王雖功蓋天下，使百姓均能自得，卻不居功自大，「任物而物性自通，則功名歸物矣」（〈秋水〉注），故百姓皆謂我自爾如此，而不會恃賴明王，只知有之。從明王「功在無爲而還任天下」之無爲任物來看，聖王並非無所作爲，[37]只是消極地「讓開一步」、「不操縱把持」，使萬物自己生長完成而已。[38]除此以外，更可看出，天下之能否自得，全賴於明王之有無。而明王之有無則屬於氣稟下之偶然，至於是否能每個世代皆得而遇之，則在未定之數，雖然如此，並不妨郭象立論之完整性。[39]

# 四、小　結

通過以上分疏，可見郭象之性分爲中性義，乃就天生稟

---

37　容肇祖認爲人君不是有作爲的，是因百姓之所爲。見魯迅、容肇祖、湯用彤等：《魏晉思想》乙編三種，（臺北：里仁書局，1995.8），頁 60。

38　牟宗三先生對道家創生義之定位，均爲消極地、讓開一步之不生之生，先生將無爲歸給聖人，無不爲歸於萬物之自生自化，此說散見於先生之各大著作當中，如《中國哲學十九講》，頁 106-108、112；《智的直覺與中國哲學》（臺北：臺灣商務印書館，2000.6），頁 208-209。《圓善論》，頁 302。關於郭象之聖王如何功化萬物，詳見下節所論。

39　楊立華認爲聖人非後天的學習所能達到，所以郭象注中構建的政治哲學就僅僅成爲對無爲而治的空想。見氏著《郭象《莊子注》研究》，頁 186。誠然於郭象而言聖人、聖王、明王等象徵擁有最高修養之士均爲偶然之天縱，然而並不等同郭氏所言爲空想，因郭象所言乃就道化政治最高境界而立說，非謂現實上無條件可行的無爲之治，故曰：「天下若無明王，則莫能自得。」盧國龍亦將現實上之「無明王」問難於郭象，認爲郭象刻意回避問題，沒有回答何以現實上高居廟堂之人並非個個都是聖人，見氏著《郭象評傳 ── 理性的薔薇》，頁 185。此等問難均是把現實不圓滿處責求於道化政治的理境，誤將人病視爲法病。

受的才性而言，而不就後天個人喜好而論，正因各人稟受不同而見其殊異，由其殊異而顯各人受氣稟之限制。其論積習報性與絕學去知並不矛盾，因所習者乃性分所具之資，所絕者爲性分所無之質，潛藏而不可見之性分符應於外而爲職分，若上下夸跂，則相效失真。郭象論性分既繼承《莊子》外雜篇所言，亦有所展開，郭象肯定萬物各有所能，尊重各個生命萬殊之性，以積習報性，實現性分所有，其說更由性分得以充分實現、符應於外而爲百官百業，來肯定並安頓群生，顯一道化政治的理境，於義理發展上可謂推向極致。可見唐代文如海評曰：「郭象《注》放乎自然而絕學習，失莊生之旨。」[40]恐有誤解之虞。

## 第二節　兩層逍遙

　　郭象與《莊子》論逍遙義之異同，自古以來論者不絕，兩晉時代莊學以逍遙義爲主要討論內容，東晉南朝人比較向郭《莊子注》與《莊子》異同即以逍遙義作主要依據，[41]然而評價不一：或認爲「最有清辭遒旨」、[42]「真可謂得莊生之旨」；[43]或以爲「似失莊子之恉」、[44]「不知莊子之本」。

40 〔北宋〕晁說之引〔唐〕文如海《莊子疏》，見〔元〕馬端臨：《文獻通考 ── 經籍考・卷三十八》，頁 901。
41 見盧國龍：《郭象評傳 ── 理性的薔薇》，頁 109。
42 《世說新語・文學第四》注引張騭《文士傳》云：「象作莊子注，最有清辭遒旨。」頁 244。
43 〔唐〕陸德明《經典釋文・莊子音義》曰：「郭象之注，論其大體，真可謂得莊生之旨矣。」見《莊子集釋》，頁 1115。

[45]姑勿論是否有失莊生之旨，郭《注》逍遙義異於《莊子》所論當無容置疑，且其不同處，正能體現「神器獨化於玄冥之境」的道化之治哲學宗趣。今就郭象逍遙義之詮釋向度分述如下：

## 一、逍遙的判準：從有待與否到是否適性

《莊子》一書談「逍遙」一詞凡六次，內篇〈逍遙遊〉及〈大宗師〉所談及之「逍遙」，與「彷徨」、「无爲」、「芒然」有關，均具無心造作之意；[46]《莊子》外雜篇論「逍遙」處凡四次：〈天運〉篇繼承內篇之說，以「无爲」解釋「逍遙」，而〈達生〉除了承接內篇以「芒然彷徨」形容「逍遙」外，亦以「无事」來說明「逍遙」的狀態，〈讓王〉篇則以「自得」形容「逍遙」，[47]所謂「无事」與「无爲」乃

---

44 〔清〕郭嵩燾曰：「首篇曰逍遙遊者，莊子用其無端崖之詞以自喻也。注謂小大雖殊，逍遙一也，似失莊子之恉。」見《莊子集釋》，頁2。

45 〔清〕方潛曰：「《逍遙遊》篇形容大體大用，而括於『至人無己』一句，是非莊子之本與！象曾不解此言，第以『小大自適，各一逍遙』耳……彼所謂『知本』，豈莊子所知之本哉？不知莊子之本，惡知莊子？」見氏著《南華真經解・序》，頁3。

46 〈逍遙遊〉：「今子有大樹，患其无用，何不樹之於无何有之鄉，廣莫之野，彷徨乎无爲其側，逍遙乎寢臥其下。不夭斤斧，物无害者，无所可用，安所困苦哉！」頁40。〈大宗師〉：「芒然彷徨乎塵垢之外，逍遙乎无爲之業。彼又惡能憒憒然爲世俗之禮，以觀眾人之耳目哉！」頁268。

47 〈天運〉：「古之至人，假道於仁，託宿於義，以遊逍遙之虛，食於苟簡之田，立於不貸之圃。逍遙，无爲也；苟簡，易養也；不貸，无出也，古者謂是采真之遊。」頁519。〈達生〉：「子獨不聞夫至人之自行邪？忘其肝膽，遺其耳目，芒然彷徨乎塵垢之外，逍遙乎无事之業，是謂爲而不恃，長而不宰。」頁663。〈讓王〉：「日出而作，日入而息，逍遙於天地之間而心意自得。吾何以天下爲哉！」頁966。

一順任自然，無心而爲的工夫，能無爲、無事者便能無所不爲、無事不成，神采真實而無假，逍遙無待而隨化，可見「逍遙」乃至人經修養工夫而達的精神境界。

《莊子》論逍遙，以有待與否來分辨吾人是否達至聖人的修養境界，故曰：

> 若夫乘天地之正，而御六氣之辯，以遊無窮者，彼且惡乎待哉！故曰，至人無己，神人無功，聖人無名。
>
> （〈逍遙遊〉，頁 17）

至人、神人、聖人不囿於任何變化而能安順自得，逍遙靡不適，故《莊子》以無待任化，作爲判斷我們能否體證聖人境界的標準。然而此所謂「無待」者，不是指聖人生下來，無需依仗任何物質，單憑無心造作，就能成其神、全其聖，而是指聖人能乘御所待，無所不安。〈逍遙遊〉曰：「適莽蒼者，三餐而反，腹猶果然；適百里者，宿春糧；適千里者，三月聚糧。」如欲致遠，便需厚積、充實，方能達到目的地；同樣欲要提昇個人生命境界，亦需透過不斷的工夫修養，方能至無己、無功、無名之境，若無工夫支撐，縱然天資聰敏亦無法可大可久，故〈逍遙遊〉又言「風之積也不厚，則其負大翼也無力」。是以聖人憑其工夫修養，順應生命中所遇；能做到無己、無功、無名者，即能御變化而遊無窮，於生命中無所執著、凝滯，暢然自得，故言「彼且惡乎待哉」。由此可見《莊子》以執其所待，不能隨順所遇，則恐逍遙爲不可得，而無法應於變化之途。

郭象論逍遙則以適性與否論之，其注文曰：

> 夫莊子之大意，在乎逍遙遊放，無為而自得，故極小

> **大之致以明性分之適。**（〈逍遙遊〉：「化而爲鳥，其名爲鵬。」
> 句下注，頁3）
>
> **夫小大雖殊，而放於自得之場，則物任其性，事稱其
> 能，各當其分，逍遙一也，豈容勝負於其間哉！**（〈逍
> 遙遊〉篇名下注，頁1）

郭象亦以「自然」、「不爲」、「無爲而自得」來論逍遙，
（均見〈逍遙遊〉注）其所謂「自然」者，並不是指形而下
物理現象之「自然」義，而是通貫於道家無心造作，即在作
用層上無所偏執之意，自然既有自然而然之工夫義，亦具境
界義，於工夫至極處便是境界；「不爲」、「無爲」亦非什
麼事都不做的意思，而是不刻意爲、無心而爲之意，此皆爲
自然而然者，故能自得逍遙。郭象雖亦以「自然」、「不爲」、
「無爲而自得」論逍遙，但與《莊子》不同者，乃以性分來
論逍遙，凡適性、任性、當分者，便能逍遙自得。以「性分
之適」、「任性當分」來論逍遙，即只從萬物所稟之性分當
下是否充極滿足而論之。[48]郭象既承認萬物有客觀高低不

---

48 王邦雄《中國哲學論集》：「吾人不能僅安於現狀的『自足』，而應希
聖希賢的求其『至足』。」（臺北：臺灣學生書局，2004.3），頁70。
王氏此說恐未切郭象「自足」與「至足」之意。關於「自足」之說，
郭象認爲「此自足於內，無所求及之貌。」（〈馬蹄〉注）此乃體自然
之道的表現：因其體道故不生跂尚之心，而有無所求之貌。若無聖賢
之分，自不希聖希賢，以求其性分以外之事，故能當體自足。而「自
足」者，不必爲聖賢所獨有，凡安其性分，積習成性，不論卑隸、臣
妾、聖王，一是均能自足。可見「自足」是就足於所稟之性分而言，
並不就如何足於現狀而論。至於「至足」之說，郭象則曰：「故至足
者，忘善惡，遺死生，與變化爲一，曠然無不適矣。」（〈大宗師〉注）
乃專就聖人而論，只有聖人方爲至足無待，能順應變化，靡然無不適，
故曰「至足」，此亦非希聖希賢之眾人效學所能達至。

同，亦對存在的差異給予肯定。縱然萬物稟受不一，仍無礙其得證逍遙之境，只要能盡其性便可，此可謂「適性的逍遙」。凡是能「適性」、「任性」者，便得逍遙，除了「適性」、「任性」外，郭象亦以「足性」、「得性」、「順性」、「安性」、「暢性」、「盡性」、「履性」、「率性」論逍遙，其義均就性分之能否充極實現而論逍遙；與之相反，凡不能得其性，盡其分者，郭象則稱之為「離性」、「失性」、「滅性」、「傷性」，如：

> 欲則離性以飾也。（〈馬蹄〉：「同乎無欲，是謂素樸。」句下注，頁337）
>
> 苟以失性為淫僻，則雖所失之塗異，其於失之一也。（〈駢拇〉：「夫適人之適而不自適其適，雖盜跖與伯夷，是同為淫僻也。」句下注，頁329）
>
> 知以無涯傷性，心以欲惡蕩真。（〈人間世〉：「福輕乎羽，莫之知載。」句下注，頁184）

郭象認為凡有所欲、有所飾，即「離性」，離其性者，與世人給予的價值評判並不相關，即使為世人所稱許之伯夷，若有所執定，亦不能稱為適性逍遙。不論是巨盜，還是聖之潔者，只要是有所偏執，均為失性。總之，凡有心知執著、愛惡偏頗者，均為傷性之事而不得其真；能任其性分，不離其本有之真，方能逍遙自得。郭象以適性與否作為逍遙的判準，實有別於《莊子》以有待、無待來論逍遙。《莊子》從主體工夫之無執無待說逍遙，郭象則由性分之自適自足而說逍遙，兩者在理論上並不衝突，只是立論的基礎不同而已。

## 二、逍遙的對象：從至德修養到彼我玄同

　　郭象之所以以適性與否來規範逍遙，是爲了開顯其兩層逍遙論 ——「無待的逍遙」與「有待的逍遙」。於《莊子》而言只有無待者，方能得其逍遙，何以郭象認爲有待者亦能逍遙於自得之境？郭象云：

> 故乘天地之正者，即是順萬物之性也；御六氣之辯者，即是遊變化之塗也；如斯以往，則何往而有窮哉！所遇斯乘，又將惡乎待哉！此乃至德之人玄同彼我者之逍遙也。苟有待焉，則雖列子之輕妙，猶不能以無風而行，故必得其所待，然後逍遙耳，而況大鵬乎！夫唯與物冥而循大變者，爲能無待而常通，豈獨自通而已哉！又順有待者，使不失其所待，所待不失，則同於大通矣。（〈逍遙遊〉：「若夫乘天地之正，而御六氣之辯，以遊無窮者，彼且惡乎待哉！」句下注，頁20。）

郭象此段可分三點而論：[49]第一，爲至人之逍遙，即「無待的逍遙」 —— 郭象認爲，至人乘天地之正而「無所不乘」，[50]遇到什麼即能駕馭什麼，隨遇而安，無所不可，故爲無待。因其無待而能與物相冥，因循大變，無待而常通，此與《莊子》所言相類。第二，爲眾人之逍遙，即「有待的逍遙」 —— 郭象舉列子爲例，列子縱然輕妙，然而不能無風而行，

---

49 分三點而論的意思，並不意味彼此有高下之別，亦不等同逍遙有三層。
50 郭象云：「非風則不得行，斯必有待也，唯無所不乘者無待耳。」（〈逍遙遊〉注）

故爲有待，待其得於風，方能逍遙。於《莊子》而言，列子雖有清妙之貌，然而每歷十五日而須回返歸家，未能無所不乘，故爲有所待而不能逍遙。然而郭象認爲只要列子能盡其性分，且得其所待，在得其所待之際，亦能逍遙遊放，同於大通，[51]此其異於《莊子》者一。第三，綜合前面二者所述，爲「聖王之逍遙」── 至人無待自通，而不停留在自通的情況下，又能順萬物之性，功化澤被，使有待者不失其所待，有待、無待同冥於大道之中，此即「至德之人玄同彼我者之逍遙」。郭象之「玄同」，與《墨子》之「尙同」不同，《墨子》以「壹同天下之義」來治天下，使「天下之百姓，皆上同於天子。」[52]否則天降異災以示警。其「尙同」之說與「天志」之義相接，以兼愛非攻爲目的，只有統同天下之義，畫一天下，才不會有一人一義，十人十義之紊亂，國家政制方能建立，故主張「尙同」，然而此「同」仍在統治之術的層面，未及道的層次。郭象言「同」是就「縱橫好醜，恢詭憰怪，各然其所然，各可其所可」而言，在這種情況下「理雖萬殊而性同得，故曰道通爲一」（〈齊物論〉注）之通同，乃就萬物眾形，就各得其所，同於性分自得處言「同」，聖

51 楊立華認爲「有待」就是「有對」的意思，故「有待的逍遙」是指「有分別、有對待的逍遙」。見氏著《郭象《莊子注》研究》，頁 140-141。案：「有待」並非「有對」之意，「有待」是有所依待，「有對」是心中仍有分別、執定之意。與物有對者，即以分別心看物，形成彼我分別的成見，只有與物無對方能逍遙；凡有分別、有對待者均不得逍遙，「有待」者亦然，故「有待的逍遙」應爲得其所待，便能逍遙於性分之內的逍遙，而非「有分別、有對待的逍遙」。
52 〔先秦〕墨子著，孫詒讓校注：《墨子閒詁・卷三・尙同上》（臺北：河洛圖書出版社，1975.5），頁 4。

王功化萬物，使彼我均能逍遙，而不自別於眾人之外，故謂之「玄同」。若無待者不順有待，玄同萬物，而以自通爲足，獨立於山林之中，棄有待者於不顧，則所謂無待者，亦非真正的無待，因其立於山林故也，此即爲郭象所批評：「若乃厲然以獨高爲至而不夷乎俗累，斯山谷之士，非無待者也，奚足以語至極而遊無窮哉！」（〈逍遙遊〉注）故聖王之逍遙即至人功化萬物，使萬物不失其所待，而同得逍遙，此亦是郭象「神器獨化於玄冥之境」政治哲學的最高境界。聖人「無待」乃主體修的最高境界，是必要條件，而「聖王」是必然要和治天下連結在一起，能安天下者才是聖王，故「順有待者，使不失其所待」爲聖王之充分條件，兩者缺一不可，此其異於《莊子》者二。

　　正因郭象不只以無待來論逍遙，故有待者於郭象而言亦能體證逍遙，此是其適性的逍遙最大的特色。觀乎《莊子》所論逍遙，並非人人可至，只有至人、神人、聖人方能體證逍遙之境，《莊子》於〈大宗師〉以卜梁倚爲例，說明聖人必須具備「聖人之道」與「聖人之才」方能成聖。（〈大宗師〉，頁 252）然而在郭象的理論裡，不管是至人、神人、聖人、眾人，有待、無待者，一是均能逍遙，以此安頓現實上不是人人皆能成聖的狀況。[53]就逍遙的對象而言，郭象已由《莊子》之聖人方可逍遙轉向人人均能逍遙，這可謂逍遙論的充極發展；從郭象關注的逍遙對象來看，則從存在主體的修養境界轉向客觀社會的安頓，可見義理關懷重點，亦從

---

53 於郭象而言「人人皆能逍遙」並不等同「人人皆能成聖」，關於這個問題詳見第五章。

個人存在的安身立命推向天下社會的安頓。

## 三、逍遙的工夫：從調適上遂到任性安分

　　《莊子》論逍遙時以無爲、任順自然作爲工夫，從心上下工夫以達聖人境界。《莊子》重視透過工夫修養以達聖人境界，於〈大宗師〉中女偊聞至道而無聖人之才，南伯子葵問道於女偊，遂答曰：

> 以聖人之道告聖人之才，亦易矣。吾猶守而告之，參日而後能外天下；已外天下矣，吾又守之，七日而後能外物；已外物矣，吾又守之，九日而後能外生；已外生矣，而後能朝徹；朝徹，而後能見獨；見獨，而後能无古今；无古今，而後能入於不死不生。（〈大宗師〉，頁252）

所謂「聖人之道」，即成聖的修養途徑，可見即使天縱聖人之才，仍須以外天下、外物、外生、朝徹、見獨、無古今、入於不死不生作爲工夫，調適上遂，來體證生命最高的境界。修養工夫層層遞進，由外天下起，先超越有形的生活空間；然後再外物，超越無形的人事制度、觀念理論等物；繼而外生，超越有形的生理形軀；若能超越一切有形、無形、主觀事物，方能無所執定，豁然開朗、心中澄明，故曰「朝徹」；能「朝徹」方能體會道體的絕對性，不受任何成心造作影響，故曰「見獨」；因其「見獨」，故能乘天地變化，而能恆常不變，故曰「无古今」；既能體現道的永恆性，故能超越於生死而能「入於不死不生」。如此歷程均爲體道、證道的過

程，層層調適，於心上做工夫，終至聖人之境。《莊子》認
爲若吾人不能超越生命中種種的執著，或所必須面對而不可
逃避的命限、事物，則均爲有待，而不能逍遙自得。

然而郭象異於《莊子》者，乃從性上下工夫，[54]觀其注
文曰：

> 苟足於其性，則雖大鵬無以自貴於小鳥，小鳥無羨於
> 天池，而榮願有餘矣。故小大雖殊，逍遙一也。(〈逍
> 遙遊〉：「我決起而飛，槍榆枋，時則不至而控於地而已矣，奚以
> 之九萬里而南爲？」句下注，頁9)

> 各以得性爲至，自盡爲極也。向言二蟲殊翼，故所至
> 不同，或翱翔天池，或畢志榆枋，直各稱體而足，不
> 知所以然也。今言小大之辯，各有自然之素，既非跂
> 慕之所及，亦各安其天性，不悲所以異，故再出之。
> (〈逍遙遊〉：「此小大之辯也。」句下注，頁16)

於郭象而言，只要能足其性分、得性盡極，便能逍遙。縱然
萬物稟受不一，才性有高下之別，能力有大小之分，仍無損
其逍遙之可能，只要我們能率性而行，不跂尚於性分之外，
不矜誇於性分所有，便能「稱體而足」，於社會上各在其位

---

54 生命之實踐必有一工夫修養之存在，郭象雖不如《莊子》盛言心上之
工夫修養，然而並不等同郭象之逍遙可以不由工夫而致，純放任自己
便能達至逍遙之境，其謂「任性安分」當中之「任」、「安」便含一工
夫義，爲一無爲、自然之工夫，不少學者因郭象未盛言工夫修養便斷
言郭象之逍遙無須工夫歷程，如李中華（許杭生等：《魏晉玄學史》，
頁371）、楊儒賓（〈向郭莊子注的適性說與向郭支道林對於逍遙義的
爭辯〉，《史學評論》第9期，1985.1，頁99）、劉笑敢（《莊子哲學及
其演變》（修訂版）北京：中國人民大學出版社，2010.12，頁350）
等學者均認爲郭象之逍遙無須工夫修養。

而盡其能，亦能體證逍遙之境。或以爲郭象以「任性安分」
論逍遙，即爲一安命、命定之說。郭象承《莊子》「知其不
可奈何而安之若命」（〈人間世〉，頁155）、「安時處順」
（〈大宗師〉，頁 260）之意，以「任性當分」論逍遙，即
以「因」、「順」說命，此乃相因、相與之關係，指個人生
命能隨著外在環境而改變爲之「因」、「順」，與王充之「性
成命定」論不同，王充認爲後天怎麼努力，亦法提升個人修
養境界。由此可見郭象「適性的逍遙」並非要我們安命、認
命而不作任何修養，便能逍遙；而是要我們順應所遇，安時
處順，任於性分之內以遊無窮，故郭象曰：「夫命非己制，
安於命者，無往而非逍遙矣。」（〈秋水〉注）對於命遇我
們是無法掌控的，所以生命中一切所遇，都要能安；[55]要是
不能隨遇而安，必有所待方能逍遙，即爲郭象所批評「夫逍
遙而繫於有方，則雖放之使遊而有所窮矣，未能無待也」之
人。（〈逍遙遊〉注）

　　因郭象就「極小大之致以明性分之適」來論逍遙，故不
分大小、有待無待，只要能安性、任性就能逍遙，故郭象工

---

55 劉笑敢認爲：「郭象的獨化論將命運的決定權以及逍遙的根據都交給
　了萬物之性命本身，這似乎是對萬物個體本性的極大解放和提升。然
　而矛盾的是，郭象的各足其性和各安其命是一回事，安命本身就是逍
　遙。……郭象注曰：『夫命非己制，安於命者，無往而非逍遙矣。』
　如此說來，郭象之『逍遙』就是『安命』，『安命』就是『無所用其心』，
　而『無所用其心』則是因爲『命非己制』，個人是無可奈何的。這樣，
　個體之性命反而成了對個體意識之束縛。」見氏著《詮釋與定向——
　中國哲學研究方法之探究》，頁190。劉氏此批評恐不切郭象之意，命
　遇均爲吾人所不能決定、掌握者，命遇不爲己制，正因如此只有足於
　性、率性分之致，安於所遇，方得適性逍遙，何矛盾之有？

夫對象是以在性上做為主。[56]《莊子》重主體修養，其調適上遂的工夫在心上做；郭象主客並兼，除了主體修養外，亦重視客觀性分，其任性安分的工夫是在性上做。[57]因《莊子》工夫重心，能彰顯主體能動性，故其無待之逍遙乃「乘天地之正，而御六氣之辯，以遊无窮」，為一主動之乘御萬物變化；然而郭象工夫重性，故曰：「乘天地之正者，即是順萬物之性也。」（〈逍遙遊〉注）因而重在任性、順性之所能、所有，將主體修養與客觀性分揉為一體。若就順、任而言，則在工夫上顯其順適；若就不跂羨、不以小慕大而言，則亦有知病克己之工夫在。由以上討論可見郭象逍遙之工夫從《莊子》重心轉向重性。任性安分的工夫落實在生活上，從消極而言能使我們不跂尚性分以外的事情，不會產生心知執著，徒增困擾；從積極方面來說，則能盡力以成就各種生命形態，保住一切存在物的特色，使之均能如其自己。郭象這種說法，更能說明道德價值以外的一切事物，如藝術、科技的產生，皆為性分各殊之所成就的內容。

## 四、逍遙的境界：從調適造極到圓融萬有

由前文所引可知，郭象既明「小大雖殊」然而卻可「逍

---

56 說郭象工夫重性，並不等同郭象注裡沒有在心上下工夫，關於郭象工夫論的內容及其形態，詳見第四章。

57 劉笑敢《詮釋與定向 —— 中國哲學研究方法之探究》曰：「郭象的逍遙已經沒有多少主體之自由的意味。」頁 191。郭象就所稟性分下工夫，言任、適，就稟性而言雖屬客觀，然而就工夫任、適之對象而言卻為吾人之主體，於主體上證逍遙，故劉氏言郭象的逍遙沒多少主體之自由意味，未必能盡符郭象之意。

遙一也」，其所謂「一」者，到底是指「有待」、「無待」
者之逍遙具有相同境界？還是「有待」、「無待」二者「適
性的逍遙」與《莊子》至人無待的逍遙境界相同？若大小同
得逍遙，是否意味著「有待」、「無待」者於生命境界上證
得同等價值意義？觀其注曰：

> 夫小大之物，苟失其極，則利害之理均；用得其所，
> 則物皆逍遙也。（〈逍遙遊〉：「不夭斤斧，物無害者，無所可
> 用，安所困苦哉！」句下注，頁42）

> 動止之容，吾所不能一也；其於無心而自得，吾所不
> 能二也。（〈齊物論〉：「顏成子游立侍乎前，曰：何居乎？形
> 固可使如槁木，而心固可使如死灰乎？」句下注，頁44）

郭象既明小大相殊、動止不一，其一於逍遙之理，自不從外
在客觀因素來評斷，故其一之繩準，自然在於能否逍遙的判
準 —— 適性與否。只有能「無心而自得」、「各安其性」、
「用得其所」，便能臻於逍遙之境。換句話說，凡能極其性
分，不跂不矜者，均能得逍遙之理，此時鵬蜩亦不足異；若
失其性，害性之理亦不因其客觀條件之大小而有不同，即使
大如鵬鳥，苟失其性，跂尚乎外，縱有垂天之翼，亦不能致
遠無窮，[58]故曰：「當理無小，苟其不當，雖大何益。」（〈外
物〉注）由此看來郭象「逍遙一也」之說並不是認為聖凡所
體證的逍遙內容均一，[59]而是認為「有待」、「無待」、大

---

[58] 郭象曰：「故理有至分，物有定極，各足稱事，其濟一也。若乃失乎
忘生之生而營生於至當之外，事不任力，動不稱情，則雖垂天之翼不
能無窮，決起之飛不能無困矣。」（〈逍遙遊〉注）。

[59] 不少學者主張「逍遙一也」為聖凡所體證的逍遙之境沒有分別：如李
日章於《莊子逍遙境的裡與外》（高雄：麗文文化，2000），頁179 王

者、小者於同得足性之理的境界而言，則無所別，故縱爲「無待」亦不足以殊「有待」，更何況「有待」者之大者、小者，亦應「小大各有所適」（〈外物〉注），大者無須矜誇其大，而小者亦不必跂尙於大，故曰「逍遙一也」。[60]

郭象就適性的極致而言一，然而並不表示「有待」、「無待」、巨者、細者所得境界均同，郭象曰：

> 故有待無待，吾所不能齊也；至於各安其性，天機自張，受而不知，則吾所不能殊也。夫無待猶不足以殊有待，況有待者之巨細乎！（〈逍遙遊〉：「若夫乘天地之正，而御六氣之辯，以遊無窮者，彼且惡乎待哉！」句下注，頁20）

客觀而言逍遙的境界是有高下的，「無待」者較「有待」者之境界高，所以在境界高下這問題上，是無法齊一的；[61]但在主觀體證而言，「無待」者不應殊「有待」，因其「天機

---

曉毅、劉笑敢亦有類似說法，分別見王曉毅：《郭象評傳》，頁329；劉笑敢：《詮釋與定向──中國哲學研究方法之探究》，頁186。

60 盧桂珍《境界·思維·語言──魏晉玄理研究》：「不禁令筆者懷疑郭象『適性逍遙』論，雖可爲凡庶提供一個安頓現實的理論，卻因其所言「性」的內容夾雜後天的、人爲的觀點，反而將導致個體更加陷落在二元的框架中，猶如貴者自驕，而賤者自卑。」頁51。適性，無可否認需後天人爲積習之功，然而後天人爲努力只能成其性分內容，並不能增益性分所無之資，無心而極其性分之適者，便無跂羨、矜夸之心，又何「貴者自驕」、「賤者自卑」之有？

61 唐君毅先生於《中國哲學原論》原道篇　卷二曰：「然在客觀義上，無待自高于有待。有待者之所待者不同，其所據之性分不同，則亦自有其高下大小之殊；不能以其皆有性分，皆互爲不同，其在『有性分、有此不同』之一點上，未嘗不同；而泯其所以成此不同者之不同。」（臺北：臺灣學生書局，1993.2），頁397。誠如唐先生所言，於客觀義上無待者自然高於有待者，然而郭象所謂一也，不是一於二者之境界無高下之別，亦不是一於「有性分、有此不同」之上，而是一於同「安其性分」、「任其性分」之上。

自張」，足於性分的程度則不分軒輊。同樣，郭象亦明白於
「有待」者之中，客觀而言有巨細之別，其所成就的境界亦
有高下之分，此乃其不能齊之處；然而就足性而言則巨者不
足殊細者。郭象此說就好比王陽明「成色分兩」之說一樣：
陽明以精金喻德行，以分兩喻才性的多少，堯舜爲萬鎰，孔
子爲九千鎰；堯舜萬鎰不爲多，孔子九千鎰不爲少，於其精
處是一。[62]陽明以分兩比喻聖人的才力，量重者不足以殊輕
者，因其爲金者一也，同樣才力亦有高下之別，然而就其爲
聖而言則無異，故堯舜亦不足以殊孔子。同理，以金子喻逍
遙，同爲逍遙，境界雖有高下之別，然而其爲極於性分則一
也。可見逍遙雖一，仍無礙於其境界有高下小大之別。

　　然而若謂足性者便得逍遙之境，則會否出現如支道林所
批評，以「殘害爲性」，亦可謂之體證逍遙？或以爲支氏此
說正中郭象逍遙論之要害，[63]然而支道林論逍遙篇散佚不
傳，今得見者，僅《世說新語》注及《高僧傳》所存片段，
且就支氏駁斥適性之說進行討論，以明其理，文曰：

　　　　支氏〈逍遙論〉曰：「夫逍遙者，明至人之心也。莊
　　　　生建言大道，而寄指鵬、鷃。鵬以營生之路曠，故失
　　　　適於體外，鷃以在近而笑遠，有矜伐於心內。至人乘

---

62　〔明〕王守仁：《王陽明全集・卷一・傳習錄上》（上海：上海古籍，
　　1992.12），頁 27-28、31。

63　後人或繼承《世說》、《高僧傳》所述認爲支氏所說能標新理於向、郭
　　之外，盡向、郭所未盡，而謂「支氏所說正中郭象逍遙論之要害」，
　　如林聰舜：《向郭莊學之研究》，頁 85；劉貴傑：《支道林思想之研究》
　　（臺北：臺灣商務印書館，1987.8），頁 71。支氏之說是否能標新理
　　且能盡向、郭所未盡者，與所論無關，故不論之；至於支道林之說是
　　否真能「中適性說之要害」、其論是否超拔無滯，下文將加以討論。

> 天正而高興，遊無窮於放浪；物物而不物於物，則遙
> 然不我得，玄感不為，不疾而速，則逍然靡不適，此
> 所以為逍遙也。若夫有欲，當其所足，足於所足，快
> 然有似天真。猶饑者一飽，渴者一盈，豈忘烝嘗於糗
> 糧，絕觴爵於醪醴哉？苟非至足，豈所以逍遙乎？」
> （《世說新語箋疏・文學篇・第四》注，頁260）
> 遁嘗在白馬寺與劉系之等談《莊子・逍遙》，云：「各
> 適性以為逍遙。」遁曰：「不然，夫桀跖以殘害為性，
> 若適性為得者，彼亦逍遙矣。」於是退而注《逍遙篇》，
> 群儒舊學，莫不歎服。[64]

支道林言「苟非至足，豈所以逍遙乎？」同樣以「至足」來
論逍遙，何以支氏竟認為郭象之說為「快然有似天真」者，
終不免退墮，不能保證遇糗糧而能忘烝嘗，聞醪醴而能絕觴
爵？觀其前文所說，其所謂至足，是就「明至人之心」而言，
必須無矜伐於心，方能遊無窮而不累於物，逍遙無礙，故其
足是就心上做修養工夫而言，與《莊子》超凡入聖的途徑無
異，同樣是就至人無待而言。[65]支氏不同意郭象者乃郭象以

---

64 〔南朝・梁〕慧皎著，湯用彤點校：《高僧傳・卷四・晉剡沃洲山支
   遁》，（《湯用彤全集》第六卷，石家莊：河北人民出版社，2000），頁
   132。

65 論者或以為支道林乃佛門中人，必為以佛解莊，如湯用彤（《湯用彤
   全集》，第一卷，頁197，第四卷，頁373）、陳寅恪（《陳寅恪先生全
   集》，臺北：九思出版，1977.12，頁1351）、劉貴傑（《支道林思想之
   研究》，頁70）、熊鐵基（《中國莊學史》，頁203）、方勇（《莊子學史》
   第一冊，頁130，418-419，511）等人均持此看法；許杭生則認為：「支
   遁只是用玄學所講的『至人』逍遙來比附佛教的『佛』而已。在這裡
   支遁的思想可以說仍是屬於玄學的範圍。」見氏著《魏晉玄學史》，
   頁470。然而剋就今存支道林解逍遙之片段來看，無法判斷其論是援

足性論逍遙，他認為若「當其所足，足於所足」而能謂之逍遙，則猶如「饑者一飽，渴者一盈」，其所謂飽、盈乃一時之足，偶然之足，並非至足，無法可大可久，不能謂之逍遙。支氏又以「桀、跖殘害為性」來反駁適性之說，認為只要桀、跖能盡其殘害之性，彼等亦能至足逍遙。[66]支氏以「桀、跖殘害為性」作為性分之內容來看，恐亦有誤解郭象「適性」之義，亦悖於道家言性之本義：首先，後天好惡與先天性分在郭象處已有嚴分，其言「欲則離性以飾」（〈馬蹄〉注）、「欲惡傷正性」（〈則陽〉注）、「以欲惡引性，不止於當」（〈則陽〉注）、「知以無涯傷性，心以欲惡蕩真」（〈人間世〉注），可見欲惡為後天、外於性分之事，而支氏混性分與欲惡為一，誤認殘害為性，遂以為任其殘害之情，即適其殘害之性，致使性分、欲惡不分。將後天之人病說成先天之本性，是支道林理論上最大的破綻，故其反駁，實不能成理。其次，道家言性實為一自然、無造作之中性義，怎能以後天行為或環境影響而成之習性，作為性分之內容！行為上之殘害乃由後天惡欲牽引所致，不能說即此是性之本有。

　　既明郭象「逍遙一也」之「一」是指性分上的各有所當，

佛入道，以空性論逍遙，僅就其論來看，應為本於《莊子》所論，本於《莊子》之意解逍遙。周雅清認為支氏解「空」不同於佛教，而是以玄冥、無心、忘遣之放曠之境。見周雅清：〈支道林思想研究〉，《中國學術年刊》第 23 期，2002.6，頁 251-275。周氏之說分析甚詳，且說理清晰亦具說服力，可供參考。

66 〔唐〕權德輿與支道林持相同看法，其於〈送渾淪先生遊南嶽序〉曰：「嘗以郭氏注莊生之書，失於腦合萬物，物無不適。然則桀驁饕戾，無非逐性，使後學者懜然不知所奉。」，見權德輿，郭廣偉校點：《權德輿詩文集》（上海：上海古籍出版社，2008.10），頁 575。

而不是就「有待」、「無待」者同證一無分別境界而言，於此可進一步討論，郭象之逍遙境界，與《莊子》所異者爲何？《莊子》以小大之辯，論證「小知不及大知」借客觀事物來說明生命境界有大小，又引宋榮子、列子以證生命境界有高下，〈逍遙遊〉曰：

> 故夫知效一官，行比一鄉，德合一君，而徵一國者，其自視也亦若此矣。而宋榮子猶然笑之。且舉世而譽之而不加勸，舉世而非之而不加沮，定乎內外之分，辯乎榮辱之境，斯已矣。彼其於世未數數然也。雖然，猶有未樹也。夫列子御風而行，泠然善也，旬有五日而後反。彼於致福者，未數數然也。此雖免乎行，猶有所待者也。若夫乘天地之正，而御六氣之辯，以遊無窮者，彼且惡乎待哉！故曰，至人無己，神人無功，聖人無名。（〈逍遙遊〉，頁 16-17）

《莊子》以四個階段平列並舉眾人境界，說明主體生命境界層層昇進，最終以至人、神人、聖人境界爲宗極：第一階段是能做好本分、職位的人，這種人能對自己有所肯定，但仍不及第二階段者，因爲這種人還是會受外界毀譽所影響；第二階段以宋榮子爲例，宋榮子不受世人非譽影響，很清楚自己的定位，但這種人仍有工夫相在，故仍未爲真正的自得；第三階段以列子爲例，列子御風而行，其行輕妙，可惜歷十五日而止，仍須憑借風才可免於行，所以仍爲有待；第四階段爲最高境界，至人乘御自然變化，以無待應無窮，達到真正的逍遙境界。《莊子》以層層遞進來描寫不同生命境界，欲引導我們向上超拔以體證逍遙之境，隨順萬物而遊心於自

得之場。透過聖人之主觀修養，其觀照所及，均如如顯其價值，遂得萬物各在其位、各遂其生、各正其正的境界。

　　由此可見《莊子》之逍遙爲一向上超越提拔的精神境界，而在郭象的逍遙論裡，不分聖凡，萬物均能適性逍遙，實爲一圓融萬物之逍遙。郭象此圓融萬物之逍遙並非只是透過聖人觀照而得之逍遙，[67]因其兩層之逍遙論，應爲無待之聖人以及有待之眾生於「各足其性」這前提上均能足性自得；而有待者必經聖人功化，得其所待的情況下，仍須有任性率真的工夫，方能達至其逍遙，而非以至人之心爲根據來觀照萬物，就此充分實現的最後圓境而言一切皆能逍遙。由郭象兩層逍遙論來看，無待順有待之功化，使一切均能逍遙，均被得到肯定，如此正保住了萬物的殊異性，[68]實踐其道化政治理想。郭象此說已從《莊子》之透過調適造極體證聖人逍遙之境，轉向圓融萬有，使聖凡均能證得逍遙境界。

## 五、聖王在宥天下的逍遙

　　關於外王的問題，《莊子》內篇已有所觸及，〈大宗師〉

---

67 牟宗三、唐君毅二位先生同樣以「觀照」來理解郭象之言有待的逍遙，分別見牟宗三：《才性與玄理》，頁 181-184、唐君毅：《中國哲學原論》原道篇　卷二，頁 381。

68 劉笑敢曰：「郭象以萬物之性爲逍遙的內在根據，則泯滅了大鵬與小鳥之間的區別。」見氏著《詮釋與定向 —— 中國哲學研究方法之探究》，頁 186。劉氏又認爲郭象挪用〈齊物論〉大小爲一的觀點來扭轉、抹殺〈逍遙遊〉中的大小之辯。同前書，頁 200。蓋郭象言適性逍遙，非泯掉一切客觀大小分別，而是肯定一切存在，認爲萬物均能逍遙，於此言一，正正保住萬物的殊異性。

言：「𥙿萬物而不爲義，澤及萬世而不爲仁，長於上古而不爲老，覆載天地刻彫眾形而不爲巧。此所遊已。」（〈大宗師〉，頁 281）所謂真正的遊心，是調和萬物而不以己之所作爲義，惠及萬世而不以己之所爲乃仁，長於上古而不標榜爲老，能覆天載地、刻畫各種物形卻不以爲表現善巧；《莊子》此說已點出道化政治中聖王應具特色 —— 功化萬物而不以爲有功。郭象承此說，以極成其「經國體致」的道化政治理想，故郭象之逍遙論，以聖王的逍遙最具特色，亦爲其哲學宗趣所在。郭象以「神器獨化於玄冥之境」爲最高的政治理想，而主持此神器者，聖王也。觀其言聖王曰：

> 宥使自在則治，治之則亂也。人之生也直，莫之蕩，則性命不過，欲惡不爽。在上者不能無爲，上之所爲而民皆赴之，故有誘慕好欲而民性淫矣。故所貴聖王者，非貴其能治也，貴其無爲而任物之自爲也。（〈在宥〉：「聞在宥天下，不聞治天下也。」句下注，頁 364）

> 乘萬物御群材之所爲，使群材各自得，萬物各自爲，則天下莫不逍遙矣，此乃聖人所以爲大勝也。（〈秋水〉：「爲大勝者，唯聖人能之。」句下注，頁 594）

聖人隨順萬物，使之不失所待，而得其逍遙；落實在道化政治裡，則爲聖王隨順百姓，使之各得其所，各自在性分之內逍遙自得，故無心而治則治，有心而爲之治則亂。由此看來治亂的關鍵在於是否無爲而治，能無爲而治，臣民便能自適於性分之內。因爲在萬物而言，凡蕩越於性分之外，則爲過；與之相反，若不離其性，欲與不欲均在性分之內，則能不失其標準，適其性分。爲君者若有所偏好、執定，則上有所好

下必甚之，臣民亦隨之而起欲，追求其性分以外的事，若如此便爲傷性。所以聖王治民，最可貴的地方，不在於有心作爲去宰制百姓，而在於無心去順應百姓，使之能各安其分，在社會上各安其職，發揮所長。若聖王能無爲而任物之自爲，則臣民便能歸根復命，逍遙自得。故在郭象道化政治思想中，聖王的逍遙，爲一主客合一的逍遙：聖王無爲自得的逍遙，爲一主體上的「無待的逍遙」；聖王不以自通爲足，順天下百姓所待，「乘萬物御群材」，使群材各自得，而不失其所待，「萬物各自爲」，而體證「有待的逍遙」；內聖爲主，外王爲客，故謂其逍遙能泯主客而歸一。郭象此說，可謂《老子》「功成事遂，百姓皆謂我自然」（《老子·十七章》）的充分說明。

　　王夫之晚年《君相可以造命論》與郭象乘萬物、御群材的主張，看法相近，或可借之爲郭象聖王的逍遙論，相互發明。王夫之這種君相不講命，而要造命的說法，乃源於《資治通鑑》唐德宗與名臣李泌論宰相之說，李泌認爲：「天命，他人皆可以言之，惟君相不可言。蓋君相所以造命也。若言命，則禮樂刑政皆無所用矣。」[69]李泌認爲若君相只言命，而不敬慎惕厲，締造社稷百姓的命義，則臣相無須治國，刑法禮樂亦可棄之不顧，殘暴如紂王者，亦只須言「我生不有命在天！」便可。[70]王夫之於《讀通鑑論》對李泌此說申而

---

69　〔北宋〕司馬光著，胡三省注：《資治通鑑·卷二百三十三·唐紀四十九》（臺北：天工書局，1988），頁7512。
70　同上。「我生不有命在天！」一語乃《資治通鑑》轉引自《尚書·西伯戡黎》。

論之，認爲「君相可以造命，鄴侯（案：李泌）之言大矣！」
[71]其後更寫了文長千餘字的《君相可以造命論》，充分發揮
《讀通鑑論》對此問題的看法，其文曰：

> 聖人贊天地之化，則可以造萬物之命，而不能自造其
> 命。能自造其命，則堯舜能得之於子，堯舜能得之於
> 子，則仲尼能得之於君。然而不能也，故無有能自造
> 其命者也。造萬物之命者，非必如萬物之意欲也。……
> 李泌曰：「君相可以造命。」一偏之說，足以警庸愚，
> 要非知命之言也。……臣以意欲造君命者，干君之亂
> 臣。子以意欲造父命者，脅父之逆子。至於天而徒懷
> 干脅之情，猶以羽扣鐘，以指移山，求其濟也，必不
> 可得已。天命之爲君，天命之爲相，俾造民物之命。
> 己之命，己之意欲，奚其得與哉！[72]

王夫之認爲若聖人治國只講安命，則國不必治，禮樂可廢，
故聖人只能言造命。若聖人能自造其命，必有所私，故所造
之命，乃萬物之命，且不以滿足萬物私欲之意來造命。於此，
王夫之對於前說「君相可以造命，鄴侯之言大矣！」作更詳
細說明，認爲「君相可以造命」足以警告昏庸、愚昧者，但
仍爲一偏之言，若要充分說明，則要言明所造命者爲何。造
命者除了不以滿足萬物之私來造命之外，更不能以一己之好
惡來造命：若爲人臣、子，而以一己私意造君、父之命，即

---

71 〔清〕王夫之：《讀通鑑論・卷二十四・德宗》（宋論合刊）（臺北：
　　里仁書局，1985.2.25），頁 863-864。
72 〔清〕王夫之：《薑齋文集・卷一・君相可以造命論》（四部備要本）
　　（臺北：中華書局，1966.3）頁 4-5。

為亂臣、賊子，故君相可以造命，是指君相可以以無私之心造萬民之命，使萬民得其所足。

王氏此說，頗與郭象之論聖王相類，聖王無心順有，造萬民之命，使萬民能「各復其根，抱一而已，無飾於外，斯聖王所以生成也。」（〈天下〉注）聖王之所以能生成萬物，正因其無為之治，臣民方能各安其分、事稱其能，如如的實現自己。若聖王不能無為而治，則臣民皆趨赴於聖王之好惡，而跂尚性分之外，百姓傷其性，如此則不得逍遙。郭象更以堯、桀為例，批判以一己喜怒擾亂群生的君王，其注文曰：

> 此皆堯桀之流，使物喜怒大過，以致斯患也。人在天地之中，最能以靈知喜怒擾亂群生而振蕩陰陽也。故得失之間，喜怒集乎百姓之懷，則寒暑之和敗，四時之節差，百度昏亡，萬事失落也。（〈在宥〉：「思慮不自得，中道不成章。」句下注，頁 366）

世人對堯、桀二人評價雖有不同：一為聖君，一為暴君。然而如果在上位者以一己私欲宰制萬民，而使萬物喜怒失當，雖世人對堯、桀評價不一，然而同為治民禍患之始。因為天地以調和為治，失節為亂，聖王治國不能無心應物、喜怒有節，百姓便會禍福無端，禮法蕩然無存，從此人間多災，寒暑失和、四時無節。郭象此說適可與王夫之「君相可以造命論」一說相互發明，二者均認為君相應以無心造萬民之命。郭象道化之治，正是著重於聖王無心造萬物之命，成就萬物，使萬物均能逍遙於自得之場，故曰「無心者主也」（〈天地〉注）。若就「經國體致」而言，郭象兩層逍遙論中，以「有待的逍遙」為臣民之逍遙，「無待的逍遙」為聖王的逍遙，

聖王順臣民之所待，使之不失，而同於大通，於此充分落實
其道化政治的理想，亦最能體現其哲學特色。

# 六、小　結

　　郭象承《莊子》無待的逍遙而展開其適性的逍遙論，從
適性與否來衡定萬物之逍遙：聖人順稟性所有，無待自通，
爲一「無待的逍遙」；其不以自通爲足，順有待者，使有待
不失其所待，爲一「有待的逍遙」，於此開顯其兩層逍遙論。
無待者無心順有，使萬物各自適其性，成就萬物之逍遙，於
此，萬物不只是在至人觀照下，方能逍遙。郭象兩層逍遙論
真正落實了一切皆能逍遙的可能性，而此落實是從因地上
說，不論聖凡，只要能極其性分，即能逍遙，至於現實上是
否人人均能體證逍遙，則是個人修證問題，證成與否是從果
上說。郭象此說與孟子之「人皆可以爲堯舜」，竺道生之「一
闡提也有佛性」一樣，肯定人人皆可體現生命最高的境界，
充分體現了義理發展之圓滿。[73]若不解郭象逍遙論的詮釋轉

---

73 此義見於劉笑敢《詮釋與定向 ── 中國哲學研究方法之探究》，頁
　　165-166，注 38，引述「有朋友說」：「從更深一層的義理分析之，孟
　　子說『人皆可以爲堯舜』，竺道生主張『一闡提也有佛性』並無礙於
　　現實上儒家有聖人與凡人之分別，佛教有佛和眾生的分別，此義則是
　　義理發展之階段圓滿充極與否的分別。」劉氏認爲此說並不合理，在
　　於儒家之聖人「所代表的超越常人的意義是確定不變」，佛家之佛性
　　乃非世俗的意義，而在於道家，《莊子》的逍遙是與道爲一，郭象只
　　是自足其性；《莊子》的逍遙是要擺脫現實束縛，郭象的逍遙則爲滿
　　足於現實一切，一在世俗之外，一在世俗之內，內涵、方向均不同。
　　故「逍遙」與儒家之聖人、佛家之佛性概念之明確內容和地位並不相
　　同，難以相比。案：劉氏此言可議者四：第一，劉氏認爲聖者均爲「超
　　越常人」、「在世俗之外」，不能與凡者混爲一談，劉氏此說是截斷眾

向，剋就注文不合《莊子》原意而妄加批評，認爲郭象之說爲「胡說」、「奴人奴見乃至此」，[74]皆爲不相應的理解。

　　無疑地，郭象以適性論逍遙似乎缺乏《莊子》談逍遙之莊嚴性，減殺了追求更高理想的動力，[75]無法興發人人向上超拔的決心；然而在現實上，並非人人皆可以爲聖王，也不可能要求人人皆爲聖王，郭象此說正好安頓不能成聖、成王的百姓，讓社會百工各安其分，逍遙於各自崗位之中。郭象重新詮釋《莊子》逍遙義，並賦予其政治意義，圓融一切存在，使物物各當其性，充分保全各存在物的特色，並對一切存在給予肯定，更能顯其安頓的作用。聖人無心順有，使一切存有皆能保存其純粹價值意義，實爲道家內聖外王政治理想的最高境界，而非所謂頹廢、[76]自我陶醉、[77]或爲媚權貴之

---

人生命向上的追求，無疑聖凡於果上說是有分別的，但於因上說則爲一，能修道轉念即爲聖，退墮即爲凡。第二，《莊子》既有〈人間世〉、〈應帝王〉之作，何以謂其逍遙「在世俗之外」？《莊子》與郭象之逍遙同在世俗內證得，又何來二者之「內涵、方向完全不同」？第三，劉氏在詮釋郭象逍遙論時只著眼於「有待的逍遙」，遂至劉氏誤以郭象的逍遙只爲「滿足於現實的一切」。第四，《莊子》之逍遙爲生命最高的境界，與儒家以堯舜、釋氏以佛象徵生命最高境界之位格無異，何以不能和「人人可以爲堯舜」、「一闡提皆有佛性」相類比？

74 〔清〕傅山著，劉貫文等主編：《傅山全書・卷五十・莊子翼批注》（太原：山西人民出版社，1991），頁1065。

75 唐君毅及王邦雄二位先生即持此說法，分別見唐先生著《中國哲學原論》原道篇　卷二，頁377，及王邦雄：《中國哲學論集》，頁69-70。

76 吳怡認爲郭象之逍遙乃一頹廢思想，見氏著《逍遙的莊子》（臺北：三民書局，2005.6），頁17。王邦雄認爲郭象言「小大如一」爲取消價值的頹廢之說，見氏著《中國哲學論集》，頁70。性分無論大小，皆需有「盡其性分」的努力工夫，方能達到逍遙之境，此「盡性」之工夫不能說是取消價值，更不能說是頹廢。

77 認爲郭象之說爲自我陶醉者如：馮友蘭（〈郭象《莊子注》的哲學體系〉，頁581、595）、李中華（許杭生等：《魏晉玄學史》，頁378）。

說、[78]爲當權者立說之論。[79]

# 第三節　迹冥圓融

　　凡由實踐而證成境界者必須應物，不能離物懸空而得，故適性的逍遙分析而言，應物者爲外迹，與物玄同者爲內冥；綜合而言，外迹與內冥統而爲一，能遊外必能冥於內，此乃郭象「迹冥圓融」的說法。或以爲郭象此說異於《莊子》，乃修正《莊子》所論；或以爲郭象迹冥圓融之說，乃會通儒道之說，今就此問題作出討論，從迹與冥、迹與無迹、迹冥論儒道會通的可能以及聖王遊外冥內的道化政治之境等內容作出分析，以凸顯其立論宗趣。

## 一、迹與冥

　　《莊子》書中往往有抑仲尼而貶堯舜處，郭象反而多稱許之。於〈大宗師〉中，子桑戶死，孔子使子貢往而弔喪，只見其友孟子反、子琴張泰然自若「臨尸而歌」，大感驚訝，遂質疑問道二人此舉是否符合禮教？二人相視而笑認爲子貢不知禮儀的根據是由乎心，故曰：「惡知禮意！」子貢回去

---

78　見錢穆：《中國思想史》（臺北：蘭臺出版社，2001.2），頁106。
79　認爲郭象爲當權者立說者如：馮友蘭（〈郭象《莊子注》的哲學體系〉，頁576-578及《中國哲學史新編》（四），頁195）、湯一介（《郭象與魏晉玄學》，頁148）、方勇（《莊子學史》第一冊，頁394、495、498）。

後告訴孔子，孔子曰：「彼，遊方之外者也；而丘，遊方之內者也。外內不相及。」《莊子》借孔子與子貢對話區分儒道對禮的觀點的不同：儒者以仁義爲首出，講求仁心、禮節合一，畫一禮數，欲以禮齊一天下；道家則不拘一定之禮節，不爲法度所囿，認爲本乎自然無爲爲要。於此明顯存著兩套不同的價值標準：一爲「遊方之內」，以行爲合乎禮節爲圭臬；一爲「遊方之外」，以行爲發自內在情感爲準的。一爲外，一爲內，二者「內不相及」，反映了儒道二家歸宗不同。然而郭象注云：

> 夫理有至極，外內相冥，未有極遊外之致而不冥於內者也，未有能冥於內而不遊於外者也。故聖人常遊外以宏內，無心以順有，故雖終日見形而神氣無變，俯仰萬機而淡然自若。夫見形而不及神者，天下之常累也。是故睹其與群物並行，則莫能謂之遺物而離人矣；睹其體化而應務，則莫能謂之坐忘而自得矣。豈直謂聖人不然哉？乃必謂至理之無此。是故莊子將明流統之所宗以釋天下之可悟，若直就稱仲尼之如此，或者將據所見以排之，故超聖人之內迹，而寄方外於數子。宜忘其所寄以尋述作之大意，則夫遊外宏內之道坦然自明，而莊子之書，故是涉俗蓋世之談矣。（〈大宗師〉：「彼，遊方之外者也；而丘，遊方之內者也。」句下注，頁268）[80]

---

[80] 依《趙諫議本》「宏」應作「冥」。今據莊耀郎先生言，不據《趙諫議本》改，先生曰：「郭象此注『遊外以宏內，無心以順有。』是剋應《莊子》原文而注，方外數子，是郭象所謂寄言以託無心自然之境，

郭象認爲聖人均能遊外宏內，形神合一，應物而不累於物。郭象所謂「遊外」，是指遊於無心自然之境；「宏內」，則指本於無心而成就之禮法世界。若只見聖人所爲，以爲聖人終日勞形，與物同行，而謂其爲域內者，不能自得坐忘，則只見聖人之迹，而不見其冥；聖人之所以能終日應物而無所累，日理萬機而悠然自得，全因其所爲發乎自然，與物冥而無待。若只執聖人之事迹，而判聖人不得逍遙，則昧於所見，而不明聖人遊外必能宏內。郭象這種說法泯內外爲一，直稱仲尼，是否爲《莊子》原意，或可商榷。成玄英於疏中直言：「方，區域也。彼之二人，齊一死生，不爲教迹所拘，故遊心寰宇之外。而仲尼子貢，命世大儒，行裁非之義，服節文之禮，銳意哀樂之中，遊心區域之內，所以爲異也。」（〈大宗師〉疏）又言：「玄儒理隔，內外道殊，勝劣而論，不相及逮。」（〈大宗師〉疏）成疏此言與《莊子》同樣嚴分儒道，對二者作出價值上的高下評判之意十分明確。成疏不諱「疏不破注」的傳統，明言《莊子》本意，認爲儒者乃方內之士，以仁義禮法爲首出；孟子反、子琴張則爲方外之人，不爲教迹所規範，遊心於無爲自得之境，一內一外，實爲有異。誠然郭象亦以方內爲桎梏，以方外爲所貴，然而內外相

方內，指禮教世界。其意爲能有無爲之修養者才能宏大禮教，所以說『無心以順有』。『無心』正應『遊外』說，『順有』正對『宏內』說。毋需校改。……若改『冥』內，則成爲不可解，『遊外以經內』之注亦同。」見先生〈魏晉儒道會通理論的省察〉，《中國學術年刊》第 23 期，2002.6，頁 206。另外筆者考諸注文，同爲剋應《莊子》而作注者還有同篇之「丘，天之戮民也。」句下注：「遊外者依內，離人者合俗。」頁 271，詳見下文注解分析。

冥，宏內者必須遊於外，遊外者亦須宏內方不致懸空無所著，故郭象曰：「是以遺物而後能入群，坐忘而後能應務，愈遺之，愈得之。」（〈大宗師〉注）[81]能無心而為，則能無所不為，所以遊心於方外之至極者，必能符應於方內之禮法制度，泯內外而為一。

　　郭象此說若剋就「內外不相及」而言雖異於《莊子》，實亦不悖於《莊子》、道家義理。首先，郭象認為《莊子》把聖人方內之迹寄諸孔子，聖人方外自得之境寄諸方外數子，各有所寄，以指點的方式作分別描述。凡體道者，必有所本，有本而應物者必現其迹，而《莊子》一書既為「涉俗蓋世」之說，必明遊外宏內之至理，其分述內外之境，只為象徵的分別描述聖人內外境界，故郭象曰「宜忘其所寄以尋述作之大意」正是此意。其次，《莊子》言「其一也一，其不一也一。其一與天為徒，其不一與人為徒。」（〈大宗師〉，頁 234）認為真人表現渾一的一面，其內在當然是渾一；真人表現不渾一的一面，其內在也還是渾一。[82]其渾一的一面同於天，其不渾一的一面則同於眾人。不論真人外在表現為何，其內在仍能保持渾一修養，此說實亦具內外圓融之意，郭象迹冥圓融之意或據此而發。再次，郭象這種「遊外以經內，守母以存子，稱情而直往」（〈大宗師〉注）的說法，實與《老子》「無為而無不為」（《老子‧三十七章》）、

---

81　郭象此注隨文而發，故其所謂內外，與《莊子》同：所謂「遊外者必依內」與注文下句「離人者合俗」對應 ── 「遊外」即「離人」指「方外」，即無心自然之境；「依內」即「合俗」指「方內」，即禮法。

82　關於「其一也一，其不一也一」之詮釋，引自周雅清《莊子哲學詮釋的轉折 ── 從先秦到隋唐階段》，頁 154 注。

王弼「守母存子」、「崇本舉末」（《老子・三十八章》注）
之說同出一轍，亦可避免陷於把方外、方內打爲兩截的理論
困境，內外泯而爲一，收攝於同一主體之下，更見其說圓融
無礙。

　　於《莊子》書中凡爲方外之士者，均被郭象視爲獨守一
家偏尚之人，而不得逍遙。如〈逍遙遊〉中《莊子》抑堯稱
由，及至郭《注》，卻劣許優堯，注曰：

> 夫能令天下治，不治天下者也。故堯以不治治之，非
> 治之而治者也。今許由方明既治，則無所代之。而治
> 實由堯，故有子治之言，宜忘言以尋其所況。而或者
> 遂云：治之而治者，堯也；不治而堯得以治者，許由
> 也。斯失之遠矣。夫治之由乎不治，爲之出乎無爲也，
> 取於堯而足，豈借之許由哉！若謂拱默乎山林之中而
> 後得稱無爲者，此莊老之談所以見棄於當塗。當塗者
> 自必於有爲之域而不反者，斯之由也。（〈逍遙遊〉：「子
> 治天下，天下既已治也。」句下注，頁 24）

《莊子》寄言許由，以之爲無爲之士，認爲堯治天下勞形傷
神，故堯的境界不如許由。郭象忘言尋《莊子》之旨，認爲
堯以不治治天下，既有治功而不以功自居，實爲無心而爲，
較諸許由不治天下、拱默山林，更能體現無爲無不爲的精神，
所以郭象以爲「取於堯而足」。若世人均以無所作爲爲無爲，
則老莊之說必遭有國者捨棄。關於堯遊外冥內之說，郭象有
更清楚的分解說明，其注文云：

> 然遺天下者，固天下之所宗。天下雖宗堯，而堯未嘗
> 有天下也，故窅然喪之，而嘗遊心於絕冥之境，雖寄

坐萬物之上而未始不逍遙也。四子者蓋寄言，以明堯之不一於堯耳。夫堯實冥矣，其迹則堯也。自迹觀冥，內外異域，未足怪也。世徒見堯之為堯，豈識其冥哉！故將求四子於海外而據堯於所見，因謂與物同波者，失其所以逍遙也。然未知至遠之所順者更近，而至高之所會者反下也。若乃屬然以獨高為至而不夷乎俗累，斯山谷之士，非無待者也，奚足以語至極而遊無窮哉！（〈逍遙遊〉：「堯治天下之民，平海內之政，往見四子藐姑射之山，汾水之陽，窅然喪其天下焉。」句下注，頁34）

《莊子》以藐姑射神人為聖人所嚮往的生命境界，[83]因堯治天下有功而未能忘天下，往見藐姑射之山的神人而若有所失，於此郭象寄言明堯不一於堯，實為迹冥圓融的表現。觀乎郭象注文，除卻「遊外宏內」之說順《莊子》原文作注，以「方外」指「無心自然之境」，「方內」指「禮法」外，

---

[83] 《莊子》筆下「藐姑射之山」的神人「不食五穀，吸風飲露。乘雲氣，御飛龍，而遊乎四海之外。其神凝，使物不疵癘而年穀熟。」（〈逍遙遊〉，頁28）、「物莫之傷，大浸稽天而不溺，大旱金石流土山焦而不熱。」（〈逍遙遊〉，頁30-31）此等描述均為漫畫式的方便語，《莊子》以此描述神人之精神境界，並非直述式的指謂語，不是說神人於現實生活中必有此技能。（「漫畫式方便語」與「直述的指謂語」之區分，見周雅清：《成玄英思想研究》，頁314）不少學者把《莊子》的漫畫式描述看實了，誤以為《莊子》所言具「神秘主義」，或誤以為《莊子》之聖人為一超現實的人，見馮友蘭：《中國哲學史》上冊（香港：三聯書店，2000.2），頁231。湯一介：《郭象與魏晉玄學》（第三版），頁232。劉笑敢把《莊子》描述聖人境界的用語，詮釋成「令人嚮往的超越現實世界的逍遙遊，不是普通人可以隨時實現」，見氏著《詮釋與定向 ── 中國哲學研究方法之探究》，頁164。以上詮釋恐不切於《莊子》原意，對於漫畫式的描述之解讀，必須緊扣工夫修養所達的境界來了解，才不致神通式、道教化的詮釋。於《莊子》書中類似神人境界描述的章節亦見於〈齊物論〉、〈大宗師〉、〈秋水〉等篇。

其他關於「遊外冥內」之說則異於前說：其言「冥內」均就修養之「無爲」而論，此乃「冥體」，其「遊外」乃就「無爲」作用下之「無不爲」、應物無礙而說，此乃「遊外冥內」之「外迹」。

由以上引文可見，堯雖貴爲一國之君，寄坐萬物之上，仍能逍遙自得，全在於不徒迹而有冥體實之。若單從堯之迹來看，則以爲堯勞心於天下之事，而未能逍遙。可是凡遊外必冥於內，冥於內方能無所不爲，故堯雖與物同波而能逍遙自得。迹與冥一外一內，世人徒見其外而不知其內，故誤以爲內外不相及，遂只見堯之迹而謂其不得冥。

《莊子》言「外域」、「內域」與郭象言遊外冥內雖同涉內外之域，然而二者所指卻所有不同。《莊子》之言「外域」是指超越禮法、儀節之士，「內域」是指拘守禮法、儀節之人。郭象言遊外冥內或迹冥圓融則爲體用關係，冥體無爲，是內也；迹用無不爲，是外也。郭象以詭譎的「相即」來說明聖人之境界 —— 主觀地就生命而言便是「體沖和以通無」、客觀地就應物而言便是「體化合變順物無對」。[84]聖人之「冥」即無，絕不空掛；其「迹」即有，不能無冥以實之。滯於冥或是著於迹，均是執於一邊，唯有「冥即在會中見。會而無執即爲冥，冥而照俗即爲迹。冥則成其無累之會，故體化合變，而遊無窮。」[85]在這種情況下，聖人方能不著於迹，亦不滯於冥，迹中見冥，冥應爲迹，即迹即冥，非迹非冥，達至圓唱。若必以「拱默乎山林之中」、「獨高爲至

84 見牟宗三：《圓善論》，頁 303-304。
85 見牟宗三：《才性與玄理》，頁 192。

而不夷俗累」方稱作無爲之士，則其「無爲」只爲懸空、空頭的「無爲」，而不能落實「無爲而無不爲」的真義。故郭象云：「所謂無爲之業，非拱默而已；所謂塵垢之外，非伏於山林也。」（〈大宗師〉注）真正的無爲必須落實到無所不爲，在與物同波的同時亦能無心自得，方爲圓融無礙。

　　若如《莊子》所言，以海外四子、許由等人寄寓無爲之境，以堯之治功譬喻爲未忘功名之君，則易生誤解，以爲《莊子》無爲之說，是在追求一種無所作爲，脫離世俗，沒迹山林的精神境界，[86]因而得出《莊子》「無爲」乃「無所作爲」；更甚者，或以爲《莊子》追求的乃神化的境界。[87]故郭象把《莊子》書中凡爲描述神人精神境界的文字，均視爲「將明世所無由識，故乃託之於絕垠之外而推之於視聽之表耳。」（〈逍遙遊〉注）郭象認爲世人無法得識聖人內心境界，便權以寄託於絕垠之境，所以一切關於神人之描述，均爲寄託寓意，而不必執定爲實有。郭象以迹冥圓融之說合體用而爲一，爲一立體的說法，與《莊子》以「內域」、「外域」平列地說明聖人修養境界有所不同，可見其說並非修正《莊子》之說，[88]或是改造《莊子》的理論，[89]而是《莊子》逍遙論更

---

86　觀乎〈人間世〉、〈德充符〉、〈應帝王〉，《莊子》言至人之境亦必須和光同塵，不離世俗，故可知其逍遙之境非必離群索居可得。

87　李中華即以《莊子》推崇許由，以及對藐姑射之山神人的描述，是有著超凡離俗的理想，追求一種不食人間煙火、身心脫離世俗的神化境界。見許杭生等：《魏晉玄學》，頁384。

88　湯一介曰：「郭象關於『內外相冥』的新理論，又是對莊子思想的一重要修正，其『新』就『新』在他把莊周的『內外不相及』解釋爲『內外相冥』了。」見氏著《郭象與魏晉玄學》（第三版），頁232。凡有誤而作修訂改正者，方稱作「修正」，郭象只是把《莊子》分述聖人

推進一步的必然發展。

## 二、迹與無迹

　　既謂聖人遊外冥內，則聖人之迹終不可免，何以謂聖人能「無迹」、「絕迹」？觀乎郭象所言，實本諸《莊子》外篇所說：

> 當時命而大行乎天下，則反一無迹；不當時命而大窮乎天下，則深根寧極而待；此存身之道也。（〈繕性〉，頁 555）

> 其來無迹，其往無崖，無門無房，四達之皇皇也。（〈知北遊〉，頁 741）

《莊子》所謂「無迹」與〈天運〉篇之「迹」相對。〈天運〉云：「夫六經，先王之陳迹也，豈其所以迹哉！今子之所言，猶迹也。夫迹，履之所出，而迹豈履哉！」（〈天運〉，頁 532）「所以迹」為迹之本，與郭象之言「冥」同，乃先王治化萬民，無心順有之生命修養；而先王治化萬物之事，載於詩書而為六經，乃先王之治迹，由此得見可貴者乃「所以迹」而非「迹」。就〈繕性〉篇而言，其謂「無迹」由「反一」而致，能反生命之真，則有所本，故「無迹」；就〈知北遊〉

---

　　內、外之境界，泯內外為一，只能稱作理論的進一步推進，不能稱其論為修正《莊子》所說。

89　王曉毅認為郭象改造聖人學說，提出融「有為」與「無為」於一體的政治哲學。見氏著《郭象評傳》，頁 176。首先，王氏把政治活動的有所作為詮釋為「有為」，已不相應郭象之說；再者，郭象之說不是改造莊子學說，而是合體用為一，把理論推向更圓融的說法。

而言，所謂「無迹」乃因生命修養達至道之境，與物爲一，故感萬物生生而無迹、無限制，出入無門，來往無礙而通達，此乃生命之化境。可見《莊子》所謂「無迹」是經由工夫修養體道而得，並不是指形下而的，沒有痕迹的意思。郭象言「無迹」之說亦承《莊子》所言，不就形下之沒有痕迹說，而是在「迹冥圓融」的情況下有本之迹言，只是其論「無迹」不像《莊子》就心上說，而是轉向從性上說，故曰：「所以迹者，真性也。夫任物之真性者，其迹則六經也。」（〈天運〉注）郭象以能率真性即有所本，便爲「所以迹」，由「所以迹」落實到應物上而爲我們所見之迹，便是六經。郭象貫徹其適性的逍遙之說，以率性任真論迹冥圓融，故其所謂「無迹」亦就性分而論，注文曰：

> 反任物性而物性自一，故無迹。（〈繕性〉：「則反一無迹。」句下注，頁 556）

> 夫率自然之性，遊無迹之塗者，放形骸於天地之間，寄精神於八方之表；是以無門無房，四達皇皇，逍遙六合，與化偕行也。（〈知北遊〉：「其來無迹，其往無崖，無門無房，四達之皇皇也。」句下注，頁 742）

能無心任物之性，故非無冥之迹；能任物而逍遙六合，與物化而無滯，故非徒冥而無迹，因此「無迹」並非指沒有形下之迹，而是指聖人行事雖有迹，但其迹有所本，故曰「無迹」。若世人只從外面尋找聖人的陳迹，而失其所以迹，「莫知反一以息迹而逐迹以求一，愈得迹，愈失一，斯大謬矣。」（〈繕性〉注）關於「聖人無迹」之說，郭象更舉卞隨、務光、伯夷、叔齊等人爲例，以明「無迹，故無弊」之意，其注曰：

舊說曰：如卞隨務光者，其視天下也若六合之外，人
所不能察也。斯則謬矣。夫輕天下者，不得有所重也，
苟無所重，則無死地矣。以天下為六合之外，故當付
之堯舜湯武耳。淡然無係，故汎然從眾，得失無繫於
懷，何自投之為哉！若二子者，可以為殉名慕高矣，
未可謂外天下也。（〈讓王〉：「乃負石而自沈於廬水。」句下
注，頁 986-987）

論語曰：伯夷叔齊餓于首陽之下，不言其死也。而此
云死焉，亦欲明其守餓以終，未必餓死也。此篇大意，
以起高讓遠退之風。故被其風者，雖貪冒之人，乘天
衢，入紫庭，猶時慨然中路而歎，況其凡乎！故夷許
之徒，足以當稷契，對伊呂矣。夫居山谷而弘天下者，
雖不俱為聖佐，不猶高於蒙埃塵者乎！其事雖難為，
然其風少弊，故可遺也。曰：夷許之弊安在？曰：許
由之弊，使人飾讓以求進，遂至乎之噲也；伯夷之風，
使暴虐之君得肆其毒而莫之敢亢也；伊呂之弊，使天
下貪冒之雄敢行篡逆；唯聖人無迹，故無弊也。若以
伊呂為聖人之迹，則伯夷叔齊亦聖人之迹也；若以伯
夷叔齊非聖人之迹邪？則伊呂之事亦非聖人矣。夫聖
人因物之自行，故無迹。然則所謂聖者，我本無迹，
故物得其迹，迹得而強名聖，則聖者乃無迹之名也。
（〈讓王〉：「高節戾行，獨樂其志，不事於世，此二士之節也。」
句下注，頁 989）

於〈讓王〉中《莊子》寫卞隨、務光辭讓，不苟合於君主，
又引伯夷、叔齊之事，諷周王暴政，推四子高尚之節，然而

郭象卻認爲此等均爲「殉名慕高」之舉、「未可謂外天下」。
《莊子》所推者，正爲郭象所抑之士，因其不能迹冥圓融之
故也。若卞隨、務光眞能淡然無繫，名節、生死同爲輕，自
能逍遙於六合之內，何以二人重高節之名而輕死生，故郭象
稱堯、舜、湯、武，而輕卞隨、務光，因其殉名慕高，不能
外天下之故也。同樣伯夷、叔齊守節餓死於首陽山，「起高
讓遠退之風」，使後世均受其風氣影響，廟堂之上貪婪之人
猶不免生起感歎，更何況平凡人，難免會學其退讓之風，逐
二人之迹。伯夷、叔齊之舉雖不爲一般人所能做到，但因退
讓之風仍有少許弊端，故不足標榜，免得後人徒學其迹，而
不知其所以迹。伯夷「治則進，亂則退」，後世若仿其退讓
之迹，則暴君當政時便能大肆其害，而無人敢抗；同樣伊尹
「治亦進，亂亦進」，積極推翻暴政的作爲，會使天下貪冒
之人，仿其迹而敢於篡逆。[90]只有「無迹」才能無弊，沒有
標榜什麼，就不會讓後人仿效什麼，任物自行，因循人民所
需，便能無迹。因此，「有迹」乃應世之行有固定模式者，
「無迹」爲應世而不受限制、沒有固定模式，隨物而應者。
聖人「任物，故無迹」（〈應帝王〉注），本爲無迹，然而
人們見其迹，各執其所見之迹，而強稱其爲聖，可見聖人即
是無迹之名。郭象既認爲聖人無迹、「率性而動，非常迹也。」
（〈天地〉注）可見「無迹」之說既不就聖人任化萬物而沒
有形迹來說；同樣其所謂「絕迹」，亦非要絕去應世的迹，

---

90　《孟子・公孫丑上》：「曰：伯夷、伊尹何如？曰：不同道。非其君不
　　事，非其民不使；治則進，亂則退，伯夷也。何事非君，何使非民；
　　治亦進，亂亦進，伊尹也。」頁234。

而是要我們絕去執著陳迹之意，故郭象以「絕迹而玄會」爲最高境界。[91]由此可見郭象「無迹」、「絕迹」、「息迹」之說與《老子》「善行無轍迹」，及王弼「順自然而行，不造不施，故物得至，而無轍迹也」之義相通。[92]既知「迹」之不可執，同樣亦不能執其「所以迹」，只要有所執便落於一偏，便不能圓融無礙，故曰：「既忘其迹，又忘其所以迹者，內不覺其一身，外不識有天地，然後曠然與變化爲體而無不通也。」（〈大宗師〉注）只有越超「迹」與「所以迹」，才能與物冥合而無迹。

# 三、儒道會通的可能

既明郭象迹冥圓融的眞義，又知迹冥論爲《莊子》義理發展所必然者，繼而可進一步討論，郭象身處魏晉安立名教的關鍵時刻，[93]又以儒家聖人 —— 孔子、堯舜爲迹冥圓融的代表，其說是否眞能會通儒道？

宋儒程明道〈定性書〉所論與郭象迹冥圓融之說，相似處甚多，今擬以之作比較，以判定儒道二者義理內涵是否相同，若不同則二者是否有相通之處？若有，又能否以之會通儒道？從而把郭象迹冥圓融之說作儒道會通之論。觀乎〈定

---

91 郭象曰：「未能去繩而自平，未能絕迹而玄會。」（〈徐無鬼〉注）可見能去繩而自平，絕迹而玄會方爲最高境界，故其所謂迹，應指陳迹，而非有本之迹。

92 見《老子・二十七章》：「善行無轍迹。」及其句下注，頁71。

93 學界一般將魏晉名教的問題看作是儒道會通的問題，本文不擬採取此一進路，而視爲玄學義理內部自有名教的份位。

性書〉云：

> 所謂定者，動亦定，靜亦定，無將迎，無內外。苟以
> 外物為外，牽己而從之，是以己性為有內外也。且以
> 性為隨物於外，則當其在外時，何者為在內？是有意
> 於絕外誘，而不知性之無內外也。既以內外為二本，
> 則又烏可遽語定哉？夫天地之常，以其心普萬物而無
> 心；聖人之常，以其情順萬事而無情。故君子之學，
> 莫若廓然而大公，物來而順應。……人之情各有所
> 蔽，故不能適道，大率患在於自私而用智。自私則不
> 能以有為為應迹；用智則不能以明覺為自然。今以惡
> 外物之心，而求照無物之地，是反鑑而索照也。……與
> 其非外而是內，不若內外之兩忘也。兩忘則澄然無事
> 矣。無事則定，定則明，明則尚何應物之為累哉？[94]

明道曰「無內外」、「無心」、「順萬事而無情」、「應迹」、
「自然」等語，似與郭象之說同；明道就定性而論，郭象以
任性立說，二者似乎亦有可通之處。今就明道所言，比較二
者義理內涵異同，從而判定郭象之說是否暗合儒家義理。於
明道而言，所謂定，是就心而言，心能定則無動靜、將迎、
內外之分；心不定則起種種分別。心之所以不定是在於有
「私」，有私則為外物所牽引，故不能定。定又有相對與絕
對之別：相對的定，有定有不定，絕對的定為大定，動亦定，
靜亦定。自根自本由仁心呈現一切，便能體外無物，無事不
為我所關心，則事事均收攝在主體之內，與物一體，則一切

---

94 〔北宋〕程顥、程頤著，王孝魚點校：《二程集》（北京：中華書局，
 2004.2），頁 460-461。

均定。仁心在外物紛雜之中定，則能無將迎；有將有迎即生命不能安於自己。而致使吾人生命不安的原因，便是自私，仁心的呈現，從根本上化掉人我、動靜分別的根源，則無人我、動靜分別。能定即能顯常心，故曰：「天地之常，以其心普萬物而無心，聖人之常，以其情順萬事而無情。」天道生化萬物即為有心，以其常心普萬物，一切一視同仁，似無心但實有心。聖人體道，以其情順萬事、萬物而無所偏私，故有情而無情。所謂有心、有情是從實有層上、存有層上的有來說；所謂無心、無情，是從作用層上自然而然、無心造作而言。人情之所以有所蔽，在於自私、有心用智，而不能廓然大公，心存在著先入為主的偏見來應物，故不合於道。無私則該行而行，一切行事之迹只為應迹，即使聖人表面做了很多事，內心仍能無所動。無心用智則明覺，物來照見，不妄加分別。可見明道要定的，非為外物，而是內心修養，故非外是內，不如內外相忘，無執定於內外，則不生有心造作之事，應物不累。分析至此，不難發現明道、郭象均認為聖人應物無心故無累，此乃二人於作用層相同處，然而「無」乃三教共法，[95]不能就共法而判教，遂認為郭象所言乃陽道陰儒、明道之說為陽儒陰道。

　　承上所言，應進一步就二人所論之體用關係，作一比較。明道言「定性」，儒家言心性均從道德而論，所謂定性，即安定人的心性。性是理，本來安定，無所謂定不定，實則定性即為定心。同樣，其文曰「己性」亦是從仁義之性而論，

---

己性無內外，是由於暢通本性，衝破人我分別，便能化掉根本上的不安定。然而郭象所任之性，乃從生就義、稟受義而說，以「生之謂性」說性，是就人性的殊異面而論，斷不能從人性的特殊屬性中推演出道德法則，康德於其《道德底形上學之基本原則》即作清楚分述：

> 我們必不允許我們自己去想從人性底特殊屬性中推演出這原則底真實性。因為義務須是行動底一種實踐的，無條件的必然性；因此，它必須在一切理性存有上皆能成立皆有效（這一切理性存有是一律令所能應用於他們身上者），而亦只為此故，它始亦能對一切人類意志而為一法則。反之，凡是從人類之特殊的自然的特徵中繽繹出來的，從某種情感和性癖中繽繹出來的，不，如其可能，甚至從適當於人類理性的任何特殊傾向，而這特殊傾向不必然在每一理性存有底意志上皆有效（皆成立，皆可執持），從此中繽繹出來的，這雖誠可供給我們以格準，但卻不能供給我們以法則；可供給我們以主觀原則，依此主觀原則，我們可以隨一性癖和性好以行，但卻不能供給我們以客觀原則，依此客觀原則，我們必須奉命（被命令被吩咐）以行，縱使一切我們的性癖、性好，以及自然的性向都相反於此原則，我們也必須依之以奉命以行。[96]

道德法則講求的是普遍性，凡有理性者必須從之。由於所有人均要遵守此一自發之無條件律令，縱然我們的性癖、性好

---

96 牟宗三先生譯註：《康德的道德哲學》（臺北：臺灣學生書局，2000.5），頁 60-61。

反對此義務 —— 即在行其所該行時感性欲望會起來挑戰自己，以求得到幸福，但理性會讓我們意識到有比追求幸福更爲重要的東西，故道德行爲必不從稟賦、癖好而論。牟先生明確指出：「性癖、性好，人性底特殊屬性，人類之特殊的自然的特徵等詞語皆是告子所謂『生之謂性』以及宋明儒所謂『氣質之性』，故不能由此建立道德。然則正宗儒家所謂性善之性以及宋明儒所謂『義理之性』便不能概括在此類詞語之下。」[97]由此可見儒家以道德論性：自孔子言仁心、孟子論性善起，下及宋明儒 —— 濂溪之誠體、太極，橫渠之太虛，明道之仁心、天理，伊川所重之明理、朱子所講的格物致知，象山之心即理，陽明之致良知，一是均從道德而論，就其體而言皆以仁義爲首出。然而郭象從性分論聖人，不以仁義爲首出，而以仁義爲性分氣稟的某種表現，其注文曰：

> 夫仁義者，人之性也。人性有變，古今不同也。故游寄而過去則冥，若滯而係於一方則見。見則僞生，僞生而責多矣。(〈天運〉：「止可以一宿而不可久處，覯而多責。」句下注，頁519)

> 夫曾史性長於仁耳，而性不長者橫復慕之，慕之而仁，仁已僞矣。天下未嘗慕桀跖而必慕曾史，則曾史之簧鼓天下，使失其真性，甚於桀跖也。(〈駢拇〉：「枝於仁者，擢德塞性以收名聲，使天下簧鼓以奉不及之法非乎？而曾史是已。」句下注，頁315)

郭象以仁義爲性分中限制義的一種表現，有些人稟氣長於

---

97 同上書，頁61，牟先生案語。

仁，有些人長於義，各有不同，並未從仁義之根源上立論，與孔孟言仁義不同，孔孟論仁義就道德根源立論故具有普遍性，無可損益，亦無古今之不同，雖百世而可知。人的習性可隨時而變，亦因環境影響而異，因此冥於當下，不執滯於往迹，才能合其時宜；仁義亦然，名教須合時用方稱得宜。若以習性言仁義，除了受時地環境影響外，更與個人稟分有關，曾參、史鰌二人稟性仁孝，長於仁義，若後人徒慕二人之迹，跂尚性分以外而慕學聖人之迹，則雖爲仁義亦不得其真，而有失本性，於失性而言則甚於桀、跖之害天下。郭象此說，實亦有批評漢末以降的儒學標舉仁義，使人失真之意，由此可見郭象迹冥圓融之說自裡而外，徹徹底底的爲道家說法。其說雖稱堯舜、仲尼，實爲寄言，與法聖王不同，非爲法其迹而稱堯舜，故對徒學迹而不冥者，則有所批評：「法聖人者，法其迹耳。夫迹者，已去之物，非應變之具也，奚足尚而執之哉！」（〈胠篋〉注）真正的聖人「能體化合變，無往不可，旁礴萬物，無物不然。世以亂故求我，我無心也。我苟無心，亦何爲不應世哉！然則體玄而極妙者，其所以會通萬物之性，而陶鑄天下之化，以成堯舜之名者，常以不爲爲之耳。」（〈逍遙遊〉注）應世無方，無可無不可，世亂則應之而治，因其無心故能玄冥，因其功化天下而有堯舜之名，由此可見郭象所肯定者並非儒家義之聖人 ── 以挺立道德仁義爲己任之士，而是道家無爲無不爲之聖人。

　　由上可知，若就作用層之「無」及迹本相即而言，郭象

與明道所言並無不同；[98]然而若就判教來說，二者之體不同，由是而顯之用亦有異。[99]郭象以冥爲體，發用而爲迹，故其用爲一無爲之用；明道以仁心爲體，發用而爲迹，故其用爲仁心、性體的呈顯。可見郭象迹冥之說自本自根爲道家義理，在道家玄理內部展開其理論體系，至於論及仁義，及舉孔子、堯舜者，皆純是道家式的論述，故凡是認爲其說會通儒道、[100]調和儒道，[101]或謂其爲援道入儒、援儒入道，[102]或謂之陽儒陰道、陽道陰儒者，[103]皆爲後設之論，於道家或郭象本身之

---

98 牟宗三先生《圓善論》曰：「在儒家名曰『極高明而道中庸』，在道家名曰『和光同塵』，在佛家名曰『煩惱即菩提，生死即涅槃』，一是皆可以迹本圓（迹本相即）表達之。而迹本圓之論則首發之于向、郭之注莊。開其端者則爲王弼之聖人體無，聖人有情而無累于情。此等理境雖由王、郭等說出，然卻亦是三教本有之義也。」頁 294。

99 牟宗三先生《才性與玄理》曰：「本末之爲一，即體用之不離。體用之不離，即儒道之大通。」頁 122。確如牟先生所言就體用不離而言，亦是儒道之大通。然而二者之體用殊異，正是其判教處。

100 湯一介、蔡忠道等學者認爲郭象此說是爲了會通儒道，分別見湯氏著《郭象與魏晉玄學》（第三版），頁 232；蔡氏著《魏晉儒道互補之研究》（臺北：文津出版社，2000.6），頁 180。牟宗三先生則指出作用層之「無」不能真正會通儒道，見先生著《才性與玄理》，頁 124。

101 李中華認爲郭象迹冥論爲調和儒道之說，見許杭生等：《魏晉玄學》，頁 387。

102 王叔岷《先秦道法思想講稿》曰：「晉向秀、郭象有《莊子注》。……蓋意在援道入儒，調和儒、道耳。郭象本向秀說而注《莊子》，凡莊子有批評堯、舜、孔子處，郭象皆爲之回護。」（北京：中華書局，2007.7），頁 136。郭象稱堯、舜、孔子處均據道家義理而論，非爲回護儒家而說，何況郭《注》亦有批評堯舜處，如〈在宥〉注曰：「此皆堯桀之流，使物喜怒大過，以致斯患也。人在天地之中，最能以靈知喜怒擾亂群生而振蕩陰陽也。故得失之間，喜怒集乎百姓之懷，則寒暑之和敗，四時之節差，百度昏亡，萬事失落也。」便是一例。

103 湯用彤《魏晉玄學・魏晉玄學論稿》曰：「向、郭二《莊》，美言絡繹，茲不能詳，惟取其對於孔子、莊子之意見推論之。」（臺北：佛光文化事業有限公司，2001.4），頁 130。又同書曰：「陽存儒家聖人之名，而陰明道家聖人之實。」頁 135。

義理其實一以貫之，當無疑義。

## 四、聖王之遊外冥內

從上文討論得知，郭象迹冥圓融之說不能會通儒道，且其義理內涵無絲毫之參雜儒家義理者，而純為道家之義理形態，於此則可進一步追問，迹冥論終極旨趣為何？[104]循其注文大意，則為聖王道化之治而立，注曰：

> 夫聖人雖在廟堂之上，然其心無異於山林之中，世豈識之哉！徒見其戴黃屋，佩玉璽，便謂足以纓紱其心矣；見其歷山川，同民事，便謂足以憔悴其神矣；豈知至至者之不虧哉！（〈逍遙遊〉：「藐姑射之山，有神人居焉，肌膚若冰雪，淖約若處子頁。」句下注，頁28）

神人在《莊子》是就修養達至最高境界者而言，郭《注》轉向專就聖王而說，故注曰「雖在廟堂之上」，「無異於山林之中」，由此可見其論是為聖王而立的端倪。聖王居要位，戴黃屋，佩玉璽，歷山川，同民事，此為其外迹，世俗人易被黃屋玉璽擾亂其心、公務民事憔悴其神，便謂聖王亦必如此，並不知修養之至極者，能遊外冥內，雖身在廟堂上之而心猶處於山林之中，應物無滯，不繫於心。聖王之名，皆聖

---

104 郭象迹冥論之不能會通儒道，與其說是否為會通儒道而立，乃不同層之問題。郭象本人是否有意從「迹冥圓融」的說法去會通儒道，實已無法考究，其論無法會通儒道，亦不能否定郭象或有會通儒道之意。然而迹冥論之能否會通儒道，並不影響《莊子注》之立言宗趣，若郭象本人果真有會通儒道之意而終究不能會通，亦無礙其「神器獨化於玄冥之境」的詮釋旨向，此問題將闡述於下文。

王之迹用而非聖王所以迹之體，世人不解以帝王之名爲俗，然而其俗正爲應迹，因有冥體貫穿其中，故爲自然，由此可見聖王「畸於人而侔於天」之義，其注曰：

> 夫與內冥者，遊於外也。獨能遊外以冥內，任萬物之自然，使天性各足而帝王道成，斯乃畸於人而侔於天也。（〈大宗師〉：「畸人者，畸於人而侔於天。」句下注，頁273）
>
> 神人無用於物，而物各得自用，歸功名於群才，與物冥而無迹，故免人閒之害，處常美之實，此支離其德者也。（〈人間世〉：「夫支離其形者，猶足以養其身，終其天年，又況支離其德者乎！」句下注，頁182）

聖王同於天者，在於其能冥內遊外，然而聖王不僅如此，必須無心順物，功化萬物，使百姓自得自用，而不居其功，方能「和光同塵」、「與物冥而無迹」，因其冥物無迹，故能免害處美。若聖人不「任萬物之自然」，以一己所好、所是加諸萬物身上，便是「畫地而使人循之，其迹不可掩矣；有其己而臨物，與物不冥矣。故大人不明我以耀彼而任彼之自明，不德我以臨人而付人之自德，故能彌貫萬物而玄同彼我，泯然與天下爲一而內外同福也。」（〈人間世〉注）聖王不能無己，便與臣民有彼我之分，則與物不冥。若聖王只明我，而不順乎臣民之所適，則天下無以自明，便是以己臨人。「王不材於百官」（〈人間世〉注），[105]順臣民之自然，使百官萬民各盡其能，「明者爲之視，聰者爲之聽，知者爲之謀，

---

勇者爲之扞」（〈人間世〉注），才能達至「眾務自適，群生自足」（〈天運〉注），方能玄同彼我，使聖王與天下臣民泯而爲一，內外同福，由此可見郭象遊外冥內之說，其用心是指向「帝王道成」而立說。

郭象謂聖人居廟堂之上，戴黃屋而佩玉璽、歷山川而同民事，心無異於山林之中的說法，稍前的嵇康已有所論及，其《答難養生論》曰：

> 聖人不得已而臨天下，以萬物為心，在宥群生，由身以道，與天下同於自得。穆然以無事為業，坦爾以天下為公。雖居君位，饗萬國，恬若素士接賓客也。雖建龍旂，服華袞，忽若布衣之在身。故君臣相忘於上，蒸民家足於下。豈勸百姓之尊己，割天下以自私，以富貴為崇高，心欲之而不已哉？（《嵇康集校注》，頁171）

嵇康同以聖王爲聖人，認爲聖王無心臨天下，順萬物之所爲，讓百姓自在自得。因聖王之不刻意而爲，故能坦爾大公。雖有天子之位，享萬國的供奉、高樹龍旗、身穿龍袍，仍能忽爾忘其君位，心與平民無異。在這種情況下君臣相忘，百姓自足，各自得於當下，故聖王能不以帝位爲矜，強令百姓尊己，或任意宰制天下百姓，亦不以富貴爲可尚，由是而不至於對帝位執戀不捨。天下國家均在一無爲自治的情況下，各得其所，各安其分，上下相忘而不跂尚，「天下樂推而不厭，乘萬物而無害」（〈人間世〉注）。郭象承此說而論聖王之治，以明聖王之名，乃其迹，唯有無爲而治，不著於迹，方能「乘兩儀而御六氣，同人群而驅萬物」（〈逍遙遊〉注）。猶有進者，郭象由迹冥論而更進一步論述其因時制宜之歷史

觀，注曰：

> 夫有虞氏之與泰氏，皆世事之迹耳，非所以迹者也。所
> 以迹者，無迹也，世孰名之哉！未之嘗名，何勝負之有
> 耶！然無迹者，乘群變，履萬世，世有夷險，故迹有
> 不及也。（〈應帝王〉：「有虞氏不及泰氏。」句下注，頁288）
> 夫堯舜帝王之名，皆其迹耳，我寄斯迹而迹非我也，
> 故駭者自世。世彌駭，其迹愈粗，粗之與妙，自途之
> 夷險耳，遊者豈常改其足哉！故聖人一也，而有堯舜
> 湯武之異。明斯異者，時世之名耳，未足以名聖人之
> 實也。故夫堯舜者，豈直一堯舜而已哉！是以雖有矜
> 愁之貌，仁義之迹，而所以迹者故全也。（〈在宥〉：「夫
> 施及三王而天下大駭矣。」句下注，頁375）

堯、舜、伏羲皆為世俗之名，乃迹用，而非所以迹之體。所
謂「皇王之稱，隨世之上下耳」（〈在宥〉注），不能徒學
聖王之迹，而不知其本。時世有異、夷險不同，只有「得通
變之道以應無窮」（〈在宥〉注）方能乘御萬物，為民造命。
若只知效聖王之迹以治天下，在外則見黃帝能以仁義治天
下，聖王便「忍性自矯偽以臨民，上下相習」（〈列禦寇〉
注），天下便殉其性，學仁義之迹而遺其本，以至撓亂人心；
若不明其本，在己徒學其以仁義之迹以治天下，便會變本加
厲，犧牲自己來為百姓服務，以致腓無胈，脛無毛，為仁義
而勞心五臟、為法度而矜其血氣，仍無法使天下大治。夏、
商、周視堯、舜之治迹，見堯、舜形瘦心弊，猶不能安國，
遂感驚駭，誤以為治國者必勞神傷形。由此可見世俗若只見
聖王之治迹，而不明其迹乃由本而致，便徒生驚駭。迹用為

粗，冥體爲妙，若明遊妙者因時宜而行，便知縱有矜愁之貌、仁義之迹，只爲有本之末，而不必駭於矜愁仁義之迹，強曲己性經世治國。世易時移，治國如治病，若只執其迹，而不能與化日新，則如《呂氏春秋》所言：「譬之若良醫，病萬變，藥亦萬變。病變而藥不變，嚮之壽民，今爲殤子矣。故凡舉事必循法以動，變法者因時而化。」[106]

聖王迹冥圓融，「與世常冥，唯變所適」、「所遇者或時有槃夷禿脛之變」，「然而雖揮斥八極而神氣無變，手足槃夷而居形者不擾」（〈駢拇〉注），故雖有創傷、禿脛之迹，仍能不殉、不傷其真性。郭象這種因時制宜的治國觀念，與儒家重法先王、法後王而守一禮之治國觀念殊異，更見道化之治的特色。孟子言必稱先王，荀子言必稱後王，[107]揆孟子本意，是爲效法吾人心中自發的理想，而聖王乃吾人心內理想的具體化對象。凡興發法聖王之心者，於吾心必有所同，乃一自發之要求，故法聖王非他律之道德行爲，[108]所以其稽考古聖，是對內在的仁心進一步肯定。然而荀子法後王之意與孟子不同，更易見效法聖王之弊端。因荀子之心乃一認知心，並無先天之性理在其中，與孟子之本心不同，故荀子之

---

106 〔秦〕呂不韋著，陳奇猷校釋：《呂氏春秋‧慎大覽第三‧察今》（上海：學林出版社，1990.12），頁 936。

107 《孟子‧離婁上》曰：「遵先王之法而過者，未之有也。……爲政不因先王之道，可謂智乎？」頁 275-276。《荀子集釋‧王制》曰：「王者之制，道不過三代，法不二後王。」頁 173。

108 楊祖漢先生曰：「人之效法聖王的作爲，以聖王之實踐次第規矩爲至善，只是效法吾人心中自發的理想，聖王是人心的理想的具體化。如此說，便可避免有訴諸權威或他律之嫌。」見先生著〈羅近溪思想的當代詮釋〉，《鵝湖學誌》第 37 期，2006.12，頁 153。

法後王爲一無本之法，由是更易產生法聖王之流弊 —— 徒然執定聖王之迹而不知其本，誤以法其迹爲本，繼而捨本逐末，不知反一。郭象這種因其所以迹的治國觀念，除了可使君主免於治國時只法聖王之迹而不得其本，墨守制度而不知與時俱進的弊病外；更可避免君主藉經式義度來箝制百姓思想，將天下私有以滿足一己私慾的弊病。由此可見，在道化政治下，德治之人病 —— 法聖王之迹的流弊不易產生，自君主以至臣民，均能自得自適，圓融無外，爲政治理論上標舉一理想的境界。

# 五、小　結

郭象迹冥圓融之說泯《莊子》「方內」、「方外」爲一，繼承並發展了《莊子》學說，更顯圓融無礙，其論與王弼論「聖人體無」之義，[109]同顯聖人體道之化境，故牟宗三先生稱二人之義理高度，已達道家之圓境。[110]

郭象以寄言出意的方式申述迹冥圓融之旨，聖人與世同波，雖遊於俗迹，而不失其本，[111]不管世亂、世治均能無心應世。就其治國而言，大暢「治之由乎不治，爲之出乎無爲」之旨，實爲道家通義，以無爲本，故能無不爲。郭象以堯舜

---

109　〔西晉〕陳壽著，裴松之注《三國志・魏書・鍾會傳注》曰：「何晏以爲聖人無喜怒哀樂，其論甚精，鍾會等述之。弼與不同，以爲聖人茂於人者神明也，同於人者五情也，神明茂故能體沖和以通無，五情同故不能無哀樂以應物，然則聖人之情，應物而無累於物者也。今以其無累，便謂不復應物，失之多矣。」（北京：中華書局，2008.12），頁 795。

110　見牟宗三：《圓善論》，頁 302。

111　見郭象曰：「此真渾沌也，故與世同波而不自失，則雖遊於世俗而泯然無迹，豈必使汝驚哉！」（〈天地〉注）

遊內冥外，爲聖王之典範，然而並非要我們法聖王之迹，故曰：「夫莊子之言，不可以一途詰，或以黃帝之迹禿堯舜之脛，豈獨貴堯而賤禹哉！故當遺其所寄，而錄其絕聖棄智之意焉。」（〈天地〉注）由此可見，聖王所貴者爲其本、所以迹，而非其末、其迹。若執郭象所言，認爲郭象貴堯舜、仲尼而輕許由，便認爲其說爲和會儒道、追求儒家聖人人格典範，或以爲其治國之道與儒家政治理念有相契之處，[112]若執此理解郭象之迹冥論，均爲未能忘言以契其玄論。

司馬氏篡奪政權，利用名教誅殺異己，扭曲禮法，在上位者狡滑詭詐，不爲臣民之福造命。郭象處於這種以私心治天下的情況下，不得不反思，如何保住生命最純粹的價值？只有上位者修養境界達至「與物無對」，不自以爲尊貴，方能「無心玄應」，與物冥而群物不離，[113]天下均處於無爲而無不爲的狀態，故郭象以迹冥論回應當時存在困境，爲理想君王立論，無怪乎熊鐵基認爲郭象之《莊子注》是魏晉時期

---

112　楊立華《郭象《莊子注》研究》曰：「作爲道家和儒家共同追求的人格典範，聖人成爲一個契合點，使得郭象可以自如地將儒家的種種政治理念納入到他對《莊子》的闡發和解釋當中。」頁166。楊氏之說可議者二：首先，儒道所追求之人格典範各異，前者以仁義爲首出，後者以無爲無心爲首要，同舉堯、舜、仲尼爲得道者，然而各得之道不同。其次，儒家以德治爲主，道家以無爲而治爲要，郭象言「治之由乎不治」，最能體現道化之治，並不以儒家政治理念闡發《莊子》之義理。

113　郭象曰：「夫自任者對物，而順物者與物無對，故堯無對於天下，而許由與稷契爲匹矣。何以言其然邪？夫與物冥者，故群物之所不能離也。是以無心玄應，唯感之從，汎乎若不繫之舟，東西之非己也，故無行而不與百姓共者，亦無往而不爲天下之君矣。」（〈逍遙遊〉注）

的《莊子》。[114]

---

114 見熊鐵基等：《中國莊學史》，頁 190。

# 第三章　主題內容（二）

## 第一節　不齊之齊

　　《莊子》的〈齊物論〉重心，所關懷對象以主體修養為主，呈顯一向上超拔的義理型態，乃「大齊之齊」之境；郭《注》重性，所關懷者乃政治問題，呈顯一向下圓融的義理型態，乃「不齊之齊」之境。[1]何以郭象有如此主張？其背後問題意識為何？下文嘗試討論這個論題。

　　後人研究郭象齊物之說，多受〈齊物論〉隨文注解影響，以集中論述自生、獨化、冥物之說為主，以所齊內容、齊物方法、呈顯之境界為次，而未能剋就齊物本身進行討論。[2]即使論者以齊物作為討論核心，仍不自覺受西方哲學影響，視郭象之齊物為一認識論；[3]能自覺辨清郭象所論非認識論者，

1 關於《莊子》與郭象論齊物異同，辨析甚明者始見於周雅清：〈《莊子‧齊物論》與向郭《注》的義理殊異辨析〉，《鵝湖學誌》第 34 期，2005.6，頁 34-74。
2 如陳少明、楊立華，所論即是，分別見陳少明：《〈齊物論〉及其影響》，頁 95-110；楊立華：《郭象《莊子注》研究》，頁 145-163。
3 如蘇新鋈、林聰舜便持此說，分別見蘇新鋈：《郭象莊學平議》，頁 214-251；林聰舜：《向郭莊學之研究》，頁 136。

亦不自覺地將《莊子》「大齊之齊」與郭象「不齊之齊」混而爲一，以郭《注》解莊，模糊了二者之義理分際。[4]

在這種情況下，研究郭《注》者多未能剋就郭象論齊物之內容、齊平之方式及其呈顯之境界作展開討論。實際上，郭象論齊物承其兩層逍遙論，同爲成就道化政治而論，故其所齊之內容、方式，以及極成之境界亦自異於《莊子》所言，下文欲從兩者之差異處即郭象論述之特色展開論述。

## 一、以性分作為齊物的內容

郭象既言：「有待無待，吾所不能齊也；至於各安其性，天機自張，受而不知，則吾所不能殊也。」（〈逍遙遊〉注）可見能齊與否之分際不在於修養境界的高下，而是在於「吾所不能殊」之「各安其性」，故曰：

> 烈風作則眾竅實，及其止則眾竅虛。虛實雖異，其於各得則同。……言物聲既異，而形之動搖亦又不同也。動雖不同，其得齊一耳，豈調調獨是而刀刀獨非乎！（〈齊物論〉：「厲風濟則眾竅爲虛。而獨不見之調調，之刀刀乎？」句下注，頁49）

> 夫莛橫而楹縱，厲醜而西施好。所謂齊者，豈必齊形

---

4 順郭《注》而言《莊子》之齊物乃「不齊之齊」，如劉鳳苞（《南華雪心編》見《無求備齋莊子集成初編》24，臺北：藝文印書館，1972，頁 34-35）、賴錫三（《莊子靈光的當代詮釋》，新竹：國立清華大學出版社，2008.12，頁 28）。最先提出《莊子》之齊物爲「大齊之齊」、郭象之齊物爲「不齊之齊」者，當爲周雅清，見氏著〈《莊子・齊物論》與向郭《注》的義理異辨析〉，頁 68-73。

狀，同規矩哉！故舉縱橫好醜，恢詭憰怪，各然其所
然，各可其所可，則理雖萬殊而性同得，故曰道通為
一也。（〈齊物論〉：「故為是舉莛與楹，厲與西施，恢詭憰怪，
道通為一。」句下注，頁71）

由以上引文可見，萬物之所以能齊一者，不在於物之虛實、
聲色、動搖為何，故曰：「所謂齊者，豈必齊形狀，同規矩
哉！」只要萬物能盡其性分，不分其形為縱橫、美醜，均能
與道為一，故郭象之齊物，乃就物之得性與否而言，此亦為
其異於《莊子》者。《莊子》言萬物一齊乃真人內在修養達
至沖虛靈明逍遙之境，「翻成心為真心」，[5]以無分別心觀物，
照見物論如如的境界，可見逍遙與齊物為一自內而外的關
係，隨著其逍遙方式的不同，齊物的方式，以及所齊之物自
亦有異。郭象以性分之自適為逍遙的內容，故其齊物觀承此
而論，就性分之能齊與否來判定物之是否得齊。然而郭象所
謂「性同得」之得性說，並非就現象界萬事萬物之實然狀態
而言齊一，[6]若郭象就現象而言齊一，便不會有「動止之容，
吾所不能一也；其於無心而自得，吾所不能二也」（〈齊物

---

5 周雅清認為〈齊物論〉一文所發明的義理，為「翻成心為常心」，「常
　心」又可稱作「真心」、「道心」、「靈心」、「真常之心」、「靈府心」、「靈
　臺心」。見氏著〈〈齊物論〉詮釋及其疑義辨析〉，《中國學術年刊》第
　27期，2005.9，頁25。
6 林聰舜《向郭莊學之研究》曰：「將『性分自足』視為現象界萬事萬物
　之實然狀態，並圖以此為其立論之基礎，推演出其齊物之理論，於是
　成心毋須轉化，爭辯可以共存，偏見不必杜絕，欲念盡屬合理。現象
　之種種不齊，在此浮泛之性足思想推演下，皆可達於齊一矣。」頁135。
　首先，郭象不以現象論得性之齊物觀；其次，郭象言「成心」、「偏見」
　並無負面義，故不必言絕，詳見下文所論；再者，「欲念」不在郭象言
　「性分」之內，故林氏之批評可謂以病論法，恐未切郭象之義。

論〉注）之說，故其所謂「不能二」者，乃就性分是否能在無心而爲的情況下，達至價值義的充分實現之「得性」而言，並非從現象義上之萬物不齊而強說齊一。

　　《莊子》之言「齊物」是以無分別之心來觀物，達至齊一的境界，仍是主體修養中之事，至於物論之彼此、儒墨之是非在客觀面、現實面皆已存在，《莊子》並未就客觀面之不齊討論齊物的根據；郭象之言「齊物」，除了《莊子》之齊物涵義外，更延申到個體性分自得處言平齊，較諸《莊子》之言「齊物」是就「物論」之是非彼我處超越地言平齊，實已進一步提出客觀面之根據。

# 二、以得性作爲齊物的方式

## （一）順成心、偏見作爲齊物的基點

　　萬物紛然，如何使之均能「得性」，則關係著郭象齊物的方式，其注曰：

> 夫自然有分而是非無主，無主則曼衍矣，誰能定之哉！故曠然無懷，因而任之，所以各終其天年。（〈寓言〉：「巵言日出，和以天倪，因以曼衍，所以窮年。」句下注，頁950）

> 付之於物而就用其言，則彼此是非，居然自齊。若不能因彼而立言以齊之，則我與萬物復不齊耳。（〈寓言〉：「言與齊不齊也。」句下注，頁950）

此言「是非」乃就物用而言，從彼此角度不同來看，萬物其

用各有所是，各有所非，何以均能齊之？郭象即從其均有用處而言齊，以存異求同的方式齊平萬物。能使萬物存異求同者，必爲曠然無懷，無所偏私之人。縱然是非無所定，然而唯曼衍無心者，能使之定。因其能順則無執，任是非之自然，使萬物能合其「自然有分」（即「性分」），各可其所可。若以郭象兩層的逍遙來看，此種齊物的方式，與聖人無待使眾人不失其所待之逍遙方式相類，透過聖人之無心任物，則萬物各安其性，即能自齊。相反地，若聖人有所偏，執於己見而不順他，以一正萬，則聖人與天地萬物終至失性而不能得齊。郭象這種以得性論齊物之方式，可名之曰「得性的齊物」。[7]

　　《莊子》透過聖人主體修養來消解成心執著，泯同對待，超越分別而言齊，因其言「大道不稱，大辯不言，大仁不仁，大廉不嗛，大勇不忮。」（〈齊物論〉，頁 83），故曰「大齊之齊」，此爲一渾化、大齊之境。相對而言，郭象以得性論齊物，凡就性分而言者，必重群品萬殊之相，存異以求同 —— 以皆爲自然性分的表現來說平齊，故爲「不齊之齊」。何以郭象能從《莊子》重心之「大齊之齊」向重性之「不齊之齊」？[8]究其因，在於二者對「成心」之詮釋不同，致使郭

7 周雅清先以「適性之齊物」名之，見〈《莊子·齊物論》與向郭《注》的義理殊異辨析〉，頁 59；但鑒於前文引郭象以「理雖萬殊而性同得」來論齊物，故以「得性」名之，實與「適性」之說無異。
8 關於《莊子》爲「大齊之齊」、郭象乃「不齊之齊」的說法爲周雅清所提出，其著〈《莊子·齊物論》與向郭《注》的義理殊異辨析〉，頁 68-73，已有詳盡、精要之比較說明，下文不擬由比較莊、郭齊物內容異同著手以顯郭《注》齊物特色，而是就郭象何以能在《莊子》「大齊之齊」的齊物義理之上轉出「不齊之齊」的說法作出討論。

象能轉出「得性的齊物」，其言成心曰：

> 夫心之足以制一身之用者，謂之成心。人自師其成
> 心，則人各自有師矣。人各自有師，故付之而自當。
> (〈齊物論〉：「夫隨其成心而師之，誰獨且无師乎？」句下注，
> 頁 61)

> 夫以成代不成，非知也，心自得耳。故愚者亦師其成
> 心，未肯用其所謂短而舍其所謂長者也。(〈齊物論〉：「奚
> 必知代而心自取者有之？愚者與有焉。」句下注，頁 61)

《莊子》言「成心」是與道心相對的，視之爲生命茫昧的根
源，能超越成心即能體證道心之境，與物無對，逍遙靡不適。
觀成疏曰：「夫域情滯著，執一家之偏見者，謂之成心。」
(〈齊物論〉疏) 成玄英與《莊子》之「成心」同爲指向負
面義立說，爲有所執滯的偏見，成疏甚能切中《莊子》之意，
然而郭象之「成心」乃「心之足以制一身之用者」，爲一中
性義之「成心」，凡人能師其成心，便能成就其性分所有，
顯其所用。只要人人皆能師其成心，積習成性，便能自當其
性。凡性分所有，「舉其性內，則雖負萬鈞而不覺其重也；
外物寄之，雖重不盈錙銖，有不勝任者矣。」(〈人間世〉
注) 即使愚者亦會師其成心，以能成其性者，代替其性分所
無者，用其性內，不捨其所長，此乃人之常情；若以不成代
成，強行性分以外之事，使己身不勝其任，實非明智之舉，
雖愚者亦不爲。

　　郭象既肯定成心爲可師者，亦不以「偏見」爲不可取，
故曰：

> 群品云云，逆順相交，各信其偏見而恣其所行，莫能

自反。此比眾人之所悲者，亦可悲矣。而眾人未嘗以此為悲者，性然故也。物各性然，又何物足悲哉！（〈齊物論〉：「與物相刃相靡，其行盡如馳，而莫之能止，不亦悲乎！」句下注，頁60）

今是非無主，紛然淆亂，明此區區者各信其偏見而同於一致耳。仰觀俯察，莫不皆然。是以至人知天地一指也，萬物一馬也，故浩然大寧，而天地萬物各當其分，同於自得，而無是無非也。（〈齊物論〉：「天地一指也，萬物一馬也。」句下注，頁69）

群生萬品，因其所稟之氣不同，而各師其心，遂各有專才，故均以己見為是，彼見為非。就聖人看來，以一偏為是固為可悲，然而眾人不以其只得一偏之見為悲，何也？因眾人能成其性，各然其所然，故眾人不以此偏見為悲。天地雖大，萬物雖眾，只要萬物能任性當分，在各能極性分而自得的立場來看，縱然是非紛雜，似是無主，然而各可其可的情況下，天地萬物豈能有異，故曰「無是無非」。此所謂「無是無非」非謂現實上萬物無所分別，而是就境界上同於自得處而言其無別，是非於此泯而為一，故曰「無是無非」。若執實郭象字面所言之「今是非無主，紛然淆亂」與「無是無非」之說，而不知二者之中自有工夫歷程在：即前者就現實言，後者就境界言，便會誤以郭象之說如同「文字遊戲」。[9]

　　由此可見不論是「制一身之用」的成心，還是能成一家

---

9 唐端正認為郭象「既說天下有是有非，又說天下無是無非，而不辨明公是公非與私是私非之別，直同文字遊戲。」見氏著〈郭《注》〈齊物論〉糾謬——論天籟、真宰、道樞、環中、天鈞、兩行〉，頁24。

之見的「偏見」於郭象而言所成之偏，均就氣性而論，非關
情識之偏執。順是，應就才性之殊異來理解郭象「成心」、
「偏見」之意，劉勰《文心雕龍・體性》曰：「各師成心，
其異如面。」劉勰以此論成心，便是運用得最恰切的例子。
劉勰就先天才氣來說明何以各家文風多樣，皆因作者「因內
而符外」，內裏才氣，及後天積習之功，「各師成心」，致
使各家文體「其異如面」，風格不同，[10]此說甚能切合郭象
所謂「成心」的效用。

　　就郭象「成心」之說的意義來看，吾人應予以肯定，因
其論對社會組成及個體成就來說，均具積極意義。就前者而
言，人皆師其性分之所有，故各有所偏，成就之專才及職分
亦因而有異，由此而形成百工百業。從後者來看，師其成心，
以成一偏之見，也能成就個性化之個體，亦是郭象與《莊子》
所不同處，亦為其說異於傳統中國哲學之處 —— 中國哲學的
傳統以成就生命的學問為主，並未能開出客觀知識，然而郭
象「成一身之用」的成心說，可透過積習成性而呈其專才之
用，或可由此而發展出客觀知識的面向。[11]

　　從以上討論可見郭象肯定成心、偏見之說，並不能因此

10　〔南朝梁〕劉勰《文心雕龍・體性》：「夫情動而言形，理發而文見，
　　蓋沿隱以至顯，因內而符外者也。然才有庸儁，氣有剛柔，學有淺深，
　　習有雅鄭，並情性所鑠，陶染所凝，是以筆區雲譎，文苑波詭者矣。
　　故辭理庸儁，莫能翻其才；風趣剛柔，寧或改其氣；事義淺深，未聞
　　乖其學；體式雅鄭，鮮有反其習：各師成心，其異如面。」，見周振
　　甫：《文心雕龍今譯・體性》（北京：中華書局，1990.3），頁 254-255。
11　相較於牟宗三先生以「良知的自我坎陷」，曲成的開出客觀知識來說，
　　郭象此說更為直接。關於牟先生「良知的自我坎陷」之說，見先生著
　　《現象與物自身》（臺北：臺灣學生書局，2004.9），頁 123-125。

視之為「使世俗之人妥協於現實，而忽略了精神更趨純美的修養工夫」，[12]因其說是順氣性向下成全的方式，肯定成心、偏見的作用，以成就現實上群品不同專才。就郭象之玄理而言，若非氣稟中有成聖之才，縱跂羨向上亦無法報其性，故純美之境界乃有其才者方能體證。生命境界有高下為不爭之事實，然而若能任性安分亦能在稟氣的限制下逍遙自得，此亦是郭象異於《莊子》的內容之一。

　　既知郭象透過肯定成心、偏見來成就天下齊平之理。另一方面，何以郭象又以信守偏見者為固陋、為非至貴者？觀其注文曰：

> 夫愚者大夢而自以為寤，故竊竊然以所好為君上而所惡為牧圉，欣然信一家之偏見，可謂固陋矣。（〈齊物論〉：「君乎，牧乎，固哉！」句下注，頁105）

> 夫與眾玄同，非求貴於眾，而眾人不能不貴，斯至貴也。若乃信其偏見而以獨異為心，則雖同於一致，故是俗中之一物耳，非獨有者也。未能獨有，而欲饕竊軒冕，冒取非分，眾豈歸之哉！故非至貴也。（〈在宥〉：「獨有之人，是謂至貴。」句下注，頁395）

依郭象之說愚者以夢為覺，以己之好者為君上，己之惡者為臣牧，樂在其所偏之愚者，可謂陋矣；又認為若信其偏見，以己為獨異，便為俗中一物。何以此二則言「偏見」之說，

---

12 謝明陽即持此說，謝氏認為郭象既以是非源生於「成心」，則「成心」帶有情識之偏，能謂「付之而自當」，這種消解「成心」負面義的做法，使世俗之人妥協於現實，而忽略了精神更趨純美的修養工夫。見氏著謝明陽：〈〈齊物論〉「成心」舊注詮評〉，《東華漢學》第3期，2005.5，頁28-29。

與前文所引肯定偏見者，相去甚遠？細審其意，此所非議者，乃有所針對，是指向聖王之病，而不是指向百姓。若聖王信其偏見，以自好爲樂且邀譽於眾，而不能和光同塵，雖於分位上居於聖王之位，然而卻因其有所尚，標舉獨異，反而爲俗中之物，不能成其獨。[13]在名教立場來說，聖人便是聖王，千人聚自然必有一人爲君，故聖王爲獨有，亦合符常理；然而聖王之任乃順百姓之性分，使之均能極性分之適以達平齊之境，而非爲戴黃屋，佩玉璽以治天下。若聖王因此貴己而賤他，即爲物累，爲物所用。故又曰：「夫用物者，不爲物用也。不爲物用，斯不物矣，不物，故物天下之物，使各自得也。」（〈在宥〉注）聖王「與眾玄同」，而「非求貴於眾」，眾人自能貴之。然而未能成爲「獨有」者，欲以下冒上，跂羨分外，貪求軒冕，眾人必不從之。可見各信其偏見，成就一偏之才非爲過，所過者乃以一家之偏見爲貴，並以己之所貴賤物，不能玄同於眾者始爲愚、爲病。郭象以肯定成心、偏見來成就萬物之異，使群生均能足於性分的充分實現，並以同爲得性來說齊物，此即其齊物之論證基點。

## （二）以兩行、兩順為主的齊物方式

萬物既以得性爲齊，然而如何使萬物各得其性得到保證，則有賴聖人之成全，其注云：

> 未成乎心，是非何由生哉？明夫是非者，群品之所不

---

13 聖王稟治國之才，並非說因聖王什麼都行，而是能任物無偏，就其才而言，是治天下之才，但是聖王若以己之才爲上，因自身之高位而不能玄同於百姓，則爲陋矣！

能無，故至人兩順之。理無是非，而惑者以為有，此以無有為有也。惑心已成，雖聖人不能解，故付之自若而不強知也。（〈齊物論〉：「未成乎心而有是非，……無有為有，雖有神禹，且不能知，吾獨且奈何哉！」句下注，頁 62）是若果是，則天下不得復有非之者也；非若信非，則亦無緣復有是之者也；今是其所同而非其所異，異同既具而是非無主。故夫是非者，生於好辯而休乎天均，付之兩行而息乎自正也。各自正耳。待彼不足以正此，則天下莫能相正也，故付之自正而至矣。（〈齊物論〉：「使同乎我與若者正之？……然則我與若與人俱不能相知也，而待彼也邪？」句下注，頁 108）

群品各以自身性分所有為是，所無為非，然而是非若能定之為絕對之是、絕對之非，則無所謂彼非己是，各是其所是，而非彼所是之理。眾生稟受不同，從理上說，稟氣原無是非、貴賤之別，然而惑者恃其所稟，執其所有，以己為是，由此而爭辯不已，可見是非生於爭辯之心，凡師其成心者必有是非存焉！只有「休乎天均」、「付之兩行」，由「至人兩順之」，方可息其是非，使之各得其正。問題是如何「兩行」、「兩順」之，「休乎天均」之「天均」又該作何解？

《莊子》所謂「聖人和之以是非而休乎天鈞，是之謂兩行。」（〈齊物論〉，頁 70）是指聖人以真心照見萬物，萬物在無分別心的情況下如如呈顯，故其「休乎天鈞」、「和之以天倪」（〈齊物論〉，頁 108）之「天鈞」、「天倪」、「兩行」，均為自然無分別之境，此乃聖人從主體修養向上超越所照見之大是大非，故曰「有真人而後有真知」。（〈大

宗師〉，頁 226）生命中的種種不定相，均待真人而後當，在這種境界下，是者如其是，非者如其非，此即為「大是大非」、絕對之是非。可見《莊子》所謂「兩行」並非指是、非皆可，任從現實上之是非，而是在真心照見下的是之如其是，非之如其非。觀乎郭象之「天鈞」、「兩行」與《莊子》之義亦不相同。[14]郭象所謂「天均」是就「各自正」而言，所正者自然之分也，因彼此性分不同，故「彼不足以正此」、「天下莫能相正」，只好各自自正，一切之爭辯、是非皆息乎自正，讓群生在其性分內得其正。其注「天倪」曰：

> 天倪者，自然之分也。是非然否，彼我更對，故無辯。無辯，故和之以天倪，安其自然之分而已，不待彼以正之。是非之辯為化聲。夫化聲之相待，俱不足以相正，故若不相待也。和之以自然之分，任其無極之化，尋斯以往，則是非之境自泯，而性命之致自窮也。（〈齊

---

14 解莊者常誤把郭象兩順、兩行是非之說與《莊子》超越是非兩行之說相混淆，以郭象之兩行義解《莊》，如〔明〕釋德清《莊子內篇注》曰：「兩行者，謂是者可行，而非者亦可，但以道均調，則是非無不可者。」（上海：華東師範大學出版社，2009.8），頁 38。〔清〕王夫之《莊子解》曰：「兩行，兩端皆可行也。適得而已。」見王夫之著，王孝魚點校：《老子衍、莊子通、莊子解》（北京：中華書局，2009.5），頁 93。〔清〕王先謙《莊子集解》：「物與我各得其所，是兩行也。」（北京：中華書局，2004.2），頁 17。今人唐君毅先生以「互觀而兩行」、「相和而兼成」解《莊子》之兩行，見先生著《中國哲學原論》原道篇　卷一（臺北：臺灣學生書局，2004.10），頁 357。王邦雄先生曰：「這在自我消解中而兩相成全，莊子說是『兩行』，兩家並行於天下人間，這是〈齊物論〉之『物論』平齊所顯發的開闊氣度。」見王邦雄：〈從「物論」平齊到「天下」一家〉，《鵝湖月刊》第 432 期，2011.6，頁 11。陳鼓應《莊子今注今譯》：「兩行：兩端都可行，即兩端都能觀照到。」頁 73-74。

物論〉：「何謂和之以天倪？……和之以天倪，因之以曼衍，所以窮年也。」句下注，頁 109）

天下之是非、然否，均爲相對無定，故郭象以「自然之分」、性分來說「天倪」，並以此調和是非。只要萬物能師其成心，據性分所有，以成一家之偏見，而不以彼正己，便能息其是非，故聖人以順遂俗情來息是非，只要凡充極展現其性分者，郭象均給予肯定。[15]在這種情況下，「彼是相對，而聖人兩順之。」（〈齊物論〉注）所謂「兩順」、「兩行」乃順俗情之是非，使二者皆可行，故其說不同於《莊子》在以明、道心之境界上說絕對之是非、兩行，更非強求將眾人去掉俗情，使之與聖人同爲「無是無非」之「兩行」。若聖人否定俗情，則聖人亦捲入是非對立之中，成爲俗中之一物，由是而是非無窮止，眾人性命之情亦因被否定而不得安立，[16]故曰：「至正者不以己正天下，使天下各得其正而已。」（〈騈拇〉注）世俗是、非在聖人無心順應的情況下，均被肯定，此時之兩順，不只爲是非之兩順，實爲萬殊情態的充分實現，包括物之是非、彼我、仁義、賢愚、皁隸臣妾之分等均被肯定、順應。萬物因得其順，而自正自得，以此「自得」之處

---

15 此所謂俗情，乃相對聖人而言俗，非謂浮泛之俗。林聰舜認爲「由『性分自足』之觀念以言齊之際，往往不易就價值之層面申發，而反將之視爲現象上之實然，是以莊子境界意義之齊物觀念，於向郭莊注中遂一變而爲現象意義之俗論矣。」見氏著《向郭莊學之研究》，頁 148。在「性分自足」的情況下之俗情，爲萬物之性充分實現的表現，此乃爲每個生命個體存在價值意義之圓滿體現，自不爲「現象意義」之實然，故非浮泛之俗論。

16 聖人若否定世俗是非，必造成捲入是非，使眾人不得安立之說，見莊耀郎先生：《郭象玄學》，頁 321。

說平齊，可見郭象齊物之說主要以兩順、兩行來完成。

## （三）開有待、無待兩種齊物的境界

　　郭象「得性的齊物」乃承接其「適性的逍遙」而說，同樣可分析地作兩層展述，觀其注文曰：

　　　　莫之偏任，故付之自均而止也。（〈齊物論〉：「是以聖人和之以是非而休乎天鈞。」句下注，頁 74）

　　　　萬物萬形，同於自得，其得一也。（〈齊物論〉：「既已爲一矣，且得有言乎？」句下注，頁 82）

　　　　功盡其分，無為之至。（〈則陽〉：「予來年變齊，深其耕而熟耰之。」句下注，頁 898）

《莊子》齊物從心上做工夫，聖人只要能超拔成心，便能在主觀修養下以無執滯的真心照見物論，止息一切是非彼我的浮動相，顯一平齊的境界。郭象之齊物與《莊子》異者有二：首先，郭象齊物偏重在性上做工夫，只要能得性，不論聖凡均能平齊，故又可分兩層而論。一、聖人的齊物：聖人極其性分，不必依待外物便能自得齊物，故曰「無待的齊物」。二、眾人的齊物：聖人不偏任，兩順萬物，使之不失所待而自正、自息，故曰「有待的齊物」。然而眾人亦非單憑聖人所順，便能自齊；眾人亦須以無心盡分的主觀修養來成性，方能自得齊物。至於眾人能否遇到聖人順其性，則非關主觀修養可決定。畢竟「令之自得，實明王之功」，然而「若無明王，則莫能自得」（〈應帝王〉注），可見「有待的齊物」是從政治上說其「有待於聖王」。其次，郭象之齊物非爲聖人觀照下之齊物，而是自上而下，聖凡均須透過「功盡其分」

的工夫方能得性自齊，故非唯獨聖人能證齊物之境，眾人只要能得其所順亦能得性自齊，從齊物的可能性來看，郭象之說已發揮到極致。

## 三、以天放同得齊天下神器

承其逍遙之說，郭象之齊物旨趣同是關聯著道化政治而言，聖王任萬物之性，使之能各極其性分，就性分之充分被實現處言齊平。聖王之齊物無心，使萬物曲成不遺，而自己亦能任物無滯，同證混茫淡漠之境。

### （一）無心任物

聖人雖主一國之政，然而其治乃無為之治，因百姓之性分而順任群生，故能成就眾生，其注曰：

> 夫天地之理，萬物之情，以得我為是，失我為非，適性為治，失和為亂。然物無定極，我無常適，殊性異便，是非無主。若以我之所是，則彼不得非，此知我而不見彼者耳。故以道觀者，於是非無當也，付之天均，恣之兩行，則殊方異類，同焉皆得也。（〈秋水〉：「故曰，蓋師是而無非，師治而無亂乎？是未明天地之理，萬物之情者也。」句下注，頁583）
>
> 夫懷豁者，因天下之是非而自無是非也。故不由是非之塗而是非無患不當者，直明其天然而無所奪故也。（〈齊物論〉：「是以聖人不由，而照之於天，亦因是也。」句下注，頁67）

萬物殊異，能使物得性，便為是；使之失性，則為非。物能
各得其所則世治，失其所據則世亂。然而群品殊性，各需不
同，是故君人者不能有所專，只順一偏，故曰「是非無主」。
所謂無主，並非指君人者沒有主見，百姓要什麼就給什麼，
而是不偏於是，亦不偏於非，不宰制萬民，不以一正萬，不
以己出經式義度來號令天下，[17]使是非彼我均能得性自得，
實現性分內所稟之事。若人君有所專擅，以己為是，只看到
自己，強「以一家之平平萬物」（〈列禦寇〉注），則無異
於「以一身制天下」（〈應帝王〉注）。凡心中有所主，便
有所是有所非，繼而偏任一方，不能都任之。如儒、墨治國
之道便是。儒家「為政以德」，「道之以德，齊之以禮，有
恥且格。」（《論語・為政》）透過德治，喚醒百姓本心，
使其自己提撕猛醒，挺立人性尊嚴，恥於作惡而奮發向上。
墨家「尚同為政」，主張「善人賞而暴人罰」（《墨子閒詁・
卷三・尚同下》，頁20），建立嚴密的國家組織，層層上同，
上同於天志，以維持政治秩序。前者僅以禮義為是，則凡不
涉及禮義價值之人和事，如藝術、客觀之知識、技術便無法
被充分肯定，如是便有所棄；後者純以功利為是，凡無利於
上者，均為非，但凡「見淫辟不以告者，其罪亦猶淫辟者也」
（《墨子閒詁・卷三・尚同下》，頁28），在這種情況下百
姓淪為治國者之工具，群生萬殊之性將全被忽視，無法安頓。

---

17　「是非無主」之「是非」是就殊性而言，彼以己為是，我以彼為非之
　　是非；與「以得我為是，失我為非」之「是非」不同，得我、失我之
　　是非仍就君主能否使其得性而言，能使百姓得性，便為是，不能使之
　　得性，便為非。

　　或問，若聖王不以德、不以利治國，而只以因順百姓之所擅長者爲是，可乎？然而郭象卻認爲：「達者之因是，豈知因爲善而因之哉？不知所以因而自因耳，故謂之道也。」（〈齊物論〉注）真正的聖王，是不會因百姓之善巧、樸拙而起分別，故巧者順之，拙者亦順之。若聖王只以善者爲是，則是有心而爲，蓋凡有所作，即有所偏，有所偏則不能全，不能全則不能做到「無棄人」、「無棄物」（《老子・二十七章》），仍屬「以一身制天下」之士。只有懷豁者，才能做到「不知所以因而自因」，無適無莫，免於是非之塗，不陷是非對待之中，故曰：「以一家之平平萬物，未若任萬物之自平也。」（〈列禦寇〉注）若聖王以其所主來齊平萬物之不平，則使己與物陷入是非對待之中，唯有不由是非之塗，使百姓各得其天然之性，不奪彼性，眾人才能得其所待，實現其性分所有，此即聖人「因天下之是非而自無是非」之意。所以聖王只有「常無心而順彼」，才能「好與不好，所善所惡，與彼無二」（〈大宗師〉注），達至與物齊一的境界。

## （二）曲成不遺

　　聖王無心任物，因眾人之是非而兩順之，此即爲「曲成」、「曲從」，其注曰：

> 夫聖人無我者也。故滑疑之耀，則圖而域之；恢恑憰怪，則通而一之；使群異各安其所安，眾人不失其所是，則己不用於物，而萬物之用用矣。物皆自用，則孰是孰非哉！故雖放蕩之變，屈奇之異，曲而從之，寄之自用，則用雖萬殊，歷然自明。（〈齊物論〉：「是故

> 滑疑之耀，聖人之所圖也。爲是不用而寓諸庸，此之謂以明。」
> 句下注，頁 78）

> 物皆自明而不明彼，若彼不明，即謂不成，則萬物皆
> 相與無成矣。故聖人不顯此以耀彼，不捨己而逐物，
> 從而任之，各冥其所能，故曲成而不遺也。（〈齊物論〉：
> 「若是而不可謂成乎？物與我無成也。」句下注，頁 78）

> 謂之不足，故泣而決之；以爲有餘，故啼而齕之。夫
> 如此，雖群品萬殊，無釋憂之地矣。唯各安其天性，
> 不決駢而齕枝，則曲成而無傷，又何憂哉！（〈駢拇〉：
> 「二者，或有餘於數，或不足於數，其於憂一也。」句下注，頁
> 319）

因萬物各有殊性，只能自明而不能明彼，唯聖人則能兩順、
兩任之，曲成萬物殊異之性。所謂曲成，可就內容和方式兩
方面而論：一、就所成的內容而言：是成其所有，而不成其
所無。聖王成就萬事萬物內在本有的性分，使之各自發揮其
用；而非由聖王外鑠於物，欲成百姓自身所沒有之性，強而
爲之，使萬物均同於己。若聖王有所主尚，不能和光同塵，
則萬民便會捨己逐物，不安天性，在這種情況下使得百姓跂
羨於外，決其不足，齕其有餘，而傷其真性。唯有聖王無所
主，曲從眾人所自有之性分，方能使萬殊各安其能而無憂於
外，故曰：「曲成而無傷，又何憂哉！」二、就所成的方式
而言：是聖王使之自然而然，而非直接使之然。若眾人由聖
王所使而成，則眾人便不能自用，而爲君所用。蓋聖王曲成
萬物，是使其能自然而然，由百姓各自充分實現其內在所有
的性分，使之各顯其特色，只有在這種情況下萬物方能各用

其性，而不爲聖王所用，故又曰「達者因而不作」（〈齊物論〉
注）、「己不用於物，而萬物之用用」（〈齊物論〉注）。

　　所謂不遺，是指聖王無所偏，無所棄，順萬事萬物之殊
異性而成就之，使眾人都能有所成而不遺漏，故能「群異各
安其所安，眾人不失其所是」。又因其曲成而不遺，非生而
有、爲而恃去宰制百姓，「使物之所懷各得自盡」（〈在宥〉
注），故在聖王而言便是「任物而物性自通，則功名歸物」
（〈秋水〉注），在百姓而言則爲「得者自得，故得而不謝，
所以成天也」（〈天地〉注），在物各自盡其性的情況下，
恢恑憰怪，通而爲一，各無所別，均無所遺。郭象以這種「曲
成而不遺」的成物方式，使群品萬殊，天下臣民，不分貴賤，
均被肯定，無所遺棄，就其齊物的廣度而言，可謂無所不包。

### （三）任而不滯

　　百姓既因聖王曲成而自得，然而聖王並不因此而累，故
曰：

> 夫達者之於一，豈勞神哉？若勞神明於爲一，不足賴
> 也，與彼不一者無以異矣。（〈齊物論〉：「名實未虧而喜怒
> 爲用，亦因是也。」句下注，頁73）

> 凡此皆自彼而成，成之不在己，則雖處萬機之極，而
> 常閒暇自適，忽然不覺事之經身，怳然不識言之在
> 口。而人之大迷，真謂至人之爲勤行者也。（〈大宗師〉：
> 「而人真以爲勤行者也。」句下注，頁240）

聖王達道，縱然日理萬機，其神仍閒若自適，猶無事經身，
無言出口，何以故？聖人曲成萬物，任物之自生，而不生物，

故成不在己，雖處萬機之極而能自適閒暇。然而聖王雖曲成萬物，仍須用臣以任事，眾人皆惑，視聖王之所為、所語，為勞神明，謂其為「勤行者」，不知聖王之齊萬物乃無心而為，故能無所不為。若聖人真如眾人所謂之「勤行」，則為勞神明於道，便與眾人無異，不足為貴。又因聖王「常無心，故王天下而不疲病。」（〈天道〉注）不為物所累，故能不滯一方，又曰：

> 夫達者無滯於一方，故忽然自忘，而寄當於自用。自用者，莫不條暢而自得也。（〈齊物論〉：「通也者，得也。」句下注，頁 72）

> 天下莫不自是而莫不相非，故一是一非，兩行無窮。唯涉空得中者，曠然無懷，乘之以游也。（〈齊物論〉：「是亦一無窮，非亦一無窮也。」句下注，頁 68）

由上引文可見聖王無滯表現在內、外兩個方面：一、自內而言，聖王盡其用臣之分，不材於百官，故能自得於內，無心自忘；若聖王以私意用臣，不因百官所能而予以職分、汲汲營營於萬事，則為物用而不能自用，是為物累。二、自外而言，聖王順物無心，任天下之是非，故無是無非，因其不在是非之中，便能得其環中而兩行無窮，故凡遇即安，「乘變任化，迕物而不慴。」（〈德充符〉注）又因其兩順萬物，使之與物共處而無所懼，故能暢然自得。職是之故，聖人雖在廟堂而任天下，戴黃屋而佩玉璽，仍能無滯自得。

## （四）混茫同得

在聖王無心順物，曲成百姓而不滯於物的情況下，天下

神器便能得性齊一，其注曰：

> 以不治治之，乃善治也。夫民之德，小異而大同。故
> 性之不可去者，衣食也；事之不可廢者，耕織也；此
> 天下之所同而為本者也。守斯道者，無為之至也。放
> 之而自一耳，非黨也，故謂之天放。此自足於內，無
> 所求及之貌。不求非望之利，故止於一家而足。混芒
> 而同得也，則與一世而淡漠焉，豈國異而家殊哉！（〈馬
> 蹄〉：「吾意善治天下者不然。……萬物群生，連屬其鄉。」句下
> 注，頁 334-335）

郭象以不治治天下，一貫於道家無為而治的治道宗趣。從政
治上的根本來看，織衣耕食為天下所同之本，無可去亦不可
廢，人民能衣暖食足，非體證無為之道不可。無為之道可從
兩方面析而言之，一是自人主下及臣民，另一為從個別而至
整全。前者，是指無為之道體現在聖王治國來看：即指「天
放」，人主治國不能有所偏黨，應「放之而自一」，任百官
百業之一於其性，曲成天下稟賦所有，萬品方能齊一無異。
縱然人民生活所需分工不同，或為耕織，或為屠宰，或為臣
妾，只要各有職司，為君者不陵亂眾人職分，不可偏此廢彼，
則能都任之而百工皆備，此為自人主之無為下及臣民，而使
天下達至無為無不為之境。後者，是指無為之道體現在個人
自得來看：即百姓「止於一家而足」，天下百姓皆自足其一
家之內，不越局濫職，各安其分，便能各自圓滿具足，即郭
象所言之「庖人尸祝，各安其所司；鳥獸萬物，各足於所受；
帝堯許由，各靜其所遇；此乃天下之至實也。各得其實，又
何所為乎哉？自得而已矣。」（〈逍遙遊〉注）掌廚的人好

好供膳，主祭祀的人能好好溝通人神，好好發揮其社會上的
職能，而不懈怠越職，以求非望之利，則下及蟲魚鳥獸亦能
足其性。若越俎代庖，跂羨分外或以下冒上，求其性分以外
之職，則天下大亂，眾人所長亦無以發揮。即使為君者亦然，
若帝堯不守其分，不主事用臣，而任冢宰之職，執百官之事、
為萬民之務，則君不君，臣不臣，各失其性而不能得其實。
舉國無心而為，各人均能自得其性，於此，各自的圓滿，亦
能促成群體的和諧，自下而上均能體道無為。聖王天放而不
宰物，群生又能止於一家而自足，故曰：「混茫而同得也，
則與一世而淡漠焉，豈國異而家殊哉！」國家神器於此同證
齊一境界，便能體現「一之者，未若不一而自齊，斯又忘其
一」之境。（〈齊物論〉注）不論「一之者」的統治者，還
是「不一而自齊」之百姓，在這種無心淡漠的境界下，一與
不一，均能相忘，此乃理想之政治境界。

　　由前文討論可知郭象言齊物，是就聖王順百姓，曲成萬
物的殊異性，以存異為求同而言，然而何以郭象又言「百姓
寄情於所統而自忘其好惡」、「人恣其近好，家用典法，故
國異政，家殊俗。」為何變成百姓順聖王所統，此又是否其
自相矛盾之說？正因家殊俗，才能見各家異情，何以又為郭
象所訾？試觀其全文曰：

> 各信其偏見而不能都舉。夫聖人統百姓之大情而因為
> 之制，故百姓寄情於所統而自忘其好惡，故與一世而
> 得淡漠焉。亂則反之，人恣其近好，家用典法，故國
> 異政，家殊俗。（〈天下〉：「天下多得一察焉以自好。」句下
> 注，頁 1070）

郭象主張聖王之齊百姓非爲獨裁而同於己，故曰：「禮者，世之所以自行耳，非我制。……德者，自彼所循，非我作。」（〈大宗師〉注）禮法的制定均順百姓之性分而制，非爲統百姓而定，可見是由統治者順百姓，而非由百姓順統治者。然而，郭象之「百姓寄情於所統而自忘其好惡」，則與其論相逆，何以仍能「與一世而得淡漠焉」？而亂則出自人恣其好，家用典法，不一於國而致，又何以故？循其文意，聖人統百姓之大情，乃指眾人自然之情，此爲性分所有者，聖王因百姓而制禮，故雖由百姓順統治者，亦爲出於自然。聖王在無意扭曲百姓大情的情況下制訂法典，百姓自能順統治者而忘其好惡，無好無惡，無是無非而淡漠齊一。之所以爲亂者，在上則由於聖人不由民情，失其「天放」；在下則由於百姓「各信其偏見」，各有所是，在上者有所執定，遂至放任其偏好，各家自制典法，使國異政，家殊俗，無法一齊無別。然而若站在道化政治最高境界下來看，不論是聖王順百姓，還是百姓順聖王，均因二者之無心而爲，而並無二致之別。

# 四、小　結

因郭象以得性說齊物，其成心、偏見不具負面義，而是就性分客觀化有所成而說「成心」，故其「成心」無須超越而爲真心；而《莊子》之成心，爲是己非彼，執一爲是之芒昧爲成心，是負面義，有待超越者，此其異於《莊子》處，亦是其就《莊子》所言而有所轉折處。郭象從成心轉出齊物，只要人人安其性分，充分實現性分所有，便能由殊相之不齊，

見其各登性分極致之玄同之齊。郭象就不齊之齊來說齊物，恰好能保存萬物殊性，安頓群生之各別，從而成就一和諧的道化政治之境。

　　若就其齊物境界而論，《莊子》之齊物以向上超拔，「翻成心為真心」為宗趣，並以此真心之無執成就一直貫之大齊。郭象之齊物以成就一家之偏見為主，然而雖為偏，卻不因此而不全，只要能得性，則聖凡無別。眾人「有待的齊物」是成就偏至之才，但仍無妨其生命境界之可以步步提昇，即使其體證境界內容最終與聖人仍有差別，不及聖人之無所不乘，亦能在聖人兩順及個人盡性的情況下逍遙於自得之場。[18]

# 第二節　自生獨化

　　承郭象逍遙、齊物論，其「自生獨化」之說必須緊扣生命的存在而論，方能不離中國哲學重生命實踐的特質，故其

---

18 林聰舜《向郭莊學之研究》曰：「向郭此種不由較高之層次以求物論之齊，而純由現象界立言，以逞其才智之論證方式，實無異抱薪救火，非但未能齊一物論，恐有煽惑他人堅執偏見之弊，而成為小知小見者偏執其成心之護符也。」頁140。首先，以智解的方式平齊一切存在，固然存在著「窮智是否必然見德」這問題，而且亦會引起步步後退、無窮追索。縱然智解在理論上實欠必然性，然而亦不至於引起抱薪救火，煽惑人心之弊，其弊應從其平齊方式來看，而非自郭象破萬物之不齊的言說方式來評之。其次，郭象不以大齊之齊來齊物，亦不等同其齊物方式為齊「現象界之齊」。郭象「不齊之齊」，乃剋就各極性分之至處立論，亦是就理想處而言，非直就現象界處言齊，所以郭象之說不但沒有鼓吹他人堅執偏見，而是要各人成其一家之見，發展各人專長，故無煽惑他人堅執偏見之弊。

重點不在於說明宇宙生成。郭象論「自生獨化」說明了物之存在決定於存在之當身，並不由外物、他物決定其存在，更借由「相因」、「相與」之說來說明存在當身以外，物與物相處的關係。除此以外，郭象「自生獨化」之說更在其性分的基礎上進一步推論，落實到道化政治之中，充其極而成就一「神器獨化於玄冥之境」，今就郭象「自生獨化」的涵意，分述如下：

# 一、存在之自我決定

郭象以自生、獨化之義來說明存在之自我實現方式，以玄冥之境來說明自生、獨化所證成的修養境界，以下就自生、獨化、玄冥三個方面來展開討論，以明辨物之如何自生自化、獨化於玄冥之境。

## （一）自　生

郭象之「自生」說為其哲學體系中最具特色者，其言生不就無能生有而言，而就物之自生而說，故其生的方式為自然、自爾地生；其所生的內容不為形而下之母生子育生義之生，而是以成就、實現來說生，故下文剋就生的方式，以及所生之物為何，作分述討論：

### 1.以自然作自生的方式

郭象言「自生」的方式是以「自然而然」、「天然」來說明生，其注曰：

> 無既無矣，則不能生有；有之未生，又不能為生。然

則生生者誰哉？塊然而自生耳。自生耳，非我生也。我既不能生物，物亦不能生我，則我自然矣。自己而然，則謂之天然。天然耳，非為也，故以天言之。以天言之所以明其自然也，豈蒼蒼之謂哉！而或者謂天籟役物使從己也。夫天且不能自有，況能有物哉！故天者，萬物之總名也，莫適為天，誰主役物乎？故物各自生而無所出焉，此天道也。（〈齊物論〉：「夫吹萬不同，而使其自己也。」句下注，頁50）

誰得先物者乎哉？吾以陰陽為先物，而陰陽者即所謂物耳。誰又先陰陽者乎？吾以自然為先之，而自然即物之自爾耳。吾以至道為先之矣，而至道者乃至無也。既以無矣，又奚為先？然則先物者誰乎哉？而猶有物，無已，明物之自然，非有使然也。（〈知北遊〉：「有先天地生者物邪？物物者非物。物出不得先物也，猶其有物也。猶其有物也，無已。」句下注，頁764）

郭象否定「無」、「有」能生物：從否定「無」的方面來說，即向上截斷一個超越於萬有之上能生萬物的主宰；從否定「有」的方面來說，即非從形而下之「有」、「陰陽」能生物，母生子之育生義。[19]若以至道為先，至道即至無，無既

---

[19] 王曉毅以狗乃狗所生之說認為郭象「自生」說有悖常識，見氏著《郭象評傳》，頁241。王氏之說實有可議處，因郭象所論之生，非為形而下意義、具體有形的生，而是指向價值義、實現義，故誠如莊耀郎先生所言：「郭象之『自生』的生不必是『出生』的『生』，若寬泛解為『存在』之義更為切當。」見先生著〈魏晉玄學的有無論〉，《含章光化 —— 戴璉璋先生七秩哲誕論文集》（臺北：里仁書局，2002.12），頁269。

爲空無則不能生有，故曰「無既無矣，則不能生有」；[20]同樣若以「有」、陰陽能生物，則「有」與陰陽亦爲俗中之一物，其未生之時又不能生物，必有生「有」與陰陽者，在「誰得先物」這種無窮追問下，便迫出生物者乃「物之自爾」、「自己而然」，無所役使。萬物以如其自爾、「天然」、「自然」方式生成，不參雜任何有心造作、偏執，如如的實現自我，故不自上蒼而生，更非他生、我生，而是「自生」。非「他生」即說明非客觀外物能主宰其生，由此而不落形下之生育義；非「我生」乃說明非我所能作意主宰而生物，由此而排除所謂情識造作之嫌。物既不能生我，我亦不能生物，則物無所待，乃塊然自生，順其然而然，非人爲造作而成，此即天然，故郭象以「天」言之。[21]

---

20 李中華、湯一介等近代學者，認爲郭象言「無不能生有」爲崇有者。分別見許杭生等：《魏晉玄學史》，頁 319-322；湯一介：《郭象與魏晉玄學》（第三版），頁 214、242、236-237。又盧國龍認爲郭象的「自生」緣自《崇有論》，見氏著《郭象評傳 —— 理性的薔薇》，頁 85。郭象雖認爲無不能生有，然而其說與裴頠崇有、自生之說不同。莊耀郎先生曾明確指出：「郭象雖撤消了以『無』作爲形上本體的思考方式，並不意謂其思想同於裴頠〈崇有論〉相同的形態，他仍依循道家一貫的『無爲而無不爲』的義理模型，順『無心』、『無爲』、『無執』的主觀實踐之進路，……在玄智心靈的觀照下，以任物本性，開源暢流，順物自然的方式成就萬物之自生。換言之，郭象除了『無不能生有』這句話貌似〈崇有論〉之外，其本質內容和精神，則無不是玄理玄智的形態，和〈貴無論〉血脈相通，和裴頠則絕不相類。」見先生著《郭象玄學》，頁 292，故不可混郭象與裴頠之說爲一，視郭象爲崇有者。
21 容肇祖認爲郭象之「天」爲宇宙的天，其說爲自然主義的宇宙論，打破了「民間的迷信，認爲天有意志的見解一切。」見魯迅、容肇祖、湯用彤等：《魏晉思想》乙編三種，頁 51-55。王曉毅亦把郭象的「天」理解爲客觀事物的「天」，「自生」理解成客觀萬物的生成，見氏著《郭象評傳》，頁 238-239。二者之說恐不切於郭象所言，郭象的關懷重點爲主觀價值問題，而非客觀科學問題，故其言「天」應就形容「自然而然」的狀態而說。

　　所謂天然、自爾即「自然」，此乃道家的核心觀念，亦是精神修養造極之境，故與「道」同層。自《老子》言「道法自然」（《老子・二十五章》），《莊子》言「常因自然而不益生」（《德充符》，頁 221）、「莫之為而常自然」（《繕性》，頁 551），王弼言「天地任自然，無為無造。」（《老子・五章》注）、「順自然而行，不造不始，故物得至而無徹迹也。」（《老子・二十七章》注）均是通過無為無造的精神修養以達於沖虛無執之玄境，故不能視道家之自然義為自然科學研究對象義之自然，亦不能理解為西方哲學中之「自然主義」（Naturalism）。[22]西方之自然主義是用機械原理說明宇宙現象，一切現象均是彼我依待，落在因果規律之中，故為他然，恰好與道家「自己如此」之自然相反，[23]故郭象之「自然」與西方之「自然主義」乃截然不同之事，不能混二者為一。

　　郭象除了以「自然」來表達自生的方式外，更常以暢然、泯然、窅然、曠然、苊然、蛻然、冥然、擴然、掘然、塊然、誘然、歷然、忽爾、悶然等詞來形容自生的狀態，以此揭示生之無所由、無所待、無所作意。關於萬物「自生」時無心無為的情狀，郭象常以「不知其所以然而然」來形容，其注文曰：

　　　　凡此上事，皆不知其所以然而然，故曰芒也。今夫知

----

22 關於道家之自然義的內涵，莊耀郎先生有更詳盡的闡述，見先生著《王弼玄學》（新北：花木蘭文化出版社，2011.4），頁 80-81；另外，先生亦指出「自然」是和道同層，或者就直接指稱為道的內容，見先生著《郭象玄學》，頁 77。
23 見牟宗三：《中國哲學十九講》，頁 90。

者皆不知所以知而自知矣，生者皆不知所以生而自生矣。萬物雖異，至於生不由知，則未有不同者也，故天下莫不芒也。（〈齊物論〉：「人之生也，固若是芒乎？其我獨芒，而人亦有不芒者乎？」句下注，頁 61）[24]

物各自然，不知所以然而然，則形雖彌異，其然彌同也。（〈齊物論〉：「樂出虛，蒸成菌。」句下注，頁 55）

郭象認為人之生也，皆為「不知其所以然而然」，此所謂「不知其所以然」並非神秘主義，[25]亦不是就客觀認知的「不知道」而論。[26]其言「不知其所以然而然」與《莊子》言「已而不知其然，謂之道」（〈齊物論〉，頁 70）、「不知其所由來，此之謂葆光」（〈齊物論〉，頁 83）相同，均就存在主體體道踐行之無心無為而言。因其無所措心，故不以智分萬物，便能隨其所遇而行其所該行，自爾自化，故郭象曰：「自爾，故不知所以。」（〈寓言〉注）萬物其形雖異，然而在同為無心自生、無為自化的情況下，便不能有異，故曰「未有不同」、「其然彌同」。郭象何以常用「不知其所以然而然」來形容「自生」？推其原因大概有二：首先，存在

---

24 其中「今夫知者皆不知所以知而自知矣」句，《莊子集釋》原為「今未知者皆不知所以知而自知矣」，今依《南華真經注疏》改「未」為「夫」字，見曹礎基、黃蘭發點校：《南華真經注疏》，頁 31。

25 湯一介、楊立華等學者認為郭象「不知其所以然而然」、「掘然自得」的說法帶有神秘主義、不可知論的色彩。分別見湯氏著《郭象與魏晉玄學》（第三版），頁 287；楊氏著《郭象《莊子注》研究》，頁 116。

26 不少學者從認識論來理解郭象之「不知其所以」，李中華認為郭象之說為說明「不可認識的必然性」，見許杭生等：《魏晉玄學史》，頁 340。康中乾則認為郭象是要「以不知為宗」、認定「人的認識能力是有限的」，分別見氏著《魏晉玄學》，頁 237 及《有無之辨 —— 魏晉玄學本體思想再解讀》（北京：人民出版社，2003.5），頁 426。

之因果無法窮盡，即有所說亦不能盡；再者，實踐之道乃當下即然，非智思可得其所以然，職是之故，雖知亦無所助其生，故曰「不知」。郭象此說與《論語》曰：「未知生，焉知死？」（〈先進〉）「子不語怪，力，亂，神。」（〈述而〉）、《莊子》曰：「六合之外，聖人存而不論。」（〈齊物論〉，頁 83）、佛不答十四難等說法相類，[27]足見中國哲學不以智盡，而特重存在當下實踐的特色。

　　除了「自生」以外，郭象亦以自化、自爾、自行、自得、自成、自為、自能、自存、自用、自任、自造來形容萬物的自我實現的狀況，觀其「自生」說實亦繼承自《莊子》而有所發揮。《莊子》曰：「汝徒處無為，而物自化。……無問其名，無闚其情，物固自生。」（〈在宥〉，頁 390）「何為乎，何不為乎？夫固將自化。」（〈秋水〉，頁 585）又曰：「子獨不聞夫至人之自行邪？忘其肝膽，遺其耳目，芒然彷徨乎塵垢之外，逍遙乎無事之業，是謂為而不恃，長而不宰。」（〈達生〉，頁 663）《莊子》以無為、無心來成就物之「自生」、「自化」、「自行」，在無心造作的情況下使萬物得以自我實現，郭象則承此而言「自生」、「自化」，並且在「有」、「無」不能相生、各自獨立，又不能相互轉化的情況下，取消「無」能生物的形上性格，打掉取一超越之「無」作為存有的根源，直接肯定存在本身便能「自生」，故其自生之說不為探討宇宙生成而論，而是剋就反省個體存在當下，如何充分實現其自己而說，故曰：「自然生我，我

---

27　佛不答十四難之說見〔東晉〕慧遠述：《大般涅槃經義記・卷第十》，收於《大藏經》73 冊（臺北：新文豐出版，1973.6），頁 898。

自然生。故自然者，即我之自然，豈遠之哉！」（〈齊物論〉
注）可見其自生之說，是緊扣「我」這個存在主體以「自然」
的方式，當下即是、如如的實現自己。

## 2.以性分為自生的內容

　　既明郭象「自生」之說不爲說明宇宙生成而立，而是以
自生來說明一切存在之如何可能實現其自己而說，則可進一
步追問：其所實現之內容爲何？關於此，郭象有更清楚的說
明，其注文曰：

> 人之生也，非情之所生也；生之所知，豈情之所知哉？
> 故有情於爲離曠而弗能也，然離曠以無情而聰明矣；
> 有情於爲賢聖而弗能也，然賢聖以無情而賢聖矣。豈
> 直賢聖絕遠而離曠難慕哉？雖下愚聾瞽及雞鳴狗
> 吠，豈有情於爲之，亦終不能也。不問遠之與近，雖
> 去己一分，顏孔之際，終莫之得也。是以關之萬物，
> 反取諸身，耳目不能以易任成功，手足不能以代司致
> 業。故嬰兒之始生也，不以目求乳，不以耳向明，不
> 以足操物，不以手求行。豈百骸無定司，形貌無素主，
> 而專由情以制之哉！（〈德充符〉：「道與之貌，天與之形，
> 惡得不謂之人？」句下注，頁 221）

> 夫神不休於性分之內，則外矣；精不止於自生之極，
> 則勞矣。故行則倚樹而吟，坐則據梧而睡，言有情者
> 之自困也。（〈德充符〉：「今子外乎子之神，勞乎子之精，倚
> 樹而吟，據槁梧而瞑。」句下注，頁 223）

由以上引文可見，郭象以「如其自己」地實現本有之性分爲
「自生」的內容，故以心神不安於性分之內者，爲未達自生

之極。郭象更認為生命之所以為外、為勞，是由於「有情自困」，因其為情識所累，而有所執定，不能自然而然地充分實現其性分。故生命之充分實現，並不由情識執定所能控制，而是由各據其性，安其所受，而不跂尚性分之外來實現的，郭象於此而言「自生」。凡稟性所有，不論是聰明才智等不因學而能的才性，還是雞鳴狗吠等看似本能之事，皆為自然而然、不假事於雕飾，順著本性去做，便能充分的自我實現。與此相反，若稟性所無，縱然希慕離朱之目明、師曠之耳聰、聖賢之才德，雖致力苦學，終無所得。即使是師徒之間，如孔子、顏回同為聖賢，那怕是才性只差毫釐，終不能越過二者之間的分際。凡自生者，有如初生嬰兒，不會以目求乳、以耳求明，以腳操物，以手行走，而是自然而然順著本性，以口求乳，以目求明，以手操物，以腳行走，若耳目手足不各安其分而易其職任，則終不能各展所長。可見本性之實現，不被情識決定，方能自生、自化。若精神不安於性分之內，有所跂羨，則不能至自生之極，而勞神傷性。

　　既明郭象剋就性分而言自生，則更能清楚了解，何以郭象在論存有時要截斷一超越的主宰而言物自生，其注曰：

> 道，無能也。此言得之於道，乃所以明其自得耳。自得耳，道不能使之得也；我之未得，又不能為得也。然則凡得之者，外不資於道，內不由於己，掘然自得而獨化也。夫生之難也，猶獨化而自得之矣，既得其生，又何患於生之不得而為之哉！故夫為生果不足以全生，以其生之不由於己為也，而為之則傷其真生也。（〈大宗師〉：「傅說得之，以相武丁，奄有天下，乘東維，

騎箕尾，而比於列星。」句下注，頁 251）

> 一者，有之初，至妙者也，至妙，故未有物理之形耳。
> 夫一之所起，起於至一，非起於無也。然莊子之所以
> 屢稱無於初者，何哉？初者，未生而得生，得生之難，
> 而猶上不資於無，下不待於知，突然而自得此生矣，
> 又何營生於已生以失其自生哉！（〈天地〉：「一之所起，
> 有一而未形。」句下注，頁 425）

郭象論自生，不論是自超越、內在各方面而言，均為不得不
然之自己如此。第一，自內而言「內不由於己」：在才性氣
稟不同的情況下，各人只能如如的實現其性分，稟耳聰之才
者，則自爾如師曠；得目明之才者，則自爾如離朱，順各人
氣稟之所得而自生自爾，因此於性分氣稟不同意義上而言自
生之「內不由於己」。第二，自上而言「外不資於道」、「上
不資於無」：因每個存在不自一超越的主宰而有，故「非起
於無」，而是起於「至一」，「至一」者「至妙」也。此「至
妙」並非一有形象之物，而是妙用，只要無所執定、無心而
為，萬物便能如如的實現其性分，自生自化，故無須「營生
於已生」，因此於其不資於任何超越的主宰而言「外不資於
道」、「上不資於無」。第三，自下而言「下不待於知」：
於氣稟的限制義下，非一己之心知執著、情識執定而能更易
其性。即使孔子、顏淵同為聖賢，然而卻因其稟性分毫之差，
在實現其性分時仍有程度上的差別，可見主觀意志之勉強於
性分的限制義上並不能作任何的跨越。跂羨「分外之物」，[28]

---

28 郭象曰：「生之所無以為者，分外物也。」（〈達生〉注）。

強爲其所無,故曰「任性自生,公也;心欲益之,私也;容私果不足以生生,而順公乃全也。」(〈大宗師〉注),因此在心知執定不能助其自生的情況下而言「下不待於知」。

總括而言,郭象以性分作爲自生的內容,並以自然自爾的方式說自生,可見其言自生之形式爲「自然如此」,其內容則爲「性分之自我實現」。首先,由主觀說,透過無心無執、積習成性,來充分實現個人生命,其所以能積習成性而不至於矯學益性者,則端賴無心無執之修養,而無心無執之作用,即在於成其性。其次,由客觀說,因郭象論性是自氣性說起,故亦具有一定的客觀意義,不爲情識意志所能更易其性,亦非存在主體所能完全決定,在這種情況下,郭象自生之說即不只以主體修養爲主,其言「不由於己」、「不待於知」,則是重順任客觀性分的表現,亦是道家言性之共通處。更深層的說法則是:主體修養和客觀性分之具體成全,融而爲一,無分主客、內外、彼我。

## (二) 獨　化

關於「獨化」的涵義,可從主客兩方面分析而言,一是從主體修養之安其遇而言「獨化」,另一則從客觀性分之無所待而言「獨化」。從主體上修養來談「獨化」,郭注云:

> 純者,不雜者也。夫舉萬歲而參其變,而眾人謂之雜矣,故役役然勞形怵心而去彼就此。唯大聖無執,故芚然直往而與變化爲一,一變化而常遊於獨者也。故雖參糅億載,千殊萬異,道行之而成,則古今一成也;物謂之而然,則萬物一然也。無物不然,無時不成;斯

**可謂純也。**（〈齊物論〉：「參萬歲而一成純。」句下注，頁 102）
**當所遇而安之，忘先後之所接，斯見獨者也。**（〈大宗
師〉：「朝徹，而後能見獨。」句下注，頁 254）

聖人遇事變而能無所執，隨遇而安，故謂之純而不雜；然而
世人因其歷塵俗、經夷險，遂謂之雜而不純，實不明聖人因
其能無心任物、與物相冥，故能遊於變化之途、歷古今之變
仍淡然自若。聖人不囿於時地，不礙於所遇，仍能渾然自得，
斯謂真正之「純」、能遊於「獨」，故郭象又以能隨變化而
俱往，超越古今對待之人，為「見獨者」。郭象所言「獨」，
實承自《莊子》言「朝徹，而後能見獨」（〈大宗師〉，頁
252）、「澹然獨與神明居」（〈天下〉，頁 1093）、「獨
與天地精神往來」（〈天下〉，頁 1098）之說，同為描述聖
人無心任物的境界。[29]可見「獨」不止是工夫之後的「境界」，
於郭象而言更有其具體而真實之內容，究其內容則在於性分
之完全實現，由此言「獨化」，「化」者，成也。

　　郭象除了承接《莊子》言「獨」的意涵，更從客觀性分
言獨化，其注曰：

**言天機自爾，坐起無待。無待而獨得者，孰知其故，
而責其所以哉？若責其所待而尋其所由，則尋責無
極，卒至於無待，而獨化之理明矣。**（〈齊物論〉：「吾有
待而然者邪？吾所待又有待而然者邪？」句下注，頁 111）

---

29 周啓成認為郭象的「獨化」說是外加給《莊子》的，見周氏校注《莊
子鬳齋口義校注》，〈前言〉頁 5。「獨化」一詞應為郭象首先使用（此
說法引自莊耀郎見先生：《郭象玄學》，頁 298），然而郭象在詮釋「獨」、
「自生」、「自化」等義理內涵時，實承接《莊子》說法，並有所發明，
故不能謂之「外加給《莊子》」。

> 推而極之，則今之有待者卒於無待，而獨化之理彰。
>
> （〈寓言〉：「而況乎以無有待者乎！」句下注，頁 961）

郭象以「無待」言獨化，返於性命之無所待而說自生獨化。因氣稟天性「上不資於無」、「外不資於道」，並不自形上道體而生，遂無法尋其源由，得其所以然，故曰「孰知其故，而責其所以哉？」萬物自生既不由於外，亦不待於外，故無法「尋其所由」，只能天機自爾，掘然自得，如如實現其所稟之性分，故曰「無待」。郭象曰：「化聲之相待，俱不足以相正，故若不相待也。」（〈齊物論〉注）正爲說明萬物「無待」之意，萬物稟性各異，必須安其自然之分，無所跂羨，方能自生獨化，遂認爲彼我不足以相正，於此而言「不相待」。在這種情況下「有待者」必須「反所宗於體中而不待乎外」（〈齊物論〉注），回到萬物自身所稟受的性分之內，任其性分，而不矜尚於外，方能「無待」，體證「獨化」之理，[30]故曰：「安其自然之分而已，不待彼以正之」（〈齊物論〉注）。

或問，郭象以「有待者卒於無待」方能獨化，則明顯認爲「有待者」無法體證獨化之理，似與其有待、無待均能同證逍遙之說互相矛盾。然而細察其意，便可看出「有待者卒於無待，而獨化之理彰」之「有待者」，與「必得其所待，然後逍遙耳」（〈逍遙遊〉注）之「有待者」實有所分別。

---

30 李中華認爲「獨化的確切含義是說萬有獨自變化。個別存在物不依靠任何自身以外的力量而存在，這就叫『忽爾自然』，或『欻然自生』。」見許杭生等：《魏晉玄學史》，頁 328。郭象言獨化之無所依待，是就其性分自足無待而言，並未就個體存在不須依靠任何自身以外的力量而說，若果真如此，便不會有「相因」、「相與」之說。

前者之「有待」、「無待」，乃就個人而言，能安其性分而成之者，謂之「無待」；未能自爾獨化，「宗物於外，喪主於內」（〈齊物論〉注），矜尚其性分之外而喪失其真者，則謂之「有待」。後者之「有待」、「無待」，則就外在條件而言，「無待者」能體合變化，無所不乘，順物而不爲物所用；「有待者」則待於「無待者」所順，得其所待，方能同於大通，故其所待爲客觀的外在條件，而非待其氣稟所無之性分。由此可見，無待者之「順有待者，使不失其所待」之「待」爲虛說，其所謂虛，乃就「我無爲而天下自化」（〈天地〉注）而言：「無待者」無爲任物，並不等同「有待者」單憑「無待者」之因順就能獨化，「有待者」仍須透過自生自化的工夫方能體證之，故就此而言「虛說」。「有待者卒於無待，而獨化之理彰」之「有待」、「無待」，則從實說，其所謂實，是從主體修養之能安其客觀性分，無待乎外便能自生獨化而言，故爲「實說」。

由此可見郭象之言「獨化」，不論從主體修養還是客觀性分而言，均就萬有不資於道，不由乎外，不待於知之獨立自足而言，故與其「自生」之說相連。[31]郭象言「自」、「獨」均就個體存在之自足、自爾而言，其言「生」、「化」均就存在物之自我實現而論，故其「自生獨化」之說，上不爲說明宇宙之如何生成而論，下不爲說明形而下之生育義之如何

---

[31] 康中乾認爲「獨化，顧名思義，就是每個個體事物的獨立存在和發展變化。」見氏著《魏晉玄學》，頁 212、399；《有無之辨 —— 魏晉玄學本體思想再解讀》，頁 261、267。康氏此說恐有望文生義之嫌，郭象獨化之說並不就客觀事物之獨立存在和變化作出討論，而是剋就自我實現之存在價值而言「獨化」。

可能而立說，而是剋就存在當下之自我實現而說。

## （三）玄　冥

所謂「玄」者，即在任物而淡泊無心的情況下，混合物我、彼此分別，如：「浩然泊心而玄同萬方」（〈應帝王〉注）、「曠然無係，玄同彼我」（〈田子方〉注）、「無心玄應」（〈逍遙遊〉注）、「無彼無是，所以玄同也」（〈齊物論〉注）。所謂「冥」者，即無心任樸，不由心知分別而作立場分判之稱，如：「無心者與物冥」（〈齊物論〉注）、「凡得之不由於知，乃冥也」（〈知北遊〉注）、「不識不知而冥於自然」（〈天地〉注）、「常以純素守乎至寂而不蕩於外，則冥也」（〈刻意〉注）。由此可見，郭象所謂「玄冥」者，乃無心無爲之謂也，因其無心無爲，故能與物無礙，冥合爲一，[32]故曰：「玄冥者，所以名無而非無也。」（〈大宗師〉注），由無爲而無不爲，並非指什麼不做就能極成玄冥之境，故其言「玄冥之境」（〈大宗師〉注）乃就物之自生獨化時，經由無心自爾工夫所證成的境界，故曰「玄冥之境」，又曰「絕冥之境」（〈逍遙遊〉注）。[33]

---

32 李中華認爲郭象所謂「冥於自然」或「冥然自合」，實際上就是完全排斥了人的主觀方面的努力和作爲。見許杭生等：《魏晉玄學史》，頁373。郭象之「不識不知」是就無所分別而說，其「自然」、「自合」乃就無心自爾而言，郭象以工夫修養來達到冥合自然之境，故無排斥主觀努力之嫌。郭《注》云：「知天人之所爲者，皆自然也。」（〈大宗師〉注）亦表明人爲作用凡爲無心而出，無爲而成，均屬自然，凡欲達至理想之境界，必有相應之工夫，既有工夫則人之努力作爲自在其中，故無排斥人的作爲之意。

33 李中華曰：「『玄冥』與『玄冥之境』都是爲了說明事變化的終極因是

　　既知郭象之「玄冥」是就無心玄合而言，則可進一步分析地討論，其所冥合者為何？其注云：

> 若各據其性分，物冥其極，則形大未為有餘，形小不為不足。苟各足於其性，則秋豪不獨小其小而大山不獨大其大矣。若以性足為大，則天下之足未有過於秋豪也；若性足者非大，則雖大山亦可稱小矣。故曰天下莫大於秋豪之末而大山為小。大山為小，則天下無大矣；秋豪為大，則天下無小也。無小無大，無壽無夭，是以蟪蛄不羨大椿而欣然自得，斥鴳不貴天池而榮願以足。苟足於天然而安其性命，故雖天地未足為壽而與我並生，萬物未足為異而與我同得。則天地之生又何不並，萬物之得又何不一哉！（〈齊物論〉：「天下莫大於秋豪之末，而大山為小；莫壽於殤子，而彭祖為夭。天地與我並生，而萬物與我為一。」句下注，頁81）

> 內放其身而外冥於物，與眾玄同，任之而無不至者也。（〈大宗師〉：「知天之所為，知人之所為者，至矣。」句下注，頁224）

郭象所冥者，自內外兩方面而言有二：自內而言則為冥於性分之內，自外而言則為與物冥之玄同。第一，若從冥極性分

---

不可認識和不可了解的，反映了郭象對人的認識能力的消極態度和認識論上的不可知論。」見許杭生等：《魏晉玄學史》，頁 330。同頁李氏更認為「玄之又玄」是一種神秘狀態。案：郭象所謂「玄冥」、「玄冥之境」均就存在而言，而不由認識論立論，其言「得之不由於知」之「不由於知」乃就「不由心知分別執定」而言，非就認知上之「不可知」而說；其所謂「玄」乃由無心而得，經由工夫修養而致，而無有神秘。

的方面而說，則不論萬物之形器爲何，只要能各足其性，便能不爲有餘，亦無不足，同樣言壽夭者亦然。其所謂「各據性分，物冥其極」即就萬物之自生自化、各自充分實現其性分而言「冥極」，故曰：「冥極者，任其至分而無毫銖之加。」（〈養生主〉注）萬物只有不跂羨性分之外，任性自足，方能充分實現其所稟受之性分，故其言「任性直通，無往不冥」（〈人間世〉注）是就萬物冥極其性分之內而言。第二，若從與物冥的方面而說，則因其各得其性，同爲足性自生，故「萬物未足爲異而與我同得」。因其無須自別於外物，故能玄同大小、壽夭、彼我之別，既能與衆玄同，則自能安其所遇，「無時而不安，無順而不處，冥然與造化爲一」（〈養生主〉注），此爲郭象與物玄同之意。

由以上討論可見，郭象言自生獨化，自上則斷其生因不究其源，自外則否決外力之介入能干涉其生，自內則否定心知執著能損益其生，故其說不從存在以外說起，而是將自我實現的動力還給存在本身之自然，使萬物均能如如的自我實現，自生自化，獨化於玄冥之境。

# 二、外物之相因相與

郭象強調物之自生獨化，那是否意味著他並不重視存在物之間的彼此互相作用的關係？若是，何以又言「凡所有者，不可一日而相無」、「天下莫不相與爲彼我」？若否，則二者之間是否存在著矛盾？擬就此論題展開討論，其注文曰：

> 人之生也，形雖七尺而五常必具，故雖區區之身，乃

舉天地以奉之。故天地萬物，凡所有者，不可一日而相無也。（〈大宗師〉：「知人之所爲者，以其知之所知以養其知之所不知，終其天年而不中道夭者，是知之盛也。」句下注，頁225）

天下莫不相與爲彼我，而彼我皆欲自爲，斯東西之相反也。然彼我相與爲脣齒，脣齒者未嘗相爲，而脣亡則齒寒。故彼之自爲，濟我之功弘矣，斯相反而不可以相無者也。故因其自爲而無其功，則天下之功莫不皆無矣；因其不可相無而有其功，則天下之功莫不皆有矣。若乃忘其自爲之功而思夫相爲之惠，惠之愈勤而僞薄滋甚，天下失業而情性瀾漫矣，故其功分無時可定也。（〈秋水〉：「以功觀之，因其所有而有之，則萬物莫不有；……知東西之相反而不可以相無，則功分定矣。」句下注，頁579）

就人之生理形軀而言，必須有衣食住行以供養其七尺之身，此時則賴於天地萬物的奉養，故人不可孤立而存，因此而言「己與天下，相因而成」（〈在宥〉注）、「不可一日相無」。就萬物之間相互作用而言，則「天下莫不相與爲彼我」，郭象即以這種「相因」、「相與」、「相爲」的關係來解釋個體與群物之間，彼此因順現實機緣以相互爲用。[34]郭象更以

---

34　莊耀郎先生曰：「至於個體與群物之關係，郭象不用相待，而以『相因』、『相與』說明它，就表示物與物間並無條件依待之固定不移關係，只有因順現實機緣以自相治理相互利用的關係。」見先生著《郭象玄學》，83。先生此說甚諦。康中乾認爲「相因」就是「相待」或「相對待」是關於物與物或事與事之間的關係和作用問題。見氏著《有無之辨──魏晉玄學本體思想再解讀》，頁271。康氏此說則易生混淆，

唇齒爲喻，說明「相爲」與「自爲」的關係。天下之「相爲」彼我，則與唇齒相依的關係相似：唇自爲唇，齒自爲齒，二者不相爲而各自爲，然而唇齒相依，有助我之功，若唇亡則齒寒，故各自獨立、功用不同而不可以相無；同樣，萬物的存在亦然，彼此既各盡其性而自生、自爲，然而彼此又相濟而不可相無，故曰「有其功」；[35]萬物各自爲，各安其性而不由外物決定其存在，故曰「無其功」。由此可見「相因」、「相與」與物之關係非爲必然，因其相濟非必然關係，一物之不濟，自可有他物濟之，凡安於所遇，凡所遇則屬充分條件，故非必然。只有「無待者」順「有待者」，使之得其所待，才是必然關係。因眾人必須待聖人所順，得其所遇，才能足性逍遙，故其所待爲必然；而萬物彼此間相與、相因，乃因時、因地、因事而有變化，可置換，故無必然關係，因萬物即能於性分之內自生獨化，不待於外，非必須待某一物方能相濟。若不明究理而本末倒置，欲以相因之功來成就其本性而不自爲其生，萬物便因而失其真性。可見「相濟之功」的先決條件是「獨化之至」，「獨化之至」的充分條件是「相濟之功」，若偏論一方皆失其全。因爲只重視相因、相爲之功，則將失其真，天下將失其本真而泛濫矯情，在這種情況

---

萬物自生，不待乎外，故郭象不以「相待」或「相對待」形容「相因」、「相與」等關係。

35　湯一介曰：「事物之間相互爲因（條件）的功用，比起事物自身獨立自足的生生化化是沒有意義的。」見氏著《郭象與魏晉玄學》（第三版），頁 287。案：「相因」之「因」宜解作「因順」，而非「條件」，若「相因」爲沒有意義，便無「有其功」之說，故湯氏之說忽略了充分條件的重要性。

下，「相濟之功」亦無法被肯定得住。

萬物既不可以相無，又不能只重「相爲之惠」，故郭象云：

> 夫體天地，冥變化者，雖手足異任，五藏殊官，未嘗相與而百節同和，斯相與於無相與也；未嘗相爲而表裏俱濟，斯相爲於無相爲也。若乃役其心志以卹手足，運其股肱以營五藏，則相營愈篤而外內愈困矣。故以天下爲一體者，無愛爲於其間也。（〈大宗師〉：「孰能相與於無相與，相爲於無相爲？」句下注，頁265）

郭象承《莊子》所言，認爲唯有「相與於無相與，相爲於無相爲」（〈大宗師〉，頁264），方能冥於變化。郭象認爲彼我之於天下，有如手足、五藏之於人體一樣，手足、五藏雖各有所司，各自自爲，共存於一體之內，彼此相濟，然而彼此以無心相與爲相與，無心相爲來相爲，故曰「相與於無相與，相爲於無相爲」。若一體之內以心志帥手足，用股肱動五藏，則爲有心經營，越相營則手足、五藏之間越不能相互協調，只有無所措意於其間，任其自爾相爲，方能相濟無礙，冥合自然。由此可見，縱然天地之內，不可沒有相因之功，然而卻不能措意於相因、相爲而敗其相濟之功，更不可只依賴相因、相與來成就萬物之性，萬物仍必須自爲自化方可成其性，故曰：「相因之功，莫若獨化之至也。」（〈大宗師〉注）關於物之如何能自然而然的相因、自生，郭象有更清楚的說明，其注曰：

> 明物物者無物，而物自物耳。物自物耳，故冥也。物有際，故每相與不能冥然，真所謂際者也。不際者，

> 雖有物物之名，直明物之自物耳。物物者，竟無物也，
> 際其安在乎！既明物物者無物，又明物之不能自物，
> 則為之者誰乎哉？皆忽然而自爾也。（〈知北遊〉：「物物
> 者與物無際，而物有際者，所謂物際者也，……彼爲本末非本末，
> 彼爲積散非積散也。」句下注，頁 753-754）[36]

成玄英作此疏時，以聖人與萬物的關係作一解說，甚爲具體
明白，其疏曰：「夫能物於物者，聖人也。聖人冥同萬境，
故與物無彼我之際畔。」（〈知北遊〉疏）因爲萬物不爲他
物所生，必須自生實現其性，故聖人不能以外力使萬物實現
其性，[37]因「物物者」無心宰制萬物，萬物方可自生，故曰
「物自物」，又因其能自生自爾，故曰「冥」。然而落於現
實上，物與物之間有彼我之別，故曰「有際」。因彼我、聖
凡稟受不同，縱爲聖人亦不能使萬物有所生成，必須讓萬物
各自生，故聖人或是外物相因之功，亦無助於我之自生，在
這種情況下，彼之相因不能使我能冥於一己性分之內，故曰
「每相與不能冥然」。只有聖人能夠因順萬物之性，任物之
自生，而不爲其生，直明物之自物，故現實上雖聖凡各有其
界限，彼此不能相爲，仍能無心任物，超越其際限，任而不
爲，於有際而無際，故曰「不際者」。聖人因順萬物而不生
物，故曰「竟無物」，因其無心，際亦不隔。在這種統體自

---

36 「明物物者無物，而物自物耳。」兩句，依曹礎基、黃蘭發點校《南
　　華真經注疏》，頁 430 斷句。

37 此處必須再三強調，郭象言「生」須作「實現」解，其言「自生」即
　　「萬物如如實現其自己」即實現其所稟受之性分；若把郭象之「生」
　　視作宇宙論之生，或是生物學上之「育生」義，則導致誤以郭象之說
　　爲一「神秘主義」，而不能剋就存在價值來展開討論。

然而然的情況下，聖人以無物而物物，既物物而又能無物，眾人又能得其所因而自生，故無有心爲之者，而曰「忽然而自爾」，一切均自然而然地自生自成。或問「直明物之自物耳」與「又明物之不能自物」，二者之說，是否互相矛盾？觀乎郭象自生、相因之說，或可如此理解，前者言「直明物之自物耳」則爲分析命題，存在之自我實現必以自生方式來決定，故曰「物自物」；後者言「又明物之不能自物」是指在「物物者無物」、「忽然而自爾」的情況下，「凡所有者，不可一日而相無」、「天下莫不相與爲彼我」，萬物不能只依待自己而存在，故曰「不能自物」，此乃綜合命題。只有聖人無心任物自生，即「物物者無物而物自物」，萬物「相與於無相與，相爲於無相爲」時方能呈顯統體自然的境界，由此可見「自生獨化」與「相因」、「相與」之說並不矛盾，且爲萬物之間的關係如何能和諧共處的關鍵，提供一個保證。

## 三、神器之獨化玄冥

　　除了從分析、綜合命題的關係說明「自生獨化」與「相因相與」此論題外，亦可由個體、群體的關係去說明：從個體來看即「獨化」、「物自物」；從群體來看即「物不能自物」，由此延申到「相因之功，莫若獨化之至」，群體之終極境界即「神器獨化」，一旦言群體之終極境界，則物各獨化，而相因、相與亦皆在其中矣。

　　郭象〈莊子序〉既謂《莊子》一書「明內聖外王之道，上知造物無物，下知有物之自造」，最終極成「神器獨化於

玄冥之境」，可見內聖外王之道，最終必以自生獨化爲究竟，當聖凡均能獨化之時，便能共同臻於「神器獨化」這一理想的政治境界。[38]以下就聖王之任物自爾、百姓皆謂我自然、天下神器均能自生獨化等三方面來討論郭象如何證成「神器獨化」這理想的政治境界。

## （一）聖王之任物自爾

關於天下群生如何能得其自生，郭象則認爲在於聖王能任百姓之自成，其注文曰：

> 因民所利而行之，隨四時而成之，常與道理俱，故無疾無費也。巧者有爲，以傷神器之自成；故無爲者，因其自生，任其自成，萬物各得自爲。蜘蛛猶能結網，則人人自有所能矣，無貴於工倕也。（〈天下〉：「其行身也，徐而不費，無爲也而笑巧。」句下注，頁 1096-1097）[39]
> 眾皆以出眾爲心，故所以爲眾人也。若我亦欲出乎眾，則與眾無異而不能相出矣。夫眾皆以相出爲心，而我獨無往而不同，乃大殊於眾而爲眾主也。吾一人之所聞，不如眾技多，故因眾則寧也。若不因眾，則眾之千萬，皆我敵也。（〈在宥〉：「夫以出乎眾爲心者，曷常出乎眾哉！因眾以寧所聞，不如眾技眾矣。」句下注，頁 393）

---

38 前輩學者如戴璉璋先生談獨化，專就個人主體修養而言，今依其說進一步說理想的政治境界，因爲「神器」，即天下國家，見先生著《玄智、玄理與文化發展》，頁 291。天下國家爲綜合體，和個人主體畢竟有別，不可不辨。

39 「巧者有爲，以傷神器之自成；故無爲者，因其自生，任其自成，萬物各得自爲。」一句，依曹礎基、黃蘭發點校《南華真經注疏》，頁 616 斷句。

治國者必須因百姓之利而利之，順其性而成之，方能無損萬民之性；若有心爲而爲，縱爲巧，必傷「神器」。所謂「神器」者，即指「天下國家」，出自《老子・二十九章》之「天下神器」。只有在上者無心無爲，因順百姓之自生自成，萬民方能自爲自化。一如蜘蛛之能自結其網，萬物亦不假於工倕之機巧，作規矩、用鉤繩以助其能，亦能自然而成，故曰：「不爲萬物而萬物自生者，天地也；不爲百行而百行自成者，聖人也。」（〈刻意〉注）只有聖王無心化育萬物，順萬物之所有，方能成就萬物，使之各有所成，又因聖王順眾人之所長，百姓方能各成其長，天下太平。「若厲己以爲之，則不能無極而眾惡生。」（〈刻意〉注）聖王勉強厲行，則不能因眾而行，與民相冥，而使民怨生起，成爲眾人公敵。聖王雖以無心而兩順萬物之情，然而並不因其能順物，而自以爲「出群爲眾雋」（〈在宥〉注）。一般人只知競先出眾，超群獨立，然而聖王卻因其不求出眾，和光同塵，故能無往而不同，亦因其不特立獨行，有心出群，標異於眾人，故而能爲眾人之主。

　　又因「一人之所聞，不如眾技多」，故郭象明白眾人各司其分的重要性，其注文曰：

> 天地萬物，凡所有者，不可一日而相無也。一物不具，則生者無由得生；一理不至，則天年無緣得終。然身之所有者，知或不知也；理之所存者，爲或不爲也。故知之所知者寡而身之所有者眾，爲之所爲者少而理之所存者博，在上者莫能器之而求其備焉。人之所知不必同而所爲不敢異，異則僞成矣，僞成而眞不喪

者，未之有也。或好知而不倦以困其百體，所好不過一枝而舉根俱弊，斯以其所知而害所不知也。若夫知之盛也，知人之所為者有分，故任而不彊也，知人之所知者有極，故用而不蕩也。故所知不以無涯自困，則一體之中，知與不知，闇相與會而俱全矣，斯以其所知養所不知者也。（〈大宗師〉：「知人之所為者，以其知之所知以養其知之所不知，終其天年而不中道夭者，是知之盛也。」句下注，頁225）

夫在上者，患於不能無為而代人臣之所司。使咎繇不得行其明斷，后稷不得施其播殖，則群才失其任而主上困於役矣。故冕旒垂目而付之天下，天下皆得其自為，斯乃無為而無不為者也，故上下皆無為矣。但上之無為則用下，下之無為則自用也。（〈天道〉：「能雖窮海內，不自為也。」句下注，頁466）

從個體之自我實現而言，萬物無須依待即能自生獨化，然而人並不能離群索居，從生存條件來看，則必藉著天地眾物的奉養，方能享其天年，故曰「不可一日相無」。正如《莊子》所言：「天地非不廣且大也，人之所用容足耳。然則廁足而墊之致黃泉，人尚有用乎？」（〈外物〉，頁 936）人是否除了容足之地以外，便無所需？若萬物除卻自己，而不具一物，只單靠自己，而無他物助成，亦無法得以生存；個人所知之事理有限，而宇宙所存之事理又那麼廣博，若無他人之知以資助己身，亦無法存活下去。萬物均相因而生，即使居上位者亦然，因其不能兼備眾物、萬理之故，所以我們不能責求其全備。在這種情況下，每人各有所長，只要各人能自

為其性，便可成其就各人所不同處，故其「所知不必同」是就自成其性而說，「所為不敢異」則就自然而無人為造作而言，只有順天然真性，方能成其真。任何人都不能以其所知，害其所不知，故只須任順其性，不失其分，各盡其限，便能不蕩越稟性所有。若人人均責備求全，則是以有限之知求無涯之知，而不能冥合其性，自爾獨化。

聖王只須居廟堂之上，垂拱而治，以無心之方式治天下，天下便能得治，故曰「無為而無不為」。所謂「無為而無不為」是就人君無心任官，所以百官便能各據其分勝任其職而言，因其無心宰制，任順萬物，故曰「無為」；又因其無心任官而能使百官各司其職，故曰「無不為」，而不是就君主無為，臣民有為，打斷成兩截而言「無為而無不為」。[40]因聖王無心而為，故能無所不為，使天下皆能自為自生。[41]正因「一人之所聞，不如眾技多」，亦不能求備於一人，故在上位者更要有知人善任的才性。若人主不安其分，代人臣所

---

40 湯用彤認為君主無為，臣民有為，人君只負責任官，除此之外便無特別任務，此即所謂「無為而無不為」，如此便是「垂拱而治」。見氏著《魏晉玄學・魏晉玄學論稿》，頁 159。案，湯氏此說即把「無為而無不為」分屬兩個主體，而不是單一主體的體用關係。

41 湯一介認為郭象以一個社會必以一人為主的道理，和他的「獨化」理論定會發生矛盾。因為湯氏認為按照郭象的「獨化」理論來看，每個事物都按其「自性」獨立自足地化生，其他事物對它不應發生什麼影響，因此以一個為主的統治者是沒有必要的。見氏著《郭象與魏晉玄學》（增訂本），頁 254。郭象言「千人聚，不以一人為主，不亂則散。故多賢不可以多君，無賢不可以無君，此天人之道，必至之宜。」（〈人間世〉注）是就社會客觀結構而言君主的必要性；其言獨化是指自生的內容不受外物影響，並非指萬物之間均無干涉，郭象把萬物之間的關係以「相因」、「相與」來解釋。萬物自生，除了自爾獨化外，更需要上位者之任而不助，方能自化自爾，故統治者於郭象自生獨化理論來說，是制度上的必要條件，恰與湯氏之說相反。

司，不能盡其任萬物之性的本分，就會使得懷有咎繇之才的人無法執掌刑法，擁有后稷之才的人不得耕作種植一樣，則天下群才便會失其性分；同時，人主亦無法事事均親力親為，代人臣之職分，否則在上位者必因此而疲於奔命。可見「上之無為則用下」，是就君人者用人臣之才而言；「下之無為則自用」，則就臣民各自盡其職分而說。

### （二）百姓皆謂我自然

聖王順物無心，成就百姓所能，讓眾人各自自生獨化，故郭象曰：「聖人不顯此以耀彼，不捨己而逐物，從而任之，各冥其所能，故曲成而不遺也。」（〈齊物論〉注）正因聖王之無心順物，萬物才能自生，故曰「曲成」。由此可見，萬物之所以生，不是由於聖王所生，而是由於個人之自我實現而生，故曰：

> 聖人在上，非有為也，恣之使各自得而已耳。自得其為，則眾務自適，群生自足，天下安得不各自忘我哉！各自忘矣，主其安在乎？斯所謂兼忘也。（〈天運〉：「使親忘我易，兼忘天下難；兼忘天下易，使天下兼忘我難。」句下注，頁500）
>
> 夫明王皆就足物性，故人人皆云我自爾，而莫知恃賴於明王。雖有蓋天下之功，而不舉以為己名，故物皆自以為得而喜。（〈應帝王〉：「化貸萬物而民弗恃；有莫舉名，使物自喜。」句下注，頁297）
>
> 神人無用於物，而物各得自用，歸功名於群才，與物冥而無迹，故免人閒之害，處常美之實，此支離其德

**者也**。（〈人間世〉：「夫支離其形者，猶足以養其身，終其天年，又況支離其德者乎！」句下注，頁182）

郭象認為明王因應百姓所需，而順任百姓，讓百姓各自生。因百姓均為自得自爾，故能自適自足，各冥其極，兼忘於天下。百姓之自生獨化，由己而得，故「人人皆云我自爾」，而不恃賴於明王。然而百姓之所以能獨化，亦須待明王「就足物性」、「無用於物」方可讓百姓各司其分；若在上位者「不能無為而代人臣之所司」便是有為於物，則群才失其所任，便不能自爾獨化。從萬物自生來看，萬物皆為「反所宗於體中而不待乎外」（〈齊物論〉注），無須資於道、資於無，便能自生獨化；若從天下神器來看，萬物皆須「得其所待，然後逍遙」（〈逍遙遊〉注），乍看二者似乎相為矛盾，然而實無礙於理論體系的圓融性。一如前文所說，前者之「不待乎外」乃「實說」，是就個體存在之決定由乎自己而言，乃分析關係；至於後者之「得其所待，然後逍遙」乃「虛說」，是就萬物能否得其逍遙的的條件而言，是從不干涉宰制的無為而治說，此乃綜合命題。後者之說，落在道化政治的理想境界之中，可從明王與臣民兩方面分別說明：一、從明王方面而言，若遇明王治世，能順臣民之性分，使之各得其所，各司其任，便能逍遙自得於一己性分之內；然而明王之任臣民之性，乃任臣民之所有，而非外加其性分所無之物事，且此任必須無心而任，非有意為而為。二、從臣民方面來看，臣民雖得其所待，各施所長，得到發揮其性分的機會，然而百姓必須不生愛尚之心，方能自爾自化，眾務自適。由此可見，明王順任萬物，對萬物天賦氣稟之性不能起本質上的作

用，不能益損萬物稟性之所有，但其任順則有助於萬物稟性的呈現。正因天下百姓能自生獨化，才會不知上有明王之功，又不恃賴於明王而生；亦因明王無心任物，雖有功於天下，仍能不以己之任物爲功，故能無功、無名、無己，歸功於天下臣民，而與物相冥。郭象這種「明王皆就足物性，故人人皆云我自爾，而莫知恃賴於明王」、「神人無用於物，而物各得自用，歸功名於群才，與物冥而無迹」的說法，正是對《老子》「功成事遂，百姓皆謂我自然」（《老子·十七章》）充分展開的說明。[42]

## （三）天下神器均能獨化

關於從明王獨化、臣民各自獨化，以至於匯融於天下神器而成一統體自生獨化的說法，郭象則云：

> 在上而任萬物之自爲也。以有爲爲累者，不能率其自得也。同乎天之任物，則自然居物上。各當所任。君位無爲而委百官，百官有所司而君不與焉。二者俱以不爲而自得，則君道逸，臣道勞，勞逸之際，不可同日而論之也。（〈在宥〉：「何謂道？有天道，有人道。無爲而尊者，天道也；……天道之與人道也，相去遠矣。」句下注，頁401-402）

> 自外入者，大人之化也；由中出者，民物之性也。性各得正，故民無違心；化必至公，故主無所執。所以

---

牟宗三先生認爲聖人以觀照的方式功化萬物，開顯藝術境界。見先生著《才性與玄理》，頁184。從以上討論可見聖王任物自生，有「蓋天下之功」，而不居功，似非純爲觀照的方式便可功化萬物。

> 能合丘里而并天下，一萬物而夷群異也。（〈則陽〉：「由
> 中出者，有正而不距。」句下注，頁 910）

郭象所謂「自外入者」均從「大人之化」、「化必至公」而言，非謂明王化物能扭曲百姓稟性，損益百姓，而是指明王任物無心，均據其殊才而任職，「文者自文，武者自武」（〈則陽〉注），非有心私與，是爲「公」，故曰「主無所執」。在上位者任萬物之自生獨化，萬民便能各正性命，各展所長，故「民無違心」。因君主任萬物之性而無心，便與上天任物相同，自居萬物之上，而不爲萬物所累，自得無礙，故郭象曰：「夫無心而任乎自化者，應爲帝王也。」（〈應帝王〉注）若爲君者，「以一己而專制天下，則天下塞矣」（〈在宥〉注），在這種情況下，君主司職有爲，便爲物所累，臣民亦因此而不能得其所待，而無法適性自得，則自上而下均爲有累。只有君、臣二者均「無爲而無不爲」，方能同得自生獨化，此所謂無爲，並非如黃老道家「君道無爲，臣道有爲」之說。在君道而言，君王必須爲委任百官，故有爲，然而因其無心而任百官，故說「無爲而無不爲」；在臣道而言，百官必須有所司，故有爲，然而因其各司其任而不跂羨分外之職、各安其分，故亦爲「無爲而無不爲」；相對君主委任百官而言，臣子則須親御其職事，其務則較爲君者繁重，故曰「君道逸，臣道勞」，並非謂君道無須作爲，故曰「逸」。自此以下百姓亦然，各司其分，自生獨化，亦爲「無爲而無不爲」。

在這種情況下，自天子以至臣民，一是均「無爲而無不爲」，各自生化，故天下神器之獨化是在充分實現的最後圓

境上說，而非只是在聖王觀照下的萬物獨化。[43]天下之自生，非純爲「不生之生」，只憑君主讓開一步，任臣民之自生，便能證成天下神器自生獨化之境。只有在上位者不執天下神器，任而不助，天下方能自生獨化，故明王之委任官職非只是「讓開一步」而已，仍須無心委任百官、善於用才方可盡明王之分。[44]由此可見，郭象就是在明王、百官、百姓均能自生獨化的情況下，言「神器獨化於玄冥之境」。

# 四、小　結

郭象言自生獨化，既不就宇宙生成而展開討論，亦不爲

---

43　牟宗三先生《才性與玄理》曰：「從主體說，是『與物冥而循大變』。自冥，一切冥。故從客觀方面說，是一觀照之境界，根本不著於對象上，亦不落於對象上施以積極之分解，故個個圓滿具足，獨體而化。」頁 195。若單從聖人角度來看，誠如牟先生所言，「自冥，一切冥」，爲一「觀照」之獨化；然而若就天下神器來看，天下臣民均能自得其生，獨化玄冥，非純爲一觀照之獨化，實統體均能自生獨化，故其圓滿具足，應爲各自充分實現的最後圓境之具足，非只就聖王主體觀照而言之具足。

44　牟宗三先生認爲道家之道，若落在治道上，即人君讓開一步，讓物物各適其性，各化其化。見先生著《政道與治道》，頁 34、122。余姵倩認爲「『物自生』之義是由『不生之生』來說，所謂『不生之生』，即是在不禁不塞、無心自然之境，萬物不受宰制、無有干擾，便皆能自生自長、自得自足，『道』、『無』之德，即在於能任萬物自得，所謂『有德無生』。」見氏著《郭象《莊子注》的思想體系》（國立中央大學中國文學研究所博士論文，2010），頁 137。就個體存在而言，郭象言「物自生」，非就「不生之生」來說，亦非只是讓開一步之「不禁不塞」就能成就萬物，而是就物之存在決定於自己，由自己自爾，實現其性分所有，來突顯其存在意義；若落在道化政治之中，明王之生物，乃任而不助，順百姓之自生，由百姓之自生來實現自己，亦非只是「讓開一步」而生物，百姓必須得明王之任順，方可，此時明王仍有所作爲，其以無心方式之立官長、建制度，始有具體之功化可言，非光靠無爲便能生物。

事物的變化發展而作出說明，其自生獨化之說是為了說明萬物存在之決定均由於自己，「上不資於無，內不由於己」、「外不資於道，下不待於知」，由無心無為而充分實現存在的價值。

郭象雖有「自生獨化」之說，然而其論並未因此而忽視個體以外之事物，天下萬物均為相因、相與，外物雖不能更易、增損自身的存在價值，然而「凡所有者，不可一日而相無」，故其相因、相與的說法是就客觀存在之間的物我關係而立說。相因、相與是就物我關係作出討論，自生獨化乃就物自己之如何實現作出說明，故二者之說並不矛盾，且為相輔相成的關係。

自生獨化落實到道化政治之中，則為從明王、百官、百姓各自自生獨化，進而達到整個國家均能自生獨化的境界，統體均能獨化於玄冥之境，於此而言「神器獨化」。郭象此自生獨化之說，在理論繼承來說，既承於《莊子》「自生」、「自化」之說，亦為《老子》「功成事遂，百姓皆謂我自然」的具體開展；在郭象哲學體系而言，其說與性分、逍遙、迹冥圓融、齊物之說均義理相通，且互相融攝。

## 第三節　圓融名教

「名教」與「自然」的關係，[45] 乃魏晉玄學的主要議題，

---

45 余敦康曰：「自然即天道，是外在於人的不依人的意志而轉移的必然之理，名教即人道，是內在於人的受人的意志所支配的應然之理。」

王弼、阮籍、嵇康、等人均就此而作出討論，或謂「名教本於自然」，或謂「越名教而任自然」，[46]郭象既認為《莊子》一書乃「涉俗蓋世」之談（〈大宗師〉注），又處於熱烈探討「名教」與「自然」的時代，在前人討論的基礎上，郭象如何回應「名教」與「自然」這課題呢？下文將從郭象肯定「名教」的標準、君主存在的必要性及理想君主的形象、在道化政治下「自然中自有名教」等內容進行討論，揭示郭象對「名教」的安頓，及「名教」在道化政治下之圓融意義。

# 一、積極肯定名教

魏晉最早使用「名教」一詞者，應為嵇康，[47]其〈釋私

---

見氏著《魏晉玄學史》代序，頁 2。案：首先，「自然」不能只從天道面理解，如前節所述，道家之「自然」應就工夫義上之無心無為而說，余氏只從天道面理解「自然」則導致其所理解的道家因「過分地強調無為而自然的天道，否定了人類社會存在和文化積累。」見同書，代序，頁 4。實際上道家並不否定人文制度，只是否定價值異化之禮樂制度而已。其次，魏晉人物反省的「名教」多指東漢以降，價值的異化之名教，是就名教之外在化、工具化來說，並非從內在於人而受人的意志所支配之應然處說。

46 主張「名教本於自然」者如：王弼提出「崇本舉末」、「守母存子」等主張，以「無為」保存「名教」，積極地肯定名教；阮籍前期思想與王弼相同，均對名教多以積極的肯定，其〈通易論〉、〈樂論〉便認為聖人制作名教皆源於自然；嵇康於〈答難養生論〉中更展示了「道化之治」的理想境界，認為名教必出於自然。主張「越名教而任自然」者如：嵇康於〈釋私論〉中提出「越名教而任自然」；阮籍後期思想則主張揚棄異化之名教，其〈達莊論〉、〈大人先生傳〉便是批判虛偽的禮教之作。見莊耀郎先生〈魏晉「名教與自然」義蘊之溯源與開展〉（臺北：世新五十學術專書《文學、思想與社會》，2006.10），頁 55-71。

47 詳見張蓓蓓《中古學術論略》（臺北：大安出版社，1991.5），頁 10。

論〉曰：「矜尚不存乎心，故能越名教而任自然；情不繫於
所欲，故能審貴賤而通物情。」（《嵇康集校注》，頁234）
嵇康以「名教」與「自然」對舉，因無所欲、無心無為，故
能順任自然，超越名教。關於「自然」一義前節已有論及，
在此不再贅述。所謂「名教」，即指「名分之教」，循名責
實，以盡人倫之常，推廣到政治上的運用，則是「以名為教」，
是就人倫政教等禮法制度而言，故與禮樂制度有密切的關
係，魏晉人對「名教」概念的理解，大概亦不出此範圍。[48]

　　「名教」一詞郭象雖未談及，然而關於名教的內容，郭
象時有論之。郭象既認為名教為「民妖」、「醜人」，又言
名教為「西施」、「皆在至理中來」，然則二者之說是否互
為矛盾？且循郭象對名教的否定與肯定、肯定的判準以及其
對「自然」與「名教」的看法來作討論，從而揭示郭象之名
教觀。

## （一）視名教為「民妖」者

　　承上所言，名教內容既以「人倫政教」內容為主，則自
郭象對仁義、禮樂制度的看法，便知其名教觀為何，郭象曰：

　　　仁者，兼愛之迹；義者，成物之功。愛之非仁，仁迹

---

[48] 莊耀郎先生曾精要地指出「名教」的主要內容為「人倫政教」，見先
生著〈魏晉「名教與自然」義蘊之溯源與開展〉，頁31。牟宗三先生
認為自然與名教，即自由與道德。見先生著《才性與玄理》，頁358。
牟先生認為「名教」即「道德」其實是就名教所以建立的根據上說，
後世所論「名教」乃是作為「人倫政教」施行的具體落實；換言之，
「名教」應是在現實生活上落實「道德」實踐的措施。然而後世（兩
漢以降），「名教」異化，只重其末，而失其本，故「名教」只淪為統
治者的工具。

> 行焉；成之非義，義功見焉。存夫仁義，不足以知愛
> 利之由無心，故忘之可也。但忘功迹，故猶未玄達也。
> （〈大宗師〉：「可矣，猶未也。」句下注，頁283）
>
> 兼愛之迹可尚，則天下之目亂矣。以可尚之迹，蒿令
> 有患而遂憂之，此為陷人於難而後拯之也。然今世正
> 謂此為仁也。（〈駢拇〉：「今世之仁人，蒿目而憂世之患。」
> 句下注，頁319）

在郭象看來，仁義只是外在的功迹，並不完全等同兼愛與成
物本身。只有在作用上絕棄仁義之執，以無心的方式成就仁
義之行，方能實現真實的愛之、成之；若不能超越仁義的功
迹，則所存之仁義，便會成為可尚、可法之迹，如此則已經
不是仁義本身最純粹的價值。當仁義之迹可尚的時候，率天
下之人捨己效人，以行此兼愛之迹，則為導致憂患的肇端；
若此時再以仁義拯救之，實為陷人於危難之中，再拯救以仁
義一樣，徒增紛擾，而不知仁義之迹，此乃弊病的本源，故
曰：「夫仁義自是人情也。而三代以下，橫共囂囂，棄情逐
迹，如將不及，不亦多憂乎！」（〈駢拇〉注）由此可見郭
象所反對的仁義，乃「棄情逐迹」之仁義，不能由乎無心無
為之仁義。然而世人不知仁義之迹為患，執此迹而行，執病
為法，謂之為真正的「仁」、「義」；只有忘仁義的功迹，
才能保存兼愛、成物之功，方為真正的仁義；只有忘仁義，
忘其所執，自然而然地實踐仁義，方可稱為真正的「玄達」。

執仁義之迹，而不知其本者，是為憂患的起源，可見行
仁義之事，亦須有所本，方能迹冥圓融。同樣，禮樂法制亦
然，故郭象曰：

> 夫先王典禮，所以適時用也。時過而不棄，即為民妖，所以興矯效之端也。（〈天運〉：「圍於陳蔡之間，七日不火食，死生相與鄰，是非其眯邪？」句下注，頁513）

> 夫聖迹既彰，則仁義不真而禮樂離性，徒得形表而已矣。（〈馬蹄〉：「蹩躠為仁，踶跂為義，而天下始疑矣；澶漫為樂，摘僻為禮，而天下始分矣。」句下注，頁337）

若禮法政典不能因時制宜，因應現實所需而有所損益變化，只死守過往法典之迹來行事，則法典便不具治事的功能，便為「民妖」。凡過時之法而不能絕棄，執守名教之迹而不知其所以迹，不能與時俱進，只會造成虛妄矯效的流弊，故曰：「禮有常則，故矯效之所由生也。」（〈知北遊〉注）所以越是彰顯、效法聖人之迹，則越失仁義之真，在這種情況下所行之禮樂，只是徒具禮樂的形式，而不具禮制的真實意義，實有違人性。因郭象以仁義為所稟性分的其中一種內容，故曰：「夫仁義自是人之情性。」（〈駢拇〉注）又曰：「夫仁義者，人之性也。人性有變，古今不同也。」（〈天運〉注）故其仁義之性沒有定常不變之理，隨著古今有別、環境各異而有所不同，為一相對、可易、殊異之仁義，與孟子言仁義為「我固有之」之道德根據義不同；孟子言仁義者乃千古上下、東西異域並無異致，為一絕對、恆常、普遍之仁義。由於郭象從氣稟言仁義，故有「性長於仁」（〈駢拇〉注）的說法，凡性分所無，而徒慕聖迹、強加效學者，則為失真、離性，所以只有冥於性分所有者，方能不滯一方而為仁義所傷，故其注曰：

> 由腐儒守迹，故致斯禍。不思捐迹反一，而方復攘臂

> 用迹以治迹，可謂無愧而不知恥之甚也。桁楊以椄槢
> 為管，而桎梏以鑿枘為用。聖知仁義者，遠於罪之迹
> 也。迹遠罪則民斯尚之，尚之則矯詐生焉，矯詐生而
> 禦姦之器不具者，未之有也。故棄所尚則矯詐不作，
> 矯詐不作則桁楊桎梏廢矣，何鑿枘椄槢之為哉！（〈在
> 宥〉：「而儒墨乃始離跂攘臂乎桎梏之間。……吾未知聖知之不為
> 桁楊椄槢也，仁義之不為桎梏鑿枘也。」句下注，頁 377-378）

不知返本，只知逐末、執守故迹、以迹治迹者，乃為郭象所
反對者，而其所謂仁義之迹，只成為致禍的根源。聖知仁義，
可使人遠於刑罰，然而因其有遠於罪之用故使百姓慕其迹，
遂生跂尚矯飾之心；下有跂尚之心則必生矯詐之行，於是在
上位者自有禁制奸惡邪行之術，大鐐、桎梏等刑具亦由此而
生，只有捐棄使人跂尚之心，才能杜絕矯詐之事，無矯詐之
事則刑具自然無所施用。

　　由此可見凡無本之名教，徒因跂羨而行之仁義禮樂，以
及不能因時制宜之法制政事均為郭象所反對者，故郭象所廢
棄之名教，乃價值異化之名教，已成為名教之流弊，故曰「民
妖」。

## （二）視名教為「至理」者

　　郭象以價值異化之名教為「民妖」，然而對於能保存名
教的純粹價值者，郭象是予以肯定的，其注文曰：

> 禮者非為華藻也，而華藻之興必由於禮。（〈德充符〉：「彼
> 且蘄以諔詭幻怪之名聞，不知至人之以是為己桎梏邪？」句下
> 注，頁 205）

> 信行容體而順乎自然之節文者，其迹則禮也。（〈繕性〉：
> 「信行容體而順乎文，禮也。」句下注，頁 550）
>
> 時移世異，禮亦宜變，故因物而無所係焉，斯不勞而
> 有功也。（〈天運〉：「勞而無功，身必有殃。彼未知夫無方之
> 傳，應物而不窮者也。」句下注，頁 514）
>
> 況夫禮義，當其時而用之，則西施也；時過而不棄，
> 則醜人也。（〈天運〉：「彼知矉美而不知矉之所以美。」句下
> 注，頁 516）

由此可見郭象對於禮義亦有所肯定，能正視禮義之正面之功
能本質，其所否定者乃禮義的流弊 ── 華藻而已，凡內在所
思與外在言行均能無心無為而與禮節相符合者，其外在的行
迹即稱為「禮」，故禮法要合乎自然之人性。誠然禮法的存
在有其必要性、客觀性，然而亦須因時世人情之變而變，以
期合於時宜。在上位者，所訂之禮制不必泥於古制，要因順
民情而無所偏頗，使天下國家自上而下均能順乎自然之節文
而各適其性，故曰：「當應時而變，然後皆適也。」（〈天
運〉注）只有禮節能順乎自然、因順而無所係，方能去其華
藻而保有禮義的純粹價值，故「華去而朴全，則雖為而非為
也。」（〈知北遊〉注）天下雖存有禮制法治，然而不但能
無礙百姓之自得其生，更能有功於維持天下秩序，故禮儀於
此時便為「西施」；若禮法不能任順時勢而作出調適，在上
者又執滯於過時之法，則此時之禮義便為「醜人」、「民妖」。

　　不僅禮義適時而為「西施」，落實在倫理尊卑上，名教
更為「至理」，其注文曰：

> 言此先後雖是人事，然皆在至理中來，非聖人之所作

也。明夫尊卑先後之序，固有物之所不能無也。（〈天道〉：「夫尊卑先後，天地之行也，故聖人取象焉。……而有尊卑先後之序，而況人道乎！」句下注，頁 470）

無親者，非薄德之謂也。夫人之一體，非有親也；而首自在上，足自處下，府藏居內，皮毛在外；外內上下，尊卑貴賤，於其體中各任其極，而未有親愛於其間也。然至仁足矣，故五親六族，賢愚遠近，不失分於天下者，理自然也，又奚取於有親哉！（〈天運〉：「至仁無親。」句下注，頁 498）

相對於只認為名教為外在形迹來說，郭象於此積極地肯定名教，這與《莊子・天道》有著明顯不同之處。其文言：「君先而臣從，父先而子從，兄先而弟從，長先而少從，男先而女從，夫先而婦從。夫尊卑先後，天地之行也，故聖人取象焉。天尊，地卑，神明之位也；春夏先，秋冬後，四時之序也。萬物化作，萌區有狀；盛衰之殺，變化之流也。夫天地至神，而有尊卑先後之序，而況人道乎！宗廟尚親，朝廷尚尊，鄉黨尚齒，行事尚賢，大道之序也。」（〈天道〉，頁469），文中將人倫尊卑比附為天地運行的秩序，價值化客觀秩序，將君臣、父子、兄弟、長少、男女、夫婦等倫理秩序比配天地運行，認為聖人取象於天地變化以定倫常價值尊卑，一方面使客觀秩序價值化；另一方面透過比附、取象等論證方式，使價值秩序客觀化，以天地四時之序配以人道，認為人道之尚親、尚尊、尚齒、尚賢，均應取法萬物變化，以此強調人倫尊卑之不可易。郭象隨文作注，作出義理轉向，把外在化、等級化的倫常尊卑先後，轉為內在化之性分之本

具尊卑先後，故曰「皆在至理中來」。因其爲性分所有，故
倫常尊卑非由聖人製作而得，[49]亦不自外在教條而致，而是
自每個人內在的情感自然流露而得，經由踐履所稟性分而
有，郭象於此而言尊卑先後之序爲物「所不能無」，人倫所
不能缺。[50]

　　所謂尊卑貴賤，均是各人任其體中性分之極而致，凡「特
稟自然之妙氣」（〈逍遙遊〉注）、「特受自然之正氣」（〈德
充符〉注）者自居於上，稟臣妾之才者自處於下，有如首自
在上，足自處下一樣，內外上下、尊卑貴賤各有定分，非私
意親愛者所能更易其位，故曰：「君臣上下，手足外內，乃
天理自然。」（〈齊物論〉注）只要是各任體中之極，不失
其分者，均爲自然而然之事，並非因爲有所偏好而使彼居於
上，令此處於下。其「無親」之意，是指眾人按其所稟性分
各自生化，因無厚此薄彼之私，故曰「無親」，非無德之謂
也。由此可見，郭象把倫常之尊卑貴賤收攝到自然性分上說，
合外在之分位與內在之性分而爲一，積極地肯定名教存在的
必要，充分體現其「名教即自然」的主張。[51]

---

49 聖人制禮作樂，只是就程序而言，必內符於人性，才具真實義。若不
　能符於人之性分，則只是外鑠之規範而已。
50 許建良認爲「君臣上下」、「尊卑先後」乃「道德的具體內容」，又認
　爲「郭象對當時社會現存的等級制度是持肯定態度的」。見氏著《魏
　晉玄學倫理思想研究》（北京：人民出版社，2003.11），頁 273。許氏
　所言可議者有二：首先，「君臣上下」、「尊卑先後」並不只是「道德
　的具體內容」，於郭象而言乃自每個人內在的情感自然流露而得，經
　由踐履所稟性分而有。其次，郭象所肯定的是合乎自然之名教，而不
　等於是「當時社會現存的等級制度」，許氏此說，恐有窄化郭象《莊
　子注》義理之嫌。
51 牟宗三先生認爲「道家的道，如前文所說，本是由破除外在的形式與

相對於《莊子》而言，郭象對名教的態度較爲正面積極：《莊子》除了指出人倫政教只爲方內之禮（〈大宗師〉，頁267-268），亦反省可能淪爲大盜的工具（〈胠篋〉，頁350-351），對於人倫政教只作反省和批判，並沒有積極地予以肯定，也未立意保全之，即使於〈天道〉篇談及人倫政教之事，亦依天高地卑的自然之勢而作類比，認爲人倫尊卑有如四時運行、萬物流變均有其序，如此均從外鑠而言之，並未如郭象之名教觀積極圓融。郭象把外在化的名教收攝於自然性分之內而言「在至理中來」，由自然實踐各人性分而成名教，就討論「名教」之義理，較諸《莊子》有進一步的開展。[52]

## （三）自然之中自有名教

於郭象而言「名教即自然」，則仁義禮樂、倫常制度自亦與「自然」相即，因其「自然」故而與「名教」合一，若就此而論，郭象此說似與劉蕺山以自然說仁義禮智相類，如

---

人爲的對待而顯的一個混沌，其中並無德性內容。」見先生著《政道與治道》，頁41。竊以爲牟先生之說只是見道家「無爲」的消極面，不見其包容性「無不爲」的一面，實際上關於名教的種種道家也不反對，亦通通成全，道家義理發展至郭象，更是積極地肯認名教存在的必然性。

52 牟宗三先生曰：「他們（案：道家）不能像儒家一樣，看出文禮本于性情，有德性上的根據。而且文禮不離親親尊尊，自然有等差。他們卻看不出等差亦本于性情，有德性上的根據。因此遂視等差之禮只是人爲的虛妄分別。」見先生著《政道與治道》，頁33。誠如牟先生所言，道家並不從德性上說尊卑等差，但並不等同道家視等差之禮爲虛妄分別：道家義理發展至郭象，已從消極的否定名教，轉爲積極地肯認名教。郭象把名教收攝於性分之中，認爲尊卑等差，本於性分所有，並非只視之爲「虛妄分別」，郭象注文，已甚明白。

此看來，郭象「名教即自然」之說是否可以同樣歸屬爲儒者
之說？還是蕺山心性之說參雜了老莊之義？以下試就黃宗羲
綜述其師劉蕺山論學宗旨而論之，[53]梨洲於《明儒學案·蕺
山學案·忠端劉念臺先生宗周》曰：

> 盈天地間皆氣也，其在人心，一氣之流行，誠通誠復，
> 自然分爲喜怒哀樂，仁義禮智之名，因此而起者也。
> 不待安排品節，自能不過其則，即中和也。此生而有
> 之，人人如是，所以謂之性善。即不無過不及之差，
> 而性體原自周流，不害其爲中和之德。學者但證得性
> 體分明，而以時保之，即是慎矣。慎之工夫，只在主
> 宰上。覺有主，是曰意，離意根一步，便是妄，便非
> 獨矣。故愈收斂，是愈推致，然主宰亦非有一處停頓，
> 即在此流行之中，故曰「逝者如斯夫！不捨晝夜」。
> 蓋離氣無所爲理，離心無所爲性。[54]

由梨洲對蕺山論學宗旨的看法可看出蕺山與郭象雖同言「性」
與「仁義」，然而二者之義理內涵卻有四方面的不同處：一、
「性」的義涵不同；二、表現「仁義」的工夫有異；三、雖

---

53 牟宗三先生認爲「黃梨洲亦不能真懂其師」，謂其《明儒學案》中〈蕺
山學案〉顯得無綱領而雜亂。見牟先生著《從陸象山到劉蕺山》（臺
北：臺灣學生書局，2000.5），頁458。姑勿論梨洲所綜述宗周之論學
宗旨是否如牟先生所言，爲「不能真懂其師」，亦無礙本文徵引梨洲
所述來辨析儒道義理分際，因本文所徵引者，旨在揭示儒家以自然論
仁義禮智之義理內涵，而徵引內容不論是梨洲真懂宗周之意，還是梨
洲之個人見解，二者之說均爲儒家學說實爲無疑，故無礙以此比較辨
析儒道義理異同。

54 〔清〕黃宗羲《明儒學案·卷六十二·蕺山學案》，見《黃宗羲全集》
第八冊（臺北：里仁書局，1987.4），頁1512。

以「自然」說仁義，然二者之「仁義」亦有不同；四、「仁
義」象徵的意義有所不同。以下就此作出討論：

一、就「性」的義涵而言：蕺山所謂「盈天地皆氣」是
就性即氣，性氣不二而言，自然而然之性體活動乃無心爲而
爲，此時性體活動與天地合而爲一，即在人而言則爲喜怒哀
樂的表現，在天地而言即爲春夏秋冬之四時變化，人與天地
的活動在這情況下均不作爲形而下的層次說。然而蕺山所言
之「性體」，與郭象言「反所宗於體中而不待乎外」（〈齊
物論〉注）、「於其體中各任其極」（〈天運〉注）之「體
中」有所不同，郭象言「體中」乃就氣稟之性分而言，其性
是偏就氣性而說；蕺山言「性體分明」之「性體」須從心中
看出，離心便無性，故其「性」是就道德本心而言，其言「盈
天地間皆氣也」仍就道德實踐而說。這是兩家大方向的分別。

二、就表現「仁義」的工夫而說：蕺山據〈中庸〉而言
認爲喜怒哀樂便是仁義禮智四德，[55]故喜怒哀樂不以情論，
而是據體而來，是體的直貫發用。又以其發必中節爲和，能
使天地萬物成其爲天地萬物之根據，故喜怒哀樂均屬體的層
次。蕺山雖以喜怒與仁義並言，然而卻以喜怒爲實，仁義爲
虛名，認爲要先呈現本心才能彰明仁義，[56]故「工夫只在存

---

55 〔明〕劉宗周〈學言〉曰：「〈中庸〉言喜怒哀樂，專指四德言，非以
七情言也。喜，仁之德也；怒，義之德也；樂，禮之德也；哀，智之
德也。而其所謂中，即信之德也。」見劉蕺山著，戴璉璋等編，《劉宗周
全集》（二）（臺北：中央研究院中國文哲研究所，1987.6），頁 488。
56 黃宗羲《孟子師說》：「仁、義、禮、智、樂，俱是虛名。人生墮地，
只有父母兄弟，此一段不可解之情，與生俱來，此謂之實，於是而始
有仁義之名。」見《黃宗羲全集》第一冊，頁 101。此段雖爲梨洲之
言，但應即是蕺山之意。

心上」，[57]工夫在收斂，即回到意根，回到體上，在應物時便能發出去，自然而然地當喜而喜，當怒而怒，當哀而哀，當樂而樂，仁義禮智便在情感流行中表現出來。郭象所言之「仁義」乃稟性的其中一種面向，須以積習成之，但所成者須「內有其質」，凡稟性所無，「無主於中」，雖學仍無所得（〈天運〉注），故曰「學彌得而性彌失」（〈齊物論〉注），一切均須按稟氣之自然而成，可見郭象認為表現「仁義」的面向，須內有所資者，方能成其性；凡所無者，雖學無益，此與蕺山或是儒者認為眾人皆可透過逆覺工夫成就仁義者不同。蕺山（儒者）表現「仁義」的工夫，是由本心呈現而致，故為「由仁義行」；而郭象實踐仁義之性的工夫則為任其仁義之性來實現仁義，二者有著明顯的不同。

三、就同以「自然」說仁義來看其不同：不能因蕺山、郭象皆言「自然」便以為二者毫無差別，劉蕺山言「自然」，乃就逆覺體證道德本心之無心來說，[58]郭象所謂「自然」是從「自然耳，故曰性」（〈山木〉注）說起，乃就無心無為的情況下充分實現其性分而說，二者均就用而言「自然」、無心，實與「無」一樣為三教共法，[59]故不能由其共法處來判教，由共法判別無法知悉本質的不同。

---

57 《劉宗周全集》（二）・〈會錄〉，頁 616。

58 宋明儒言「自然」者均為此義，如程明道〈定性書〉曰：「用智則不能以明覺為自然。」見《二程集・河南程氏文集・卷二・答渠張子厚先生書》，頁 460-461。〔明〕陳白沙言：「此學以自然為宗者也。」見《陳獻章集・卷二・與湛民澤・其九》（北京：中華書局，1987.7），頁 192-193。王陽明曰：「良知只是一個天理自然。」見《王陽明全集・卷二・傳習錄中》，頁 84。

59 見牟宗三：《中國哲學十九講》，頁 237。

四、就「仁義」象徵的意義來說：於蕺山而言，不論喜怒哀樂，還是仁義禮智均具有普遍性，為「生而有之，人人如是」，在工夫圓熟處而言，心、性、氣皆為一而無分別；郭象之言仁義縱使人人皆自然具有，然而受到氣性之限制，其呈現則成為性分其中的一種表現，乃生就如此，稟性所有之內容是不可更易的，故其仁義之呈現不具有普遍性，仁者見仁，義者顯義，在此只顯氣稟才具限制之殊異。「仁義」在郭象雖是本有，但表現「仁義」之才具卻是人人各殊，其乏才具者，則其所能呈現者亦寡，於此郭象未能就「仁義」給出根源性的說明。

由此看來郭象「名教即自然」之說不能歸屬為儒者之論，亦不能以之為以道解儒之說，因其義理內容並不參雜儒家義理之故。[60]郭象雖認為仁義為性分的其中一種表現，對名教亦有所肯定，然而郭象更清楚若只以道家脈絡下所理解的仁義為首出，必引發種種流弊，其注文曰：

> 言夫揭仁義以趨道德之鄉，其猶擊鼓而求逃者，無由得也。自然各已足。俱自然耳，無所偏尚。（〈天運〉：「又奚傑然若負建鼓而求亡子者邪？……黑白之樸。」句下注，

---

60 高柏園曰：「〈德充符〉對於足以阻礙吾人生自由之種種內容，便只停留在消極地去執，而不極加以證成，此即桎梏、天刑、無情等諸義所顯示出的道家義理性格。至於能化除此生命阻礙而又積極予以證成者，卻是在儒家的聖人，此即郭象注莊所盛發之密義。」見先生著《莊子內七篇思想研究》，頁 166-167。誠如先生所言，《莊子》多以消極去執的方式來成就生命之自如，郭象則以積極方式體證自得之境，然而郭象筆下聖人之所以能化除生命阻礙者，在於其任順萬物，「與物冥而循大變」（〈逍遙遊〉注）。郭象圓融名教，「自然中自有名教」之說保住萬物，成就萬有，於是其聖人乃道家義理下之聖人，而非「儒家的聖人」，似非如先生所言之「郭象注莊所盛發之密義」。

頁 523-524）

> 夫畫地而使人循之，其迹不可掩矣；有其己而臨物，
> 與物不冥矣。故大人不明我以耀彼而任彼之自明，不
> 德我以臨人而付人之自德，故能彌貫萬物而玄同彼
> 我，泯然與天下為一而內外同福也。（〈人間世〉：「已乎
> 已乎，臨人以德！殆乎殆乎，畫地而趨！」句下注，頁 185）

郭象認為凡矜尚仁義、以仁義化民，就有如打響大鼓以求索
逃亡之人一樣，鼓聲越大，逃亡者奔走越遠，即越標榜仁義
則仁義道德越失其真，最終難免造作扭曲。矜尚仁義的流弊，
可從教化者與被化者兩方面說明：一、從被化者而言：稟仁
義之性者，自足自生，不可以外在制約成其仁義；相反，若
無所稟而強使之循仁義之途，則所循者為前人之迹，而不能
冥其性分，易失其真性，故曰：「矜仁尚義，失其常然。」
（〈駢拇〉注）二、從教化者而言：以德臨人，偏尚於仁德，
則有如畫地使人循之，使人由己，不能任順眾人之性，則天
下失其性、離其真，而不能與萬物冥而為一；只有不畫地自
限，不以標舉仁義來化民成俗，任順天下，方能保存萬物的
真性，才能和光同塵，玄同彼我，泯內外而為一。

　　郭象認為不但不能「強以仁義準繩於彼」（〈人間世〉
注），人倫政教、禮樂制度亦不能時過而不改、逆眾人之性
而行，至於如何存才能保存名教的純粹價值，郭象則曰：

> 夫聖人者，天下之所尚也。若乃絕其所尚而守其素
> 朴，棄其禁令而代以寡欲，此所以掊擊聖人而我素朴
> 自全，縱舍盜賊而彼姦自息也。故古人有言曰，閑邪存
> 誠，不在善察；息淫去華，不在嚴刑；此之謂也。（〈胠

篋〉：掊擊聖人，縱舍盜賊，而天下始治矣。」句下注，頁349）

**凡此皆變樸為華，棄本崇末，於其天素，有殘廢矣，世雖貴之，非其貴也。**（〈馬蹄〉：「五色不亂，孰為文采！五聲不亂，孰應六律！」句下注，頁339）

郭象引王弼「崇本息末」的說法來說明只有保存萬物的純粹價值，方能成就萬物，使之能如如的實現自己。只有守其純樸之心、無心於欲望，方能無所跂尚、不用禁令，故郭象認為不標舉聖人之迹便能保存眾人素分，不貴難得之貨，雖縱放盜賊仍能不假嚴刑，而天下太平。此意與王弼《老子指略》所言類同，王弼亦認為防止邪淫之事發生不在於精於鑒察，或使用嚴刑峻法去阻嚇它，而在於保存內心的純樸、去掉浮華偽飾，此即「崇本息末」之意。同樣，於郭象而言只有絕聖棄智，在作用上絕棄聖人之迹，使天下無所尚，眾人便不會跂羨性分以外之事，各安其分，自得其生，保住眾人無心為而為的純粹價值；若不知「崇本息末」，崇尚華飾而不知以素樸保存之，則為「棄本崇末」，如此便導致傷其天素性分。凡貴性分之外者，即「非其貴」，縱然其迹為世人所貴者，於自己所稟之性分而言，仍「非其貴」。落在名教而言，亦如是，矜仁尚義者，往往為仁義之迹所牽引，故曰：「仁義有形，固偽形必作。」（〈徐無鬼〉注）徒慕自己本性所無，以學聖賢，終究亦無所得，反失去其本性之真實。

　　郭象言仁義禮智乃性分之某一方面的表現，能自然而然的實踐其性分，即能成就「名教」，由此可見郭象所論不但沒有封限仁義禮智，而且兼容更廣，舉凡涉及道德與否之事均包涵在內。易言之，自然踐履其性分所有，即能保存一切

的純粹價值，不論仁義、賢愚、聰明、美醜等才性，或是符
應於外而爲君臣百姓等職分，名教或名教以外之純粹價值均
在自然之中得以保存，可見「自然之中自有名教」。[61]

# 二、主張明王治國

## （一）有君論

郭象既肯定名教中尊卑先後的倫常秩序，又認爲君臣各

---

[61] 牟宗三先生曰：「根于私意計較，私智穿鑿的『爲』，根于下等欲望的
『爲』，根于師心自用純然是習氣的『爲』，根于家言邪說立一理以架
空造作的『爲』，這一切是當該反對的；但本于德性天理的『爲』，是
不可反對的。道家所看的『爲』只是前面那些，而對于本德性天理之
『爲』，則不復能知。故道家的『無爲』，從其遮撥方面說，儒家是贊
同的；而正面本德性天理之『爲』，則不可遮撥。」並認爲道家之「無
爲無不爲」沒有「價值理想的意味」。見先生著《政道與治道》，頁33。
誠如先生所言道家要無掉的爲乃私智穿鑿、下等欲望、師心習氣、造
作的「爲」，但牟先生認爲「本德性天理的『爲』」不能反對，又認爲
道家「不復能知」德性，此說似可商榷。道家反對有心爲而爲，故凡
有心爲「德性」之事，亦必反對；其所肯定者乃「無爲而無不爲」，
即一切是否關乎道德者，只要是無心爲而爲的，道家通通都給予肯
定，即使是對於德性天理之「爲」，若有心而爲亦當否定之。人之生
命爲一整全，絕不能除了道德之事以外，什麼都沒有，對於非道德的
行爲（舉凡科技、藝術、客觀知識）亦須予以肯定，只要無心爲而爲
的，道家對之均作肯定。名教（包含德性）於自然無爲下的亦須肯定
之，道家之中以郭象「自然中自有名教」之說最能清楚說明此問題，
於自然無爲的情況下，一切價值都得以保存，而非沒有價值之理想。
若只限於仁義，只限於道德爲唯一，在郭象看來是「畫地自限」，亦
是執著於「爲」，而未能達至「無爲而無不爲」，因爲人的存在是多面
向、豐富的，更何況「無爲無不爲」不只是空洞的什麼都不做，「無
爲」的工夫是爲了「無不爲」，以最自然的方式「爲」，實現純粹價值
之「爲」，而非懸空「無爲」之體、「不作爲」、「無所作爲」，於此，
德性與非德性之事均能在自然無爲之中實現。因此說，若生命的存在
內容非止於「仁義」一端，則道家之言「有」、言「爲」自有其意義，
而不是虛說。

有定分,「君臣上下,手足外內,乃天理自然」(〈齊物論〉注)可見郭象乃主張有君論者,其注文曰:

> 千人聚,不以一人為主,不亂則散。故多賢不可以多君,無賢不可以無君,此天人之道,必至之宜。(〈人間世〉:「臣之事君,義也,無適而非君也,無所逃於天地之間。」句下注,頁156)

> 信哉斯言!斯言雖信,而猶不可亡聖者,猶天下之知未能都亡,故須聖道以鎮之也。群知不亡而獨亡於聖知,則天下之害又多於有聖矣。然則有聖之害雖多,猶愈於亡聖之無治也。雖愈於亡聖,故未若都亡之無害也。(〈胠篋〉:天下之善人少而不善人多,則聖人之利天下也少而害天下也多。」句下注,頁348)

郭象認為政治制度落實在現實上必須有君,不論是「多賢」,還是「無賢」,一國之內,必須有一位君主來治理天下,而且只能有一位,既不可「多君」,亦不可「無君」。因為國無君,則禍亂必生,何以郭象會有此說?因為眾人匯聚,即有種種不同的意見,若無一人作主,則國家決策便無法定下來,故曰「多賢不可以多君,無賢不可以無君」。若多賢而無君,則賢者皆因其心知執著,而各持己見,形成天下大害,故曰:「有聖之害雖多,猶愈於亡聖之無治。」標舉聖王難免會讓後世產生執其聖迹而不知其本的流弊,但權衡現實利害之下,「有君」還是較「無君」的禍害少,因為群知眾多只會導致莫衷一是,必須有聖知引導群知,決定國策,方不致群龍無首、散亂無序,由此指出「無君」的禍害與「有君」的必要。而君臣高下之別,有如天高地卑,首上足下一樣,

自然而然，設於人事亦屬必至之宜，故曰：「時之所賢者爲君，才不應世者爲臣。若天之自高，地之自卑，首自在上，足自居下，豈有遞哉！」（〈齊物論〉注）從郭象之言「豈有遞哉」可知君臣之分各有定位，不能上下相冒，互相顛倒，有如天地不能易位，首足不能交換一樣，尊卑有序，君臣有別。可見臣子終爲臣子，而不代替君主之位，天下縱有眾多賢臣，仍無法以之代替君主的職分。

承上所言，郭象雖標舉有君的必要性，然而並不等同郭象不清楚標舉「有君」的弊病，故曰：「後世人君，將慕仲尼之遞軌，而遂忍性自矯僞以臨民，上下相習，遂不自知也。」（〈列禦寇〉注）若在上位者，自矯其性，希慕仁義之行而失其真；處下位者，或因人君「強以仁義準繩於彼」（〈人間世〉注），或因仿效聖王之迹，使臣民上下相習而失其性，凡此種種均爲「有聖之害」。更何況「君人者，動必乘人，一怒則伏尸流血，一喜則軒冕塞路。故君人者之用國，不可輕之也。」（〈人間世〉注）君王操有生殺大權，若私心爲用，用其喜怒以治國，百姓便禍福無常，民不聊生。然而在權衡現實利害輕重的情況下，仍需有君王之知鎮天下之知者，此乃不得已而兩害相權取其輕。

所謂「天人之道，必至之宜」，所強調的「宜」乃就道化政治下的最高境界來說：由最初的聖知治國，以鎮天下之知，使禍亂不興起，民生安定，進而提升到「神器獨化」天下臣民均能充分實現自我的圓境，於此群知、聖知均可雙忘俱冥，群知自不效法聖王治國之迹而自生獨化，聖王亦不執其知以鎮群知，順任群生，由此以成「天人之道」，以得其

「宜」。

## （二）暴君之治

　　既言以聖治眾，「聖之害雖多，猶愈於亡聖之無治」，更何況不聖者治國，其害更深，關於這個問題，郭象亦有深刻反省，其注則曰：

> 夫暴君非徒求恣其欲，復乃求名，但所求者非其道耳。惜名貪欲之君，雖復堯禹，不能勝化也，故與眾攻之，而汝乃欲空手而往，化之以道哉？（〈人間世〉：「昔者堯攻叢枝、胥敖，禹攻有扈，……名實者，聖人之所不能勝也，而況若乎！」句下注，頁140）

> 言暴亂之君，亦得據君人之威以戮賢人而莫之敢亢者，皆聖法之由也。向無聖法，則桀紂焉得守斯位而放其毒，使天下側目哉！（〈胠篋〉：「昔者龍逢斬，比干剖，萇弘胣，子胥靡，故四子之賢而身不免乎戮。」句下注，頁346）

郭象認為在上位者之所以造成民不聊生，除了因其有貪欲之外，更重要的是因其惜名之過。暴君縱恣其欲，大興土木，及至攻伐他國，好大喜功，生靈塗炭，此為一般人所能理解之「恣欲」。郭象引《莊子》所言來說明暴亂之君，縱使有堯、禹的聖人在世都無法感化之。凡此惜名、恣欲之所由起，皆緣於君人者不安其分、法聖王之迹之過。苟為君者明白彼我「各有定分，非羨欲所及，則羨欲之累可以絕」（〈逍遙遊〉注），便不會惜名、恣慾，徒法聖王之迹而不能冥於一己性分之內。凡人君能冥其性分者，便不會以一身制天下，使天下失其性。

　　然而比恣欲、惜名更為害者，乃人君「以己之所好明示於彼」（〈齊物論〉注），強行自以為是之舉加諸別人身上，其外表雖貌似行善法、作義舉，實以勸善之名為惡行，結果只會造成「以一身制天下，則功莫就而任不勝也」（〈應帝王〉注），天下萬物均因君主之宰制而無法自生，可見郭象所謂暴亂之君不僅從其行為區分，而是從動機之純正與否，是否為無為者的幽微處而論。

　　暴亂之君，仗恃君人之勢、憑藉聖王之迹，教忠、教孝，致使賢人束手，而縱其私欲，殺戮人民，荼毒蒼生。在暴君的統治下，臣民則受束於惡法而不能獨化自生，又因怯於暴君之威勢下而不敢反抗暴君。憑借聖人之迹以恣其欲之暴君，實把名教視為手段，使之成為恣欲濫權的工具。郭象所欲批判者，不是名教本身，而是被手段化的名教，被工具化的聖法。名教本身就應該是目的，而不能淪為手段。[62]郭象雖主張「有君論」，然而由其反省恣欲、惜名、以名教為手段之暴君處可見，郭象亦明「有聖之害」、暴君為害天下之毒，並非麻木地認為「有君」則天下無害，只是權衡現實利害輕重下，還是重申「無賢不可以無君」。

---

62 「名教本身就是目的，而不能是手段」此說，可與洪漢鼎討論詮釋學作為實踐哲學時所舉之例相符應，其文曰：「政治或道德這類行為，如果它是真正的政治或道德行為，其本身就應當是目的即善的活動。目的是在活動之外的，活動就變成了手段，因而會造成不擇手段地去追求它之外的目的，反之，目的是在活動之內的，活動本身也就是目的，因而活動就不會超出目的而不擇手段。」見氏著《詮釋學 ── 它的歷史和當代發展》（北京：人民出版社，2005.10）前言，頁 2。

## （三）明王治國

　　國家既不可一日無君，暴亂之君又不能使國泰民安，然則郭象的理想君主形象又當為何？郭象注曰：

> 苟能悅賢惡愚，聞義而服，便為明君也。苟為明君，則不苦無賢臣，汝往亦不足復奇。（〈人間世〉：「若殆為人菑夫！且苟為悅賢而惡不肖，惡用而求有以異？」句下注，頁137）
>
> 夫取富貴，必順乎民望也，若挾奇說，乘天衢，以嬰人主之心者，明主之所不受也，故如有所譽，必有所試，於斯民不違，僉曰舉之，以合萬夫之望者，此三代所以直道而行之也。（〈列禦寇〉：「今宋國之深，非直九重之淵也；……使宋王而寤，子為韲粉夫！」句下注，頁1062）

所謂明君、明主在治國時必須無心任天下。明王在用臣之時須悅賢惡不肖，從事順乎民望之事，而其所悅惡，所服從者均如其自爾，無所偏私，方為明君之舉。苟能如此則自有賢臣相佐，政策定能上行下效，水到渠成。同樣在處理政務時亦須賞罰分明而無所偏黨，若因處下位者之佞媚而予以賞賜，不據實情檢視其行當否而賞罰失實，則有負民望而非人臣所為也。由此可見，明王之治對內必須無私用臣，對外則無心順民，方可不違民情，不失民望，而謂之「直道而行」。何謂「直道而行」？曰：「無心而付之天下者，直道也；有心而使天下從己者，曲法。故直道而行者，毀譽不出於區區之身，善與不善，信之百姓。故曰：吾之於人，誰毀誰譽，

如有所譽，必試之斯民也。」[63]在郭象來說理想的明王之治須以無心治國，而不能以一身制天下，使天下服從於一己私欲之中。凡能無心而治，則爲「直道而行」，如此而往則毀譽、善不善均能徵信於百姓，而不失民望，故曰「必有所試」、「必試之斯民」。

郭象有君論是對人倫制度給予客觀的肯定，尋諸史實雖既有暴君，亦有明王，當中又以中主而治者居多，故曰「天下若無明王，則莫能自得」（〈應帝王〉注），其謂明王治國，實爲理想君主形象的寄託，由此理想的治國之君無心而治天下，則天下大治，神器獨化，以此成就道化政治的最高圓境。

## 三、兼忘天下之治

### （一）道化政治之兼忘天下

由前述可見，郭象積極肯定名教，不論其所實踐的仁義之性，還是禮樂制度的生成，抑或明王治國之道均以自然無心的方式來完成，可見最終指向與其注《莊》之宗趣無異，均指向「神器獨化於玄冥之境」而論，郭《注》曰：

> 夫與物無傷者，非爲仁也，而仁迹行焉；令萬理皆當者，非爲義也，而義功見焉；故當而無傷者，非仁義之招也。然而天下奔馳，棄我徇彼以失其常然。故亂

---

63　郭象《論語體略・衛靈公第十五》：「子曰：吾之於人也，誰毀誰譽？如有所譽者，其有所試矣。斯民也，三代之所以直道而行也。」句下注，見《玉函山房輯佚書》3，頁1687。

> 心不由於醜而恆在美色，撓世不由於惡而恆由仁義，
> 則仁義者，撓天下之具也。（〈駢拇〉:「自虞氏招仁義以撓
> 天下也，天下莫不奔命於仁義。」句下注，頁 323）
>
> 善於自得，忘仁而仁。謂仁義為善，則損身以殉之，
> 此於性命還自不仁也。身且不仁，其如人何！故任其
> 性命，乃能及人，及人而不累於己，彼我同於自得，
> 斯可謂善也。（〈駢拇〉:「吾所謂臧者，非仁義之謂也，……
> 任其性命之情而已矣。」句下注，頁 328）

能自然者與物無傷且萬理皆當，並非刻意為仁義，然而不免
有仁義之迹。而不傷物且行事得宜者，亦非有意於行仁義，
而是自然而然的結果，因其迹冥圓融之故也。然而世人往往
被仁義之迹所招引，捨棄自身稟性所有以效本性所無之聖
迹，以致離性失真。由此可見迷亂心性者並不全在於事物不
好的一面，而在於我們執著其美好的一面，因而亂了心性；
同理可證，迷惑世人者不全在於惡法，往往是在於善法，因
眾人見仁義之迹能招慰蒼生，便因此起執、趨效，遂捨本逐
末，棄其所有而學其所無，仿效仁義聖迹，以致天下大亂。
與效仁義之迹相對者，乃自得於性之仁義，因其為性之所有，
只須順性自生，便能實現其仁義之性。能順性而生便不會以
殉仁義為善，以致易性失真；若殉以仁義，於所稟性命而言
實仍為無本的仁義。[64]只有任順稟性所有，方能應物無累，

---

64 就其上文下理可見，郭象此言「此於性命還自不仁」之「不仁」，與
《老子》言「天地不仁」（〈五章〉）不同，郭象此言「不仁」乃就無
本之仁而言，是「不是仁德的行為」之意；《老子》「天地不仁」就不
以仁義為首出，言天地本如此運作之意，二者「不仁」之意並不相同。

不跂羨稟性所無之事，亦不勉強別人效己所有，於此彼我均能相忘自得。

　　由郭象所言更可清楚看出道家所反省者，已不止於「殉不殉」的問題，因為「殉不殉」是消極的只從「無為」講起，「無為」總不能只懸空地停在那裡，什麼都不做，「無為」必須進一步行出「無不為」，由「無不為」正可看出無心無為的積極面。在萬物自得其性的情況下，若稟受仁義之性者，其仁義之行便能透過積習成性的工夫來充分實現，自可成就仁義禮智；同理禮樂制度，亦可由自然而生，而且更能適時變更，而不至僵化，故道家不只注意「殉不殉」的問題，從「無不為」處小可開出人類一切文明之所必需、所應有，其中必定也含有仁義禮制之內容。[65]而郭象所反對者，並非仁義道德的本身，而是失性效學、無所本的仁義行為的流弊，其所反省者乃去弊返本。郭象強調仁之迹的不可學，是因為體會到亂人心性者往往不在於惡法，而在於大家所執著的善，故其「撓世不由於惡而恆由仁義」之說可謂洞徹幽微、真切的反省。常人尚且好以學善而效善迹，遂至失其本性，若君人者標舉仁義撓天下，「強以仁義準繩於彼」則更為天下所不堪，「是故至人不役志以經世，而虛心以應物，誠信著於天地，不爭暢於萬物，然後萬物歸懷。」（〈人間世〉注）在上位者必須直道而行，方可免去眾人效仁義聖迹，順

---

65 牟宗三先生認為「道家所注意者，是殉不殉的問題，而不是仁義禮制本身之客觀的存在問題。」見先生著《才性與玄理》，頁 364。竊以為順牟先生所言，可再進一步思考，道家不只注意消極之「殉不殉」的問題，從「無不為」處似亦可開出仁義禮制之說。

性自生，只有這樣才能天下歸順，平息紛亂。

　　凡能「忘仁而仁」者，郭象均稱之為「至仁」者，其注
文曰：

> 至仁極乎無親，孝慈終於兼忘，禮樂復乎已能，忠信
> 發乎天光。用其光則其朴自成，是以神器獨化於玄冥
> 之境而源流深長也。（《莊子》序）
>
> 夫至仁者，百節皆適，則終日不自識也。聖人在上，
> 非有為也，恣之使各自得而已耳。自得其為，則眾務
> 自適，群生自足，天下安得不各自忘我哉！各自忘
> 矣，主其安在乎？斯所謂兼忘也。（〈天運〉：「使親忘我易，
> 兼忘天下難；兼忘天下易，使天下兼忘我難。」句下注，頁 500）

至人無親，所謂「無親」，即與《老子・五章》「天地不仁，
以萬物為芻狗；聖人不仁，以百姓為芻狗」之意相同，《老
子》所言「天地不仁」是不標榜以仁義為首出，認為天地運
作本來如此，事事如其自然，對待百姓則如對待「芻狗」一
樣。「芻狗」本為古代祭祀時以草製成狗型的祭品，用以祈
福，還未祭祀時，人們對之甚為恭敬，等到祭祀完畢便丟棄
之，使之回歸天地。[66]其意謂聖人治國毋須標舉勤政愛民，
在徵用百姓時自不虧待百姓，及至徵用完畢後，自必使之各
歸其位，順任其生，而不干擾百姓生活，故「無親」乃就作
用義上之無心而言，並不是指「至仁」者沒有親情之意。[67]同

---

66　此意見諸《莊子・天運》，頁 511-512。
67　楊立華認為「天地不仁」這種意義的無為之治，實為對弱肉強食的自
　　然秩序的確認和肯定。見氏著《郭象《莊子注》研究》，頁 141。楊氏
　　此說法大概由於王弼所言「天地不為獸生芻，而獸食芻；不為人生狗，
　　而人食狗」之說法，（見《王弼集校釋・老子道德經注・五章》，頁 13）

樣，孝慈、禮樂、忠信均爲有本下之名教內容，發乎自然而不存私意造作，在這種情況下應用名教亦能保存名教素樸本意，故名教爲自然而成，而非效三代之迹而生。天下在這種道化政治的情況下，必然包括有名教之內容，亦自能獨化玄冥。

所謂「至仁者」，亦即執此神器之君王，因其在上位而無心，順任天下臣民而使之各自適性，各司其分，故衆務無有不適，而君上終日不以治天下爲勞苦之事。天下家國自上而下，均能無爲自化，「人人皆云我自爾，而莫知恃賴於明王」（〈應帝王〉注），故能上下相忘，有君治國而不知上有君主，此即謂之「兼忘」，亦爲道化政治下顯現的境界。

## （二）與仁德之治不同之處

郭象雖承認有君論，對於治國者施以仁義，制定禮樂制度亦予以積極肯定，然而與儒家主張的德化之治，以及裴頠主張以仁順恭儉治國有著明顯差異，以下就此三者異同作一比較，以分辨道化政治與德化之治的異同。

孔子曰：「無爲而治者，其舜也與？」（《論語‧衛靈公》）似與道家無爲之治相同，然而其所謂無爲者，乃就「爲政以德」，德治之無爲而說，故朱子曰：「爲政以德，則無爲而天下歸之。」又引程子曰：「爲政以德，然後無爲。」（《四書章句集注》，頁 53）然而其說並不同於道家無爲之治，朱子之解說無爲之治就以德化民之後才無爲而治，故朱子注曰：「無爲而治者，聖人德盛而民化，不待其有所作爲

---

把「芻」、「狗」二字分開解釋，若依《老子》原文作解，王弼說法是不能相應的。

也。」（《四書章句集注》，頁 162）儒家治道繼承周文禮樂而言以德化民之政，即在從德性的覺醒恢復人心，藉以恢復禮樂，損益、制定禮法，以行禮樂之教。其言「為政以德」，又主張德治應為「道之以德，齊之以禮，有恥且格。」（《論語・為政》）實以德治來喚醒人民德性之心，從而恥於為非作歹，挺立個人道德心性，以正各人性命。[68]道家道化之治與儒家德化之治雖同言「無為而治」、「各正性命」，然而，二者背後之「體」絕不相同：首先，儒家之無為，乃就道德實踐之無所作意而說，是由心體、性體、仁體之不容已而說無為；道家之無為，乃就無心無為之自然作為而說，因其不以標榜仁義為首出，故其所謂「無為而無不為」者，不限於只成就仁義道德之事，包括非屬於道德領域之事，亦能成就之，一切人類文明之純粹價值，亦因而得以保全。其次，儒家所謂「各正性命」乃就「乾道變化」而言，是從天命流行之生生不已來理解道德實踐，由此而說乾道使一切成為價值的存在，在存在處表現其理性而言「各正性命」；而道家之「各正性命」（〈應帝王〉注）、（〈駢拇〉注）、（〈繕性〉注）是就氣稟之性分而言，因其自生自爾而能各自呈現所稟之性分，故曰「各正性命」。可見道家之言「無為而治」的包容性實較儒家之只就德性而言的「無為而治」更為寬廣，而且因其不標舉一端，便不會產生「藏仁以要人」、「強以仁義準繩於彼」的流弊。由此看來儒道二家關於「無為之治」的義理分際確實有著明顯的不同，不能混而為一，郭象自有

---

68 關於儒家的德化之治的闡述，詳可參考牟宗三：《政道與治道》，頁 27-32。

其立說的脈絡。凡認爲郭象「自然中自有名教」之說爲肯定儒家名教之治、[69]或謂之以建立傳統儒學價值標準爲目的而立說、[70]或謂之爲「用老莊思想改造了儒家禮教，給封建統治披上了玄虛的超現實外衣」、[71]或謂之爲「儒道結合的產物」，「以道家的自然哲學與儒家的綱常倫理相融合」者皆可以有再討論的空間。[72]

後人常以郭象「自生」之說相類於裴頠「崇有」之見，遂把郭象歸至「崇有」一派，[73]然而從裴頠對名教的看法觀更見裴、郭二人所言之義理，實爲截然不同之說，裴頠〈崇有論〉曰：

> 居以仁順，守以恭儉，率以忠信，行以敬讓，志無盈求，事無過用，乃可濟乎！故大建厥極，綏理群生，訓物垂範，於是乎在，斯則聖人為政之由也。……賤有則必外形，外形則必遺制，遺制則必忽防，忽防則必忘禮。禮制弗存，則無以為政矣。（《晉書·列傳第·裴秀傳》附〈頠傳〉，頁 1044）

裴頠主張君主須以仁順、恭儉、忠信、敬讓來教化人民，以仁德安定群生，誨民以仁德之貌。又認爲只要在上位者處事皆須合符法度，而無過分要求，便能濟治一國，安頓民生。站在思想史發展上來看，裴頠因應當時重「貴無」的風氣，

---

69 見許杭生等：《魏晉玄學史》，頁 390-391。
70 見康中乾：《有無之辨 —— 魏晉玄學本體思想再解讀》，頁 519。
71 見湯一介：《郭象與魏晉玄學》（第三版），頁 212。
72 見王曉毅：《郭象評傳》，頁 194。盧國龍亦有類似說法，見氏著《郭象評傳 —— 理性的薔薇》，頁 182。
73 見本章注 20。

而提出「崇有」的主張，於治術層面來看，治國者若能使百姓和諧共處而不違禮制，於行為上能恭敬忠信，實已見其治國之績效。若就義理內涵之深度而言，裴頠所言實不足以反對「貴無」學說，其說雖亦主張聖人為政應以德化民，然而亦異於儒家德化之治，更見德治之弊，其故何在？首先，裴頠所謂之仁恭、忠信、敬讓並未能反省至仁心性體作為其教化之背後根據，故其所謂德化，只是沿襲東漢末年以降的儒術治國，仍流於術的層次，尚不及於道。其次，裴頠大倡德政，是為了「綏理群生，訓物垂範」，則其居仁守恭、忠信敬讓是為了治國而為，而非無條件之道德行為，故其德化只是表面上行貌似道德之事，而不具真正自覺「仁體」的道德意義，故亦未能達到以德性的覺醒恢復人心的作用。

由以上分析可見，裴頠此說不僅未能如儒者能收「以德化民」之效，其「訓物垂範」之說更會導致如郭象所批評的：在上位者「未能與物無方而各正性命」（〈駢拇〉注）、「有其己而臨物，與物不冥矣」（〈人間世〉注）；處下位者，上下「相效則失真」（〈列禦寇〉注）。

裴頠更批評道家，認為道家之「賤有」，乃否定一切形下存有，在這種前提下所有客觀制度均須遺棄，若國家沒有法制則無法防弊除害，忽防則禮法便會蕩然無存，禮法不存則無以為政。裴頠實不解道家所賤之「有」乃否定有心造作的人為之有，而不是要否定一切形而下之存有，故道家之「外形」、「遺制」、「忽防」、「忘禮」乃作用義之否定外、遺、忽、防，旨在超越形、制、防、禮之末迹，而存其本真，由此可見裴頠的批評並不相應於道家玄理。與裴頠之說相

反，道家以「作用的保存」的方式，把名教的純粹價值給保住，郭象把名教收攝在自然之中，既積極肯定名教存在的必然性，亦可以杜絕「崇僞者竊其柄，於是主憂於上，民困於下」（〈在宥〉注）的弊病。

## 四、小　結

郭象承接老莊反省批判外在化、無所本的名教之說，更進一步吸收了王弼「崇本息末」的說法，積極肯定名教，把名教收攝於自然之中，認爲「自然中自有名教」。因其不執定仁義，故能開決封限，籠攝仁義禮樂。[74]於此，仁義禮樂、有君論等人倫制度均被肯定，且因其不泥於迹而能與時俱進、因時制宜，杜絕流弊，故郭象之名教觀可謂道家義理的進一步發展，一貫地爲道家義理，而不能謂其名教之說爲貫通儒道、以道入儒或以道解儒之論。[75]

若從義理內容的發展程度而言，郭象既有承於《莊子》，又有所推進，並且更爲圓融。第一，若就其義理發展之可行性而言，不論足性之逍遙，還是齊物、自生獨化的可能性，均不限於只有聖人才能體證之。在郭象的理論體系中，聖凡

---

74 周雅清《莊子哲學詮釋的轉折——從先秦到隋唐階段》曰：「開決封限之後的仁義禮樂，即轉變成道家義理籠攝下的仁義禮樂，是最開闊、最絕對、最自由揮灑的仁義禮樂。」頁 111。

75 宋鋼則認爲郭象在學術內容上，表現爲融合異端與貫通儒道，見宋氏著《六朝論語學研究》（北京：中華書局，2007.9），頁 144；又謂郭象名教之說爲「以道入儒」，見同前書，頁 166。余敦康則認爲郭象名教觀爲儒道會通之說，見余氏著《魏晉玄學史》，序頁 13；又謂：「郭象以道解儒著眼於克服君主制度弊端以及名教異化」同前書，序頁 13。

均能極性分之適而逍遙一也、不分稟性者內容為何均可自得其性而齊一、天下神器均能在無心無為的情況下自生獨化，郭象此說較諸《莊子》只有聖人才能逍遙、齊物、自生自化者，其逍遙、齊物、自生之對象，已由聖人轉向為聖凡皆可，就其可能性而言已發揮至極致。第二，若就義理發展之圓融性而言，郭象詮釋之義理內容泯除一切對列狀態，泯主客、內外、自他而為一。舉凡《莊子》言聖人之逍遙乃透過無為工夫而致，故其逍遙為一自我實現之逍遙；郭象論逍遙則由聖人之順百姓所待，使之不失所待，然後各安其性而登適性逍遙之境，就聖人任順而言為合內外之道的完成，百姓各安其性則為自我實現的完成，在這種情況下之逍遙實為泯內外、自他而為一，此其一也。郭象透過性分這客觀概念，跟任性安分、自得其性等主觀修養的工夫，而極成足性的逍遙、得性的齊物，於此泯主客而為一，此其二。《莊子》批評人倫政教時，把遵守禮法與超越禮法者分為「內外異域」；郭象轉而言「遊外冥內」、迹冥圓融之說，把名教收攝於自然之中，泯內外而為一，此其三。由以上例子可見郭象義理既有繼承於《莊子》，而又層層推進，顯得更為圓融。

　　綜觀郭象詮釋《莊子注》的內容而論，可從分別、整體兩方面來看：一，若分別地說，當然可以分為眾多的論題，筆者只選擇較具有代表性的六個論題來進行討論，即性分合一、兩層逍遙、迹冥圓融、不齊之齊、自生獨化、名教觀等主要內容。各內容之間，有如因陀羅網，交光互影，重重映現而義理分明，如任順性分之極致者，便能逍遙；各得其性者，便能齊物；各自充分實現其性分者，便能自生獨化。在

這種情況下，能遙逍即能齊物，能齊物即能自生獨化；在物之能齊處，便見其得性逍遙、自生獨化；於自生獨化處便見其逍遙、齊物，各義理內容之間相互顯發，而又了然分明。二，若從整體來看：其哲學體系以性分作為論述基礎，以「神器獨化於玄冥之境」為詮釋宗趣。不論是適性的逍遙、得性的齊物，還是就性分之充分實現而言之自生獨化、從稟性而言之仁義，由性分符應於外而為倫常尊卑等種種內容，均可看出性分之義理貫穿其中，由此可知，萬物均能逍遙、齊一、自生獨化，則天下神器便能獨化玄冥，可見《莊子注》之詮釋宗趣乃「神器獨化於玄冥之境」。

# 第四章　工夫內容及其形態

　　前人研究郭象，對於其學是否存有工夫、工夫論，持有
不同看法。或以爲郭象「有自然，無人生；有遭遇，無理想；
有效任，無工夫」，[1]或因爲郭象徒恃思辨，其人缺乏工夫實
踐，且注文不重視展示工夫理論，而認定郭象缺乏工夫實踐，
亦不重視工夫論。[2]而主張郭象有工夫或有工夫論者，則多從
其遣執去礙、自然順應的工夫進路來看郭象。[3]

---

1　見錢穆：《中國思想史》，頁 104。
2　周雅清於《莊子哲學詮釋的轉折－－從先秦到隋唐階段》曰：「關於《莊
　　子》書中描繪的工夫歷程與境界義涵，郭象之所以只有寥寥幾句注語，
　　無疑是因爲他對這些內容，並沒有充分且深入的理解。而郭象之所以
　　沒有充分且深入的理解，推本溯源，不得不歸因於徒恃思辨，卻欠缺
　　莊子所做的修養工夫。」頁 59；同頁，注 74 補充說明道：「當代研究
　　者繳繞在郭象究竟有工夫、沒工夫、有工夫論、沒工夫論的問題上，
　　都是未能掌握住郭象立說的目的，也偏離了《莊子注》所呈現的系統
　　相。郭《注》之於莊子哲學，本就是『接著說』、『站在既有的義理成
　　就上說』的詮釋形態，郭象本人缺乏工夫實踐，而其注文不重視展示
　　工夫理論，凡此，皆可不必諱言，亦無庸爲郭象牽合圓說。」袁光儀
　　更認爲郭象之逍遙僅爲思辨下之虛理，並無實踐工夫之歷程，見氏著
　　〈郭能逍遙？──由向郭《注》「逍遙」義進一步思考莊子之「逍遙」〉，
　　《鵝湖學誌》第 45 期，2010.12，頁 144-145。
3　主張郭象工夫論爲去礙者，如牟宗三先生，見先生著《才性與玄理》，
　　頁 183。主張郭象工夫論爲自然順應者，如唐君毅、戴璉璋先生，分別
　　見唐先生著《中國哲學原論》原道（二），頁 379-381、戴先生著《玄
　　智、玄理與文化發展》，頁 256。對郭象工夫論給予高度肯定者，相對
　　來說實屬少數，如楊祖漢先生，先生認爲郭象對當下之自己之才性能

　　若就郭象有無工夫而論，則屬於郭象本人之實踐問題，實難確實考知；若從其注文有無討論工夫而言，則偏屬思辨性問題。[4]前者是以考究郭象有否以生命證成其哲學爲研究對象，實不可考，亦恐爲永遠無解之論題，故不擬在此作討論；後者乃剋就《莊子注》中，如何達成「神器獨化於玄冥之境」作爲討論重心。若要達成神器獨化的最終境界，不論其工夫論是前有所承或重點轉移，則必然涵有工夫修養的一環，職是之故，本章就郭《注》之工夫論進行探討。[5]

　　本章試從郭《注》論工夫的內容分別討論，在能對其工夫論進行分疏的情況下，確定郭象哲學有工夫論可言，首先討論其工夫論與《莊子》異同者爲何？接著就其同者而言其注所繼承《莊子》的內容，並就其異者則指出其注之轉向爲何？最後說明郭象《莊子注》工夫論轉向之目的，並說明其工夫論之形態。

## 第一節　工夫內容

　　從前章討論郭象《莊子注》所詮釋的義理內容可見，郭

---

力及遭遇上作任性當分的工夫，乃一極高度之精神修養工夫，所顯發之精神境界與當下之情況脗合無間，故不顯其工夫相。見先生著〈比較牟宗三先生對天臺圓教及郭象玄學的詮釋〉，《新亞學報》第28期，2010.3，頁204。

4 莊耀郎先生曰：「『有工夫』、『有境界』和『有工夫論』、『有境界論』是不同層次的問題，前者是實踐的，而後者是思辨的。」見先生著《郭象玄學》，頁101。

5 本章內容均就工夫論而言，故下文凡論及工夫者，均剋就注文而論，而不涉及考證郭象本人有無工夫的問題。

象言工夫應可從自內而外兩方面去討論說明。

# 一、自內而言：任性安分

　　自生、獨化、逍遙、齊物，此四者之名號雖各有不同，然而其呈現的旨趣均為一致，實為各存在個體經過工夫修養後，呈顯的最高境界，至於如何能達致此境，郭象則曰：

> 苟足於其性，則雖大鵬無以自貴於小鳥，小鳥無羨於天池，而榮願有餘矣。故小大雖殊，逍遙一也。（〈逍遙遊〉：「我決起而飛，槍榆枋，時則不至而控於地而已矣，奚以之九萬里而南為？」句下注，頁9）

> 對大於小，所以均異趣也。夫趣之所以異，豈知異而異哉？皆不知所以然而自然耳。自然耳，不為也。此逍遙之大意。（〈逍遙遊〉：「之二蟲又何知！」句下注，頁10）

> 夫莛橫而楹縱，厲醜而西施好。所謂齊者，豈必齊形狀，同規矩哉！故舉縱橫好醜，恢詭憰怪，各然其所然，各可其所可，則理雖萬殊而性同得，故曰道通為一也。（〈齊物論〉：「故為是舉莛與楹，厲與西施，恢詭憰怪，道通為一。」句下注，頁71）

生命價值的高下，舉凡大小、縱橫、美醜均能體證存在的意義，並不由外在條件所決定，而是在於其是否能各安其性而已，若能不跂羨於外，便能體道逍遙，與道通為一。而任性安分之舉，實為自然而然之事，故曰「不知所以然而自然」，與「生者皆不知所以生而自生」（〈齊物論〉注）之說類同，同為自然、無心而為。又因其自然實現氣稟所有之性分，故

能「掘然自得而獨化」（〈大宗師〉注），凡此所謂自然、自得者均就性分而言，能任其所稟，而無私心更易其中者，便能自然而得，就其同得處而言便謂之「齊物」，故曰「齊者，豈必齊形狀，同規矩」，不由外在之形狀、規矩齊之，而是從內在之性分言齊一。萬物稟性殊異，然而在安其性分處、充分發揮其性分處而言得其性，由此可見能任性安分，便能適其性、得其性、充分實現其性；能適其性、得其性、充分實現其性者，便能逍遙、齊物、自生獨化。存在之最高境界無不由任性安分此一工夫修養所致，而此任、此安必須就自然無心而說，而所任、所安之內容亦須就氣稟所有而言，故曰「恣其性內而無纖芥於分外，此無為之至易也」、「率性而動，動不過分，天下之至易者也」。（皆自〈人間世〉注）凡於性分之內下工夫，縱然有工夫相，積習以報其性者，仍屬無為之舉，因其無絲毫跂羨於性分之外、效學於分外之故也，故其行乃「無為」之舉、易行之事。「然知以無涯傷性，心以欲惡蕩真，故乃釋此無為之至易而行彼有為之至難」（〈人間世〉注），若以心知分別傷其真性，動過其分，則是為「有為」、難為之事。至於如何從心知分別傷其真性，溢過性分之有為轉而成為無分別無跂羨之無為，其中必有工夫在焉。

性分符應於外，而成就百工百業者亦然，亦須各安其位，方不致天下大亂，故其注曰：

> 若皆私之，則志過其分，上下相冒，而莫為臣妾矣。臣妾之才，而不安臣妾之任，則失矣。故知君臣上下，手足外內，乃天理自然，豈真人之所為哉！（〈齊物論〉：

「如是皆有爲臣妾乎？」句下注，頁 58）

君臣上下各有其分，不能相冒，「故主上不爲冢宰之任，則伊呂靜而司尹矣，冢宰不爲百官之所執，則百官靜而御事矣；百官不爲萬民之所務，則萬民靜而安其業矣；萬民不易彼我之所能，則天下之彼我靜而自得矣。」（〈天道〉注）在上不冒下的情況下，君人者能安其職分，不冒統領百官的外朝宰相之分，使之能委任百官，剋盡其分；稟宰相之分者能不爲百官之職，只負責選任百官，使百官能各自親御其事；爲百官者亦然，任其百官之分而不爲萬民之庶務，萬民便能安居樂業。以此推之，處下位者能「各足於所受」（〈逍遙遊〉注），「庖人尸祝，各安其所司」（〈逍遙遊〉注）而不越俎代庖，百姓不慕百官之分，爲官者不跂尙冢宰之職，冢宰不跂慕君人之位，則不致「主代臣事」、「臣秉主用」（〈天道〉注），只要上下各安其任，便能無爲而治。

由此可見，自內而言，能使一己之性分、職任得以充分實現、發揮者，除了要有克制自己不逾越，不過分之工夫外，亦需要經過任順其性的工夫，方可成就萬物之各任其性、各司其職，自生自化之功化。於道化政治而言，君上順任百官，百官盡其職分，百姓成其才能，各個層級皆有順任自成的成性、盡性工夫貫注其中，這是不言可喻的。

## 二、對外而言：順應萬物

由以上討論可見，自內而言之任性安分的工夫內容，是以聖王和百姓爲工夫主體，然而對外而言之順應萬物的工夫

內容，則僅屬聖王能之，百姓則無任順萬物的能力，以下將
就此作出討論。

## （一）順任物性

在郭象詮釋的義理內容之中，可以看到萬物除了各安其
分外，更需得其所待方能逍遙、自生，因聖王之兩順方能齊
一，故自聖王而言，必需順有待者，使之不失其所待，此爲
郭象道化政治之中不可或缺的一環，其注曰：

> 因其性而任之則治，反其性而淩之則亂。夫民物之所
> 以卑而賤者，不能因任故也。是以任賤者貴，因卑者
> 尊，此必然之符也。（〈在宥〉：「賤而不可不任者，物也；
> 卑而不可不因者，民也。」句下注，頁 398）

聖人不以自通爲限，在自適其性之時，亦須順有待者，使之
不失其所待，而能任性自通。治國者亦然，若不能因任臣民
之性，使之任性自適，則禍亂必生；與此相反，凡能因臣民
之性，任其自生自適，則天下必治。郭象於此更提出能因順
萬物者，聖王也，故爲尊；因天下民物不能順任外物，故爲
卑，而且亦不因天下民物之有心因順外物便能成就外物之自
生獨化。由此可見郭象「任賤者貴，因卑者尊」之說具有以
下五種意義：一、卑賤者處下爲被因者，只能待尊者因順之，
倫常尊卑之別由此而見，此其上下不可相冒之故也；二、因
任民物之分，非民物所自欲爲而能之，此就稟受性氣之時早
已決定，若跂羨性外亦必無助於事也；三、尊者因順民物之
性，亦只能就民物所有之性而因順之，不能悖其性而行，由
此說其無心順物之故也；四、尊者無心順物，因民物自然之

性而順之，此乃「必然之符」實爲自然功化之極致之故也；五、民物相對於天子而言雖居卑賤之位，然而不因其賤便不爲所用，因尊者順物無心，故能物無棄材，人無棄用，真正落實「無棄人」、「無棄物」的理想（《老子·二十七章》），如此因性而任，則天下大治。由以上五種意義可見，聖王無心任物之性，乃實現郭象「神器獨化於玄冥之境」此一道化政治理想的關鍵。其注文又曰：

> 彼是相對，而聖人兩順之。故無心者與物冥，而未嘗有對於天下也。樞，要也。此居其樞要而會其玄極，以應夫無方也。（〈齊物論〉：「彼是莫得其偶，謂之道樞。」句下注，頁68）

> 唯各安其天性，不決駢而齕枝，則曲成而無傷，又何憂哉！（〈駢拇〉：「二者，或有餘於數，或不足於數，其於憂一也。」句下注，頁319）

聖人無心任物，故是非、彼我一是而順之，絕無偏黨，無對於天下而能與物玄冥、應物無方，其所因順者，爲萬物本有之天性。又曰：「百姓百品，萬國殊風，以不治治之，乃得其極。」[6]可見眾人稟性殊異，只有聖王無心而治，任其所有，曲成其性，方能無傷百姓所稟之真性。「曲成其行，自足矣」（〈人間世〉注），而非君人者使之爲彼，實只順任萬民之性，使之自行實踐其性分，故曰：「從而任之，各冥其所能，

---

6 郭象《論語體略·憲問第十四》：「子路問君子。子曰：修己以敬。曰：如斯而已乎？曰：修己以安人。曰：如斯而已乎？曰：修己以安百姓。修己以安百姓，堯舜其猶病諸？」句下注，見《玉函山房輯佚書》3，頁1687。

故曲成而不遺也。」（〈齊物論〉注）落在職分之上則爲「君
位無爲而委百官，百官有所司而君不與焉。」（〈天地〉注）
處上位者除了安其君王之分，而不行冢宰之事以外，更須無
爲任官，百官各安其所司、各盡其分，而不由君王使之而得
性，故「我無爲而民自化」（《老子・五十七章》）正是就
君王「動出無心，故萬物從之」（〈天地〉注），臣民各安
其分、自生獨化而說。雖說無心任物、曲成，而無爲之功化、
功成事遂亦自涵於其中。

## （二）順時變化

聖王對外不只能順任民物之性，更要能安時處順，而應
物無滯，故其注文曰：

> 言有形者善變，不能與無形無狀者並存也。故善治道
> 者，不以故自持也，將順日新之化而已。（〈天地〉：「有
> 形者與無形無狀而皆存者盡無。」句下注，頁 429）
> 誠能應不以心而理自玄符，與變化升降而以世為量，
> 然後足為物主而順時無極。（〈應帝王〉：「鄉吾示之以地文，
> 萌乎不震不正。」句下注，頁 299-300）

聖王不守有形之迹、執守故舊，能因應外在環境轉變而變化
日新，故曰「安時處順而探變求化」（〈齊物論〉注）。而
應物之變化，乃發自無爲自然之心，而不以心知執著來求變
化應物，故曰「應不以心」，因其無心應物，不致於有心造
作，自能合符自然之道，故曰「理自玄符」。在這無心應物
的情況下，便能「順四時而俱化」（〈德充符〉注），而作
出相應的調整，以制定禮樂、國家制度，故能爲「物主」、

應而爲帝王。由此可見聖王之無心任物，可從人與事兩方面
而言：一、就其順人而說：聖王任百姓之所有，而不強求其
所無，使百姓各自生化，各冥於一己性分之內，歸功於群才，
而不居功自滿，和光同塵，與物玄同；二、就其應事而說：
聖王能因時制宜，使禮法制度與日新化，而不泥於古法陳迹，
如此方能與時俱進。

　　或問，郭象言「恣其性內而無纖芥於分外，此無爲之至
易」，又言「提挈萬物，使復歸自動之性，即無爲之至也」
（〈在宥〉注），從工夫論來說，不論是自內而言之任性安
分，還是對外而言之順應萬物，均從無心無爲說起，故「無
心無爲」本是郭象工夫論的重要內容。除了任性安分、順應
萬物之外，郭象還常言「去知任性」（〈天下〉注）、「外
權利」、「外形骸」（皆〈寓言〉注）、「外天下」（〈讓
王〉注）、「忘生之生」（〈逍遙遊〉注）、「遺彼忘我」
（〈逍遙遊〉注）、「吾喪我，我自忘矣；我自忘矣，天下
有何物足識哉！故都忘外內，然後超然俱得」、「任自然而
忘是非」、「忘愛釋私」、「忘天地，遺萬物」、「忘年故
玄同死生，忘義故彌貫是非」（皆〈齊物論〉注）、「忘知」
（〈德充符〉、〈繕性〉、〈則陽〉注）、「忘形」（〈德
充符〉、〈外物〉注）、「遺形骸，忘貴賤」、「遺身形，
忘五藏」（皆〈德充符〉注）、「忘善惡而居中，任萬物之
自爲」（〈養生主〉注）、「捐聰明，棄知慮」（〈秋水〉
注），上述以遺、忘、去、外等「去礙」工夫亦爲郭象工夫

論的重要內容，[7]如何修養達致「無爲」，如何消除「有爲」、「跂羡無涯」、「欲惡過分」均是道家一貫的工夫形態。然而，這只是繼承《莊子》、道家傳統的工夫論，仍未能凸顯郭象工夫論的特色，不僅如此，亦未見其工夫論不同於儒、釋二教之處。

首先，於道家的工夫論之中，老、莊、王弼、郭象同可言「無爲」的修養工夫：《老子》曰「無知無欲」（〈三章〉）、「無親」（〈七十九章〉）、「外其身」（〈七章〉）、「絕聖棄智」、「絕仁棄義」（〈十九章〉）、「絕學無憂」（〈二十章〉）；《莊子》言「外天下」、「外物」、「外生」（〈大宗師〉，頁 252）、「絕學捐書」（〈山木〉，686）；王弼《老子指略》同言「絕聖棄智」、「絕仁棄義」、「絕司察，潛聰明，去勸進，剷華譽，棄巧用，賤寶貨」，此三者亦以外、絕、棄、去、無等「去礙」的方式作爲工夫論的內容，若論郭象工夫論時亦把「去礙」作爲其工夫重點，則無法凸顯其工夫論的特色，更無法揭示其消極「去礙」的目的在於積極成全什麼內容？

其次，儒、釋二家亦言「去礙」之工夫：《論語》言「君子之於天下也，無適也，無莫也，義之與比。」（〈里仁〉第四）「子絕四：毋意，毋必，毋固，毋我。」（〈子罕〉

---

7 牟宗三先生在討論郭象逍遙義時，便指出「道化之治重視消極意義之『去碍』」，可見牟先生亦把郭象工夫論定調爲「去碍」的工夫，見先生著《才性與玄理》，頁 183。後來研究郭象工夫論的學者，如沈素因，亦以郭象「外權利」、「不自專」、「與物同」、「外形骸」等工夫內容，作爲郭象工夫論的研究對象，見氏著〈郭象《莊子注》之工夫論探究〉，《宗教哲學》第 44 期，2008.6，頁 1-16。

第九）「子曰：無爲而治者，其舜也與？夫何爲哉，恭己正南面而已矣。」（〈衛靈公〉第十五）亦從無爲去執方面去談工夫，其異於佛、老者於此如何體現？必從其「義之與比」、「恭己正南面」而顯，故朱子《四書章句集註》曰：「無爲而治者，聖人德盛而民化，不待其有所作爲也。」（《四書章句集注》，頁 162）又引謝上蔡曰：「無可無不可，苟無道以主之，不幾於猖狂自恣乎？此佛老之學，所以自謂心無所住而能應變，而卒得罪於聖人也。聖人之學不然，於無可無不可之間，有義存焉。」（《四書章句集注》，頁 71）先不論謝氏所言之佛老「心無所住而能應變，而卒得罪於聖人也」之說，於佛老而言是否如此，剋就儒家言「無爲」是從德化之無心而說，乃須以德化民，其言去絕私意、期必、執滯、私己、可、不可均就作用層而說去絕，去絕其背後所欲復現之本體乃仁心、仁體，通過無心去執來實踐仁義，故儒家的工夫論從消極面去說是「無」，從積極面而言則爲集義養氣、存養擴充、復其本心以實踐道德行爲。至於佛學三法印之「諸行無常，諸法無我，涅槃寂靜」、十八空論[8]均從蕩相遺執來證緣起性空，就其工夫論而言，其形態亦可謂以「去執」爲主，由此看來儒、釋、道三教亦可以「去礙」的形態來論工夫，然而此說無論對於分判三教義理內容，或是在於分辨教內各時期之義理發展來說，並無幫助，亦不見各教、各時期的義理特色。職是之故，今以郭象任順工夫作爲其工夫內容之特色，藉以顯其學之異於先秦道家，以及儒、釋二

---

8 見龍樹著，鳩摩羅什譯：《大智度論・卷三十一》，收於《大藏經》25冊（臺北：新文豐出版，1973.6），頁 285。

教之處，並由其工夫論中積極成就的內容顯出《莊子注》的
宗趣 —— 極成一道化政治之理境。

# 第二節 工夫轉向

　　承上討論可知，郭象《莊子注》無為、去礙的內容承自
老、莊，貫徹道家無為無不為的義理形態。然而僅就「去礙」
之工夫進路並不能說明郭象工夫論的主要內容特色，所以下
文嘗試就郭象工夫論異於《莊子》者，進行討論，以期由郭
《注》之工夫轉向說明何以「任性安分」、「順應萬物」這
兩項自內而外的工夫論能統攝郭象《莊子注》的工夫論內容。
以下將從郭《注》之工夫所欲彰顯的對象、對才性的定位以
及實踐工夫的對象三方面作出討論，以見其工夫論之轉向。

## 一、工夫復顯的對象：由心而性

　　《莊子》內篇與外雜篇義理本有不同，學界一般以內篇
為《莊子》思想的代表，甚或認為內篇乃莊子所撰，外雜篇
應自莊子後學者所出，二者義理有著明顯差別。[9]《莊子》內
篇只言心不言性，及至外雜篇始言性，郭象注《莊子》時，

---

9 王夫之即從語言風格來判內、外、雜篇之殊異，見王夫之著，王孝魚
　點校：《老子衍、莊子通、莊子解》，頁 150、270。周雅清則從義理內
　容分辨內、外雜篇之轉折，見周氏著《莊子哲學詮釋的轉折 —— 從先
　秦到隋唐階段》，頁 67-156。

往往轉內篇之心而言性，以下略舉例證以說明之：

> 今子有大樹，患其無用，何不樹之於無何有之鄉，廣
> 莫之野，彷徨乎無為其側，逍遙乎寢臥其下。不夭斤
> 斧，物無害者，無所可用，安所困苦哉！（〈逍遙遊〉，
> 頁 40）句下注：「夫小大之物，苟失其極，則利害之理均；
> 用得其所，則物皆逍遙也。」（〈逍遙遊〉注，頁 42）[10]
> 而遊乎塵垢之外。」（〈齊物論〉，頁 97）句下注：「凡非真性，
> 皆塵垢也。」（〈齊物論〉注，頁 99）
>
> 且夫乘物以遊心，託不得已以養中，至矣。（〈人間世〉，
> 頁 160）句下注：「寄物以為意也。任理之必然者，中庸
> 之符全矣，斯接物之至者也。」（〈人間世〉注，頁 163）[11]
> 汝遊心於淡，合氣於漠，順物自然而無容私焉，而天
> 下治矣。（〈應帝王〉，頁 294）句下注：「其任性而無所飾
> 焉則淡矣。漠然靜於性而止。任性自生，公也；心欲
> 益之，私也；容私果不足以生生，而順公乃全也。」
> （〈應帝王〉注，頁 294-295）

《莊子》言逍遙、遊物外者，均從心上下工夫，聖人透過無
為無心的工夫，使其精神超拔於俗事之外，而於現實上又能
不離群獨立，自得自適，臻至生命最高境界，故《莊子》以
「彷徨」、「逍遙」、「不得已」、「淡漠」來形容心無所
執著的狀態。郭象於《莊子》談乘物遊心處，轉向論適性逍
遙，以萬物之性用得其所為逍遙，可見其工夫所欲復顯之對

---

10 其中多處有原文而無注解。
11 句號表示經文句下注結尾，以句號分開不同句經文之注。以下如遇相
　同情況者，均不另加說明。

象自心轉向性。所謂「復顯」是就「恢復虛靈明覺之真心」
與「彰顯萬殊氣稟之性分」而言「復」、「顯」,《莊子》
工夫以復真心,超越成心爲主要工夫修養,郭象則以適性彰
顯性分爲主要工夫修養,一以復爲主,一以顯爲要,故《莊
子》言遊心者,郭象轉以「任理」言之,其曰理者,即性也。
[12]《莊子》以無心無爲的工夫達致無欲恬淡的境界,故曰「遊
心於淡,合氣於漠」,郭《注》轉而以任性無飾的工夫達致
恬淡靜漠之境;《莊子》以無心順應外物來說「無私」,郭
《注》則以任順其性,使之自生自化爲「公」。由上述例子
可見,郭象工夫論所欲復顯之主要對象,重心已由《莊子》
之心轉向性。[13]

　　或問,郭《注》之中亦有談及「心」者,據筆者統計,
於注文中(不包括〈莊子序〉),其言「心」者凡 223 次,

---

12 舉凡郭象言「理有至分,物有定極。」(〈逍遙遊〉注)、「凡物云云,
　皆自爾耳,非相爲使也,故任之而理自至矣。」、「君臣上下,手足外
　內,乃天理自然。」(前二條皆〈齊物論〉注)、「付之自爾,而理自
　生成。」(〈人間世〉注)等,其理皆含性分之意。錢穆先生曰:「郭
　之注莊,喜言理,而宋儒承襲之,此亦郭象注莊在中國思想史上有絕
　大貢獻之一端也。」見先生著《莊老通辨》,頁 428。實宋儒之言理,
　不論是言「性即理」,還是「心即理」,均從道德主體來規定「理」,
　此理上達於天道,透過工夫實踐而顯之於人的身上,是從道德義入;
　郭象之言理,乃從才性氣稟入,透過任性安分的工夫彰顯氣稟性分的
　內容,二者內容本有不同,故無「承襲」之有。關於宋儒言「理」的
　分別,可參考牟宗三:《心體與性體》(一),頁 61-114。
13 袁光儀認爲《莊子》之逍遙是以生命層層昇進之「盡性」歷程爲逍遙
　之工夫。見袁氏著〈郭能逍遙? —— 由向郭《注》「逍遙」義進一步
　思考莊子之「逍遙」〉,頁 145。袁氏此說實混《莊》、郭之工夫而論,
　因《莊子》乃就乘物遊心而說逍遙,郭象是就任性自適而說,前者於
　心上做工夫,後者於性上下工夫,所欲恢復之對象本爲不同,不可不
　辨。

其言「性」者凡 268 次，若從出現次數之多寡而論之，論心、論性之次數相伯仲，是否能就此證明，心、性於郭象而言同為重要，同為工夫復顯的對象？以下試從郭象言心處進行討論，以察其「心」義是否與其論「性」之義理內涵相同，並藉由此討論看郭象言「心」的義涵為何？以下將從郭象中性義之心及所對治之心兩方面展開討論。

## （一）中性義之心

郭象之言心與《莊子》所異者，在於所論之心不具超越義、本體義，多由現實之感受、意欲、變化言心，其注曰：

> 必先順乎天，應乎人，得於心而適於性，然後發之以聲，奏之以曲耳。（〈天運〉：「汝殆其然哉！吾奏之以人，徵之以天，行之以禮義，建之以大清。」句下注，頁 503）

郭象此言「得於心而適於性」者並未就心體而言，即其言「心」不具本體義，而僅就主體內在而言。郭象認為「詩禮者，先王之陳迹也。」（〈外物〉注），故禮樂制度亦有所本，合乎人情自然方能不為陳迹而有冥體實之。正因禮樂順應自然而發，合乎人情而有，故曰「得於心」。此言「心」純就物之內在而說，而非就體而言，其體實就「性」言，故曰「適於性」。本乎自然而得於內的目的在於復其體，故得於心的目的在於適性，可見透過適性的工夫，彰顯性體之全部內容才是郭象工夫論的主要內容，而得於心只為虛說。舉凡其言：「不以死生損累其心」（〈大宗師〉注）、「心欲益之，私也」（〈應帝王〉注）、「故亂心不由於醜而恆在美色」（〈駢拇〉注）、「人心之變，靡所不為」（〈在宥〉注）、「信

其偏見而以獨異爲心」（〈在宥〉注）均就內在精神意識而言，爲一中性義之「心」，「心」因外欲牽引而有所動，起好美惡醜者，則爲私；反之，不爲好惡所動，任其自生而無所偏私，則爲公，故「心」在無所亂、無所動而不變的情況下，只爲一中性義之「心」，而不具正面或負面義。因此，於此處所言之心不能成就萬物自生獨化，而謂其不具本體義，故「心」不是起動工夫的根源，「性」才是工夫論所彰顯的內容。

## （二）所對治之心

郭象之言心，除了感知、意欲、變化的現象心外，更成爲工夫所對治的對象，其注曰：

> 遺耳目，去心意，而符氣性之自得，此虛以待物者也。
> 虛其心則至道集於懷也。（〈人間世〉：「唯道集虛。虛者，心齋也。」句下注，頁148）

郭象就《莊子》之言「心齋」而作注者，其注不僅非爲順經而作，更扭轉《莊子》以恢復心體作用爲主之工夫修養爲對治對象。《莊子》言心齋乃就透過去其成心分別，遣除耳目感官及一切心知執著，以復其虛靈明覺之心；因其心體虛靈，故能應物無累，不爲外界事物所牽引，而妄加判別，使生命浮動不止。郭象注於此則言「遺耳目，去心意」，把耳目心意均列爲對治對象，使《莊子》「心止於符」（〈人間世〉，頁147），心體符應於生命原始狀態的虛靈之境，詮釋成心知執著，爲一負面且被對治者。郭象透過「遺耳目，去心意」的去礙工夫，以達致符應於氣稟性分之自得，使其應於外物

之時能不失其性，自得其生。郭象言心就其負面意之「心知執著」而言者，諸如：「我苟無心，亦何爲不應世哉」（〈逍遙遊〉注）、「故無心者與物冥，而未嘗有對於天下也」、「無心而無不順」（前二條均自〈齊物論〉注）、「神人者，無心而順物者也」、「虛其心則至道集於懷也」、「至人不役志以經世，而虛心以應物」（前三條均自〈人間世〉注）、「虛心以待命」（〈知北遊〉注）、「遺心而自得」（〈德充符〉注）、「有心則累其自然」（〈天地〉注）、「夫體道合變者，與寒暑同其溫嚴，而未嘗有心也」（〈大宗師〉注）、「未懷道則有心」（〈應帝王〉注）、「任其自然，天也；有心爲之，人也」（〈庚桑楚〉注），有心而爲者，則道不至；無心而應者，則道集懷中，故有心則爲負面，無心則是正面的境界。可見「心」於此即爲一心知分別，能無、能虛、能遺者則能體道，能體道則能順物應世、得性自然；而虛心、無心、遺心，是爲了極成適性、得性、順物之性，其心已淪爲工夫對治者，而非工夫所欲復回的本體之心。

或曰：《莊子》言「心」是否必具能動義、主體義？雖然《莊子》不曾言「無心」，然而亦言「賊莫大乎德有心而心有睚」（〈列禦寇〉，頁 1057），此言「心」乃反對有心爲德，爲一心知執著之義，何以就此而言《莊》、郭論「心」的不同？誠然，《莊子》亦有就心知執著而言「心」，然而此種意義下言「心」實爲少數，又因《莊子》非一人所作，外雜篇被視爲出自後學之手，故此等說法不足推翻前說；更多時候《莊子》之言心是具有能動性、本體義，能作爲「體」而視之，如其言「常心」、「靈府」、「靈臺」均具能動性，

透過「翻成心為真心」，[14]超越心知分別而呈現真心，以真心照見一切，便能「心莫若和」（〈人間世〉，頁 165）、「遊心乎德之和」（〈德充符〉，頁 191），不再妄加價值判斷於外物之上，於此便能超越形軀、死生等對彼分別，達至沖和之境。由是可見《莊子》之言心，實具有本體義，可以承體起用，作自我超越來穩住價值，使一切因成心造作而浮動的價值判斷得以止息。然而，郭象順原文作注時，對「心」的詮釋便有所轉折，其「心」之能動義、本體義隱而不顯，除了上述所引四則關於《莊子》言「遊心」，郭象則轉注為「任性」之例子外，郭象對於《莊子》談「靈府」亦有不同的理解，其注曰：

> 故不足以滑和，不可入於靈府。使之和豫，通而不失
> 於兌。（〈德充符〉，頁 212）句下注：「靈府者，精神之宅
> 也。夫至足者，不以憂患經神，若皮外而過去。苟使
> 和性不滑，靈府閒豫，則雖涉乎至變，不失其兌然也。」
> （〈德充符〉注，頁 213-214）

《莊子》以「靈府」言心，認為死生存亡、窮達貧富、賢不肖、毀譽、飢渴寒暑等均為外事變遷、命運軌迹，不足以擾亂內心的平和，不能入於心靈深處，由不以外事亂內體可見，其言心可當下即事超脫，體現一愉悅暢通之境，故具能動性、本體義。郭《注》順原文作注，而云「靈府者，精神之宅」，隨後卻言「至足者，不以憂患經神」，注文承此一轉就性而言工夫，因足不足者，不就心論，是就性而說，只有性方能

---

14　此說法見諸周雅清：〈〈齊物論〉詮釋及其疑義辨析〉，頁 25。

曰「足性」、「不足性」，能足性、適性則能不亂其內而若皮外而過。此說可與其「和性不滑」相互印證，《莊子》就內心平和而言「不足以滑和」，郭象則就其「性」而曰「和性」，足見其言「至足」者乃就「和性之至足」而言，於此轉心向性，能使和性不亂，則能體現內心閒豫之境；內心閒豫則不爲外物所牽引，而不失心境之悅然。由此可見郭象言「靈府」乃就足性工夫下之境界而說，而非就「靈府」之能承體起用而言。

　　然而，是否凡《莊子》談心者，郭象則必轉而爲論性，或轉向以境界來詮釋心，使之不能承體起用、不具本體義？以下將舉例證以說明之：

　　　　而遊心乎德之和；物視其所一而不見其所喪，視喪其足猶遺土也。（〈德充符〉，頁 191）句下注：「都忘宜，故無不任也。都任之而不得者，未之有也；無不得而不和者，亦未聞也。故放心於道德之閒，蕩然無不當，而曠然無不適也。體夫極數之妙心，故能無物而不同，無物而不同，則死生變化，無往而非我矣。」（〈德充符〉注，頁 192）

　　　　得其常心，物何為最之哉？（〈德充符〉，頁 192）句下注：「夫得其常心，平往者也。嫌其不得平往而與物遇，故常使物就之。」（〈德充符〉，頁 193）

《莊子》於內篇之中，談及心者多具能動義，其言遊心於德之和、得其常心均就本心體道後，而能忘死生、形軀而說，體現淡漠沖和之境。凡此說法均自心體積極地下工夫，復其澄明之體，並呈現其修養境界。郭象順原文作注，言「放心

於道德之閒」、「得其常心，平往者也」，似可就其言「無
不任」、兩順萬物而往任性的方向解說，因郭象言應物均就
應外物之性而言，故其言「心」之說，似可以「虛說」視之，
在這種情況下便能「無不當」、「無不適」，依郭象之詮釋
脈絡檢視之，其當、適似亦能就當其性、適其性而言，只是
果若如此解說郭象之言「放心於道德之閒」、「得其常心，
平往者也」，則「體夫極數之妙心」又當如何解說？若「妙
心」不具正面價值意義，又何妙之有？因其心而能無物不同、
俱往生死，若非承體起用，又何能與物相往，如此而下，則
「得其常心」之說又何虛之有？在這種情況下不論是強爲郭
象圓說，或是把這些注文視而不見，均失去詮釋的客觀性，
然則，該如何定位郭象順文本而下，言「心」似有本體義之
說法？

　　蓋郭象注《莊》，隨文本而注來發揮其思想，其順文本
而有者，往往爲簡略帶過，而非郭象《莊子注》的主要思想；
易言之，注文與《莊子》相類同者，並非郭象所欲表達的重
點所在，更非其哲學思想之特色，諸如虛心、遺心、無心等
「去礙」工夫，老莊可言，王弼注《易》、《老》處亦可言
之，可視之爲繼承前人說法而有，而不必視之爲郭象所獨有
之特色處；與此相反，郭象與《莊子》不同者，方爲郭象哲
學重點、特色所在，其系統得以建立者，亦宜由其相異處而
發明之，因其所異，而見其詮釋系統之轉向。在這種理解的
前提下，更見郭象言「心」者可從以下兩方面正視之：一、
與《莊子》言「心」相類者，爲其繼承《莊子》處，且所佔
分量甚少，其系統仍依《莊子》之系統，亦不影響郭《注》

系統；二、與《莊子》言「心」相異者，爲其注經之轉向處，且佔注文多數，而能自成系統，並具創見、特色。

　　郭象除了言任性安分外，更言任理、任其純朴、任素、任朴、任自然、任天、任獨、任化、任其自動、任其自長、任其自生、任其自化、任其自爾、任其天然、任其天行、任其天然之分、任其自行、任其自爲、任其自成，如此說法莫不與自生獨化相關。郭象言自生獨化乃在其自生其性、獨化其性說起，故其言任天、獨化、任化等說法，其實是任性的另一種表現，由此更見郭象工夫論中，以任性爲主，而不以放心、得其常心爲要。綜合以上討論可知，郭象言任性，是就成全本有的氣稟性體而說，於性體而言具有主動義，爲一積極成就的工夫形態，實爲郭象工夫論的一大特色，亦由此可見其工夫形態自《莊子》之「翻成心爲真心」，轉向「任順成性」的工夫形態。

## 二、對才性的定位：從消極限制轉向積極成全

　　關於對才性的看法，郭象亦有異於《莊子》者，《莊子》論及氣稟才性之時，往往就其限制義而論之，如：

> 夫卜梁倚有聖人之才而無聖人之道，我有聖人之道而無聖人之才，吾欲以教之，庶幾其果爲聖人乎！不然，以聖人之道告聖人之才，亦易矣。（〈大宗師〉，頁252）
> 萬世之後而一遇大聖，知其解者，是旦暮遇之也。（〈齊物論〉，頁104）
> 以天下爲沈濁，不可與莊語（〈天下〉，頁1098）

《莊子》引南伯子葵與女偊對話，來說明成聖者須兼有聖人之才與聖人之道方可成聖。女偊縱有聖人之道，懂得成聖的修養方法，然而因其氣稟之中並無聖人之才，故雖興發向道，踐行以趨成，仍苦無所得。可見聖人之才非人人皆有，而天下又以沈迷混濁者居多，世俗之人生命充滿迷惑執著，故不可告之以典正之語，或待萬世以後，始能得一知音語之。從聖人之難遇可見才性的限制義，於眾人身上縱或歆慕踐行亦無法成聖。一如「昭文之鼓琴也，師曠之枝策也，惠子之據梧也，三子之知幾乎，皆其盛者也，故載之末年。」（〈齊物論〉，頁 74）昭文善琴、師曠長於擊樂、惠子擅於據梧論辯，三子各有所長，且為其擅長領域中最傑出者，眾人如欲學此三子之所長而無所稟受，則雖學仍無所得，於此便顯才性之限制義。郭象亦承《莊子》此義而有所發揮，其注曰：

> 所謂大者至足也，故秋毫無以累乎天地矣；所謂小者無餘也，故天地無以過乎秋毫矣；然後惑者有由而反，各知其極，物安其分，逍遙者用其本步而遊乎自得之場矣。此莊子之所以發德音也。若如惑者之說，轉以小大相傾，則相傾者無窮矣。若夫睹大而不安其小，視少而自以為多，將奔馳於勝負之竟而助天民之矜夸，豈達乎莊生之旨哉！（〈秋水〉：「而吾未嘗以此自多者，⋯⋯猶小石小木之在大山也，方存乎見少，又奚以自多！」句下注，頁 566）

郭象認為秋毫之於天地本為小者，然而天地、秋毫只要各安其分則為至足，順此脈絡而深思反省，便能明白萬物之間各有其稟性限制，能各安其性，而不生歆羨之心，便能逍遙自

得。郭象雖轉向性分上之安任而說逍遙，異於《莊子》無心
自適之說，然而其安於氣稟限制的看法，確爲《莊子》本有，
甚得「莊生之旨」，故郭象主張不跂羨性分之外，不以小大
相傾，矜夸氣稟所無者，實爲發明《莊子》之德音。然而郭
象除了強調各安其稟分之外，更強調順任氣稟，積習成性之
說，於此更見郭象積極成就性分的一面。關於郭象積極成就
性分的特色，可從自身之積習成性及聖王之曲成萬物兩方面
說起：

### （一）自身之積習成性

　　郭象工夫論的主要內容爲「任性安分」，若分析而言「安
分」者爲相對地消極顯其不能踰越之限制義，「任性」者則
爲積極地成全氣稟內容，其「積習成性」之說甚能彰顯此義，
注曰：

> 夫自然之理，有積習而成者。蓋階近以至遠，研粗以
> 至精，故乃七重而後及無之名，九重而後疑無是始
> 也。（〈大宗師〉：「參寥聞之疑始。」句下注，頁 257）

氣稟雖爲天生而有，但仍爲潛存的狀態，須經過後天努力積
習，方能成就稟氣所有的內容，故須一步一步，自邇而遠，
由粗致精。透過積習工夫使潛存不顯之性分得以充分彰顯實
現，其「物雖有性，亦須數習而後能」（〈達生〉注）正是
此意。郭象言「習以成性，遂若自然」亦正說明，只要在無
爲無心的情況下，積習其氣稟所有，而不效學其所無者，亦
屬自然自生。

　　《莊子》言：「彼正正者，不失其性命之情。」（〈駢

拇〉，頁 317）郭象句下注曰：「物各任性，乃正正也。自此已下觀之，至正可見矣。」（〈駢拇〉注）正能體現郭象對才性觀意義的轉向：《莊子》從各正性命來看不失萬物稟性的內容，是著重說明萬物在才性義下的限制義；郭象則從物各任性，以彰顯萬物所稟來說，是著重於萬物透過任性工夫積極成就才性內容的意義。二者所言看似相類，然而所重不同，而且郭象所說是繼承了《莊子》對才性限制義的看法，並進一步往前推進，相對《莊子》之說更顯積極地成就萬物之性，使之能自生獨化。

### （二）聖王之曲成其性

除了萬物自身之積習成性外，郭象於其「神器獨化」的道化政治境界之中，亦藉由明王之無心順任萬物之性，來成就天下氣稟所有的內容，其所成的方式，郭象謂之「曲成」，注曰：

> 夫聖人無我者也。故滑疑之耀，則圖而域之；恢恑憰怪，則通而一之；使群異各安其所安，眾人不失其所是，則己不用於物，而萬物之用用矣。物皆自用，則孰是孰非哉！故雖放蕩之變，屈奇之異，曲而從之，寄之自用，則用雖萬殊，歷然自明。（〈齊物論〉：「是故滑疑之耀，聖人之所圖也。為是不用而寓諸庸，此之謂以明。」句下注，頁 78）

> 物縈而獨不縈，則敗矣。故縈而任之，則莫不曲成也。（〈大宗師〉：「攖寧也者，攖而後成者也。」句下注，頁 255）

聖王不以我耀彼，無心待物，故物為縈曲者，則順其縈曲，

而不以挺直之姿示物，和光同塵以成眾物之性。其所成者乃眾人氣稟所有，而不委眾人之所無，在這種情況下，不僅萬物之性均能保住，而且群異因得其所待，不失其分，各自生化，實現萬殊之性。聖王之曲從群異，使萬物得以「曲成不遺」（〈齊物論〉注）、「曲成無傷」（〈駢拇〉注），於此物無棄用，人無棄材，各有所成而不失其性。《莊子》認爲至德之世「同乎無欲，是謂素樸；素樸而民性得矣。」（〈馬蹄〉，頁 237）在無心無欲的情況下，萬物均能保住其純樸之性，較諸郭象此說，則顯保守。郭象除了繼承《莊子》以無欲去礙的工夫，作用地保存群異萬殊之性外，更透過聖王治世積極地曲成萬物，使萬物不遺其用、無傷其性，各自生化，成全萬物之用。或曰，《莊子》亦言：「順物自然而無容私焉，而天下治矣。」（〈應帝王〉，頁 294）似與郭象順物性之自然相類，何以謂《莊子》之任順乃相對消極之任順？究其因，乃在於《莊子》順物之自然是偏重在無心順物而言，故曰「無容私」，以此無心順物來治天下，而郭象之順物，乃偏重在順成萬物稟性而言，以曲成的方式成全萬物氣稟所有，積極成全民物之性，故二者雖同言「順物」，實其所順之重點有所不同。[15]

　　由以上討論可見，在萬物自身之積習成性及聖王曲成萬物而不遺的情況下，才性得以充分實現、彰顯，郭象這種積

---

[15] 張采民則誤以《莊子》「順物自然」之意爲「使萬物各順其性，各得其所」。見張氏著《《莊子》研究》（北京：中華書局，2011.7），頁 212。實際上，「使萬物各順其性，各得其所」乃郭象的說法，故曰：「夫明王皆就足物性，故人人皆云我自爾，而莫知恃賴於明王。」（〈應帝王〉注），張氏此說，實混淆二者義理分際。

極成全才性的態度，較諸《莊子》之著重顯示才性之限制義來得積極。不僅如此，《莊子》論才性是由限制性說每個人的不同和極限，並未論及群體；郭象論才性是由實現個體的殊性向成全群體的豐富性而趨，充分發揮了《莊子·天下》篇所說的「內聖外王之道」，可謂於《莊子》義理上既有繼承亦有所推進，顯示出道家工夫進路不只一味去礙而已，更有其積極成全的一面。

## 三、實踐工夫的方向：從個人修養轉向神器獨化

　　郭象《莊子注》關於工夫的對象，亦從《莊子》重視證成個人之逍遙齊物之境，轉向群體之神器獨化於玄冥之境，從以下舉例便見一班，如：

> 此果不材之木也，以至於此其大也。嗟乎神人，以此不材！（〈人間世〉，頁177）句下注：「夫王不材於百官，故百官御其事，而明者為之視，聰者為之聽，知者為之謀，勇者為之扞。夫何為哉？玄默而已。而群材不失其當，則不材乃材之所至賴也。故天下樂推而不厭，乘萬物而無害也。」（〈人間世〉注，頁177）

樹木之有材、有用者皆夭於斧斤，只有「擁腫而不中繩墨，卷曲而不中規矩」（〈逍遙遊〉，頁39）者方能全其生，《莊子》借此寓言說明神人藉著無用之用以全生，郭象承此一轉而談道化政治，認為聖王無心去任用百官，因各人才能不同，而順任百官，使之各司其職。於聖王無心而治的情況下，天下群材均能各遂其生，各司其位；天下臣民因聖王不宰制群

生而能自生自化，故不生怨恨，而樂推之，聖王雖治天下、戴黃屋、佩玉璽，亦能和光同塵，與物冥而無礙。此郭《注》之工夫主體自《莊子》談個人修養轉向神器獨化的例證一也。又如：

> 夫支離其形者，猶足以養其身，終其天年，又況支離其德者乎！（〈人間世〉，頁180）句下注：「神人無用於物，而物各得自用，歸功名於群才，與物冥而無迹，故免人閒之害，處常美之實，此支離其德者也。」（〈人間世〉注，頁182）

《莊子》以支離疏之形軀殘疾來說明忘形入德、忘德才能全德的道理，其工夫修養重在個人忘德以成德，郭象注文則轉向以神人之無用之用，成就天下國家群才之用而說。郭象認為神人治國，順物無心，使天下皆能自用，聖王雖有功於順物而不居功，歸功於天下群才，故能不異於眾而能冥於天下。因聖王不居功，故能免於害，此神人之忘德而有德也。郭象於此轉向，使《莊子》之就個人修養而言忘德，轉為從道化政治上聖王治國忘功全德的功夫，此其轉向之例證二也。再如：

> 人皆知有用之用，而莫知無用之用也。（〈人間世〉，頁186）句下注：「有用則與彼為功，無用則自全其生。夫割肌膚以為天下者，天下之所知也。使百姓不失其自全而彼我俱適者，怳然不覺妙之在身也。」（〈人間世〉注，頁186）

《莊子》由山木之能生火、桂木之可食、漆樹之有物用而不得全生，以說明無用之用足以全生的道理，郭象承此作注，轉向聖王治國無心宰制而成就百姓之自生自適。《莊子》就

無用之用而言全生，郭象之言「有用」、「無用」是就物之相因、相與而言，故言物我相因有用時，則為有功；物我無相因作用時，則能各自生化。若具體言之，其「有用」乃是於世庶有所定用，「無用」是於世庶中無所定用而言；士、農、工、商、百工百業皆屬有定用，故與彼相與則能成功立業，無所用則雖無功而能自己保全其生，不為物用、不害己性，郭象此說已異於《莊子》無用之用的說法。承此而論，郭象由彼我相因，推向神器獨化之說，認為君王治天下之時，國君皆割肌膚以為天下，則天下皆知君上治國；不如讓百姓不知上有君主之順任萬民之性，而以為我自然而適，各自獨化。此其由《莊子》工夫論之重個人修養轉向天下神器而言之例證三也。

　　或曰，《莊子》一書亦非只談個人修養而已，即使內篇亦多言君人之事，如〈應帝王〉便是，及至外雜篇談及君人南面之術者，更多不勝數，何以謂《莊子》所言是重個人修養的工夫論，而郭《注》則重如何達至天下神器獨化玄冥的工夫修養？試舉例說明之，如：

> 天下脊脊大亂，罪在攖人心。故賢者伏處大山嵁巖之
> 下，而萬乘之君憂慄乎廟堂之上。（〈在宥〉，頁373）句
> 下注：「若夫任自然而居當，則賢愚襲情而貴賤履位，
> 君臣上下，莫匪爾極，而天下無患矣。斯迹也，遂攖
> 天下之心，使奔馳而不可止。故中知以下，莫不外飾
> 其性以眩惑眾人，惡直醜正，蕃徒相引。是以任真者
> 失其據，而崇偽者竊其柄，於是主憂於上，民困於下
> 矣。」（〈在宥〉注，頁376）

《莊子》藉由治國之事說明，天下紛亂在於標舉仁義便會擾亂人心，賢者不能受用在位而隱伏，如此則君人者雖坐廟堂之上而甚爲憂戚，其論在於說明不應標舉仁義治國，應淡漠去知，無心無爲任用賢才方能安其性命之情。郭象注承《莊子》以治國寓言而論，闡述君臣上下相處之道。郭象認爲天下賢愚各就氣稟內容而實踐其職分，各任其性，各司其分，上下不相冒，便能各冥其極，而禍亂不生。相反，若在上位者欲以仁義之迹擾亂天下人心，使臣民徒慕仁義之迹而往外奔馳，不知返本積習成性，則天下大亂，上憂其權柄被竊，下困於失性而不得其生。郭象此注實已轉《莊子》重個人修養之去知遣執爲群體之各安其分的工夫論，此其又一例證也。

　　承上討論可見，郭象的工夫論明顯與《莊子》有所不同，可總括爲以下三點：第一，從郭象工夫論重視任性安分可見，郭象所欲彰顯的對象爲一無所不包之性分，而非《莊子》重視透過「翻成心爲真心」，恢復真心，並以之照見一切，齊物逍遙。第二，郭象主張任外物之性、積習成性的工夫論，可見郭象對才性的態度爲積極成全，使氣稟內容能充分實現、呈現，並不止於《莊子》只顯才性的限制義。第三，郭象主張各安其分，可見郭象除了安頓個人之自生自化以外，更重視群體的和諧，只有個人在不跂尙性分之外，各司其職而不相冒的情況下，方能各自獨化，從而推向群體的獨化，即天下神器的獨化，可見其工夫對象已非單就個人之安立而論，更從群體之如何相因、相與、自生、獨化的一體和諧而論。郭象此工夫論的轉向，實有承於《莊子》而往前推進：《莊子》重個人工夫修養的向上超拔提升，雖亦言明王之治，

然而並不以此爲重點，更沒有積極展開論述；郭象重外王工
夫的闡述，外王乃內聖的客觀化，而外王之極致者乃就天下
神器之治道而論，故郭象此轉向，實爲把內聖之學推向客觀
化發展的極致，亦充分展開了《莊子・天下》篇所說「內聖
外王之道」之旨趣。

## 第三節　工夫形態及其特色

　　在爲郭象工夫論的形態定位之前，必須以「依宗起教，
以教定宗」的模式作爲判定其工夫形態的準則。所爲「宗」
者，乃就郭象詮釋《莊子注》的宗趣而論，即就其說以實現
「神器獨化於玄冥之境」的道化政治理境爲終極旨趣而說；
其次是凡有所宗者，必有達成此宗之教路、方法，依此宗而
致之方法、途轍，可稱之爲「教」，亦即如何達致道化政治
理境的工夫論。若前章討論之主題內容不誤，則郭象詮釋《莊
子》之宗趣，須有一剋就此宗而致之教路，在宗、教相互圓融，
且不能相互矛盾的前提下，必能依此宗趣而起一定之教路，
同時也依此教路而指向這個宗趣，建構一完整的詮釋系統。[16]

---

16 周雅清即以宗與教的關係來詮釋《莊子》逍遙論之工夫及境界內容，
　周氏曰：「宗與教的關係，可以用『依宗起教，以教定宗』二語加以
　概括。此二語，消極而言，是使詮釋不致違反義理內部結構的重要前
　提；而積極地來說，則是欲完成一貫性詮釋，所必須掌握住的關鍵原
　則。」見氏著《莊子哲學詮釋的轉折 —— 從先秦到隋唐階段》，頁 127。
　今引周氏之詮釋方法說明郭象工夫論及詮釋宗趣之間的關係，以完成
　一貫性之詮釋。

# 一、工夫形態：任順成性

要極成道化政治者，即不能脫離現實，單憑詭辨玄思來成就它；亦不能光從讓開一步，消極去礙以完成之。以下試就郭象工夫形態不止於反覆相喻、重玄雙遣等辯證形態進行論述，以見其積極任順之工夫形態。

## （一）非反覆相喻之工夫形態

郭象論齊物時曾有「反覆相明」、「反覆相喻」（前二者同為〈齊物論〉注）、「反覆相尋」（〈秋水〉注）等說法，是否因此便認為郭《注》純為思辨形態，而無工夫論可言？關於這問題，試就郭《注》原文展開討論，以明其旨，注曰：

> 夫有是有非者，儒墨之所是也；無是無非者，儒墨之所非也。今欲是儒墨之所非而非儒墨之所是者，乃欲明無是無非也。欲明無是無非，則莫若還以儒墨反覆相明。反覆相明，則所是者非是而所非者非非矣。非非則無非，非是則無是。（〈齊物論〉：「欲是其所非而非其所是，則莫若以明。」句下注，頁65）

所謂儒墨、彼我之是非，均自一偏之見之不同而有。若分析而言，儒家用仁義復興周文，以質救文，挽救天下崩亂，[17]故儒家以仁義為首出，凡合乎仁義道德者均肯定之，從而主張厚葬久喪，禮樂教化，愛有差等；墨家則認為天下大亂「起

---

17 見牟宗三：《中國哲學十九講》，頁61。

不相愛」，只要能「視人之國，若視其國；視人之家，若視其家；視人之身，若視其身」則能息亂，[18]故以「兼愛」爲首出，凡「順天意者，兼相愛、交相利，必得賞」（《墨子閒詁·卷七·天志上》，頁 5），從而主張薄葬短喪，兼愛非樂。墨子以兼代別，孟子即以「無父」評之，[19]荀子則認爲此乃「僈差等」（《荀子集釋·非十二子》，頁 95）、「有見於齊，無見於畸」（《荀子集釋·天論》，頁 381）。墨家摩頂放踵，以自苦爲極的生命形態，非人人可及，而墨子以此要求天下人，便不盡合人情。儒者所肯定處正是墨家之所非議者，儒家所否定的價值觀恰爲墨者所肯定的部分，究竟孰是孰非？若對是非有所肯定者，則儒墨各有所是，各有所非；相反而言，若對是非均不肯定，則儒墨二者立場均不能被肯定。世人皆以自己所是者爲是，彼所是者爲非，郭象認爲若要顛覆這經驗上之是非相對判斷，則莫若「反覆相明」。所謂「反覆相明」乃是中見彼之非，非中見彼之是，即就我所肯定處見彼所否定者，我所否定處見彼所肯定者，同一件事互有是非，則是非、彼我均無所定，因此定是、定非立不住，故是非、彼我的價值評判均不能被貞定而浮動不止。因其浮動不止，而彼我、是非均須被顛覆打破，故見是非、彼我不能執定，而曰無定是、無定非。若僅就此而論，如此之破是非、彼我執著之「反覆相明」者，確爲一智解、客觀思辨之破執方法，而不若《莊子》之以超越成心執著之真心來照見萬物，從而貞定一切存在價值之具有體證的工夫

---

18 見《墨子閒詁·卷四·兼愛中》，頁 6。
19 見《孟子·滕文公下》：「墨氏兼愛，是無父也。」頁 272。

歷程。[20]

　　然而，郭象是否僅就彼我之俱可互為是非，而說彼我齊一？若循前面所論「不齊之齊」的內容來看，郭象認為「恢詭憰怪，各然其所然，各可其所可，則理雖萬殊而性同得，故曰道通為一也。」（〈齊物論〉注）乃就「得性」而言齊物，可見非僅就反覆相明便可證得齊一，反覆相明僅就萬物之是非浮動不息而言不齊，是就「破」而說，其所「立」處，須就「性同得」而言，故注曰：

> 今欲謂彼為彼，而彼復自是；欲謂是為是，而是復為彼所彼；故彼是有無，未果定也。偶，對也。彼是相對，而聖人兩順之。故無心者與物冥，而未嘗有對於天下也。樞，要也。此居其樞要而會其玄極，以應夫無方也。（〈齊物論〉：「果且有彼是乎哉？果且無彼是乎哉？彼是莫得其偶，謂之道樞。」句下注，頁68）

彼我、是非均為相對，為浮動不止之價值判別，然而聖人不落在分別之中，而能兩順萬物，是者順其是，非者順其非，因應各人所稟之不同而各順所需，使天下百姓均能得性齊一。因聖人之無心而順物，故能與物無對而冥於物。可見萬物之得性齊物，須同時滿足以下兩項條件：一、萬物須得聖人兩順，方能得其所待，然後才有得性的可能；二、在萬物得其所待的同時，亦須各自生化，充分實現稟性所有，方能

---

20 關於此說法，乃周雅清所提出，周氏認為：「向郭《注》所闡釋的『齊物』義，雖亦騁其玄智而極其精妙，卻仍然只能相對地、智解地平齊萬物。此種平齊，只能呈顯在思維當中，而不必然能落實在主體修上。既不必然能落實，是以並不是究竟的、真實的齊物境界。」見氏著〈《莊子‧齊物論》與向郭《注》的義理殊異辨析〉，頁48。

得性逍遙，於其得性處而言平齊。由此可見，郭象之所謂齊
物者，非單從智解之「反覆相明」而得，於反覆相明的情況
下，得知萬物不齊，由其不齊處各自努力，在上位者，順處
下位者，使之不失，而各得其性；處下位者同時亦須作任性
安分的工夫修養，方能達至「理雖萬殊而性同得」，故曰：
「儒墨之辨，吾所不能同也；至於各冥其分，吾所不能異也。」
（〈齊物論〉注）儒墨之各有是非，是不能強爲一致的；至
於各冥極其性分，皆可從逍遙自得處言之則是無可分別的。

　　同理可證，郭象言彼我、指非指之比喻亦然，雖亦曰「反
覆相喻」，然而並不僅以此作爲齊物方式，其注曰：

> 夫自是而非彼，彼我之常情也。故以我指喻彼指，則
> 彼指於我指獨爲非指矣，此以指喻指之非指也。若復
> 以彼指還喻我指，則我指於彼指復爲非指矣。此以非
> 指喻指之非指也。將明無是無非，莫若反覆相喻。反
> 覆相喻，則彼之與我，既同於自是，又均於相非。均
> 於相非，則天下無是；同於自是，則天下無非。何以
> 明其然邪？是若果是，則天下不得復有非之者也。非
> 若果非，則天下亦不得復有是之者也。今是非無主，
> 紛然淆亂，明此區區者各信其偏見而同於一致耳。仰
> 觀俯察，莫不皆然。是以至人知天地一指也，萬物一
> 馬也，故浩然大寧，而天地萬物各當其分，同於自得，
> 而無是無非也。（〈齊物論〉：「天地一指也，萬物一馬也。」
> 句下注，頁69）[21]

---

21　「故以我指喻彼指，則彼指於我指獨爲非指矣，此以指喻指之非指
　　也。」一句，依曹礎基、黃蘭發點校《南華真經注疏》，頁36斷句。

郭象先以「反覆相喻」的方式來破除自是非彼之情。郭象認為人皆自我肯定，而否定彼之所指，故必以己之所指爲是，而以彼之所指爲非；與此相反，彼人必以彼見爲是，故以彼指爲指，而以我之指爲非指。如此看來，彼我之是非，均不能被貞定，因於彼而言：我之指爲非，彼之指爲是；於我而言：彼之指爲非，我之指爲是。彼我在不同角度來看各有是非，而無從定奪，故由「反復相喻」見互可爲是非。因各以其一偏之見而是己非彼，使天下是非無主，紛然大亂，然則能貞定天下之亂者，唯有至人、聖人能之。至人使天地萬物各得其所，各任其分，使各有所是者均能得到充分發揮，而自得其性，於各人性理發揮至極而言無所分別，故無是無非。[22]由此可見郭象不止於以智解言齊一，其於「反覆相明」、「反覆相喻」後，使萬物得知彼我各有是非而見萬物不齊；於其不齊處，聖人均予肯定，兩順萬物所長，而無所偏私，積極肯定眾物萬殊之別，於此充分實現處言齊一，實爲於不齊處見齊，從萬有之充極實現處見其同，由此而貞定萬有，

---

22 林聰舜《向郭莊學之研究》曰：「向郭此種由『反覆相喻』之方式，以化解是非之方法，僅爲一種外在之化解方式，而祇能得齊平之假相，且純由現象界立言，故其所達到之『無是無非』之境，將反陷入『各信其偏見』。」頁138。案：郭象以「反覆相喻」的方式破執，繼而由聖王安任各人之一偏之見，使眾人性分均能得以充分實現，泯除一切紛端，平息一切是非執著，故曰「無是無非」。而郭象所謂「偏見」乃就氣稟性分之偏而論，非關情識執著，故其成就之偏見，乃由中性義之氣稟說起，關於郭象言「偏見」的內容，詳見第三章第一節所論。職是之故，並無所謂「所達到之『無是無非』之境，將反陷入『各信其偏見』」的可能，反而是在「無是無非」中成全各人「偏見」，使群品各遂其生。郭象此說能正視氣性之萬殊所造成之各有所是、各有所非之現象，此乃現象義、中性義，這是處理現實事物極需重視者。

不再起是非分別。[23]郭象「反覆相明」、「反覆相喻」、「反覆相尋」等說法雖承自《莊子·秋水》之說，以客觀思辨的方式說明萬物不齊的現象，然而其說卻有所推進，由客觀思辨進路同時涵攝主體修養，通過任順的工夫，得性齊一，從萬物的不齊處充分實現萬有殊性，於性同得處見其齊，體證「不齊之齊」的境界。[24]

　　郭象以「反覆相明」、「反覆相喻」等方式破執，繼而以聖王之任順萬有之性，以及眾人之自得其生，各適其性來成就萬物齊一逍遙、自生獨化之境，可見其工夫論上有破有立。承前所論，郭象工夫論形態的定位，不能無視其繼承老莊的部分，然而最見其特色者，乃其往前推論、有所發展處 —— 以任順方式成就萬有，故其工夫論形態不應只將它定位在破執的地方，遂誤認郭象僅以思辨、智解方式平齊萬物，而沒有工夫可言。

---

23 周雅清認為因郭象對成心造作沒有真摯深切的體會反省，故無工夫實踐提昇生命境界，而致使一下子滑落為客觀思辨層次。見氏著〈《莊子·齊物論》與向郭《注》的義理殊異辨析〉，頁 48；又於其著《莊子哲學詮釋的轉折 —— 從先秦到隋唐階段》，頁 59 表明，因郭象徒恃思辨，未有真切實踐，欠缺《莊子》所做的修養工夫，故郭象對工夫、對境界都只能浮泛解之，僅以思辨方式為進路，理解實踐之學。誠然，郭象對成心造作的反省並不如《莊子》，因郭象之成心義不具負面義，然而並不等同郭象並無工夫實踐以達「神器獨化於玄冥之境」。周氏此說只討論郭象破執的一面，未進一步論及以順任工夫成性的一面，由郭象順任的工夫即可見郭象並非僅為思辨。

24 周雅清於〈《莊子·齊物論》與向郭《注》的義理殊異辨析〉一文中，先指出郭象繼承〈秋水〉的齊物義，然而筆者認為郭象於繼承外，尚有所發展，其繼承者為〈秋水〉，「破」萬物不齊的部分，其有所推進者為「立」萬物不同處，成就並肯定萬有之不同。關於〈齊物論〉與〈秋水〉齊物義理內容辨析，可參考拙作〈〈齊物論〉與〈秋水〉義理異同辨析〉，《世新中文研究集刊》第七期，2011.7，頁 49-70。

## （二）非重玄雙遣之工夫形態

　　既謂郭象重順任工夫，何以郭《注》中屢見以「遣之又遣」、「了無」等詭辭爲用的辯證方式來齊平萬物？觀其注曰：

> 今以言無是非，則不知其與言有者類乎不類乎？欲謂之類，則我以無爲是，而彼以無爲非，斯不類矣。然此雖是非不同，亦固未免於有是非也，則與彼類矣。故曰類與不類又相與爲類，則與彼無以異也。然則將大不類，莫若無心，既遣是非，又遣其遣。遣之又遣之以至於無遣，然後無遣無不遣而是非自去矣。（〈齊物論〉：「今且有言於此，不知其與是類乎？其與是不類乎？類與不類，相與爲類，則與彼無以異矣。」句下注，頁79）
>
> 有有則美惡是非具也。有無而未知無無也，則是非好惡猶未離懷。知無無矣，而猶未能無知。此都忘其知也，爾乃俄然始了無耳。了無，則天地萬物，彼我是非，豁然確斯也。（〈齊物論〉：「有有也者，有無也者，有未始有無也者，有未始有夫未始有無也者。俄而有無矣，而未知有無之果孰有孰無也。」句下注，頁80）

郭象這兩段注文均由四個層次來說明物之不可執持，層層遞進以消解相對之偏執，達致豁然開朗之境。前者就「是」、「非」爭論之有無而說，後者就「有」、「無」本身的執定而論。前者所言之四個層次分別爲：第一層，有是、有非。第二層，否定有是、有非。此乃對第一層「肯定有是、有非」的否定，然而雖爲否定「以無爲是」或「以無爲非」的分別，

但仍屬相對之否定，爲一二元之對立，即落入肯定「否定有是、有非」與否定「否定有是、有非」之相對局面，故主張「否定有是、有非」無疑是又落入另一層是非爭端的開始。第三層，遣是非。因前二層次「肯定有是、有非」與「否定有是、有非」均爲相對之是非，凡有所肯定，即有所否定；同樣有所否定，即有所肯定，縱然第一層，與第二層並不同類，第一層以是、非作爲判別原則，第二層以否定第一層爲其判別內容，然而「類與不類相與爲類」，內容縱有不同，仍落入有所肯定與有所否定的立場當中，故「又相與爲類」，於此便須有第三層的工夫，超越肯定、否定的立場，遣蕩是非分別，而不落入對待之中。第四層，遣工夫的工夫。在遣除是非分別後，「遣其遣」、「遣之又遣」，遣去工夫本身，及其工夫相，蕩相遣執，化掉一切分別，以至於無所謂遣不遣的境界，於此超越是非而不著工夫相，不論是非、工夫均無所執定。[25]後者所言之四個層次則分別爲：第一層，有有，指對美惡是非有所執定者，於此並無工夫可言。第二層，有無，有意除去心知執著，不執定美惡是非者，然而此階段者

---

25 陳少明認爲郭象此「遣之又遣」之說類似佛學的「隨說隨掃」。見氏著《〈齊物論〉及其影響》，頁 101。郭象於「遣之又遣」之前言「有是、有非」，繼而否定「有是、有非」，以致遣是非，又遣其遣，最後遣之又遣的說法，乃從分別說來說明非分別說的境界，前面層層分析說明，以顯示最後非分別說的境界，實爲一分析的說；而佛學的「隨說隨掃」乃當下指點的非分別說，陳氏認爲二者有所似，則未明陳氏所言相似之處爲何？若就詮釋進路來看，一爲分別說，一爲非分別說，本有不同。若從義理內容來看，二者同爲說明無所執滯之理，此乃儒釋道三教共法，固爲相類；然而若從二者義理分際來說，郭象之遣是爲了任順萬有而立說，佛學之掃執是爲了證明緣起性空，二者之體本有不同。職是之故，若謂其相類，恐造成義理分際含糊不清之嫌。

必具有工夫相。第三層，無無，此層工夫已較前一層有所推進，亦知袪除工夫相，然而在消解工夫相的同時仍屬有所著意者，具有對治相。第四層，了無，化去掉無無，一切心知分別連同做工夫的意念均被超越，無所執定，亦無所對待，無可無不可，應物自然，豁然開朗。

郭象這種「推寄於參寥，亦是玄之又玄」（〈大宗師〉注）的玄智，實承自道家詭辭為用的傳統。《老子》言「玄之又玄」（〈一章〉）、「損之又損」（〈四十八章〉），《莊子・大宗師》言「外天下」、「外物」、「外生」、「朝徹」、「見獨」、「無古今」、「不死不生」，「坐忘」等遣蕩去執的說法，郭象於此均有所繼承，並且作出展開說明、層層深入分析，以明蕩相遣執的工夫，然而並不能因此便謂郭象《莊子注》為一重玄雙遣、詭辭為用的工夫形態。承上文所言，郭象之遣之又遣，於佛家亦可言「空空」、「畢竟空」，不能於此見其工夫論之特色，應就其遣除、遺忘背後，所欲成之理而言工夫形態，觀其注曰：

> 物各有性，性各有極，皆如年知，豈政尚之所及哉！自此已下至於列子，歷舉年知之大小，各信其一方，未有足以相傾者也。然後統以無待之人，遣彼忘我，冥此群異，異方同得而我無功名。是故統小大者，無小無大者也；苟有乎大小，則雖大鵬之與斥鷃，宰官之與御風，同為累物耳。齊死生者，無死無生者也；苟有乎死生，則雖大椿之與蟪蛄，彭祖之與朝菌，均於短折耳。故遊於無小無大者，無窮者也；冥乎不死不生者，無極者也。若夫逍遙而繫於有方，則雖放之

**使遊而有所窮矣，未能無待也。**（〈逍遙遊〉：「小知不及
大知，小年不及大年。」句下注，頁 11）

正因有待之人各信其一偏之見，而不能定住世間之是非、美
醜。唯有無待之人，不著於彼我分別，兼容天下，兩順蒼生，
使眾人能因其所長，而各得性自生。因無待者能超越是非、
大小、死生、彼我分別，故能統小大而不為物累，齊死生以
應無窮。因其能遊於無窮，冥於無極，所遇斯適，故曰「無
待」。而「無待」之人之所以能無所待，除了因其「特稟自
然之妙氣」（〈逍遙遊〉注）外，亦因其能了無、遣之又遣，
不執於世俗分別，而能自得其性；又因其能遺彼忘我，順物
而不居功，故能與物玄同。可見了無、遣之又遣等重玄雙遣
的方式，是為了自得其性，故曰：「遺身而自得」（〈齊物
論〉注），又曰：「遣耳目，去心意，而符氣性之自得，此
虛以待物者也。」（〈人間世〉注）能自得其性方能無所待
而不為物累，故曰：「忘天地，遺萬物，外不察乎宇宙，內
不覺其一身，故能曠然無累，與物俱往，而無所不應也。」
（〈齊物論〉注）能遣身、遣天下，方能統乎有待，順應群
生，而應為帝王，故又曰：「遺天下者，固天下之所宗。」
（〈逍遙遊〉注）

由此可見，所謂遣了、遺忘者，並不是只有一味消極地
去礙，更非為了否定現實一切而致，而是在遺忘心知執著後，
才能積極肯定、成就現實一切，所以只有「遺物而後能入群，
坐忘而後能應務，愈遣之，愈得之」（〈大宗師〉注），其
遺忘、遣了，是為了入群、應務，積極成就一切價值，肯定
現實所需。同樣「真人遺知而知，不為而為，自然而生，坐

忘而得，故知稱絕而爲名去也。」（〈大宗師〉注）其遣絕
是爲了知、爲、生、得，成就現實一切，可見「知稱絕」所
絕棄者乃「爲名」，而不是絕棄存在者，故其絕去，乃就消
極去礙而言，只有由積極成全的一面，方見其工夫作用之指
向。郭象言生、言得、言爲、言知者均由任順而致，故曰「任
性自生」（〈應帝王〉注）、「任而不助，則泯然自得」（〈駢
拇〉注）、「任其自得，故無僞」（〈應帝王〉注），因其
順性自得，所以雖有所作爲，仍爲無心造作之成就萬物之自
生。其曰「任其自知，故情信」（〈應帝王〉注）是就順任
自然而作出現實分別，而非因個人心知執著妄加分別，故其
分別之內容均真實而無妄。其言「任萬物之自爲」（〈在宥〉
注）、「任其自爲」（〈天地〉注），若就傳統道家工夫之
說「自爲」或「爲」者，皆屬有執定、有立場、有造作的負
面義，然而郭象此處之「自爲」乃順其本性自得積極成全之
後之正面價值義的「爲」，只有從其積極成就、肯定處方能
顯其特色，故不宜把郭象之工夫論定位爲「重玄雙遣」或是
「反覆相明」等工夫形態。相對於《莊子》而言，更見郭《注》
積極任順的一面，故其工夫形態應爲任順的形態。

## 二、任順成性的工夫特色

　　從上述討論可知，只有從其積極成就萬事萬物的進路，
才能分別郭象工夫形態的殊異處，不能只以反覆相喻的客觀
思辨進路、重玄雙遣的詭辭爲用作爲郭象的工夫形態，更應
從積極任順的方式爲郭象《莊子注》的工夫形態來定位。以

下嘗試從消極去礙及積極任順兩方面進行討論，從而展示任順的工夫之特色。

## （一）以去礙為前提

郭象工夫論的特色雖不以去礙為其特色，但其言順任，則必須以去礙遣執為必要條件。若據順任工夫之分述內外而言，亦可從其自內之無心任性及對外之無心冥物而說其去礙工夫。

第一，就無心任性而言，郭象以任性安分為其主要工夫內容，而其任性的前提，則須以無心為主，故其注曰：

> 人之生也，理自生矣，直莫之為而任其自生，斯重其身而知務者也。若乃忘其自生，謹而矜之，斯輕用其身而不知務也，故五藏相攻於內而手足殘傷於外也。（〈德充符〉：「吾唯不知務而輕用吾身，吾是以亡足。」句下注，頁 202）
>
> 夫去知任性，然後神明洞照，所以為賢聖也。（〈列禦寇〉：「慎到之道，非生人之行而至死人之理。」句下注，頁 1051）

郭象之言任性自生，乃從「莫之為」、「去知」說起，以無心無為，自然而然來說任、順。若有所矜謹、上下夸跂，不能任性自生，則因其不知時務而不能全身，以致內外俱損；與此相反，只有「去其矜謹，任其自生，斯務全也」（〈德充符〉注），無所執滯方能任順其性，自得其生，可見遣執去礙，為任性之前提。此所謂前提者，既不為時間順序之前後關係，亦不為前因後果之因果關係，而是任順之必要條件而說：有之方能成就任順的內容，無之則無所成，若無此前

提，則所成皆爲有心造作之虛幻，一切價值無法貞定，只有
現實意義，而無價值肯定。郭象所謂「忘知任性」（〈繕性〉
注），若從忘知看任性者，則忘知去執乃任性的必要條件；
若從任性來看忘知者，則凡物之能任其性分者，自能無爲去
知，故曰：「率性而動，故謂之無爲也。」（〈天道〉注）
又曰：「功盡其分，無爲之至。」（〈則陽〉注）說到工夫
之至極處，率性中自有無爲，無爲之所欲成者即率性，在盡
其性分處，才能體證無爲之至的作用，二者爲一體之兩面。

第二，就無心冥物而言，不論是就順萬有之性來說，還
是從與物同波之相冥合來看，均須無心無爲，方能任之，其
注文曰：

> 夫爲天下，莫過自放任，自放任矣，物亦奚攖焉！故
> 我無爲而民自化。（〈徐無鬼〉：「今予病少痊，予又且復遊於六
> 合之外。夫爲天下亦若此而已。予又奚事焉！」句下注，頁 832）
>
> 巧者有爲，以傷神器之自成，故無爲者，因其自生，
> 任其自成，萬物各得自爲。（〈天下〉：「無爲也而笑巧。」
> 句下注，頁 1097）

因順萬物的前提，必須「無爲」方能讓物自生，若有私意爲
之，則成宰制萬物，所以郭象認爲治天下的方式在於無爲放
任，只有無心順應，方能成就一切，故曰「聖人無心，任世
之自成」（〈繕性〉注）、「無心而任化，乃群聖之所游處」
（〈庚桑楚〉注）、「無心而任乎自化者，應爲帝王」（〈應
帝王〉注）。因聖王「常無心，故王天下而不疲病」（〈天
道〉注）應物而不爲物累；亦因聖王無心任物，萬物便不爲
聖王之任順而被擾亂其性，故曰「物亦奚攖」、「萬物各得

自爲」。又因聖王順物無心，故能與物同波而不獨立離群，其注曰：

> 夫自任者對物，而順物者與物無對，故堯無對於天下，而許由與稷契爲匹矣。何以言其然邪？夫與物冥者，故群物之所不能離也。是以無心玄應，唯感之從，汎乎若不繫之舟，東西之非己也，故無行而不與百姓共者，亦無往而不爲天下之君矣。（〈逍遙遊〉：「而我猶代子，吾將爲名乎？名者，實之賓也。吾將爲賓乎？」句下注，頁24）

若聖王只自任其性而不順萬有之性，則只顯一己之逍遙自足，而不顧眾人之逍遙，如是者便與物有對。堯以不治治天下，不離群捨物而大順群生，群物亦不離之，便能與物相冥，故曰：「無心者與物冥，而未嘗有對於天下也。」（〈齊物論〉注）「與物冥者，天下之所不能遠，奚但一國而已哉！」（〈德充符〉注）因其無心玄應，故能順其自然而遇物即冥，即世間而逍遙。許由獨立高山、拱默山林，自離群物；稷、契全力爲老百姓服務，有其治功的一面，然而卻累於物，故他們均爲有心者，而不能順物應變，與物相冥。堯與之不同，對外既有治功，對內亦能不繫於物，應物無累。苟爲真正的聖人，置於何處亦能逍遙，不論是離群索居還是與百姓共者均能無往而不自得，沒有非獨立高山方可逍遙的道理。由此可見，不論自任、順物還是冥物均須無心無爲方可，故曰「泊然無爲而任其天行」（〈列禦寇〉注）。

　　綜合上述討論可見，不論任一氣稟之性，還是就任順萬有殊性、與物相冥而言，無爲去礙均爲郭象工夫次第中不可缺的一環，故謂無心無爲乃郭象任順工夫的前提，其所謂前

提者，乃就成就任、順之必要條件分析地說，而不就因果、時間上之先後而言。職是之故，任順工夫須無心無為去成就，而任順萬物之時亦恆顯一無心玄應的境界。

## （二）積極成全萬物

郭象言任順，並不只是從消極的讓開一步來成就萬物，而是透過無心任物的方式，較積極地成全萬有氣稟所有的內容，其注曰：

> 性之所能，不得不為也；性所不能，不得強為；故聖人唯莫之制，則同焉皆得而不知所以得也。（〈外物〉：「人有能遊，且得不遊乎？人而不能遊，且得遊乎？」句下注，頁937）
>
> 提挈萬物，使復歸自動之性，即無為之至也。（〈在宥〉：「挈汝適復之撓撓。」句下注，頁396）
>
> 若夫順物性而不治，則情不逆而經不亂，玄默成而自然得也。（〈在宥〉：「亂天之經，逆物之情，玄天弗成。」句下注，頁389）

郭象言成性，其所成全者乃成自然之性之所有者，而不成其所無，因「中無主，則外物亦無正己」（〈天運〉注），故其成乃性之所本有者，無須假求外來而得，故曰「不知所以得」、「不得不為」，自然無心便能成就之。同樣，聖王任物，亦是順任萬物之所有者，使萬物自得其性，各遂其生，而不強治之，使彼效己，相效失真。在這種情況下，聖王不逆亂眾生所受，「各任其自為，則性命安」（〈在宥〉注），是謂「順而不治」；百姓各安其命而不跂羨相效，則「得者

自得，故得而不謝，所以成天」（〈天地〉注），是謂「玄默成而自然得」。

　　無論是從個人之積習成性，還是從聖王任而不治，使眾人玄默自得來說成性，二者均積極成全自然所有，使其性分得以充分實現。郭象並非從仁義教化來成就物性，足見其義理系統歸屬道家，毫無參雜儒家義理的成分。儒者以「己欲立而立人，己欲達而達人」（《論語·雍也》），以德化民為己任，所立、所達者均以道德本心為依歸之仁心、仁體。二者同樣可言「順之則生天生地，逆之則成聖成賢」，[26]但所逆、所順均有不同：儒者所順者，乃超越的仁體本心，承體起用，則能參贊天地、化育萬物，於此而言生天生地；郭象所順者，乃萬殊氣稟之性，承體起用，則能充分實現萬有性分，自生獨化，於此成就世間一切價值意義，極成道化政治的理境。儒者所逆者，乃一氣性生命，透過求其放心的工夫，立其大本，貞定道德本心，以成聖成賢；郭象所逆者，乃跂羨相效之心，透過遣執去忘等去礙工夫，順任其性，以充分實現各人性分，由眾人之自生獨化而至神器獨化，當中又以「特稟自然之妙氣」（〈逍遙遊〉注）而又能充分實現者而為聖王，[27]由此可見郭象之義理內涵為一徹底之道家系統。

---

26 牟宗三先生認為儒家之聖人承體起用，順仁心本體發用便能生天地，故曰「順之則生天生地」，而承體起用之順必須經過逆顯之開悟，即「逆之則成聖成賢」。見先生著《宋明儒學的問題與發展》（臺北：聯經出版，2003.7），頁 68。

27 郭象並不如儒家，認為人人皆可成聖，在其「適性的逍遙」理論當中，眾生皆可逍遙，但並不等同凡逍遙者皆為聖人，關於此問題的討論詳見第五章。

　　郭象積極成全萬有氣稟的工夫進路，除了異於儒者之所成、所立外，也有不同於老莊之工夫進路。郭象以去礙工夫作為順任萬有之前提，可見其工夫論之次第分明，此與老莊、王弼的工夫論偏重於消極去礙者，已有不同，以下試就此舉例說明之。《老子》言「為學日益，為道日損。損之又損，以至於無為。無為而無不為。」（〈四十八章〉）是認為為學只能增其心知分別，而無益於生命體道，遂以損之又損作為體道工夫，故又言「絕學無憂」（〈二十章〉）絕去生命中的刻意造作，便能無所牽累。其言「學不學，復眾人之所過。」（〈六十四章〉）乃學之最至極處。《老子》此言「學不學」，乃本諸「無為而無不為」之義，並非主張不須學、不必學，而是重在於「無為」。「無為」乃沖虛之體，「無不為」是無為之發用，當中必有積極的意義，只是《老子》隱而未發，至郭象始發明此義，而作積極展開。

　　《莊子》認為聖人之道不可學（〈大宗師〉，頁252），又認為「學道不倦」者非明王所為（〈應帝王〉，頁296），而「學先王之道」者，亦「不免於患」（〈山木〉，頁671）。至於「繕性於俗，學以求復其初」，以世俗習慣來復其本性者，更是蔽塞昏暗的「蔽蒙之民」（〈繕性〉，頁547）。《莊子》一書，隨處見為學不能成性的例子，如公孫龍學先王之道，自以為至達，聞莊子之言則汒汒然有所失；（〈秋水〉，頁597）又如「壽陵餘子之學行於邯鄲」，既不得趙國之能，反失於壽陵時故有的技能，終至匍匐而歸。（〈秋水〉，頁601）足見成性不能透過效學而成，故須「絕學捐書」（〈山木〉，頁686），透過心齋、坐忘、無己、無功、

無名、喪我、外物等祛執遣蕩的工夫來逍遙齊物，肯定現實一切價值。《莊子》之言亦只從去執去病處說，未能正視學習的正面功能。

　　道家義理系統發展至魏晉之王弼，雖言「聖人達自然之性，暢萬物之情，故因而不爲，順而不施。除其所以迷，去其所以惑，故心不亂而物性自得之也」（〈二十九章〉注）、「明物之性，因之而已，故雖不爲，而使之成矣」（〈四十七章〉注），王弼亦從因順、自得來成就萬物之性，似與郭象所言相類同，然而其因順的方式爲一消極的去礙工夫，以虛靜、自然無爲的方式來順成萬物，故王弼主張從「不學而能」來說自然（〈六十四章〉注），又曰「萬物以自然爲性，故可因而不可爲也」（〈二十九章〉注）、「靜則復命」、「復命則得性命之常」（〈十六章〉注）。及至郭象，方以去礙工夫作爲積極任順之前提，從「積習而成」、「研粗以至精」（皆自〈大宗師〉注）來說明「物雖有性，亦須數習而後能」（〈達生〉注），透過積極之工夫次第充分實現氣稟性分。

　　郭象工夫論從消極之去礙，往前推進，轉以積極順任、成就性分所有，萬物均能因而自生獨化，肯定現實一切存在。若從教路而言，相對於《老》、《莊》、王弼等工夫進路，更顯其漸教之特色。《老子》雖言虛心無爲、和光同塵等工夫；《莊子》亦言心齋坐忘、外物外生、朝徹見獨等工夫修養；王弼則言因而不爲、守母存子等工夫修養，然而三者所言之工夫論縱有次第可言，仍屬同層之轉化，透過去礙無爲的工夫形態，復其自然心性。郭象則承前賢工夫論，作出不

同層之轉變，既存有去礙工夫，亦自此轉出作積極的工夫修養，工夫次第分明，更見其教路屬漸教者。[28]

　　由以上討論可見，郭象工夫論雖有「反覆相明」、「重玄雙遣」等客觀思辨進路的工夫，然而客觀思辨進路與主觀實踐進路並非不能共存，亦不能因肯定樸實之途便否定議論之途，於郭象《莊子注》的工夫論中，客觀思辨一途並非主要的工夫內容，亦非其《莊子注》最具特色處所在。其工夫進路雖亦可言去礙的工夫，以顯其逆覺的一面，[29]然而其所逆者是爲了開顯順任，故其積極生成者方爲其工夫特色所在。只有從積極任順的工夫形態來看郭象工夫論之詮釋轉向，方可凸顯其積極成就現實的一面。又從其積極成就萬有的一面可見，其積極順任是爲了成就天下之自生獨化，繼而

---

28 唐君毅先生認爲《莊子・大宗師》中言朝徹見獨等工夫進路，乃重次第工夫的證明，故爲漸教；郭象於原文句下僅注「都遣也」，唐先生認爲這是「以見獨之義，一滾而釋之」，趨於頓教。見先生著《中國哲學原論》原道（二），頁 381。筆者以爲先生僅就郭象當句注下評之爲頓教者，恐有未盡郭《注》工夫論之嫌，若就郭《注》全文而論，誠有去礙遣執之工夫修養，然而尤有進者，乃其承去遣的部分往前推進之順任工夫。郭象由消極去礙，轉向積極順任之工夫次第，較諸《莊子》遣去工夫之同層轉化，更見其漸教意味。

29 牟宗三先生認爲郭象有「逆提逆覺」之工夫。見先生著《才性與玄理》，頁 207。然而唐君毅先生卻認爲郭《注》之工夫歷程與《莊子》莊嚴的工夫歷程不同，因郭象忽視吾人之存在的生命，尚須次第向上拔起之縱的一面；而只重吾人之心靈之可自浮游于天上，以橫面的觀其一切所遇，更與所遇者順應，而俱適俱化與俱忘之一面。見先生著《中國哲學原論》原道（二），頁 379。從上文討論得知，郭象工夫既有逆亦有順的一面，誠如牟先生所言，郭象之遣執去礙者，便爲其「逆提逆覺」之工夫，透過此一逆覺而往前推，順任萬有稟性，各自得任適，逍遙獨化。若此論不誤，則郭象所論並無忽視存在生命之嫌，其所順應所遇者皆有工夫次第保證之，故其異於《莊子》者並不在於莊嚴性之不足，而是在於透過工夫修養的轉向，積極成就萬有。

完成「神器獨化於玄冥之境」的政治理境。相對於《莊子》
而言，郭象之工夫對象從心轉向性，關懷重點由個人主體修
養轉向群體政治安立，積極成全眾人之性分內容，從而穩定
社會倫理秩序，神器獨化。然而並不能因此認為郭象沒有工
夫論，[30]而僅具思辨形態來成就現實萬物之逍遙獨化。

---

30　周雅清認為：「相對於成玄英的疏解，郭象玄學中，確實呈現出對於
　　工夫的說明不足、以及對於境界的展示不充分等缺失，由此即可以看
　　出，郭象是一位具有玄智的哲學家、理論思辯家，卻不是能切實做工
　　夫、修養自己的為道之士，此中原因乃在於其所關懷的問題，是政治
　　問題，而不是心性修養的問題。」見氏著《成玄英思想研究》，頁 318。
　　關於郭象與成玄英工夫形態異同問題，因非論題所涉內容，故暫不論
　　之。然而周氏以郭象本人之工夫修養問題，論其《莊子注》之工夫論
　　進路、形態，有所偏重，仍有未完足處。首先，郭象有否實踐其工夫
　　修養與其哲學系統之工夫論形態並無必然關聯；其次，郭象玄學的關
　　懷重點不在於心性修養，而在於外王問題，並不等同郭象玄學無工夫
　　論或不重視透過工夫修養證成道化政治的最高境界。

# 第五章　開顯的境界

　　各宗派因其教路不同而所開顯的境界有異，即使同宗同教者，亦隨順工夫修養的程度不等而使各人所證之生命境界有高下之別。郭象之工夫論雖繼承於《莊子》處者所在多有，然而亦有自家獨造之境，故隨著其工夫論之轉向，所開顯的境界自有所不同。[1]

　　以下將從《莊子注》所顯之聖凡境界及神器獨化境界二方面展開討論，由前者可見逍遙與成聖的關係，即是否能從人人皆可逍遙而推論出人人皆可成聖；後者則從郭象道化政治的最高境界，嘗試討論其圓教的可能性。

## 第一節　從聖凡境界看逍遙與成聖的關係

　　《孟子》認爲「人皆可以爲堯舜」（《孟子・告子下》），

---

[1] 本章與前章論郭象之工夫論者相同，均剋就郭象《莊子注》的境界論而作出討論，並不就郭象本人有沒有透過工夫實踐來證成聖凡境界而論，更不因人廢言，隨順《世說新語》、《晉書》對郭象爲人的品評，而否定其說。因不論根據《世說》、《晉書》或其注，來還原郭象有否證成聖凡之最高境界，均有偏頗之嫌；再者，試圖還原作者爲人、修養境界既爲不可能之事，亦無助（甚或是無礙）於《莊子注》詮釋系統的呈現。

《大般涅槃經》曰：「我經中說，一切眾庶，乃至五逆犯、四重禁及一闡提悉有佛性。」[2]儒、釋二教，在成聖、成佛的根據上，給出理論上的說明，此則從因地的根據上說。郭象亦從「無待的逍遙」、「有待的逍遙」兩層逍遙來說明人人皆可達到逍遙的境界，此則由果位的境界上說。然而人人皆可逍遙，與凡逍遙者是否均能證得聖人境界則不存有必然關係，由此更可見聖凡之別，下文將就此問題嘗試討論之。

## 一、聖凡境界高下殊異

就郭象而言，個體生命經由沖虛工夫修養後體證之最高生命境界，或以逍遙言之，或用齊物、自得、自生、獨化等詞說明此一境界。能體證生命之逍遙境界者，並不限於聖人，眾人亦可，凡適性自得，便能自生獨化、齊一逍遙，然而並不等同聖凡之間所體現的最高內容境界毫無差別，縱然聖凡一是均能適性逍遙，然而二者所證得的境界卻容有高下之分，其注文曰：

> 乘天地之正者，即是順萬物之性也；御六氣之辯者，即是遊變化之塗也；如斯以往，則何往而有窮哉！所遇斯乘，又將惡乎待哉！此乃至德之人玄同彼我者之逍遙也。苟有待焉，則雖列子之輕妙，猶不能以無風而行，故必得其所待，然後逍遙耳，而況大鵬乎！夫唯與物冥而循大變者，為能無待而常通，豈獨自通而

2 見北涼天竺三藏曇無讖譯：《大般涅槃經》卷第二十八，收於《大藏經》20冊（臺北：新文豐出版，1973.6），頁534。

已哉！又順有待者，使不失其所待，所待不失，則同於大通矣。故有待無待，吾所不能齊也；至於各安其性，天機自張，受而不知，則吾所不能殊也。夫無待猶不足以殊有待，況有待者之巨細乎！（〈逍遙遊〉：「若夫乘天地之正，而御六氣之辯，以遊無窮者，彼且惡乎待哉！」句下注，頁20）

聖人能順萬物之性，使萬物不失所待，各得其性，又能遊變化之塗，應物而無窮，因其無不可乘而曰「惡乎待」，故其逍遙爲一無待之逍遙；眾人則有所待，須得其所待，方能逍遙，故其逍遙爲一有待之逍遙。在這種情況下，有待者須得無待者所順方能自適其性，體證逍遙之境，故二者所證之境確有高下殊別；然而於各安其性的情況下，自彰其性，則「無待猶不足以殊有待」，同齊於得性之境界中。

郭象認爲「聖人未嘗獨異於世」（〈天地〉注）、「聖人之形，不異凡人，故耳目之用衰也，至於精神，則始終常全耳。」（〈徐無鬼〉注）聖人即世俗而成其爲聖，沒有所謂離群獨異的聖人，並非獨立高山之上才能成其聖；其於外形上則不異於眾凡，所異者乃在於聖人的精神，因聖人「去知任性，然後神明洞照，所以爲賢聖也。」（〈天下〉注）聖人神明洞照，故能應物無累，而異於俗眾，故曰：「聖人無安無不安，順百姓之心也。所安相與異，故所以爲眾人也。」（〈列禦寇〉注）聖人隨遇而安，無所不乘，故能順應萬民之性；眾人因其氣稟不同而所安各異，不能達到聖人的無所不安，所以爲眾人。由此更見聖凡境界各有分別，眾人只能安其性，故曰：「民物之所以卑而賤者，不能因任故也。」

（〈在宥〉注）又曰：「恣其天機，無所與爭，斯小不勝者也。」（〈秋水〉注）與此相對，聖人能任物而無所不安，故曰：「是以任賤者貴，因卑者尊。」（〈在宥〉注）又曰：「然乘萬物御群材之所為，使群材各自得，萬物各自為，則天下莫不逍遙矣，此乃聖人所以為大勝也。」（〈秋水〉注）聖凡雖同可修得逍遙之境，體證各自生命裡的最高境界，然而於個別的最高境界下，仍有相對高下之別，唯有聖人方能體證至高之境而為尊、為貴，相對之下眾人則為賤、為卑，立見聖凡境界之高下殊異。

## 二、氣稟決定聖凡之別

既知聖凡境界原有分別，則可進一步討論致使聖凡有別的主要原因在於何處？從郭象論性分處便可之，注曰：

> 世之所謂知者，豈欲知而知哉？所謂見者，豈為見而見哉？若夫知見可以欲為而得者，則欲賢可以得賢，為聖可以得聖乎？固不可矣。而世不知知之自知，因欲為知以知之；不見見之自見，因欲為見以見之；不知生之自生，又將為生以生之。故見目而求離朱之明，見耳而責師曠之聰，故心神奔馳於內，耳目竭喪於外，處身不適而與物不冥矣。不冥矣，而能合乎人間之變，應乎世世之節者，未之有也。（〈人間世〉：「是萬物之化也，禹舜之所紐也，伏戲几蘧之所行終，而況散焉者乎！」句下注，頁152）
>
> 俱食五穀而獨為神人，明神人者非五穀所為，而特稟

　　**自然之妙氣。**（〈逍遙遊〉：「不食五穀，吸風飲露。」句下注，
　　頁29）

由以上引文可見郭象所論重點有二：一是聖人天縱，無「自
然之妙氣」者，不能成聖。二是成聖之途，須自然積習而致，
非效學跂羨可成。郭象認為成聖與否的關鍵在於：不能由有
心為而為的知見而得，成就個體稟性的過程須由積習而致，
然而積習之心知見聞並非「欲知」、「為見」這種有心作為
者可以成就，而必須是所知、所見，以「不知知」、「不見
見」的無為方式才能成就之，透過自然而然的方式去成就性
分，實現性分所有，方能自生自化。若氣稟所無者，雖欲成
聖成賢，郭象則認為「固不可矣」！由此可見郭象認為聖人
之不可學，關鍵在於聖人乃氣稟命定，「非能為而得之也」，
只有「特受自然之正氣」（〈德充符〉注）、「特稟自然之
妙氣」者，方能成之；至於無所稟者，假學無益，故郭象又
曰：「雖去己一分，顏孔之際，終莫之得也。」（〈德充符〉
注）凡是跂羨性分之外，欲羨離朱、師曠之耳聰目明者，只
會使其內在心神為欲望所牽引而疲於奔馳，外在則因其有所
欲求而應物有累、與物不冥。由此可見萬物受生有分，若能
「任其所受之分，則性命安矣」（〈在宥〉注）；若稟性本
無離曠聖賢之分，而又希慕離曠、欲為聖賢，「專由情以制
之」、「有情於為之，亦終不能也」（同見〈德充符〉注），
「故有情於為離曠而弗能也，然離曠以無情而聰明矣；有情
於為賢聖而弗能也，然賢聖以無情而賢聖矣。」（〈德充符〉
注）可見離其性、不安其分者，則內不能冥極其性，外不能
與物相冥；只有「人各自正，則無羨於大聖而趣之」（〈德

充符〉注）。由以上討論可見郭象認爲成聖乃氣稟命定之事，亦未承認人人皆可以成聖，更反對透過效學聖賢來提升個人生命境界。

# 三、逍遙與成聖之異同

　　既知聖凡生命境界各有高下之別，又明言並非人人皆可成聖，乃在於聖人由天生氣稟所決定，透過個人工夫修養以彰顯其性，證得聖人之境者，則不難推論出逍遙與成聖並不存有必然關係，即人人皆可逍遙並不等同人人皆可以成聖。郭象曰：

> 庖人尸祝，各安其所司；鳥獸萬物，各足於所受；帝堯許由，各靜其所遇；此乃天下之至實也。各得其實，又何所爲乎哉？自得而已矣。故堯許之行雖異，其於逍遙一也。（〈逍遙遊〉：「庖人雖不治庖，尸祝不越樽俎而代之矣。」句下注，頁26）

> 此數子者（案：即指山谷之士、平世之士、朝廷之士、江海之士、道引之士），所好不同，恣其所好，各之其方，亦所以爲逍遙也。然此僅各自得，焉能靡所不樹哉！若夫使萬物各得其分而不自失者，故當付之無所執爲也。（〈刻意〉：「吹呴呼吸，吐故納新，熊經鳥申，爲壽而已矣；此道引之士，養形之人，彭祖壽考者之所好也。」句下注，頁536）

郭象認爲天下萬物各有性命，只要能足其性命、安其職分，各盡其能，便能自得逍遙，得其生命之真實者也。凡能體證

逍遙之境者，從逍遙的理境上說，則庖人尸祝、鳥獸萬物、帝堯許由、山谷之士、平世之士、朝廷之士、江海之士、道引之士都可以爲逍遙而不必強分。郭象此說固就「稱其所受而各當其分」（〈逍遙遊〉注）而言任性逍遙，可見逍遙乃透過工夫修養後人人可致、無分聖凡彼我之境。然而聖凡雖均能逍遙自得，並不等同聖凡境界原無不同。聖人能隨遇而安，故能「靡所不樹」，又能任順無礙，「使萬物各得其分而不自失」，故眾凡皆能自得逍遙。因聖人能「靡所不樹」，「所遇斯乘」故爲「無待」；「若夫逍遙而繫於有方，則雖放之使遊而有所窮矣，未能無待也」（〈逍遙遊〉注），因其「繫於有方」，故爲「有待」。於此可見，所謂「有待」、「無待」乃就是否具有「無所不乘」，任物無滯的能力而言，[3]而不單就任性安分來說，即並非能任適即「無待」，因郭象是就資質上指出「特稟自然之妙氣」，在工夫上必達致「所遇斯乘」，在功業上必成就「靡所不樹」，才能謂之「無待」，能否「有待」、「無待」於生就時已爲氣稟所定，縱有工夫修養亦不能「中易其性」（〈齊物論〉注）。所謂「特受自然之正氣者至希」（〈德充符〉注），此言正道出何以現實之中僅爲少數人能成聖，而凡俗者眾之原因。由此更見才性大小是中性義，不能透過修養工夫來得其氣稟以外的內容。因此郭象認爲「有待」、「無待」雖可同證逍遙之境，然而「無待的逍遙」，即聖人的逍遙，與「有待的逍遙」，即眾庶的逍遙，實爲兩層不同的逍遙，故眾人即使透過工夫修養

---

3 郭象曰：「唯無所不乘者無待耳。」（〈逍遙遊〉注）

來彰顯其性分之全部內容，可以證其「有待的逍遙」，仍不能透過其工夫修養證成聖人之境，分定故也！

從郭象言「然此僅各自得，烏能靡所不樹哉！若夫使萬物各得其分而不自失者，故當付之無所執為也。」可見僅能自得其性者，實與「靡所不樹」者有境界高下尊卑之別，只有能「使萬物各得其分而不自失者」方為尊，故曰：「夫民物之所以卑而賤者，不能因任故也。是以任賤者貴，因卑者尊。」（〈在宥〉注）而尊者非人人可至，僅聖人能之，更見適性自得者，不一定就是聖人；而聖人則必適性自得。[4]聖人所以為聖人的關鍵在於能否因任萬物，使萬物不失其所待，換言之，聖人能功成事遂，在宥天下，而眾人則不能。

在郭象的哲學體系中，人人皆可以逍遙，卻並未表示人人皆可以成聖。在儒家，孟子言「人皆可以為堯舜」，是就人皆有成聖的德性根據上說人人皆可以成聖。在佛教，竺道生認為「人人皆可以成佛」，也是由人人皆有佛性作為根據，從立足點的可能性上立說。惟獨郭象不然，郭象認為聖不可學，又認為聖人乃「特稟自然之妙氣」者，何以故？揆其立說之分際，其緣由可說者如下：首先，「聖人」的定義不同，郭象將「聖人」界定為氣稟的天縱，氣稟萬殊，只有聖人特稟天地靈妙之氣，他人則無，以氣性為立論之根據，則必然

---

4 袁光儀曰：「〔莊子〕聖人必能逍遙，但逍遙未必僅屬於聖人。」見氏著〈郭能逍遙？——由向郭《注》「逍遙」義進一步思考莊子之「逍遙」〉，頁150。袁氏此說乃郭象主張，並非《莊子》所有，《莊子》言聖人是以無待任化，作為判斷能否體證聖人境界的唯一標準，凡能無待任化者必能逍遙，與之相反則未能體證逍遙之境，於《莊子》而言聖人必能逍遙，逍遙者必為聖人。

推論出，聖凡有別，聖不可學的結論。其次，郭象立論宗趣在於政治哲學，而其政治哲學之核心人物是君主，聖主不可多，只能一，故曰「多賢不可以多君，無賢不可以無君」（〈人間世〉注），因此在分位上，君主即聖人，聖人只許一人而不可多，亦不允許、也不必要人人皆可以成聖。由是可知，郭象立論根據在氣性，立說旨趣在政治，和儒佛二家之言成德成聖成佛者，根據不同、旨趣不同，因而論述亦異趣。

# 第二節　從神器獨化境界看圓教的可能

牟宗三先生認為道家義理經過王弼、郭象闡發，其圓境已昭然若揭，牟先生更認以郭象迹本圓融的說法來說明道家圓教的形態為一境界形態之圓教，實際上牟先生偏就郭象《莊子注》中之聖人境界而論道家之圓境，[5]若落在「神器獨化於玄冥之境」來看，則其所謂之圓境是屬何種內容之圓？是否僅具作用上的圓，而不具存有上的圓？而其所謂圓，又是否純為一境界形態之圓則又是另一問題？關於這些問題，本節嘗試從神器獨化的境界來探討郭象哲學中圓教的可能，及其圓教的形態、在此圓教下所成全之一切內容展開討論。

## 一、從神器獨化境界中見其為圓教

所謂圓教，「圓」是就實踐上之圓滿、無虛而說；[6]「教」

---

5 關於牟先生論道家之圓教問題，詳見先生著《圓善論》第六章第四節。
6 見牟宗三：《圓善論》，頁 244。

是指「能開啓人之理性使人運用其理性通過各種型態的實踐以純潔化其生命而達至最高的理想之境」者而言。[7]

　　承上討論可見，郭象「兩層逍遙論」把逍遙的可能性從《莊子》之僅有聖人能之，推致人人皆可逍遙，然而人人皆可逍遙並不等同人人皆能成聖。於是，不免產生疑問，若郭象不承認人人皆可以成聖，則會否影響其圓教的可能？另外，郭象所言之神器獨化境界是在「明王皆就足物性」（〈應帝王〉注），以及明王「無用於物，而物各得自用，歸功名於群才」（〈人間世〉）的情況下，天下群才自生自化，從而使天下神器自上而下均能逍遙自得。或問，天下群才之自生自化均待於明王，唯有臣民得其所待，方能逍遙。若就此而論臣民之逍遙非單靠個人修養便能成就，然而臣民還須待於外在客觀條件 ── 聖人之順通，能得其所待，眾庶才有逍遙的可能。「天下若無明王，則莫能自得」（〈應帝王〉注），若不得明王之順通則眾庶均無法逍遙，眾庶無法逍遙則天下神器自下而上亦無從獨化自得。在這種情況下，眾人必須得到明王的順通才能逍遙，而不是單靠自身之任性安分便能證得逍遙之境，如此以下即成一「互相外在的綜和關係」；[8]牟宗三先生認爲圓教下德福一致須是詭譎地必然是即俗成真，而不能像康德那樣，由上帝保證眾人之德福一致，[9]這是否暗

---

7　見牟宗三：《圓善論》，頁 268。

8　「互相外在的綜和關係」之說見諸牟宗三：《圓善論》，頁 279。先生認爲圓教之德與福必須同體，德當體是即是福，福當體即是德，不須另有福寄託於存在但須藉神通作意以示現，若福須由外在條件保證之，則爲一「互相外在的綜和關係」。

9　見牟宗三：《圓善論》，頁 279-280。

示著郭象道化政治理論不能成其圓滿？以下將分別由即俗任真及明王任物兩方面說明，郭象道化政治理論下，圓教如何可能。

## （一）即俗任真以呈現生命最高境界

在郭象適性的逍遙論中，下及卑隸，上至聖王，一是均於俗世中成其逍遙，而非離群索居以成其真性，其注曰：

> 凡得真性，用其自為者，雖復卑隸，猶不顧毀譽而自安其業。（〈齊物論〉：「如求得其情與不得，無益損乎其真。」句下注，頁 59）

> 夫遊外者依內，離人者合俗，故有天下者無以天下為也。是以遺物而後能入群，坐忘而後能應務，愈遺之，愈得之。（〈大宗師〉：「丘，天之戮民也。」句下注，頁 271）

只要能任性自適，天下萬物均能於其職分之內證得逍遙之境，而不願乎其分外之事，跂羨性分所沒有的內容。就如被視為社會地位較低下的販夫卑隸，亦能安守本分而不慕其外，故曰「雖復卑隸，猶不顧毀譽而自安其業。」這正好說明能體道逍遙者，神遊方外仿若離人之士，亦須依於名教而不離世俗之務，即世俗而成其真性，方為真正之逍遙，故曰「遺物而後能入群，坐忘而後能應務」。只有不執不滯於世務，方能於世務中逍遙，應物而無累，越遺越得，因其無執故也，可見逍遙並不是遺物而離群、坐忘而棄絕世務者所能體證的，故曰：「與人群者，不得離人。然人間之變故，世世異宜，唯無心而不自用者，為能隨變所適而不荷其累也。」（〈人間世〉注）若離人者，則不能應世，唯有無心應物、

無所偏私、無所偏執者方能因應世異而作出合宜的舉動，隨
變所適，無不適性，凡能適其性者，方能得真性。皁隸如是，
庖人尸祝、百官大臣莫不如此，更何況君人者，焉能離俗任
真！觀乎郭《注》曰：

> 夫體神居靈而窮理極妙者，雖靜默閒堂之裏，而玄同
> 四海之表，故乘兩儀而御六氣，同人群而驅萬物。苟
> 無物而不順，則浮雲斯乘矣；無形而不載，則飛龍斯
> 御矣。遺身而自得，雖淡然而不待，坐忘行忘，忘而
> 為之，故行若曳枯木，止若聚死灰，是以云其神凝也。
> 其神凝，則不凝者自得矣。世皆齊其所見而斷之，豈
> 嘗信此哉！（〈逍遙遊〉：「其神凝，使物不疵癘而年穀熟。吾
> 以是狂而不信也。」句下注，頁 30）

> 雖有事之世，而聖人未始不澹漠也，故深根寧極而待
> 其自為耳，斯道之所以不喪也。（〈繕性〉：「則深根寧極
> 而待。」句下注，頁 556）

神人、聖人雖處廟堂之上，日理萬機，仍能澹漠自得，坐忘
無為。因其玄同於眾、和光同塵、遺身而自得故能「同人群」；
因其無所不乘，無物不順、無形不載，故能「驅萬物」。聖
人形同枯木，心若死灰，是就人精神境界之凝聚自得而說，
而非謂外形必如枯木死灰者方為聖人；若心有所欲，為私心
造作所影響則不能凝神自得，不能得其性則不能自為其生，
不能自生即不能逍遙獨化。一般人卻因聖王居廟堂之上，戴
黃屋，佩玉璽，歷山川，同民事，便以為聖王必因其所有之
名位，所處之事務而攪亂其心，勞形傷神，而不知聖王之所
以為聖王者，在於其神凝，而未始不澹漠寧極。可見所謂逍

遙無為，並非離人棄世，消極之無所作為者能之，「所謂無
為之業，非拱默而已；所謂塵垢之外，非伏於山林也。」（〈大
宗師〉注）只有能安其性命者，方能即世俗而任其真性，即
世間而逍遙，故曰：「夫安於命者，無往而非逍遙矣，故雖
匡陳羑里，無異於紫極閒堂也。」（〈秋水〉注）「若謂拱
默乎山林之中而後得稱無為者，此莊老之談所以見棄於當
塗。」（〈逍遙遊〉注）「同人群」故與眾人不隔，「驅萬
物」故能成一切事功；與眾不隔則必入群，而非拱默山林，
又能「順有待者，使不失其所待」，功成事遂，則聖王與百
姓皆可同乎自然。

　　既知聖凡均可即俗任真，各逍遙於自得之場，然而能逍
遙者並不等同能成為聖者，如此而言是否就認為郭象道化政
治哲學有其不圓滿之處？若論一教之圓不圓，是就眾人生命
透過各種型態的實踐以精純化其生命而達至最高的理想之境
者來說，則郭象「適性的逍遙」論，亦可於各人均能體證個
人之最高境界而言「圓滿」。觀其注曰：

> 夫小大之物，苟失其極，則利害之理均；用得其所，
> 則物皆逍遙也。（〈逍遙遊〉：「不夭斤斧，物無害者，無所可
> 用，安所困苦哉！」句下注，頁 42）

> 若乃物暢其性，各安其所安，無遠邇幽深，付之自若，
> 皆得其極，則彼無不當而我無不怡也。（〈齊物論〉：「而
> 況德之進乎日者乎！」句下注，頁 90）

郭象認為不論眾人稟氣為何，或為大或為小，或為聖賢或為
眾庶，一是均可適性逍遙，只要聖凡各安其分，各暢其性，
皆能充分彰顯其氣稟之全幅內容，於此而言其「極」，所謂

「各知其極,物安其分,逍遙者用其本步而遊乎自得之場矣」
(〈秋水〉注)便是這個意思。凡物之能盡其性,則能盡其
極,於其極處,便能證得逍遙之境,此境即為生命中最高的
理想之境。若失其「極」,跂羨性分所無者,則心神不凝,
而終日為外物奔馳,損己以殉物,勞神傷性而不知,故曰:
「若夫不止於當,不會於極,此為以應坐之日而馳騖不息也。」
(〈人間世〉注)「理有至分,物有定極,各足稱事,其濟
一也」(〈逍遙遊〉注),只有在氣稟之內「逍遙遊放,無
為而自得」,方能「極小大之致以明性分之適」。(同為〈逍
遙遊〉注)在這同證個人生命中最高的理想之境而言,小大、
智愚、聖凡齊一,原無差別,郭象所論之所以可為圓教者,
亦在於天下眾庶皆可在其性分的限制內體現各人生命中最高
理境,故非人人皆可成聖之說亦不礙其理論「圓滿」的可能
性;反之,郭象人人皆可逍遙的說法,適足以見人人皆能體
證其生命中最高的理想境界,由此而見其普遍性及圓滿義。

## (二)明王任物以成全現實一切人事

在郭象道化政治的理想之中,若無明王任物,則天下均
不能得性逍遙,自生獨化,然而並不等同明王任物,萬物就
不必透過自身之工夫修養來提升其生命境界,純任明王之觀
照便可;[10]但此說會否導致萬物依賴明王之任化,使萬物不

10 唐君毅先生認為郭象使聖人與世俗當塗之人,化為一層,成一真俗不
　二之圓教。此至高至美之境界,為一觀照之境界。牟宗三先生認為郭
　象所言的眾人之逍遙是由至人之心之觀照而得。分別見唐先生著《中
　國哲學原論》原道篇 卷二,頁 381;牟先生著《才性與玄理》,頁
　182。誠如唐先生所言,聖凡體證逍遙之境均須真俗不二,即俗而真,

能理性地通過實踐以精純化其生命而達至最高的理想之境？
且觀郭《注》曰：

> 至人不役志以經世，而虛心以應物，誠信著於天地，
> 不爭暢於萬物，然後萬物歸懷，天地不逆，故德音發
> 而天下響會，景行彰而六合俱應，而後始可以經寒
> 暑，涉治亂，而不與逆鱗迕也。（〈人間世〉：「而強以仁
> 義繩墨之言術暴人之前者，是以人惡有其美也。」句下注，頁
> 136）

> 夫高下相受，不可逆之流也；小大相群。不得已之勢
> 也；曠然無情，群知之府也。承百流之會，居師人之
> 極者，奚為哉？任時世之知，委必然之事，付之天下
> 而已。（〈大宗師〉：「以知為時者，不得已於事也。」句下注，
> 頁239）

明王治國，不役志經世，不用其私心治國，而以虛心應物，
故能與物無爭而大暢萬物之性。因其無所爭，虛納天下，故
明王治國所頒行之憲令，天下響應，四方附會，萬物歸順而
禍亂不生。縱然一國之內，有尊卑高下之分，可以為治，而
不至於為亂者，因在上位者「知人之所為者有分，故任而不
彊也，知人之所知者有極，故用而不蕩也」（〈大宗師〉注），
各人氣稟均有其極，故明王不責備求全於一人，任之而不蕩
越其分，用之而不強求其所不能，因任萬物之性分，而使之
各得其所待。在聖王使天下不失其所待的同時，「付群德之

---

然而從上文討論得知，郭象所謂聖人之逍遙與當塗之人的逍遙，實有
境界高下之別，亦非純由聖人觀照而得。聖凡均須經由任性當分的工
夫，方可體證各人真實逍遙之境。

自循」（〈大宗師〉注）、「直各任其自為，則性命安矣。」（〈在宥〉注），天下亦因此而治。

可見聖王之所以能「居師人之極」，全在其無心任順天下萬民，成全萬物之性，使之各自生。又因聖王之曠然無私，不逆迕萬民之性，故能會眾，而使天下歸心，故曰：「直抱道懷朴，任乎必然之極，而天下自賓也。」（〈在宥〉注）在這種情況下，上任下而不出於私，故能治；下自任而安其分內，故不亂，自上而下均能無為而無不為，「故人人皆云我自爾，而莫知恃賴於明王」（〈應帝王〉注）。

「明王皆就足物性」（〈應帝王〉注），而眾人必須得明王所順，方能得其所待，只有眾人在得其所待的情況下，方可透過適性工夫，自生獨化，體證逍遙之境。換句話說，縱使天下臣民如何努力地調適上遂，任性安分，但是「天下若無明王，則莫能自得」，於此是否可理解為郭象理論上的缺失？即天下蒼生之福祉均須透過明王這一外力的保證，方能使之德福一致，若無明王，則天下蒼生永不得證逍遙之境？誠然，明王治國於現實而言乃可遇不可求之事，又縱然有明王治國，而百姓不知任其性安其分仍無法自得逍遙，然而這一切均為「人病」，而非「法病」，不能因為現實上沒有「明王」，或有一人未登逍遙之境，而推翻郭象「神器獨化於玄冥之境」理論上的自足性，郭象所論皆「稱理而談」，不因現實之不圓滿而有所不足。在郭象道化政治的理境之中，明王治國乃一必要條件，凡明王者必能任物足性；萬物在各得其所待的情況下，透過不斷的任性工夫證得生命最高理境，於是天下神器自上而下一是皆能逍遙獨化。

　　郭象此所謂之「神器獨化於玄冥之境」，亦是體現道家式的圓教「德福一致」所可能處，若實踐成德而不能顧及實際存在之幸福圓滿，則爲一「偏枯之教」，凡未至「德福一致」者則爲未達教之極致，而圓教就是使德福一致真實可能之究極圓滿之教。[11]若就郭象之圓教下之「德福一致」而言，所謂的「德」，在明王主觀修養上說即「無爲冥極」，盡聖明之性分而能任順萬物；在眾凡而言則是能不相跂羨，盡其性分獨化自爾。所謂的「福」，即在於一切均能獨化，則能順有待者不失其所待，百姓則能安其所，能安其所，能安其位，而又能自盡性分而獨化，則由是而成就百工百業、天下生計，福報之充分條件由獨化之至、相因之功而顯。百姓自必於此而「德福一致」，百姓既足其「德福」，則聖王之「德福一致」於是而成。從構成圓教的條件說，明王是先決、必要的條件。從足成圓教的最後境界說，必待百姓皆能「德福一致」，聖王之「德福一致」在理論上始完足，而其中無分先後，一時而成。

　　圓教之所以成其圓，除了因其能即俗任真、德福一致之外，若從其論述方式來看，必須由分解說進入非分解說的表示，方見其圓。[12]從分解地表示，即爲：聖王任其「自然之

---

11 關於圓教與「德福一致」的關係，見諸牟宗三：《圓善論》，頁 270-271。
12 見維特根什坦著，牟宗三先生譯《名理論》序曰：「本體之圓教中的關于圓滿的體現之語言爲非分解地說者。……非分解地說者雖指點不可說，然並非不清楚，亦並非不理性，乃只是玄同地說，詭譎地說。凡詭譎地說者是詭譎地清楚的。……凡詭譎地說者是一遮顯之歷程。此一歷程不能成爲構造的平鋪者，因此，它總須詭譎地被棄掉。及其一旦被棄掉，則圓教的圓滿中之如體便圓滿地朗現，此則是一體平鋪，全體是迹，亦全體是冥，即全體是『如』也。」（臺北：臺灣學生書局，1987.8），頁 10-11。

妙氣」，便能與物相冥，自通無礙；聖王不獨自通而已，在其自通的同時亦能順有待者，使群生同於大通，故聖王必選賢舉能，任順群生，此乃聖王之「無待的逍遙」，為一分析的關係。天下蒼生須於得其所待的情況下，方能各任其性，自適其生，此乃眾人之「有待的逍遙」，因其「所待」之能得與否，非眾人主觀意志可致，故為一綜合的關係。不論分析地說明「無待的逍遙」，還是綜合地說明「有待的逍遙」，二者均為分解的表示，必須進入非分解的詭譎地表示，方能成其圓。

所謂詭譎地表示，即如《莊子》所言之「恢恑憰怪，道通為一」（〈齊物論〉，頁 70）一樣，在現實環境中任何一種表現，均能體現道的存在；換句話說，現實一切差別不改，便能在不離當前各種狀況體現生命最高的境界，即俗成真。在這種情況下，此生命最高的境界與一切存在不隔，故而不必離俗成真，絕棄塵世一切方可體現生命最高境界。若以天臺圓教義理來作類比，即為「即九法界而成佛」，而不必如天臺宗批評華嚴宗那樣「緣理斷九」方可成佛。落在郭象道化政治來說，即天下萬物，一是均能逍遙，任何一種存在均能體證逍遙之境，即逍遙之境亦以任何一種存在樣式表現出來。庖人尸祝、孔顏堯舜、離朱師曠、皁隸臣妾，即能於其分內任性逍遙，以「逍遙」作為生命最高的境界，不限於聖人能體證之，下及皁隸、庖人尸祝亦能透過自身努力而能證得。郭象積極地從道化政治來展示圓教內容，可謂開中國哲學史之先河。

在此非分別說的圓境下，銷融一切卻無所立，因其無所

立而能保住一切法，現實上之一切，不論主客均得以保住、成全。若分析地展示，可從無待、有待的逍遙兩方面分別說明。一、「無待的逍遙」泯主客而為一：氣稟性分乃客觀稟賦之事，非主觀意志所能改變，然而能否透過個人任性安分的工夫修養以證得逍遙之境者，即為主觀意志之事，在氣性之特殊性和限制性處自盡其極以成全生命的最高境界者，則已經達到泯主客為一。二、「有待的逍遙」泯主客而為一：有待者須在前一層之關係上，得到前提的保證──即得明王之治，能使「有待者不失其所待」，再加上眾人之自適其性，自盡其分，方能泯客觀保證與主觀修養而為一，於此而言泯主客為一。在這種情況下，便成為一圓教的說法，而此圓是就存在物之存在上說其圓，不論聖凡，均能在其逍遙的境界下體證主觀修養必涵蓋著客觀性分的充極完成，不只是主觀修養或百姓自我實現的問題，於此亦是主客合一、主客雙彰，亦可謂泯主客而為一，即主即客、非主非客，實為一存有論之圓具一切法。其次，是由明王、臣民之自盡其性，各盡其分所引發之客觀知識，如果不能充分相因、相與，各盡其用，而只顯一獨立的客觀系統的知識義，仍然不能達到真正的圓滿之境，於是必須在天下人都獨化之時，又同時能相因、相與的情況下，玄同於天下，得盡此知識之用，而萬福同登，道通為一，方為天下之玄冥。由以上討論可見，在不是人人皆可成聖的條件下，並不影響人人皆可逍遙的說法，天下萬物均能即世俗而任其真性，萬物透過自身的努力實踐體證並實現各人生命中最高的境界，萬物皆能德福一致，於此而見郭象道化政治哲學內容之深義。

## 二、從神器獨化境界顯其實有內涵

本文所謂之「實有形態」並不是指西方哲學之思辨進路下之實有形態形上學,更不是指宗教信仰之一神信仰之實有形態形上學,而是指通過實踐進路所證立的實有形態形上學。此所謂「實有形態」常與「境界形態」並論,乃牟宗三先生哲學體系中,面對傳統中國哲學作出判教而立之依據。牟宗三先生認為中國哲學中儒釋道三家乃透過實踐進路之宗教,然而三家雖同為實踐形態,其哲學定位卻有所不同:儒家既具有境界形態,亦是實有形態者;道家、佛教則純為境界形態。依牟先生之判別,儒家是屬於縱貫縱講,道家及佛教則屬縱貫橫講,道家定位由此而定。牟先生在這義理架構下,說明郭象哲學圓教之如何可能,並判定其所圓者為一境界形態之圓境,此圓境不能縱貫地創生一切,故為境界形態之圓境是縱貫者橫講。[13]對於牟先生這種分判,亦引學界起學界不少討論,[14]本文重點並不著重於全面討論牟先生對道

---

13 牟先生判定道家為「境界形態之圓境是縱貫者橫講」這種說法,散見於牟先生各大著作之中,如《圓善論》第六章第四節;《中國哲學十九講》第五、六、七講;《四因說演講錄》(臺北:鵝湖出版社,1997.9)第七、八、九講,均見先生此說。

14 如莊耀郎先生:〈論牟宗三先生對道家的定位〉,《中國學術年刊》第27期(秋季號),2005.9、袁保新:《從海德格、老子、孟子到當代新儒學》(臺北:臺灣學生書局,2008.12)第八章及其《老子形上思想之詮釋與重建》(臺北:文津出版社,1997.12)第四章第二節、劉笑敢:《詮釋與定向 —— 中國哲學研究方法之探究》第三章、賴錫三:〈「境界形上學」的繼承、釐清和批判與道家式存有論的提出〉,《鵝湖月刊》第270期,1997.12、〈「實有姿態」的解消轉譯與「道家式存有論」的

家定位這問題上，即討論對象重點不著重在《老子》、《莊子》及王弼哲學的內容上，而是剋就郭象《莊子注》之內容，討論郭象道化政治之圓教，是否只具有境界形態，而不具有實有形態？若否，即郭象道化政治之圓教理是兼具境界形態及實有形態者，則其實有又為何種義涵之內容？以下將循此方向嘗試討論。

　　在討論郭象神器獨化之境是否兼具境界、實有形態之前，必先對牟先生所謂之境界形態、實有形態及其判準作出說明，以明辨先生所謂之境界、實有者為何物，從而討論先生判郭象之圓教為一境界形態是否容有討論空間。牟先生曰：

> 由王、郭等之闡發，道家之圓境固已昭然若揭，此實相應而無若何歪曲者。惟須知此迹本圓融之圓境，雖說儒聖能有之，然並非依儒家義理而說者，乃只是依道家義理而說者，故只可說這只是道家之圓境，誰能有之，則不關重要。此一圓境惟是就無限智心（玄智）之體化應務（亦曰體化合變）與物無對（順物者與物無對）而成全一切迹用亦即保住一切存在而說，然而卻無對于一切存在作一存有論的根源說明。故此亦可說只是一境界形態之圓境，而非一實有形態之圓境。
>
> （《圓善論》，頁 302）

牟先生認為道家義理發展至王弼、郭象仍為一境界形態之圓

---

詮釋還原〉（上），《鵝湖月刊》第 272 期，1998.2、〈「實有姿態」的解消轉譯與「道家式存有論」的詮釋還原〉（下），《鵝湖月刊》第 275 期，1998.5、〈牟宗三對道家形上學詮釋的反省與轉向 —— 通向「存有論」與「美學」的整合道路〉，《臺大中文學報》第 25 期，2006.12 均對牟先生把道家定位為純境界形態者，作進一步的討論。

境，而非實有形態之圓境，在於道家之無限智心只具「體化應務」、「與物無對」的作用，只能以作用的保存的方式來保住一切存在，而不具有儒家之創生義，故曰「無對于一切存在作一存有論的根源說明」。因其只爲作用義之迹冥圓融，故道家之聖人可言，儒家之聖人亦可言之。由此可見，所謂「境界形態」是從主觀實踐後，體證的修養境界而說，而不從客觀存在上說；若從客觀存在說，則爲「實有形態」。[15]於此則牽涉到兩個問題：第一，郭象之無限智心是否只具「體化應務」、「與物無對」的作用，消極地去礙、保存現實事物之價值而已？第二，郭象之無限智心是否僅能從「作用的保全」說明現實存在，而無一存有論的根源的說明？第三，承前一問題，牟先生常因道家不具儒家之創生義，而謂之消極、無根源性的說明，故不具實有形態，[16]牟先生所謂之創生義與郭象之「自生」義有何不同？郭象是否真如牟先生所言純爲一消極之形態而不具創生義？由此可見郭象被牟先生判爲不具實有形態者在於：郭象之生是如何生，由其生的形態而決定是否爲實有者。

　　於此必須理解，牟先生認爲道家對於一切存在作一存有論的根源說明，是就道家之無限智心不具有「創生」義而言，而牟先生所謂之「創生」乃就道德義之生生不息來說，先生

---

15 見牟宗三：《中國哲學十九講》，頁 103。
16 牟先生曰：「所謂的逍遙、自得、無待，就是在其自己。只有如此，萬物才能保住自己，才是真正的存在；這只有在無限心（道心）的觀照之下才能呈現。無限心底玄覽、觀照也是一種智的直覺，但這種智的直覺並不創造，而是不生之生，與物一體呈現，因此還是縱貫橫講，是靜觀的態度。」見先生著《中國哲學十九講》，頁 122-123。

認為聖人立教須以仁生道，仁是生生不息之道，是道德上的觀念，是由價值上說，是屬於實有層；而道家的道，是以無為本體，只從作用上透示出來，而不能加以特殊化。儒家言仁體，仁體能生天生地，因道德秩序即宇宙秩序，宇宙秩序即道德秩序，故仁體可作道德實踐之最高根據，仁心無外，心外無物亦是自此意而出，萬物均在仁心之下而具有意義。[17]道家言道體，是以「無」做為「本體」，是一個境界的「無」，是作用層上的字眼，是主觀心境的作用；牟先生認為若把主觀心境上的一個作用視作本，便好像是一個客觀的實有，然而若落實為實有層上的「本」，則只為一個「姿態」，故道家之實有層和作用層並沒有分別。[18]縱然道家亦可言「體用義」，然而其「體用義」與儒者有別，不能僅就道家之有其「用」而謂之實有，先生曰：

> 若只是應物而無累，則情即只有權假之用，而無本質之意義。大抵儒聖立教及孔門義理必須合存在之體用與境界之體用兩者而觀之，始能盡其蘊而得其實。境界之體用是儒釋道之所同，存在之體用是儒聖之所獨，以存在之體用貫境界之體用，則境界之體用亦隨之而不同，即不可以權假論，亦不可以應迹論。……大抵境界的體用以「寂照」為主，屬於認識的，為水平線型，無論老莊的應迹或佛教的權假，皆歸此型。存在的體用則以『實現』為主，屬於道德之體性學的，為垂直線型，此是儒教之立體的直貫，以仁體流行，

---

17 見牟宗三：《中國哲學十九講》，頁 136。
18 見牟宗三：《中國哲學十九講》，頁 127。

**乾元生化為宗**。（《才性與玄理》，頁 125）

牟先生認爲儒道不同在於，二者雖同可言體用，然而道家之體用僅爲「境界之體用」，儒家之體用乃兼具「存在之體用」與「境界之體用」，因儒家兼具「存在之體用」故能說明一切存在之根源，而爲實有。於牟先生而言，儒家以仁心、仁體來覺照遍潤萬物，使一切即呈現即創生，如如的實現其價值意義，爲一直貫之創生；道家僅以道心玄智寂照一切，所謂體化應務、與物無對者，亦只是就道心應物時之無累而顯，不以「實現」、成就現實爲主，爲一虛靈之觀照，是讓開一步的成全，故爲虛、爲應迹，異於儒家之實有。又因道心之應物無累者爲應迹之用，而不具本質的意義，即使具有「體」（道心）、「用」（體化應務、與物無對）的意義，其「用」仍僅爲境界形態下之「用」，而非實有形態下之「用」。牟先生認爲因道家爲一境界形態的圓境，對一切存在無根源性的說明，僅以道心玄智成全一切迹用，保住一切存在法，故爲作用的圓，而非存有論的圓。[19] 由此可見，先生將道家判爲境界形態之圓教，實取決於道家對萬物有無存有論的說明，若具有存有論的說明，則其「生」不止是境界形態觀照意義下之「生」，更兼具實有形態自我實現下之「生」；換句話說，必須明辨郭象《莊子注》之實現義、生成義，方能揭示郭象之言「生」是否具有實有義。

牟先生認爲道家之所以不具實有，是在於先生對「創生」的定義，只從道德實踐規定之，[20] 先生又認爲道家之生乃「不

---

19 見牟宗三：《圓善論》，頁 302。
20 見牟宗三：《中國哲學十九講》，頁 117。

生之生」義，故不具積極「創生」義。[21]牟先生認為道家不具積極之「創生」義，致使道生作用只能於作用層上起用，而不具實有形態，純為一境界形態。[22]以下將進一步剋就先生所論，尋諸郭象所述，以見郭象所論是否僅為一境界形態之圓教。牟先生曰：

> 道家首先感覺到這些矜持、不自然是人生的痛苦，麻煩都由此出，所以他要把矜持化掉，從這個地方顯自然，顯「無」。所以，這個「無」所表示的是我們生命的灑脫自在的境界。（《四因說演講錄》，頁 72）

牟先生認為道家之「無」是就對治人心造作而致，因世人有所矜尚，故有苦痛，若天下自然無為，則能達自然灑脫之境，然而郭象工夫論所及是否僅為對治矜尚造作而已，而不具實現義？觀乎郭象注文曰：

> 明斯理也，將使萬物各反所宗於體中而不待乎外，外無所謝而內無所矜，是以誘然皆生而不知所以生，同焉皆得而不知所以得也。（〈齊物論〉：「惡識所以然！惡識

---

21　牟先生以王弼「不生之生」來解說《老子》之「道生」，因而認為道家之生只具消極之讓開一步，使物自生之義。關於此問題，莊耀郎先生曾作深入討論，並具有精闢見解。先生從《老子》原文證出，《老子》之「道生」義，非只有消極義的「不生之生」，而是有其積極主動實現萬物的一面，道以「自然」的方式實萬物，萬物亦如此實現自己，主觀客觀、沖虛實有，會而成一自然之境，此固具境界形態，亦包含著聖人以自然之原則下完成之功化，此功化由實有開出，非由無讓開所能圓滿。詳見先生著〈論牟宗三先生對道家的定位〉一文之論述。

22　牟先生認為「由不生之生所決定的境界形態之意義」、「道生是個境界，道就寄託于這個主觀實踐所呈現的境界；由此講生，就是消極意義的不生之生。」又曰：「道家所謂的生其實是『不生之生』，由不生之生就成了境界形態。」分別見先生著《中國哲學十九講》，頁 112、頁 115。

所以不然！」句下注，頁 112）

> **去其矜謹，任其自生，斯務全也。**（〈德充符〉：「吾是以
> 務全之也。」句下注，頁 203）

誠如牟先生所言道家主張要化掉矜持，以見「無」此一灑脫
自在境界，然而除了顯一灑脫之境外，更重要是在這虛靈之
境下自生，以此自生成全萬事萬物。郭象言「去其矜謹」不
只是爲了空顯一灑脫之境，而是爲了「任其自生」，成全天
下人事，故曰「各反所宗於體中而不待乎外」。只有愛尙不
生，宗主於萬物稟性之內，即能自爾自生，因其自爾獨化，
無矜謝而能體現灑脫之境。

郭象言「任其自生」的前提須有一「去礙」的工夫，[23] 凡
言「去礙」者必具無心無爲、自然而然的工夫，此正爲一逆
覺之工夫，於其逆氣性欲望處即見其向上超拔的一面，故郭
象言「任性」、「自生」實已涵有一意志工夫所在的超越義
之生，而非純爲一氣化流行之生。郭象之言「自生」雖言「上
不資於無」、「外不資於道」，不以形上實體作爲「生」的
根據，然而其「自生」之說非只是形而下順氣稟所有之生成
義，其言「自生」是在無心無爲的情況下，充分實現其氣稟
性分而說，由其「無心」、「自然」處即見其超越意義。從
任順工夫之盡其性分的一面則見，萬物之「生」，乃實現其
內在性分所有之生，故爲內在義的自生之「生」；從逆覺工
夫之無心無爲一面則見，萬物之「生」，乃超越其感性欲望
之「生」，故其「生」既有內在義亦兼具超越義，而不落入

---

23 見第四章第三節。

純為氣化流行之生。[24]

　　若不只僅以道德義作為「創生」的內容，實郭象之言「自生」，是內在的逆其心智感性欲望之執而以其玄智如如的呈現其自己，在無心無為的情況下充分實現其氣稟內容，即能任性安分、自生獨化，於此而言「自生」，實為即呈現即創生，而不與物對。[25]因物之自生獨化在存在上具有「創生」義，故能於體化應務、與物無對的同時，亦能成就萬物之「自生獨化」，在這種情況下便能說明一切存在的可能。可見境界與實有，為「自生獨化」一體之兩面，透過實踐而兼得：因其去矜執，而達到自生獨化，此乃由境界見其實有；因物之自生獨化，故能體證灑脫之境，此乃由實有見其境界。萬物於無心造作的情況下，任真率性，各自實現氣稟所有，符應於外則為眾人各盡其分，構成社會百工百業；眾人於百工百業的世俗中，因各盡其分，而能逍遙於自得之場，即俗任真，故此自生能自作用層落實到實有層之中，不徒具境界而兼具實有。而郭象之自生意義下之無限智心亦非只是消極地去礙、保存現實事物之價值，更具有積極實現性分之「自生

----

24 若不能超越感性欲望，而由感性直覺呈現其生，則此「生」便不具創生義而僅具「呈現」義之「生」，牟宗三先生即於其《現象與物自身》曰：「感性直覺只能認知地呈現一物，而不能存有論地創生一物，故只為呈現原則，而非創生原則。」頁99。

25 牟先生既認為：「智的直覺中，物如如地呈現即是物以『在其自己』之身分而存在，此即是物之自在相。……其自在也，是源於知體明覺之呈現之即創生之，故其自在是內生的自在，不與知體明覺為對也。」見先生著《現象與物自身》，頁99。在不僅以道德意識為創生的唯一內容的情況下，於此借用先生對「創生」義之「即呈現即創生」之說來說明郭象「自生」意涵。

獨化」意義。

　　若就牟先生分判儒道的立場來看，先生之所以認為道家不具有實有形態，而僅具「實有之姿態」，是因道家無正面工夫，且不從道德意識入手的緣故。[26]順牟先生對道家判教的立場作出進一步反省，則似可有進一步的說法。首先，從先生謂道家無正面工夫而論：誠然若只從王弼「不生之生」去說「道生」，則似欠積極、正面之工夫進路，然而從前述篇章討論郭象《莊子注》之工夫內容及其形態可知，其工夫論已從相對《老》、《莊》、王弼之消極去礙形態，轉向以積極順任的方式成就萬殊性分所有，肯定現實一切存在。若只重郭象之去礙工夫，而忽視其積極順任群生的工夫進路，似未能正視郭《注》之工夫轉向；加上郭象之言生乃就「自生」而言，是剋就存在之自我實現其性分而言「生」，並非從「不生之生」，讓開一步，不操縱把持而能成就天下性分。[27]其次，道家雖不從道德意識入，但仁義禮智亦能在「自生自爾」的方式下，得以保存其純粹之價值。「自然中自有名

---

26 牟先生認為道家通過「作用的保存」以「無」成全仁義，「但就聖智仁義之德言，道家卻亦無從存有上正面肯定之之工作，以其並不從道德意識入手也。」見先生著《圓善論》，頁 281。

27 牟先生《圓善論》曰：「你能讓開一步，而不操縱把持，即等于生之，為之，長之矣。你的生命能如此，即謂為有道之生命，亦可說為有『玄德』之生命。在此玄德之中，天地萬物（一切自然或一切存在）皆得成全而得自在。此之謂『與物冥而循大變』。如此方能『無待而常通』。此是道家圓滿之境也。」頁 303。郭象之圓教固須以無心操作把持成全之，然而更重要的是，透過「乘天地之正者」來「順萬物之性」，只有無待者能「順有待者，使不失其所待，所待不失」，有待、無待方能「同於大通」。（〈逍遙遊〉注）可見郭象之圓境，須在無心的前提下，積極任順萬有之性，方能成就，而不是單純的讓開一步，或是不操縱把持者能之。

教」爲郭象名教圓融的中心觀念，郭象認爲仁義禮樂、倫常制度凡在無心造作的情況下，可順性分所有而予以建構，故給予正面而積極的肯定。於此，凡才性所有而得到充分發揮、彰顯者，一是皆可以成全，道德與非道德行爲均須被肯定，更見其成就內容之涵蓋面，舉凡客觀知識、藝術文化亦可涵融其中，似較儒家專以道德意識入者更爲寬廣，而不被封限。若以彰顯萬有之純粹價值而言實有，實郭象所論「自生」之內容，當不止只是一「姿態」而已，亦自必由「自生」之作用層下貫至萬物各自實現之真實內容之中。因「生」不止是一「姿態」之「生」，故其生便不止是「呈現原則」之生，亦可爲「創造原則」之生，乃智的直覺下如如地呈現物之在其自己之生，是非感性的、內在的生，即呈現即創生之「生」。[28]從存在上的自我實現意義規定的「自生獨化」指出每一個生命的充極實現自己，都是宇宙中的唯一，也就是價值義的創生。

　　從道化政治之最高圓境見「神器獨化」，可謂內聖至外王之充極發展，於此，若只謂其爲一「境界形態」而不具「實有形態」實有偏看之嫌，道體亦不可能只作用而不落實，只懸空地停留在「無爲」的作用層上，而不在實有層開顯出「無不爲」，從郭象積極成全萬殊之性的一面，更能凸顯道家兼具境界、實有形態。[29]如此說郭象所論兼具境界和實有，並

---

28 牟宗三先生認爲「生」有兩種：一是「呈現原則」之生，一是「創生原則」之生。前者「呈現原則」之生，乃感性直覺下認知地呈現一物之生，是感性的、被動的接受之認知地呈現；後者「創造原則」之生，乃智的直覺下如如地呈現物之在其自己之生，是非感性的、內在的生，即呈現即創生。見先生著《現象與物自身》，頁99。

29 牟先生認爲圓教可自「玄智之詭辭爲用說」以及「超越心體含攝一切

非就等同於儒家兼具境界和實有的義涵，本文所論只是藉著
牟宗三先生所用以建構儒家境界、實有兼具的思維模式，來
說明郭象《莊子注》的義理形態。至於牟宗三先生認爲儒家
兼具境界和實有的判準，可從四方面總括說明：一、從仁體
正面開出價值領域，爲大中至正之教。二、仁心爲主觀面，
而仁體也是有客觀義之實有，更有天道、天命作爲超越面之
客觀保證。三、仁體是道德意義的創造性原則，是創生義。
四、在實踐的客觀面有積極的建構，如禮樂制度。如果依前
述之規準，落在郭象《莊子注》的系統而言，則可相對應爲：
一、從自然義開出自己本有之性分自得、自爾獨化的純粹價
值義。二、郭象論聖證中亦涵蓋著主觀修養、意志之充盡，
而擴及客觀性分之充分實現，尤其是人性之普遍性與特殊性
兩面兼具，缺一不可，更見其主客合一的一面。三、從自爾
獨化說物之自生，而不同於王弼的「不生之生」，更見其生
不僅是一「姿態」而已。四、郭象在實踐的客觀面亦積極肯
定名教、君主制度、百工百業，依自然性分之充極完成爲保
證。依此而說郭象所論兼具境界和實有，實亦並不爲過。至

---

說」，而「道家，超越心體似不顯。道家不經由超越分解以立此體。
惟是自虛靜工夫上，損之又損，以至無爲。無爲而無不爲，則進而自
詭辭爲用以玄同彼我。……無餘無次，而至圓頓之教。此亦是超越之
心境，而唯是自境界言，並不立一實體性之超越心體。」見先生著《才
性與玄理》，頁 265。若圓教須從「超越心體」而顯，於道家而言，其
超越心體則爲「道心」，《莊子》即謂之「真心」。郭象不立一「道心」，
因其「自生」專就存在當下而言自生獨化，故言「外不資於道」、「上
不資於無」，然而並不等同郭象立論只有用而沒有體，其言「自然自
爾」便兼具體用之義，只要無所執定、無心而爲，萬物便能如如的實
現其性分，自生自化。

於有關這四個方面內容的充分論述，已散見於各篇章之中，在此不擬詳述。這種情況下，是否可以鬆動「實有」的涵義，也容許有道家式，郭象式的說法？則所謂的「境界形態」之「境界」方不致落空，而也能有「實有」之內容而使得義理更豐富、理境更開闊。

## 三、從神器獨化境界成全之具體內容

　　既謂「神器獨化」之境兼具實有的意義，以下將分析地言，從「眾人」、「聖人」、「神器」三境界分別闡述其具體之內容為何。

### （一）「眾人境界」所成全之具體內容

　　眾人在聖人順其所待的情況下，各自適性任化，故能逍遙自得，郭象曰：

> 若各據其性分，物冥其極，則形大未為有餘，形小不為不足。苟各足於其性，則秋豪不獨小其小而大山不獨大其大矣。若以性足為大，則天下之足未有過於秋豪也；若性足者非大，則雖大山亦可稱小矣。故曰天下莫大於秋豪之末而大山為小。大山為小，則天下無大矣；秋豪為大，則天下無小也。無小無大，無壽無夭，是以蟪蛄不羨大椿而欣然自得，斥鷃不貴天池而榮願以足。苟足於天然而安其性命，故雖天地未足為壽而與我並生，萬物未足為異而與我同得。則天地之生又何不並，萬物之得又何不一哉！（〈齊物論〉：「天下

莫大於秋豪之末，而大山為小；莫壽於殤子，而彭祖為夭。天地
與我並生，而萬物與我為一。」句下注，頁81）

**夫絕離棄曠，自任聞見，則萬方之聰明莫不皆全也。**

（〈駢拇〉：「吾所謂聰者，非謂其聞彼也，自聞而已矣；吾所謂
明者，非謂其見彼也，自見而已矣。」句下注，頁329）

郭象認為只要萬物能任其性分，各安其極，則稟氣多少，仍
無損萬有同證逍遙齊一之境。在各足其性，冥極其分的情況
下，秋毫、泰山、朝菌、夏蟬、大椿、斥鴳、學鳩一是皆能
適性，故曰：「大鵬之能高，斥鴳之能下，椿木之能長，朝
菌之能短，凡此皆自然之所能，非為之所能也。」（〈逍遙
遊〉注）如此莫不就萬物自然生化之時，彰顯萬殊稟性之內
容，大鵬實現其可高飛之能，斥鴳逍遙於蓬艾小草之間，冥
靈大椿得壽數千載以顯其壽長，朝菌生於朝而死於暮以見其
命短，凡此能力之高下、年數之長短，莫不由萬物透過任性
安分的修養實踐下，所彰顯之實有。不僅鳥獸蟲木如此，為
人亦然。庖人尸祝、離朱師曠，天下百工莫不如此，只要「各
足於所受」、「各靜其所遇」均能彰顯其「天下之至實」萬
物「各得其實，又何所為乎哉？自得而已矣。」（前均為〈逍
遙遊〉注）所謂得「天下之至實」者，固就得其性分之內，
而不求乎其外而言「實」，所以只有工夫上做到「絕離棄曠，
自任聞見」，方能彰顯萬有之實，故曰「萬方之聰明莫不皆
全」。聰明賢愚、能長能短、能高能下等才性，無不皆被成
全實現。符應於外，則能成就百工百業，即庖人專其掌庖廚
之分，盡其供膳之任，而成其專業；尸祝專其祭祀神明之分，
盡其祭祀之職，便能成其專才。由各盡其才處，成就客觀才

性、知識，於此即爲眾人盡性安分後所體證逍遙自得之境的
具體內容。

## （二）「聖人境界」所成全之具體內容

在郭象道化政治的理論之中，聖人扮演著重要的角色，
若無聖人大順天下，則有待者無法得其所待，而不能適性逍
遙，於此，聖人境界所彰顯之實有者爲何？郭《注》曰：

> 動出無心，故萬物從之，斯蕩蕩矣。故能存形窮生，
> 立德明道而成王德也。（〈天地〉：「蕩蕩乎！忽然出，勃然
> 動，而萬物從之乎！此謂王德之人。」句下注，頁 413）
>
> 雖有天下，皆寄之百官，委之萬物而不與焉，斯非有
> 人也；因民任物而不役己，斯非見有於人也。（〈山木〉：
> 「故堯非有人，非見有於人也。」句下注，頁 675）
>
> 使物各復其根，抱一而已，無飾於外，斯聖王所以生
> 成也。（〈天下〉：「皆原於一。」句下注，頁 1066）

聖人無心而任其特稟妙性，達到修證所得的逍遙之境，然而
聖人並非內心平和即可，更重要的是由其無心以順物，使天
下得性大治，故曰「使物各復其根，抱一而已」，乃聖之所
以爲聖者。聖人落在道化政治之上則爲聖王，聖王無心任天
下，「故所貴聖王者，非貴其能治也，貴其無爲而任物之自
爲也。」（〈在宥〉注）因其無心順物，故不迕物性，「必
合天下之懽心而與物俱往」（〈天下〉注），萬物皆從之則
成其尊。聖王雖有天下而不宰制天下，任百官而不爲百官之
事，「百官御其事，而明者爲之視，聰者爲之聽，知者爲之
謀，勇者爲之扞。夫何爲哉？玄默而已。而群材不失其當，

則不材乃材之所至賴也。」（〈人間世〉注）於聖王而言，任物之自生，雖有天下而不為物累，雖治天下、居高位而不為民厭、乘物無害；於眾人而言，則聰明知勇者，在聖王的任順下各司其職，而不失群材之素分。由此可見，聖王即俗任真，除了任其自己之性外，更順天下人之性，故能「同人群而驅萬物」（〈逍遙遊〉注），於作用層上體證逍遙無待之境，於實有層上實現其治國之功化。此功化萬物乃外王之極致，當自實有開出，才顯其具體而真實。於此，聖王任百官、任百姓之功成事遂，皆屬正面之實事，而非只「沖虛」、「無為」之虛，必兩面兼說方能盡「無為而無不為」的底蘊，否則只懸一「沖虛」不發用之心，無以成就真正的道，亦無具體內容可言，必隨時應物成就「無不為」之內容，「無」、「有」兼提，成「天地之始」之妙用，「萬物之功」的徵向，才是道家義理的完整面貌，而此一義理至郭象始極成之。

## （三）「神器境界」所成全之具體內容

所謂「神器境界」，乃就道化政治之圓境，即郭象所謂之「神器獨化於玄冥之境」。在聖人任順天下萬殊之性的情況下，萬物各自任性安分，於此，聖人、萬物均能逍遙，同登逍遙之境的時候，方能呈顯「神器獨化之境」。關於「神器獨化」之境所顯的實有內容，則可從郭《注》談天下神器時得見，其注曰：

> 而惑者因欲有其身而矜其能，所以逆其天機而傷其神器也。至人知天機之不可易也，故捐聰明，棄知慮，塊然

> 忘其所為而任其自動，故萬物無動而不逍遙也。（〈秋水〉：
> 「夫天機之所動，何可易邪？吾安用足哉！」句下注，頁593）
> 若夫法之所用者，視不過於所見，故眾目無不明；聽
> 不過於所聞，故眾耳無不聰；事不過於所能，故眾技
> 無不巧；知不過於所知，故群性無不適；德不過於所
> 得，故群德無不當。安用立所不逮於性分之表，使天
> 下奔馳而不能自反哉！（〈胠篋〉：「法之所無用也。」句下
> 注，頁357）

至人治國必順其自然，而不受心知分別、聰明知慮影響，故
能無心而為，順天下之性來治理天下，萬物於此無所不適，無
不逍遙；與此相反，昏君治國，則有所矜尚，心生執著分別，
私天下而有違自然之理，一旦有心而治，則天下為其所傷，
故曰：「巧者有為，以傷神器之自成，故無為者，因其自生，
任其自成，萬物各得自為。」（〈天下〉注）「自然，故非
巧。」（〈大宗師〉注）凡巧者必有所謀，「鬥巧者必多陰
謀，極其心思之用以求相勝。」[30]可見凡巧者，皆有所為，有
違自然之理，「世以任自然而不加巧者為不善於治」（〈馬蹄〉
注），實際上「以不治治之，乃善治也」（〈馬蹄〉注），無心而
治，方能治天下而不亂。因其無心故能無為，凡無為於治則能
大順群生，萬物方能無為自得，無心自化。可見只有以不治治
天下，無心而順萬有，方能不傷天下神器，成全天下眾庶。

　雖謂聖王以不治治天下，然而並不等同國家可以無禮樂
法度，在「神器獨化」之境下的禮樂法度，必合乎自然，因

---

30 此乃郭慶藩引郭嵩燾之言，見《莊子集釋》，頁159。

「自然中自有名教」之故。眾人皆視其所能視而不求見其所不該見，聽其所能聽而不聞所不該聞，行其所可行之事而不勉強其所不能，分別事物之知不會過度而成為執著分別之心知計較，後天行為的得不會過於天生性分之得，在這種情況下各人皆任其才性之內，冥於各人稟性之極，而不做不該做的事，自無作奸犯科者。眾人皆達稟性之極，在其極限之內體現到最高的境界，於此適性自得，而不跂越其性分，以求視不該視，聽不當聽，行不應行，禮樂法度自然與眾人之所為不相衝突，在這種情況下，人之所為與禮樂法度皆屬自然，二者相容而不相互牴觸。故治國者，其制禮作樂均出於自然之性，則天下百姓自不捨己逐物，離性以求其外，而不知返本適性。可見在「神器獨化」之境的情況下，天下萬物皆「放之自得之場，則不治而自治也」（〈應帝王〉注），不僅天下之才皆可成全，聖凡均能獨化，名教亦可在獨化之境下得以保全其純粹價值，一切存在均顯圓滿而真實。

　　綜述本章論述可知，依郭象之理論脈絡，縱然聖凡所成境界有所不同，人人皆可逍遙並不等同人人皆可成聖，因為郭象所謂的「聖人」是理想政治體系中的「聖王」，然而境界高下的分別與成聖不具普遍性這兩點，仍無礙人人皆可通過任性安分的工夫修養體證各人生命中最高的理想之境。從人人皆可逍遙處可見，體證個人生命中最高的理想之境是具有普遍性，即聖凡均充分實現本性所有，不離俗世便可任其真性，精純化其生命而達至最高的理想之境，於此便可見郭象哲學圓教的可能。

　　在「神器獨化之境」的情況下，天下萬有於各盡其性處

見所稟性分之充分發揮，在各司其職處成就專才及客觀知識，由各安其位處體證社會各階層之和諧共處。郭象以道化政治來成就圓教，把道家義理內聖外王的一面充分發揮、落實，亦見圓教「德福一致」之圓滿、具體而真實。

# 第六章　詮釋方法

　　郭象以注解的方式重新詮釋《莊子》，使《莊子》的精神復活於魏晉的時代，透過注文闡述其「經國體致」（〈天下〉注）、「內聖外王之道」，並明白揭示「神器獨化於玄冥之境」之旨趣。（〈莊子序〉）《莊子》書中內篇〈應帝王〉只略提及政治的理想，外雜篇則以反省和批判政治的現實論述為多，少有對政治的各層面作出正面的論述。[1]從郭《注》之主題內容、工夫論、境界論的轉向，可見郭象已把道化政治的理想，充分發揮，並以積極工夫論述指向神器獨化之圓融境界。郭象此種創造性的詮釋的注書方式，已非措意於名物訓詁、疏通文意之注釋方法可比擬，故研究郭《注》者必須正視其詮釋方法及其進路，亦可由其詮釋進路一窺其注書旨趣。

　　欲明郭象《莊子注》的詮釋向度，必須從其創造性詮釋的部分進行討論，故本文討論郭象《莊子注》之詮釋方法及進路的原則，不從分析其注書之文法、名物訓詁處入手，亦不以郭《注》繼承《莊子》闡述玄理時所固有的詮釋方法為

---

[1] 外篇如〈馬蹄〉、〈胠篋〉、〈在宥〉、〈天地〉、〈天道〉、〈天運〉、〈繕性〉等篇；雜篇如〈徐無鬼〉、〈則陽〉、〈讓王〉、〈盜跖〉、〈說劍〉等篇，均以反省和批判政治的現實論述為主。

主要的討論對象，而是從郭象注《莊子》的體系中歸納其表達創造性詮釋的詮釋方法爲主要的論述內容。

# 第一節　寄言出意

　　郭象認爲《莊子》一書，「每寄言以出意，乃毀仲尼，賤老聃，上掊擊乎三皇，下痛病其一身也。」（〈山木〉注）以寄託寓意的方式，批評生命中的種種虛妄分別，故縱或有毀仲尼、賤老聃者，亦爲其寄言方式，而非真毀之、賤之。誠然，《莊子》以寓言方式，藉由外物來說明人生哲理，故曰「寓言十九，藉外論之。」（〈寓言〉，頁 948）不僅莊生著述如此，郭象亦以「寄言出意」的方式來詮釋《莊子》義理內容，因而出現在《莊子》書中備受稱譽推崇之方外之士、藐姑射四子、許由等人，於郭象而言則貶抑爲俗累、爲有待之人；在《莊子》來說，爲禮教所限之方內之士、仲尼、堯、舜均被《莊子》批評爲未達無功、無名、無己之人，於郭象而言則推爲迹冥圓融、體道之士。郭象此種詮釋方式，被學者視爲反對《莊子》所說，劉笑敢先生更認爲郭象此等詮釋方法爲一「逆向的詮釋」，所謂「逆向的詮釋」是指譯作基本方向否定了原作基本概念、命題之方向的作品，就可稱之爲「逆向的詮釋」。[2]劉氏此說對當代研究郭象之詮釋方法影響甚廣，[3]承第二章第二節論郭象詮釋「迹冥圓融」的內

---

2 見劉笑敢：《詮釋與定向——中國哲學研究方法之探究》，頁 136。
3 王曉毅在詮解郭象「寄言出意」的方法論時即引用劉笑敢先生的「逆

容可見，郭象以「寄言出意」來說迹冥圓融，實爲道家義理
發展所允許者，並無違反道家「無爲無不爲」的義理形態。
於此則須剋就郭象此詮釋方法進一步討論，其「寄言出意」
的詮釋方法目的是什麼？

　　今就郭象「寄言出意」的詮釋方法進行討論，以見如何
運用此法進行創造性的詮釋，闡述《莊子注》之旨趣。其注
文曰：

> 二蟲，謂鵬蜩也。對大於小，所以均異趣也。夫趣之
> 所以異，豈知異而異哉？皆不知所以然而自然耳。自
> 然耳，不為也。此逍遙之大意。（〈逍遙遊〉：「之二蟲又
> 何知！」句下注，頁10）

> 鵬鯤之實，吾所未詳也。夫莊子之大意，在乎逍遙遊
> 放，無為而自得，故極小大之致以明性分之適。達觀
> 之士，宜要其會歸而遺其所寄，不足事事曲與生說。
> 自不害其弘旨，皆可略之耳。（〈逍遙遊〉：「化而爲鳥，其
> 名爲鵬。」句下注，頁3）

《莊子》之言「之二蟲又何知」的「二蟲」乃就蜩與學鳩而

---

向的詮釋」來說明之，見氏著《郭象評傳》，頁 217-218。王氏其後更
直言劉氏判郭象爲「逆向的詮釋」「所言極是」。見氏著〈王弼、郭象
詮釋方法及其變化動因〉，《中國哲學與文化》第二輯（桂林：廣西師
範大學，2007.11），頁 123。除此之外，亦有學者受到劉笑敢先生「逆
向的詮釋」影響，致使他們理解郭象爲一「反莊」的說法，如王中江，
見氏著〈郭象哲學的一些困難及其解體 —— 從「性分論」和「惑者說」
來看〉，《中國哲學與文化》第二輯（桂林：廣西師範大學出版社，
2007.11），頁 180-181。楊立華、鄧聯合等人詮解郭象之逍遙義時，亦
參照了劉氏此說作出詮釋，分別見楊氏著《郭象《莊子注》研究》，頁
131；鄧氏著《逍遙遊釋論 —— 莊子的哲學精神及其多元流變》，頁 275。

言,在〈逍遙遊〉的篇章中,蜩與學鳩以搶榆枋爲極,而未能體會大鵬能南飛九萬里的生命境界。《莊子》藉此寓言故事揭示生命境界高下有別,蜩與學鳩因其所體現之境界不如大鵬,故「笑之」,而其高下之別即在於有無遠舉之識和厚積之工夫。「水之積也不厚,則其負大舟也無力」、「風之積也不厚,則其負大翼也無力」(〈逍遙遊〉,頁 7)正好說明若無工夫支撐則無法致遠、負重;同樣生命所體證之境界亦然,若無工夫修養往上超拔,則無法體會更高的生命境界。郭象承此原文作注,卻把「二蟲」說成鵬、蜩,明顯地郭象此詮釋並不是因爲讀不懂原文而誤詮《莊子》原意,而是藉由原文所述,闡發個人創造性的詮釋,若僅就其不合《莊子》之意,逕判之爲誤詮、有失《莊子》文本之原意,則未能正視郭象所欲闡發之大義。[4]郭《注》此一轉向,實爲其「適性的逍遙」理論展開論述。郭象所謂「莊子之大意」,實爲《莊子注》下之逍遙大意,即以「不知所以然而自然」地任順性分所有、「極小大之致以明性分之適」來達致逍遙之境,縱然鵬蜩大小相殊,仍無礙二蟲同登逍遙之境的可能。誠然郭象此說與《莊子》所言「小知不及大知,小年不及大年」(〈逍遙遊〉,頁 11)之意向有別:《莊子》借由客觀事物指點生命境界不同,蜩與學鳩爲小知、小年者,終不能體會大鵬鳥逍遙之境;郭象則轉向從「物各有性,性各有極,皆

---

4 俞樾曰:「二蟲即承上文蜩、鳩之笑而言,謂蜩、鳩至小,不足以知鵬之大也。郭《注》云二蟲謂鵬、蜩也。失之。」見《莊子集釋》,頁 11。俞樾即以郭《注》之是否符合原文章句的意思而作出判斷,故曰「失之」,實未能正視郭《注》詮釋系統與《莊子》之殊異處。

如年知,豈蚑尙之所及哉!」(〈逍遙遊〉注)來說明即使萬物稟性各有其客觀限制,仍無礙眾生經由適性安分的工夫,體證各自存在的最高境界。大鵬之所以能高飛,「非其好高而慕遠也,風不積則夭閼不通故耳。」(〈逍遙遊〉注)蜩與學鳩之所以「搶榆枋,時則不至而控於地」(〈逍遙遊〉,頁 9),亦不是因為他們不努力向上,不肯春聚糧食而不能高飛致遠,而是因為蜩與學鳩本無高飛之能,縱然跂羨大鵬之能圖南九萬里,亦不能改變二蟲不能高飛的性分限制,所以郭象才會提出適性逍遙此說,而曰:「苟足於其性,則雖大鵬無以自貴於小鳥,小鳥無羨於天池,而榮願有餘矣。故小大雖殊,逍遙一也。」(〈逍遙遊〉注)只有在足其所受的性分下,無所跂羨,安於其分,才能各有所足,於客觀性分限制下體證各人生命中最高的修養境界。

由此可見,郭象不拘泥於文字,不執著於寓言內容,故言「鵬鯤之實,吾所未詳也」。執著於鵬鯤之實,亦無助眾人於現實上證得逍遙之境,只有小大不相羨、上下不相跂,各安其性,才能同登逍遙,實現道化政治的理想。郭象此說,已與《莊子》著重闡述聖人之修養境界有所不同:郭象從人人皆可逍遙的說法安頓群生,使社會裡擁有不同才能、身居不同職分的人各有所安。《莊子》筆下之眾人均受才性所限,僅大知、大年,有聖人之才、聖人之道者能體證逍遙之境;[5]

---

5 《莊子》於〈大宗師〉篇即透過女偊與南伯子葵的對話說明只有具有「聖人之才」及「聖人之道」者方能成其聖,見〈大宗師〉,頁 252。誠然,《莊子》筆下之聖人不限於生命的任何一個遭遇、形態均能體證聖人之境,縱然是庖丁、兀者申徒嘉,亦能體道,然而體道者須有其才、有其道(方法)方可成之。

郭象所言之聖人雖亦在氣稟意義下展開論述，然而逍遙之境
不僅聖人能體證之，不論小知大知、小年大年，均能適性逍
遙，故郭象之言「二蟲」涵攝了象徵小知的「蜩」與象徵大
知的「鵬」，縱然有才力高低之別，只要能適性自得則無不
同。郭象此一轉向，是為了成就其道化政治的理想立論，只
有在聖凡均能體證逍遙的情況下，方能達到天下神器獨化於
玄冥之境，故其所謂「宜要其會歸而遺其所寄，不足事事曲
與生說」、「自不害其弘旨，皆可略之耳」均為「寄言出意」
之詮釋方法。若從字句上訓解原文意思，便無法得出小大均
能逍遙之理，自然害其弘旨，執於莊生所寄；只有在不事事
詳盡委婉說明，才能遺其所寄，得其隱旨，故可略而述之。
若從郭《注》是否符合《莊子》原文之意來審視注文，郭象
所謂「莊子之大意」自與文本所論有所出入；若以道家傳統
義理「無為而無不為」、「自然不為」之宗趣、教路來看郭
象所述，自為義理發展所容許，亦為發展之可能者。若就其
發展的內容來看，則為一創造性的詮釋，欲要表述其創造性
的詮釋內容，則非剋就文意進行訓詁名物者，或僅就原文疏
通文句者可致，非藉著「寄言出意」的方式不可。

　　郭象除了透過「寄言出意」的方式去詮解「二蟲」外，
其言聖人、神人者亦有異於《莊子》之詮釋，以下試就郭象
詮釋《莊子》之轉向，以見其「寄言出意」的詮釋方法：

> 藐姑射之山，有神人居焉，肌膚若冰雪，淖約若處子。
> （〈逍遙遊〉，頁28）句下注：「此皆寄言耳。夫神人即今
> 所謂聖人也。夫聖人雖在廟堂之上，然其心無異於山
> 林之中，世豈識之哉！徒見其戴黃屋，佩玉璽，便謂

足以纓紱其心矣；見其歷山川，同民事，便謂足以憔悴其神矣；豈知至至者之不虧哉！今言王德之人而寄之此山，將明世所無由識，故乃託之於絕垠之外而推之於視聽之表耳。處子者，不以外傷內。」（〈逍遙遊〉注，頁28）

不食五穀，吸風飲露。（〈逍遙遊〉，頁28）句下注：「俱食五穀而獨為神人，明神人者非五穀所為，而特稟自然之妙氣。」（〈逍遙遊〉注，頁29）

其神凝，使物不疵癘而年穀熟。吾以是狂而不信也。（〈逍遙遊〉，頁28）句下注：「夫體神居靈而窮理極妙者，雖靜默閒堂之裏，而玄同四海之表，故乘兩儀而御六氣，同人群而驅萬物。苟無物而不順，則浮雲斯乘矣；無形而不載，則飛龍斯御矣。遺身而自得，雖淡然而不待，坐忘行忘，忘而為之，故行若曳枯木，止若聚死灰，是以云其神凝也。其神凝，則不凝者自得矣。世皆齊其所見而斷之，豈嘗信此哉！」（〈逍遙遊〉注，頁30）

《莊子》分別以聖人「不食五穀，吸風飲露」及「其神凝，使物不疵癘而年穀熟」來描繪聖人的內心修養及其對外應物的自然境界：自內而言，《莊子》以神人之不食五穀、餐風飲露的形象來描繪聖人內心之不落俗套，不為俗累的修養境界；對外而言，《莊子》則以神人之單靠其精神凝聚便能使農作物不受災害而豐收成熟的事迹，來比擬聖人處事之無心無為，一切均自然而然的應世及功化。可見《莊子》是以「漫畫式方便語」來描述神人之精神境界，而非直述式的指謂語

去說明神人於現實生活中必有此技能。若把《莊子》的漫畫式描述看實了，便會誤以爲《莊子》筆下之聖人、神人、真人無須工夫修養便能達至生命的最高境界，於是便成了神通式、道教化的詮釋。[6]郭象承《莊子》「不食五穀」的說法一轉，而說「俱食五穀而獨爲神人，明神人者非五穀所爲，而特稟自然之妙氣。」從字面看來似與《莊子》之意對反，然而郭象所欲表達之義理在於「神人即今所謂聖人」，聖人不離俗世而能即俗任真，就其即俗的一面而言「俱食五穀」，因其「特稟自然之妙氣」又能任性安分則說明「非五穀所爲」。《莊子》之神人形象，是聖人之內心修養及其對外應物之自然而然的具體描繪，若《莊子》真認爲神人、聖人離世獨立便能成其真，便不會有〈人間世〉、〈德充符〉、〈應帝王〉等著作。郭象承此「漫畫式方便語」而「寄言出意」，分析地說明神人即聖人，而聖人並非離群索居，雖坐廟堂之上處理政事，衣冠冕旒，操生殺大權，掌治國之職，然而其內心虛靈，應物無礙，既能任順百姓又能與民相冥，故能「無物不順」、「無形不載」、「遺身自得」，世人不識聖人內心不爲物累，便妄加判斷，以爲聖人必爲外物「纓紱其心」、「憔悴其神」，實則聖人內心無爲，故應物時便能無所不爲，達到「迹冥圓融」的最高境界。郭象認爲《莊子》之所以引藐姑射之山的神人來說明聖人的修養境界，是在於「世皆齊其所見而斷之，豈嘗信此哉！」「世所無由識，故乃託之於絕垠之外而推之於視聽之表耳。」故把神人不爲俗累的一面

---

6 「漫畫式方便語」與「直述的指謂語」之區分，見周雅清：《成玄英思想研究》，頁 314。

託之以山谷之士，以明其沖虛靈明的精神境界，於是在注文之始明言「此皆寄言耳」。郭象藉其迹冥圓融的說法，把《莊子》所未明言，而又蘊涵的義理內容，透過「寄言出意」的方式發明《莊子》大意，於此，見其既有繼承舊說亦有推進發展的義理詮釋。[7]

除此以外，郭象於〈逍遙遊〉注文中亦把《莊子》認爲不能無名之堯，詮釋成聖王的典範。郭象認爲堯以不治治天下，「雖寄坐萬物之上而未始不逍遙」，實爲迹冥圓融的表現；相反藐姑射之神人，實爲「山谷之士，非無待者也」，爲不能「與物同波」者之一偏之士。同樣，郭象於〈大宗師〉注文把中《莊子》認爲是不能遊於無爲自得、禮儀法度之外的仲尼，詮釋成「遊外以宏內，無心以順有」之聖人。郭象認爲仲尼雖「與群物並行」、「體化而應務」，仍能「神氣無變」、「淡然自若」，實非方外之士可比，較諸方外之士，

---

7 王曉毅曰：「將『本末體用』改造爲『迹與所以迹』，以表述內在本性與外在表象的關係；將『得意忘言』改造爲『寄言出意』，爲其忽略經典原意自由發揮己見服務。」見氏著《郭象評傳》，頁 199。案：由前文討論可見，郭象以「寄言出意」來詮解《莊子》並非忽略經典，亦非自由發揮，更非無所本而肆意妄爲，而是承接經典所蘊涵之義理內容，作出進一步分析闡述。又王氏在詮解藐姑山神人段時認爲「郭象無疑是在曲解文本原意」，原因在於《莊子》寫神人不食人間煙火、乘雲駕龍，暢遊宇宙，又能消災免禍、五穀豐登。這些說法異於郭象無神論的立場，故以「寄言方法輕鬆否認」，變成「俱食五穀沒有任何特異功能的人間聖王」。同前書，頁 221。基於上述原因，王曉毅認爲郭象「寄言出意」較諸王弼的「得意忘言」可謂「離譜更遠」，即「在經典中獲得了更廣闊的自由解釋空間」。同前書，頁 222。若明郭象「寄言出意」乃其創造性詮釋的其中一種詮釋方法，則可以對郭象的用心能有同情的理解。

實更見其迹冥圓融。[8]在其「外內相冥，未有極遊外之致而不冥於內者也，未有能冥於內而不遊於外者也」（〈大宗師〉注）的迹冥圓融理論下，堯舜、仲尼均為兼修內外之聖人的典範，而其聖之所以為聖，並不在於堯舜、仲尼能發揮其道德本心，透過下學上達，實踐仁義而與天道性命相貫通，而是因為堯舜、仲尼能任性而行，其聖迹有冥體來保證，而冥體又能發用而為外迹，真正做到「外內相冥」，達至「無為而無不為」之境，遂曰：

> 是故莊子將明流統之所宗以釋天下之可悟，若直就稱仲尼之如此，或者將據所見以排之，故超聖人之內迹，而寄方外於數子。宜忘其所寄以尋述作之大意，則夫遊外宏內之道坦然自明，而莊子之書，故是涉俗蓋世之談矣。（〈大宗師〉：「彼，遊方之外者也；而丘，遊方之內者也。」句下注，頁 268）

郭象認為《莊子》把聖人之本寄託在方外四子身上，以示聖人不拘禮法，發乎自然真情的一面，聖人之迹則眾人所見，而為一般人所能理解的模樣，以此寄言手法彰顯道家聖人無為而無不為的宗統，使天下之人更具體了解聖人之迹有所本，本必發用而為迹，內外相冥，涉俗應世而內心如獨立高山之上，故曰「宜忘其所寄以尋述作之大意，則夫遊外宏內之道坦然自明」。《莊子》雖沒有明說以方外數子寄寓聖人心境之無為自然，然而郭象卻認為大可不必泥於寓言所述，應忘言得意，以明《莊子》遊外宏內之旨，若非如此，則「莊

---

8 關於郭象舉堯舜、仲尼為例，說明迹冥圓融義之義理辨析，詳見第二章第三節。

老之談所以見棄於當塗」（〈逍遙遊〉注），而不見其經世治國之用。

　　郭象於注文中常以堯舜、仲尼爲聖，恰是《莊子》所貶之士，貌似否定《莊子》所肯定的山谷之士，然而郭象之所以否定者，乃否定拘泥於文字表面之意，故曰：「夫莊子之言，不可以一途詰，或以黃帝之迹禿堯舜之脛，豈獨貴堯而賤禹哉！故當遺其所寄，而錄其絕聖棄智之意焉。」（〈天地〉注）可見郭象並非肯定堯舜、仲尼本人，而是肯定不執於迹亦不泥於冥，真能達至迹冥圓融之境者；[9]若有所執定，只知效學堯舜、仲尼之迹，而不明聖之所以爲聖，乃在於其能無爲而無不爲，則未能「遺其所寄」。郭象認爲執於所寄之事，實爲一途之說，仍未能得《莊子》之意。[10]誠然，郭象以「寄言出意」的方式來理解《莊子》、詮解《莊子》，才不至於偏看「無爲」一面，而不見「無不爲」之事功，如

---

9　楊立華認爲「在郭象看來，莊子的思想與孔子是完全一致的。」、「郭象認爲，莊子要表達的東西其實與孔子的思想並無二致。」又曰：「此種莊孔同一的態度，幾乎貫穿《莊子注》所有涉及孔子的段落當中。」見氏著《郭象《莊子注》研究》，頁 64-65。楊氏認爲郭象以「莊子一同」的態度來詮解聖人之見，實囿於文字所述，而未能了解郭象欲寄言出意，透過堯舜、仲尼來說明道家之聖人「無爲而無不爲」之義，而非爲了肯定仲尼本人而立論。

10　劉笑敢認爲郭象之「遺其所寄」乃「忽略」《莊子》原文與他的思想不一致的字句。見氏著《詮釋與定向 ── 中國哲學研究方法之探究》，頁 173，注 41。劉氏更直言郭象的「寄言出意」乃其自覺本人思想與《莊子》原文不一致時的托詞或辯解之方。同前所引之書，頁 199。案：郭象以「遺其所寄」的方式詮解《莊子》實非爲了「忽略」原文與其思想不一致的地方，因郭象所言本爲《莊子》義理所蘊涵之內容，是以接著說的方式闡述立言宗旨，故無「思想不一致」之嫌，因注文與原文無「不一致」可言，故更無「托詞或辯解」之言，實郭象「寄言出意」的詮釋方法，分析地展示了聖人應世時精神境界與應物所爲。

此方能明道家流統所宗，無怪乎郭象認為《莊子》一書乃「涉俗蓋世」之談，若非郭象對《莊子》有如此高度的理解，則若只落入一偏，遂以為道家乃無用之談。郭象此「寄言出意」的詮釋方法，不為文本所束，充分體現了《莊子・天道》所言「世之所貴道者書也，書不過語，語有貴也。語之所貴者意也，意有所隨。意之所隨者，不可以言傳也，而世因貴言傳書。」（〈天道〉，頁 488）此說，亦發揮「言不盡意」、「得象忘言，得意忘象」的詮釋傳統。[11]

# 第二節　泯對待而為一

郭象除了銷融章句，以寄言出意的方式詮釋《莊子》義理內容外，更以泯除相對、相待的方法來詮解《莊子》，舉凡主客對待、內外對待、有待無待均在神器獨化的境界下泯而為一。

## 一、泯主客合一

郭象《莊子注》中以自然性分作為其思想的核心基礎，凡物皆須適性方能逍遙，得性方能齊一、自生獨化，在物之逍遙、齊一、獨化處即見其主客合一的詮釋方法。其言性曰：「受生各有分」（〈知北遊〉注）、「所稟之分各有極」（〈養

---

11　「言不盡意」乃《周易・繫辭傳上》語，見《王弼集校釋》，頁 554。「得象忘言，得意忘象」語出王弼，見《王弼集校釋・周易略例・明象》，頁 609。

生主〉注）、「天性所受，各有本分，不可逃，亦不可加。」（〈養生主〉注）乃從客觀氣稟之天性自然而言「性分」，各人才性於生就時已被稟受所限，若氣稟所沒有者，則如何努力亦終無所得，故曰：「豈有能中易其性。」（〈齊物論〉注）舉凡耳聰目明、大小夭壽、美醜貴賤等均為性分的內容，全為稟受所有，非跂羨而能增損其所能。才性符應於外則落實為社會百工百業，販夫皂隸、庖人尸祝，君相臣妾，無不為性分之展現於社會各階層的表現，不獨眾庶如此，聖王亦無有例外，僅「特受自然之正氣」（〈德充符〉注）、「特稟自然之妙氣」（〈逍遙遊〉注）者，方能成聖，若稟受所無者，雖效學亦不能致，於此則見性分之限制義。

　　性分雖受氣稟所限，「毫分不可相跂」（〈逍遙遊〉注）乃其限制義，然而郭象於「積習成性」處充分肯定後天工夫修養的作用，故曰：「物雖有性，亦須數習而後能耳。」（〈達生〉注）可見在安於其性、習其所有的情況下，便能實現各人性分，於其注曰：

> 夫舉重攜輕而神氣自若，此力之所限也。而尚名好勝者，雖復絕瘁，猶未足以懨其願，此知之無涯也。故知之為名，生於失當而滅於冥極。冥極者，任其至分而無毫銖之加。是故雖負萬鈞，苟當其所能，則忽然不知重之在身；雖應萬機，泯然不覺事之在己。（〈養生主〉：「而知也無涯。」句下注，頁115）

郭象以舉重負載為例來說明只有任性安分，方能自得逍遙。稟受「舉重攜輕而神氣自若」者，此既顯其天生稟氣的殊異性，亦見其客觀限制義。若不知個人稟受所限，受心知外逐

影響而尚名好勝，跂求稟受所沒有的內容，則縱然竭盡膂力，仍無法滿足其無窮的欲望。由此更見心知執著，會使人意欲無涯，失性蕩真，只有各安其性、各任其分，方能滅除妄心意欲，冥合其性，故曰：「物有自然，理有至極。循而直往，則冥然自合。」只有任性率真，無分毫跂尚，方能得其所當，雖舉重萬鈞而不知重之在身，應物萬機而不覺事之在己，不為物累，逍遙自得。具備主體之工夫修養方能使客觀之自然性分得以恰當體現，發揮主觀意志的同時客觀性分亦能得到充分實現，於此可見主體修養及意志之不可或缺、客觀性分之不可踰越。主體之修養工夫和客觀之性分內容就在主體工夫意志之至極之處，性分得以被充分實現，現實上的一切分別建構都因此而得以運作無礙；在客觀性分充分實現時主體便逍遙自得，當此之際，主客圓融，無工夫相，亦無限制相而為渾然圓融之一體，泯主客而為一而說「獨化玄冥」。

## 二、泯內外合一

　　《莊子》認為儒者之以拘守仁義禮法者為方內之士，孟子反、子琴張等人不為名教外迹所拘束，遊心於無為自得之境而為方外之人，一內一外，確實有所分別。郭象認為聖人遊外必能冥內，其形迹與心神必能合一，只要在無心而為的情況下，名教亦為自然中所本有，亦不必分別而言方外、方內，遂曰：「理有至極，外內相冥，未有極遊外之致而不冥於內者也，未有能冥於內而不遊於外者也。」（〈大宗師〉注）此為其泯內外而為一之詮釋方法。

　　不僅詮釋迹冥論之方法如此，郭象談「性分」與「名教」
的關係亦以泯內外而爲一的方法進行詮釋，其注曰：

> 言此先後雖是人事，然皆在至理中來，非聖人之所作
> 也。明夫尊卑先後之序，固有物之所不能無也。（〈天
> 道〉：「夫尊卑先後，天地之行也，故聖人取象焉。……而有尊卑
> 先後之序，而況人道乎！」句下注，頁470）

透過任性安分的工夫，把外在化、等級化的倫常尊卑先後，
與內在化、生就本具之性分，泯而爲一，故曰倫常尊卑之先
後「皆在至理中來」，遂認爲尊卑先後之序爲物「所不能無」，
人倫所不能缺。同樣，君臣上下之分位亦然，其曰：「君臣
上下，手足外內，乃天理自然。」（〈齊物論〉注）聖王「稟
自然之妙氣」（〈逍遙遊〉注）者自居於上，得臣妾之才者
自處於下，有如「天之自高，地之自卑，首自在上，足自居
下」（〈齊物論〉注）尊卑貴賤各有定分，非跂羨所及便可
更易其性。不僅分位如是，郭象在論及仁義、禮樂等名教內
容時亦以性分說之，故曰：「夫仁義自是人之情性，但當任
之耳。」（〈駢拇〉注）又曰：「夫聖迹既彰，則仁義不真
而禮樂離性，徒得形表而已矣。」（〈馬蹄〉注）可見仁義、
禮樂等名教內容，不能單靠效法聖人之迹來踐履仁義、制定
禮樂，必須有所本方能成就真正的仁義之舉，制定合時宜之
禮樂制度，而其所本者則爲至理之自然，人性之本然。對於
「性長於仁」（〈駢拇〉注）的人來說，任其性分所有便能
實踐仁德的行爲；聖王只有在因應百姓所需、因時制宜的情
況下制定禮法政典，百姓方能任性安分而不失其真性，可見
充分實踐性分之時，名教便能在自然中得以成全。「性分」

與「名教」，前者爲內，後者爲外，郭象「自然中自有名教」的說法，即泯內外而爲一。

關於內聖、外王泯而爲一的詮釋方法，郭象則有更具體深刻的見解，其注曰：

> 夫心無爲，則隨感而應，應隨其時，言唯謹爾。故與化爲體，流萬代而冥物，豈曾設對獨遘而游談乎方外哉！此其所以不經而爲百家之冠也。然莊生雖未體之，言則至矣。通天地之統，序萬物之性，達死生之變，而明內聖外王之道。（〈莊子序〉）

因無心而爲故能無所不爲，隨感隨應而能順時而生，一切均能因應性分所有、時勢所需而自生自化。聖人無心，故能自內而外，應物無滯，而合於自然變化，無物不冥，無物不順；聖人體道，並非高山獨立、遊方之外，而不能冥於內、與物相冥。萬物只要各足其性、各安其分便能通於天地自然，而與變化爲一，故曰：「苟足於天然而安其性命，故雖天地未足爲壽而與我並生，萬物未足爲異而與我同得。則天地之生又何不並，萬物之得又何不一哉！」（〈齊物論〉注）可見於足性安命處，見萬有不二於天地自然，通同於天地之統，故曰「通天地之統」。聖人不獨能同於天地自然，不自異於萬物，更能順萬物之性，使眾人均能逍遙自得，故曰：「乘萬物御群材之所爲，使群材各自得，萬物各自爲，則天下莫不逍遙矣。」（〈秋水〉注）聖人既具無爲之體，則發爲乘御、統順之功用，使萬物得其所待，不失所待，萬民各盡性命，眾庶之性分雖然不一，仍能各有所適，皆得其所，此即「序萬物之性」之豐富底蘊。因聖人無心應物，與化爲體，

隨遇而安，故能「忘壽夭於胸中」（〈天地〉注），而曰「達死生之變」。由此可見聖人自內在之「無爲」發而爲外迹之「無不爲」，不曾「設對獨遭」，而能同於自然變化，外忘生死，亦能順萬有之性，功化萬物，故曰「明內聖外王之道」。

　　「心無爲」乃其內，「與化爲體，流萬代而冥物」爲其外，內有所本，外顯爲迹，於此本末、迹冥、內外、性分與名教均於體道、證得逍遙獨化之時，泯而爲一，既內亦外，無外無內，非內非外，泯內外而爲一。

# 三、泯聖凡而為一

　　郭象詮釋義理時，不僅泯主客、內外爲一，於適性自得當下泯除主客、內外分別，更於神器獨化於玄冥之境的情況下，泯聖凡而爲一，同證適性逍遙之境、物我得性齊同而無別。

　　郭象論適性的逍遙以兩層論之，有待之眾人與無待之聖人，均能於各適其性、各安其分處而適性自得，故曰：「小大雖殊，逍遙一也。」（〈逍遙遊〉注）足見適性與否、能否逍遙與氣稟性分的內容無關，而是關乎能否盡其性分之極，能盡其性便能得性逍遙。只是眾人之逍遙，除了透過任性安分此一工夫修養達致外，亦須得其所待，方能適性逍遙；而聖人則能「所遇斯乘」，無可無不可故能無所待。一是「得其所待」、「所待不失」的「有待的逍遙」，一是「至德之人」，不以自通爲足，又順有待者之「無待的逍遙」。「有待的逍遙」須得聖人所順，使之「不失其所待，所待不失」方能「同於大通」，（〈逍遙遊〉注），可見眾人之逍遙，

除了各自任性安分此一工夫修養外，尚須得聖人所順，方能
得其所待，與聖人同登逍遙之境。而天下蒼生之能否「得其
所待」，並非眾人主觀意志可致，「天下若無明王，則莫能
自得」（〈應帝王〉注），可見若無明王順物足性，則天下
百姓之如何任性安分，亦無法得性自得。百姓在「得其所待」
後之各安其性以致適性逍遙則為分析命題，至於百姓之能否
「得其所待」則為一綜合命題，在這種情況下，聖凡「各得
其性」，一同體證逍遙之境，泯聖凡而為一。[12]

　　不僅逍遙如此，郭象之言齊物，聖人「無待的齊物」，
只須極其性分，無須靠外在之物任順便能自得齊物，此乃分
析命題。眾人之齊物，須由聖人無心而兩順，使之不失所待，
萬物方有自齊的可能，然而眾人亦非單憑聖人所順，便能自
齊，眾人亦須以無心盡分的主觀修養努力來成性，方能自得
齊物。至於眾人能否遇到聖人任順其性，則非關主觀修養努
力可決定，於此可見眾人「有待的齊物」乃一綜合命題而非
分析命題。郭象所謂「有待無待，吾所不能齊也；至於各安
其性，天機自張，受而不知，則吾所不能殊也」（〈逍遙遊〉
注）的聖凡均能齊物境界，是在眾人能得其所待的前提下而
言「各安其性，天機自張」，於此泯聖凡而為一。同理，其
自生獨化之說亦然，眾人之自生獨化，亦須靠聖人之順其所

---

[12]　「從分析到綜合」的說法乃莊耀郎先生作為郭象詮釋《莊子注》的說
　　　法，亦是先生最先提出。先生認為郭象《莊子注》的方法論有三，一
　　　為寄言出意，二為詭辭為用，三為由分析到綜合。見先生著〈郭象《莊
　　　子注》的方法論〉，《中國學術年刊》第 20 期，1999.3，頁 227-240。
　　　於此則把先生此意收攝於「泯聖凡而為一」此示例之中，作為「泯對
　　　待而為一」這種詮釋方法的一種途徑。

待，方能各自自生獨化。

　　《莊子》論逍遙，從至人、神人或聖人之主體去執、無己、無功、無名，此乃不假外求，純任主體意志之「翻成心為真心」便可逍遙齊物，體證生命的最高境界，此乃分析命題。郭象言聖人之所以能體證其生命的最高境界，可從一己之主觀意志，透過任性安分而致，然而眾人之所以能體證其生命的最高境界，須得其所待，加上主觀意志之工夫修養方可極成，於此，聖凡統體之逍遙已從分析命題轉向綜合命題。在聖凡均能體證逍遙之境的情況下，才能證得天下神器逍遙獨化，關於神器獨化於玄冥之境的情況，郭《注》則曰：

> 夫日月雖無私於照，猶有所不及，德則無不得也。而今欲奪蓬艾之願而伐使從己，於至道豈弘哉！故不釋然神解耳。若乃物暢其性，各安其所安，無遠邇幽深，付之自若，皆得其極，則彼無不當而我無不怡也。（〈齊物論〉：「而況德之進乎日者乎！」句下注，頁90）

日月照地，雖出於無心而為，猶有所不能遍及如幽谷深壑者；然而在神器獨化之境下，聖王順任物性，使萬有各得其性，於此聖王順物較諸日月照地，更無有遺漏，不論遠近，無分高低，一是均能得其所待，暢順各人所需，使之各安其所安，從而自生獨化，各登其極；若為君者，強使萬民扭曲其性，曲從君上之意，那怕所外加之事雖小，乃屬傷性之舉，故曰：「外物加之雖小，而傷性已大也。」（〈天運〉注）如此而往，傷天下之性，而不能暢性安分，故曰：「夫畫地而使人循之，其迹不可掩矣；有其己而臨物，與物不冥矣。」（〈人間世〉注）只有在聖王兩順物性，天下各其安、付之自若的

情況下，聖王與萬民均能得其當、怡其性，於此天下神器方能獨化自生。可見郭象凡言天下獨化者，必泯聖凡而爲一，聖凡於此同證各人生命中的最高境界，就各人的最高境界而言「玄同彼我」，一同無別。

　　由以上討論得知，郭象詮釋《莊子》之義理者，均以泯除對待的方式，來展示「神器獨化於玄冥之境」的境界，在此最高境界下，泯除彼我、內外、主客、聖凡、有待無待等種種分別。於一切分別相之中，均能展示生命中最高的境界，自泯主客爲一而言：主體之能任性安分，必能實現客觀之性分；客觀性分之實現，必有主體工夫在其背後支撐，方能盡其性分。自泯內外爲一而言：即其內證必能應化而爲外迹，其外迹必能冥合內在之冥體。自「泯聖凡爲一」而言：於聖人之逍遙處，必能見眾人之能獨化玄冥，因聖人不以自通爲足，必順有待，使之同登逍遙之境；於眾之逍遙處，必能見聖人之逍遙，若聖人不任性安分，則不能大順群生，眾人便不得逍遙靡不適。於此，由主見客，自客證主，主客一體，泯其分別；同理內外、聖凡、有待無待等相對概念亦然，從任何一分別相切入，均能顯其全體之最高境界，於此由分別進入非分別境界，一是均可達至圓融無礙。可見泯對待而爲一，乃郭象詮釋《莊子》的一種方法，透過此詮釋方法顯示一圓融無礙的「神器獨化於玄冥之境」。

## 第三節　終始無礙

　　郭象除了以「寄言出意」、「泯對待而爲一」等方法來

詮釋《莊子》之外，更以「終始無礙」的方式來詮解《莊子》，並以此來建構其哲學體系。所謂「終始無礙」即在「以終攝始」、「以始歸終」，終始相互回環的情況下形成一詮釋學的循環，以致「終始無礙」，而互為照應。而「以終攝始」即以其論的最終境界 ──「神器獨化於玄冥之境」來統攝其各段注文所展示的內容；而「以始歸終」即以散見於各篇章之注文內容均歸向其理論所顯示的最終境界。最終境界是大者，各段注文所顯的內容是小者，即「神器獨化於玄冥之境」是大者，至於各分論之逍遙、齊物、自生、獨化、性分、自然名教等說法皆是分說之小者。從「以終攝始」來看，便是以大統小；從「以始歸終」來看，則為以小明大，如此而言，大必統小，小必明大，互為照應、詮釋，圓融無礙，達至「終始無礙」。

　　郭象這種詮釋《莊子》的方法，有類於詮釋學的「詮釋學的循環」，所謂「詮釋學的循環」是指「通過整體與部分間的辯證之相互作用，它們就把意義互給了對方；這樣看來，理解就是一種循環。由於在此『循環』之內意義最終持存著，故我們就稱它為『詮釋學的循環』。」[13]「詮釋學的循環」是從理解文本的角度出發，而郭象「以終攝始，以始歸終，

---

13 見帕瑪著，嚴平譯：《詮釋學》，頁 98-99。另外伽達默爾著《真理與方法 ── 哲學詮釋學的基本特徵》亦有相類說法：「我們必須從個別來理解整體，而又必須從整體來理解個別。」、「這是一種普遍存在的循環關係。由於被整體所規定的各個部分本身同時也規定著這個整體，意指整體的意義預期（Antizipation von Sinn）才成為明確的理解。」見伽達默爾著，洪漢鼎譯：《真理與方法 ── 哲學詮釋學的基本特徵》，頁 395。

終始無礙」的詮釋方法，則爲他重新詮釋《莊子》、注解文本的方法，前者以理解文本爲重點，後者以注解文本爲體要，又郭象以創造性的詮釋來注書立說，故其注解文本的過程，實爲建構其哲學體系的過程，於此我們可以把「終始無礙」視爲其注《莊》的詮釋方法。以下將「以終攝始」、「以始歸終」及「終始無礙」等三方面舉例說明郭象注《莊》的詮釋方法。

# 一、以終攝始

郭象注《莊》乃隨原文而注，非單獨成篇之議論文章，注文往往數句而止，然而注文之間並非偶發而致，注文雖片斷而義理則相連。原文下之注文雖短，連讀而下，往往能見其宗趣，顯其立論的一致宗趣。以下則列舉相關注文，以觀其「以終攝始」的詮釋方法，注曰：

> 自外入者，大人之化也；由中出者，民物之性也。性各得正，故民無違心；化必至公，故主無所執。所以能合丘里而并天下，一萬物而夷群異也。(〈則陽〉：「由中出者，有正而不距。」句下注，頁 910)

郭《注》此注所述意涵均攝之於其立言宗趣之下，即就向著「神器獨化於玄冥之境」而論。順是則明其所謂「自外入者」乃就聖王無心之任化百姓而言，即以明王無心任物，使民物不失其所待來說明「大人之化」，因其大公無私，故能「主無所執」。其所謂「由中出者」乃就百姓稟受自然之性而論，因聖王無所偏私，兩順百姓氣稟之所有，而不強行其所無，

故「民無違心」。在「主無所執」、「民無違心」的情況下，各地風俗雖異仍能天下歸心，玄同萬物而使群異得性齊一。於〈則陽〉「由中出者，有正而不距。」原文後，郭象亦有逐句作注，其注無不以其立言宗趣攝之，如「四時殊氣，天不賜，故歲成。」（〈則陽〉，頁 909）句下注曰：「殊氣自有，故能常有，若本無之而由天賜，則有時而廢。」乃由天時類比百姓自然稟性而說，萬殊群品稟性有異，若性分所無，而「自外入者」因一己之私，強加其所不能、所未有者，則雖勉強行之，終不能成百姓之真性，反而傷其性、蕩其真，故曰「若本無之而由天賜，則有時而廢」，可見主有所執，不能化民至公者，若強加於百姓身上，仍有時而廢，無法可大可久。後文「五官殊職，君不私，故國治。」（〈則陽〉，頁 909）句下注：「殊職自有其才，故任之耳，非私而與之。」及「文武大人不賜，故德備。」（〈則陽〉，頁 909）句下注：「文者自文，武者自武，非大人所賜也，若由賜而能，則有時而闕矣。豈唯文武，凡性皆然。」所言，乃就聖王任物無私而言，文武百官自有各人之不同專長，只有在聖王無心任順的情況下，百官方能任其性分，安其所安，各展其性分之所長；若聖王有所私，勉強文官去為武者之職，或是勉強武官去行文者之分，而不能量才授職，則無法成就各人之才，而終至各人失性而不自得，不僅聖王任人臣之職如是，任天下百姓之性分者亦然，只有無私於物，各任其能，天下才能冥極於性分之內，而致「神器獨化」之境。由此可見，郭象以「以終攝始」的方法注解原文，使每段注解均統攝其立言宗趣之下而能不生歧義、互不矛盾。

　　因爲郭象以隨文注解來詮釋其創造性的義理內容，所以不可能在每段注文中均展述其宗趣的最高境界，於是，某些注文僅能體現其理論體系某一階段或面相，其注曰：

> 故乘天地之正者，即是順萬物之性也；御六氣之辯者，即是遊變化之塗也；如斯以往，則何往而有窮哉！所遇斯乘，又將惡乎待哉！此乃至德之人玄同彼我者之逍遙也。苟有待焉，則雖列子之輕妙，猶不能以無風而行，故必得其所待，然後逍遙耳，而況大鵬乎！夫唯與物冥而循大變者，為能無待而常通，豈獨自通而已哉！又順有待者，使不失其所待，所待不失，則同於大通矣。（〈逍遙遊〉：「若夫乘天地之正，而御六氣之辯，以遊無窮者，彼且惡乎待哉！」句下注，頁20。）

郭象此注重點在展示聖人主觀的修養境界和道化政治的最高境界，從聖人的主觀境界來看，聖人所遇斯乘，隨遇而安，無可無不可，故無所待，此乃其主觀修養所顯之境；從道化政治的最高境界來看，聖人不以自通為足，必功化萬物，順天下之有待者，使百姓均能不失其所待，而玄同於玄冥之境之中。於此郭象僅就聖王之必能任順百姓之所待而立說，然而是否等同百姓得其所待後，便能體證逍遙之境，與聖王玄同於玄冥獨化之中？若明郭象所論，必「以終攝始」，則能理解，郭象此說非謂有待者不必透過自身之工夫修養，光憑無待者之所順便能體證逍遙之境，若果真如此，則不會在其他注文裡面，多次論述有待者仍須任性安分的工夫修養，故其注曰：「物各任性，乃正正也。」（〈駢拇〉注）、「唯各安其天性，不決駢而齕枝，則曲成而無傷，又何憂哉！」

（〈駢拇〉注）、「苟足於天然而安其性命，故雖天地未足為壽而與我並生，萬物未足為異而與我同得。則天地之生又何不並，萬物之得又何不一哉！」（〈齊物論〉注）由此可見，萬物均須各安其性，無所跂羨，方能自得逍遙；不僅有待者須於得其所待後，持之以任性安分的工夫，方能自生獨化，即使是特稟自然之妙氣的聖王，亦須安其性分之內，「不為冢宰之任」（〈天道〉注）不越俎代庖，方能無心任物，順臣民所待，極成「神器獨化」之境。而其所謂「物各任性，乃正正也」的前提，亦必須在「各得其所待」的情況下而論，由此即見郭象注《莊》的方式乃「以終攝始」，其各段注文均在「神器獨化於玄冥之境」的籠罩下而分別作出論述。

## 二、以始歸終

　　郭象注《莊》除了「以終攝始」的方式來重新詮釋《莊子》外，更以「以始歸終」的方式來作注，綜觀其注文各段之篇幅雖短，仍能各自分別回應其論述之最高境界，其注曰：

> 不付之於我而屬之於彼，則雖通之如彼，而我己喪矣。故各任其耳目之用，而不係於離曠，乃聰明也。（〈駢拇〉：「通如師曠，非吾所謂聰也；屬其性乎五色，雖通如離朱，非吾所謂明也。」句下注，頁328）

> 夫聲色離曠，有耳目者之所貴也。受生有分，而以所貴引之，則性命喪矣。若乃毀其所貴，棄彼任我，則聰明各全，人含其真也。（〈胠篋〉：「擢亂六律，……而天下始人含其明矣。」句下注，頁355）

郭象注文中，常引師曠、離朱之耳聰目明爲例，以明各適其
性分的重要性。一般人均以耳聰目明爲貴，而「未嘗以慕聾
盲自困」（〈駢拇〉注），由此可見眾人「所困常在於希離
慕曠」（〈駢拇〉注），不安守各人自然性分之內所有，而
常跂羨性分所無。郭象此論，除了說明任性適分的重要性，
更說明離曠之所以能耳聰目明，是因其性分所有，加以積習
而成，同樣，成聖成賢者亦然，若無聖賢之才，雖學無益，
故曰：「有情於爲離曠而弗能也，然離曠以無情而聰明矣；
有情於爲賢聖而弗能也，然賢聖以無情而賢聖矣。」（〈德
充符〉注）若勉強其性，終日跂羨其外，而不知返本復其真
性，則「見目而求離朱之明，見耳而責師曠之聰，故心神奔
馳於內，耳目竭喪於外，處身不適而與物不冥矣。不冥矣，
而能合乎人間之變，應乎世世之節者，未之有也。」（〈人
間世〉注）可見悖離本性而能成其真者，是絕不可能之事。
心神終日奔馳於欲望所求，則喪其真性，喪其真者則不能冥
極其性，不能冥於性分之內而能隨順所遇、遊變化之途者，
更是「未之有也」。郭象此說，正是說明只有各安其分，不
希慕世人所貴，方能任性安分，能任性安分，方能各司其職，
達至天下上下均能玄冥獨化。由此可見郭象屢次以離朱、師
曠爲例來說明任適的重要，並不是僅僅爲了讓眾人安其位，
不求乎其外而已，更重要的是通過任性安分、各司其職的工
夫，達致天下獨化，極成道化政治的理境。其注所論雖爲道
化政治裡的部分內容，然而此部分內容正好回應其注《莊》
宗趣之理境，若無此階段性之論述，則無由說明如何完成其
「神器獨化於玄冥之境」。

　　不僅從其任性安分的工夫論上，見其歸終，於郭象論逍
遙處，亦能回應其理論之最終境界，其注曰：

> 夫率自然之性，遊無迹之塗者，放形骸於天地之間，
> 寄精神於八方之表；是以無門無房，四達皇皇，逍遙
> 六合，與化偕行也。（〈知北遊〉：「其來無迹，其往無崖，
> 無門無房，四達之皇皇也。」句下注，742）

郭象以任性率真為達至逍遙的必要條件，而且逍遙者必須不
泥於故迹之下，須隨順變化，與化俱行，方能達至遊外冥內，
迹冥圓融之境。郭象此說正能回應於神器獨化之境的情況
下，聖凡之逍遙均須即俗任真，不能光憑拱默山林之中、「厲
然以獨高為至而不夷乎俗累」（〈逍遙遊〉注）而成其逍遙
之境；體逍遙之道者，其精神境界「無異於山林之中」（〈逍
遙遊〉注），不受形骸束縛，於現實任何一境地均能即俗成
真，逍遙靡不適，如聖王者須安其聖王之分，居廟堂之上，
任百官之能；庖人尸祝則各司其位，各盡其才，文者自文、
武者自武，社會上下方能各安其位，不上下相冒，達致和諧
自得，此注即正郭象道化政治的理想境界。

## 三、終始無礙

　　既明郭象注解「以終攝始」、「以始歸終」的詮解《莊
子注》的方式，則在終始廻向的情況下，必如詮釋上的循環，
而致「終始無礙」，以下將舉例說明之，注曰：

> 付物使各自任。（〈應帝王〉：「無為事任。」句下注，頁308）
> 不虛則不能任群實。（〈應帝王〉：「亦虛而已。」句下注，

頁 308）

> 因其性而任之則治，反其性而淩之則亂。夫民物之所
> 以卑而賤者，不能因任故也。是以任賤者貴，因卑者
> 尊，此必然之符也。（〈在宥〉：「賤而不可不任者，物也；
> 卑而不可不因者，民也。」句下注，頁 398）

因郭注之詮釋方法爲終始無礙，故其各章之注文內容與理論
宗趣是相互融攝的，其言「付物使各自任」乃就聖王之虛其
心、無心任物而說，因其無心任物，故萬物方能自任，各自
生化。所謂「使各自任」、「任群實」者，乃就聖王而言，
而不就眾庶來說，因其理論宗趣是爲成就「神器獨化於玄冥
之境」，故其能任、能順萬物者，必爲尊、爲貴，遂曰「任
賤者貴」、「因卑者尊」，而政治哲學之核心人物是君主，
因此在分位上，爲尊、爲貴者必爲君主、聖王；與此相對，
其「各自任」、「群實」者，則爲卑、爲賤，於其政治哲學
中之分位則爲臣民。在道化政治的理想之境中，唯有聖王無
心任物，方能曲成天下臣民，百姓方可各任其性、各安其分、
自生獨化，故曰：「夫寄當於萬物，則無事而自成；以一身
制天下，則功莫就而任不勝也。」（〈應帝王〉注）只有聖
王不宰制百姓，順百姓氣稟所有使之自生自化，萬物方可如
如的自我實現，於此而成就聖王功化萬物的一面，由是可見，
其所謂「寄當於萬物」、不「以一身制天下」者，莫不就聖
王而言，故又曰：「帝王任之而不爲，則自成。」（〈應帝
王〉注）可見郭象道化政治之說融貫於各章注文之中。各章
注文內容均指向「神器獨化於玄冥之境」而論，而其「獨化
於玄冥之境」的宗趣均籠罩在各章注文之上。

　　因郭象以「終始無礙」的方式詮釋《莊子》，故其注文常論及君臣之道、明王之治等政治內容，而其所謂聖人、神人，亦偏就政治上之君王而說，故其聖人、神人必成就外王之功，其注曰：

> 乘萬物御群材之所為，使群材各自得，萬物各自為，則天下莫不逍遙矣，此乃聖人所以為大勝也。（〈秋水〉：「為大勝者，唯聖人能之。」句下注，頁594）
>
> 神人無用於物，而物各得自用，歸功名於群才，與物冥而無迹，故免人閒之害，處常美之實，此支離其德者也。（〈人間世〉：「夫支離其形者，猶足以養其身，終其天年，又況支離其德者乎！」句下注，頁182）

神人、聖人乘萬物、御群材，任而不助，使之各自生化，而不居功於己。於郭象而言，能任群材，使群材自得者唯尊者能之，故其聖人、神人是就聖王而言，遂曰：「明王皆就足物性，故人人皆云我自爾。」（〈應帝王〉注）可見功成事遂而不居功者，實指聖王。不僅如此，郭象曰：「夫神人即今所謂聖人也。聖人雖在廟堂之上，然其心無異於山林之中，世豈識之哉！」（〈逍遙遊〉注）更見其筆下之神人、聖人為居廟堂之上，佩玉璽、同民事，處理國家政事之君主。聖人無心任物的修養，為「始」，因其無心任物，使物各自生化，以至「神器獨化之境」，則為「終」，可見聖人內聖的工夫修養是為了成就外王之功化萬物。由內聖開外王的一面是「由始見終」，自外王見其內聖的工夫修養則為「自終見始」，能成「內聖外王」之道者，必終始互見，相互融攝而無礙，故「終始無礙」的詮釋方法實為郭象注《莊》詮釋方

法之一。

　　從上文討論可見，「以終攝始」即能以大統小，從道化政治的最終境界看一切個別論述；「以始歸終」即能以小明大，從個別論述回應道化政治的最終境界，由是而見注文之間終始相融，大小互見，「終始無礙」。郭象以「終始無礙」的方式來詮解《莊子》，使其哲學思想，能不囿於注文篇幅所限，反覆申述，相互說明，充分展開其論學宗趣。

　　或問，郭象於注文之中亦謂「反覆相明」、「反覆相喻」（前二者同為〈齊物論〉注）、「反覆相尋」（〈秋水〉注）等破執方法，為何不以此作為郭象注《莊》的詮釋方法？從其注文之中，亦偶見其「重玄雙遣」之詮釋方式，[14]為何僅就「寄言出意」、「泯對待而為一」、「終始無礙」而論其詮釋方法？[15]蓋郭象注《莊》自有其繼承老莊說理的部份，其「反覆相明」則是繼承了《莊子‧秋水》篇的詮釋方法，〈秋水〉篇透過客觀的分析思辨來說明物之不齊，其用意在要吾人打消成心執著，平齊一切存在，此為一智解的齊平；[16]郭象繼承此思辨方式作注，於《莊子注》中，只以此作為破執的方式，而非有概括性的詮釋原則，亦非郭《注》的主要詮釋方式，郭象亦不以「反覆相明」的方式來闡述其創造性之詮釋，故不宜視之為郭象注《莊》的詮釋方法。至於不以

---

14 關於郭象注裡「反覆相明」以及「重玄雙遣」的內容及其義理分析，詳見第四章第三節。

15 湯一介認為「否定的方法」為郭象的哲學方法之一，見氏著《郭象與魏晉玄學》（第三版），頁 269-272。湯氏之謂「否定的方法」實即《老子》「正言若反」遮詮的表示方式，亦即筆者所謂「重玄雙遣」之法。

16 關於〈秋水〉篇的詮釋進路及方法，可參考拙作〈〈齊物論〉與〈秋水〉義理異同辨析〉，頁 49-70。

「重玄雙遣」作爲郭象詮釋《莊子注》的主要詮釋方式，除了因爲郭象注文少用此詮釋方法，亦不以此法來詮釋其創性之內容外，更因爲於道家義理系統而言，此詮釋方法非獨郭象所有，自先秦道家以至魏晉玄學，亦多以「重玄雙遣」的方式來詮釋義理內容，故不以此法作爲郭《注》的主要詮釋內容。

　　從郭象注《莊》的方式可見，郭象《莊子注》非獨注書而已，其注不但超越於名物訓詁之中，更非僅爲疏解、暢順《莊子》原意，透過「寄言出意」、「泯對待而爲一」、「終始無礙」等詮釋方法，詮釋其異於《莊子》的義理內涵，將《莊子》書中內外、真俗、主客、聖凡等種種差別相泯而爲一，呈現一「神器獨化於玄冥之境」，建構出具有完整體系的道化政治哲學。

# 第七章 結 論

　　經過前述篇章的討論，有關郭象《莊子注》的主題內容、工夫論、境界論及其詮釋方法都已具有明晰的輪廓，則可以進一步肯定，郭象注《莊》並非僅為「哲學性的詮釋」，即不停留於只對經典作出詮釋為主，而是一部具有自身的哲學體系，於道家義理發展上佔有重要地位之「詮釋性的哲學著作」。相對於以經典詮釋為主的「哲學性的詮釋」而言，「詮釋性的哲學」則是以建立新的哲學體系為主。[1]劉笑敢先生於《詮釋與定向 —— 中國哲學研究方法之探究》中，對所謂「哲學體系」曾作出明確規範，今就劉氏所提出之條件規範看郭象之注解性質，說明郭象《莊子注》何以是一部具有哲學體

---

1 關於「哲學性的詮釋」與「詮釋性的哲學著作」的不同，本文採取劉笑敢先生的說法，劉笑敢認為「通行的中國哲學史論著中涉及到的注釋性著作都可以看作是『哲學性的詮釋著作』，其中那些有完整體系、有重要地位的思想家的詮釋性作品則可以看作是『詮釋性的哲學著作』。『詮釋性的哲學著作』特別強調有體系、有重要地位，否則與『哲學性的詮釋著作』就沒有區別了。」『哲學性的詮釋』以經典詮釋為主，『詮釋性的哲學』以建立新的哲學體系為主，雖然這兩者都是中國哲學詮釋傳統的組成部分，很難有嚴格的絕對的界限，但是，從哲學理論發展的角度來看，詮釋性的哲學著作建立了有重要影響的哲學體系，因此比哲學性的詮釋著作在中國哲學史上有更要的地位和意義，是中國哲學詮釋傳統的典型代表。」見氏著《詮釋與定向 —— 中國哲學研究方法之探究》，頁 32-33。劉先生亦認為郭象創造了一個有別於注釋的經典的、完整的哲學體系，同前引書，頁 40-41。

系之「詮釋性的哲學著作」。劉氏認為所謂哲學體系應具以
下五個條件：

一、其思想必須以討論哲學問題為主。

二、有豐富多側面的思想內容。思想單一，只講一個
　　問題當然稱不上體系。

三、多側面的思想之間有內在的統一性、連貫性，雖
　　可能有內在矛盾和緊張，但必須大體圓通，不能
　　支離破碎。

四、這些不同思想側面之間有一種理論結構上的關
　　係，或曰邏輯上的相互關係。

五、這些討論應該是有相當的獨特性、創造性的，完
　　全綜合別人已有的思想就很難稱作思想體系，至
　　少不能稱為新的思想體系。[2]

就劉氏提出的第一個條件來看，郭象思想以討論哲學問題為
主，是無容置疑的，而郭象《莊子注》之哲學論題是以極成
「神器獨化於玄冥之境」的道化政治為宗旨。郭象注《莊》
的思想內容豐富，有特色且具創造性之論題，主要可分成六
個論題，即性分合一、兩層逍遙、迹冥圓融、不齊之齊、自
生獨化、圓融名教等內容，論題多面且彼此間亦具統一性、
連貫性，亦無矛盾，系統圓融無礙。

　　所謂具有內容連貫性、統一性者，見諸郭象六個主要主
題內容之中：郭象以性分作為其核心思想的基礎，繼承並發
展了《莊子》逍遙、齊物的義理內涵，從兩層逍遙論推出迹

---

2 見劉笑敢：《詮釋與定向 —— 中國哲學研究方法之探究》，頁41。

冥圓融之說，又從性分之自適、自得轉出萬物自生獨化之意，更從萬物之自爾處說明「自然中自有名教」，由此可見郭象注《莊》的主題內容之間關係有如因陀羅網，彼此相融互顯，重重無盡而義理分明。凡能任順性分之極致者，便能逍遙；在各得其性處，便是齊物；即在各自充分實現其性分之當下，便是自生獨化。在這種情況下，能遙逍即能齊物，能齊物即能自生獨化；在物之能齊處，便見其得性逍遙、自生獨化；於自生獨化處便見其逍遙、齊物，各義理內容之間相互照應，而又了然分明，於此即見其義理內容之連貫性、統一性。不僅如此，若從郭象《莊子注》之詮釋向度來看，所詮釋之哲學內容以性分作為論述基礎，以「神器獨化於玄冥之境」作為其論學之歸終。不論是適性的逍遙、得性的齊物，還是自性分之充分實現而言之自生獨化，從稟性而言之仁義、符應於外而為規範的倫常尊卑等名教內容，均由任順性分所有而致，能極性分之適即能逍遙、齊物、自生獨化。聖凡均能逍遙、齊物、自生獨化，乃天下神器之逍遙、齊物、自生獨化的前提所在，在神器獨化的境界下，一切仁義法度、倫常尊卑均自然而生，由實踐各人之性分而致，從而呈顯一「神器獨化」之政治理境，亦由此可見其詮釋內容之宗趣，均以呈顯「神器獨化於玄冥之境」為最終旨趣，由是而顯其哲學體系的統一性。從郭象注《莊》之統一性、連貫性可見與劉笑敢先生所提出能成為一個完整的哲學體系，所需具備的條件均能相符。

　　若謂哲學體系須具獨特性、創造性，亦可從郭象《莊子注》之詮釋轉向得見，以下將從郭象詮釋《莊子》之內容、

工夫論、境界論的轉向分別舉證說明：

第一，從郭象《莊子注》之詮釋主題內容來看，郭象既有繼承《莊子》的部分，又在繼承的內容上有所推進，從義理內容來看更顯圓融具足。首先，若從其義理發展之廣度而言，無論是適性的逍遙，還是齊物、自生獨化的可能性，在郭象的理論下均不限於僅有聖人才能體證之。於郭《注》而言，聖凡均能極性分之適以致逍遙一也、不分稟性者內容為何均可自得其性而齊一、天下神器均能在無心無為的情況下自生獨化，在這種情況下，相對於《莊子》僅以聖人方能體證逍遙、齊物、自生自化之境，郭象論逍遙、齊物、自生之對象，已由聖人轉向為聖凡皆可，就其可能性而言已擴大到極致。其次，若就義理發展之圓融性而言，郭象詮釋之義理內容泯除一切對待，泯主客、內外、聖凡而為一。舉凡《莊子》論逍遙，從聖人之主體去執工夫，純任主體意志之「翻成心為真心」便可逍遙齊物，體證生命的最高境界，此乃分析命題。郭象言聖人之所以能體其生命的最高境界，可從一己之主觀意志，透過任性安分而致，然而眾人之所以能體其生命的最高境界，須得其所待，加上主觀意志之工夫修養方可極成，於此，聖凡之逍遙已從分析命題轉向綜合命題，泯聖凡而為一。郭象透過任性安分的主觀修養，呈顯客觀氣稟性分的內容，以致體現逍遙、齊物等主觀修養境界，實泯主客而為一。《莊子》以儒者之以仁義禮法為首出者為方內之士，遊心於無為自得之境者則為方外之人，內外異域，不能冥合。郭象認為聖人遊外必能冥內，其形迹與心神必能合二為一，只要在無心而為的情況下，名教亦為自然人性中所有，

故不必分別而言方內、方外，泯內外而爲一。由以上例子可見郭象義理內容既承於《莊子》，而又層層推進，而顯得更爲圓融。

　　第二，從郭象《莊子注》之工夫論來看，既有繼承《莊子》的部分，亦有其創新的內容。首先，工夫之內容自內而言則爲任性安分，對外而言則爲順應萬物，既順萬物之性，亦順時勢而變，足見其工夫內容以任順爲主，爲一「任順成性」之工夫形態。其次，郭象的工夫論異於《莊子》者有三：從郭象工夫論重視任性安分的一面可見，郭象所彰顯的對象爲一無所不包之性分，而《莊子》則透過去執、「翻成心爲真心」，恢復能如如照見萬物之真心，此其異於《莊子》者一。從郭象主張任外物之性、積習成性的工夫論可見，郭象對才性的態度爲積極成全，使氣稟內容能充分實現、呈現，而《莊子》所論只顯才性的限制義。郭象在其論各安其性，天機自張處，實涵有一盡性之工夫，其所盡之性雖以才性、氣性爲主要內容，而在其「各安」、「自張」處，已開出積極正向，外推任順之工夫形態，而不同於消極去病，內省沖虛之工夫形態，此其異於《莊子》者二。郭象主張各安其分，除了安頓個人之自生自化以外，更重視群體的和諧，只有各司其職而不相冒，天下方能自生獨化，可見其工夫對象已非單就個人之安立而論，是從群體之如何相因、相與、自生、獨化的一體和諧而論，此其異於《莊子》者三。郭象工夫論的轉向，以《莊子》無爲去礙工夫爲前提，實有承於《莊子》而往前推進：《莊子》重個人主體修養的向上超拔提升，雖亦言明王之治，然而並不以此爲重點，更沒有積極展開論述；

郭象則偏重外王工夫的闡述，外王乃內聖的客觀化，而外王之極致乃就天下神器之治道而論，故郭象此轉向，實為把內聖之學推向客觀化發展的極致。由此可見郭象極成道化政治之工夫，為其紹述《莊子》而又有所創造的地方。

　　第三，從郭象《莊子注》之境界論來看，亦能見其創造性的詮釋。《莊子》惟以聖人能體證個人修養的最高境界──逍遙之境，郭象則認為縱然聖凡所顯的境界高低不同，然而人人皆可逍遙，體證各自生命裡的最高境界，即俗任真。在「神器獨化」的境界下，萬有於各盡其性處見所稟性分之充分發揮，在各司其職處成就專才而必然涉及客觀知識，由各安其位處體證社會各階層之和諧共處，充分發揮、落實道家內聖外王的一面，足見其哲學體系之圓融充實，更見其獨特性與創造性。綜合郭象《莊子注》所詮釋的內容、工夫論及境界論，均見其義理內涵承繼《莊子》而有所發展者。職是之故，視郭象之注《莊》為一創造性的詮釋，為一部具有哲學體系之「詮釋性的哲學著作」，方能正視郭《注》之特色及其詮釋向度之轉變。

　　審視郭象的哲學體系中，最具有哲學洞見者，當為其自生獨化之說及其道化政治的充極完成這兩部分內容。郭象的自然存有論雖繼承於老莊所說，然而亦有其異於老莊處，且超越兩漢以氣化論自然生化之說，郭象所論可謂銷融了先秦、兩漢的自然存有論，於中國哲學史上極具開創性。

　　於先秦道家而言，《老子》以「道生」作為萬物存有的根據，故曰：「道可道，非常道。名可名，非常名。無名天地之始，有名萬物之母。故常無欲，以觀其妙；常有欲，以

觀其徼。此兩者同出而異名，同謂之玄，玄之又玄，眾妙之門。」(《老子・一章》)、「天下萬物生於有，有生於無。」(《老子・四十章》)「無」、「有」、「玄」是道，天地萬物是物，道物分為不同層，「無」是始，乃妙用；「有」是母，為徼向；「玄」作用於「無」、「有」之間，三者渾然一體，同為道的內容。「無」的無限妙用自「有」顯之，「有」必須有「無」保證方能生成萬物，而「玄」是使「有」回歸於「無」的妙用上得以保全者，如此「無」則能不滯於「無」，而展開「有」的徼向，使道展開具體的作用。而道之所以能生萬物，並不由客觀物的存在說起，實由主觀修養上開出，落在主體修養上，就無限心來說明道的義涵。[3]由此看來，《老子》之「道生」，是以道作為存在界得以生續之價值秩序或形上基礎，一方面超越天地、萬物之上，不為任何形名所限；另一方面，則又內在於天地萬物之中，使事物得以各據其性，各安其位，各得其所，各暢其生。《莊子》之言生，亦從「道生」、「自生」說起，[4]其言「自本自根，未有天地，自古以固存；神鬼神帝，生天生地。」(〈大宗師〉，頁 247)說明道的獨立性、先天性，能「生天生地」，即說明萬物有如其自己地生化的根據。由此可見萬物存在的

---

3 關於《老子》中「道生」的義理內涵，莊耀郎先生有更深入論析，詳見先生著〈論牟宗三先生對道家的定位〉，頁 68-74。

4 「自生」一詞應為《老子》首先提出，《老子・七章》：「天地所以能長且久者，以其不自生，故能長生。」《老子》以「不自生」來說明道生物的方式，即以無所私、無所偏的方式，自然而生，故其言「自生」實為負面義之偏私、偏生義。《莊子》雖同言「自生」，然而卻與《老子》所論不同，而為一具正面意義之「自然生化」之意，詳見第三章第二節。

實現根據，即就形而上的常道而言，故曰「本根」。又因常道不宰制萬物，因順萬物之自化，故曰「萬物畜而不知」（〈知北遊〉，頁 735）。[5]在這種情況下，道之生物，實任其自然而生，故曰：「物之生也，若驟若馳，無動而不變，無時而不移。何爲乎，何不爲乎？夫固將自化。」（〈秋水〉，頁 585）萬物之生，因其無心，故能與時俱變，因地制宜，無爲而無不爲。於此可見，老、莊之言生仍以「道生」爲主，郭象之言生化，雖不離老莊「自然」、「不爲」之義而言「自生」，然而並不以道生物，而是以「自生」來說明萬物之如何生成、實現。郭象以客觀性分作爲自生的內容，並以主體修養之自然自爾的方式來說自生，在這種情況下，郭象自生之說即不只以主體修養爲主，其言「不由於己」、「不待於知」，則是重順任客觀性分的表現，終而銷融主客，亦是道家言性之共通處。

及至兩漢，王充盛言「自生」之說，其《論衡》曰：「夫天地合氣，人偶自生也；猶夫婦合氣，子則自生也。夫婦合氣，非當時欲得生子，情欲動而合，合而生子矣。」「因氣而生，種類相產。」（均引自《論衡校釋・物勢篇》，頁 144）「天地合氣，萬物自生，猶夫婦合氣，子自生矣。」（《論衡校釋・自然篇》，頁 775）均由物種之相生而言生，即使不從物種之相生而言「自生」，其謂「陽氣自出，物自生長；陰氣自起，物自成藏。」（《論衡校釋・自然篇》，頁 782）

---

5 關於《莊子》「道生」的義理內涵，周雅清對此曾有詳細辨析，見氏著〈郭象「自生獨化」論與老莊「道生」說的義理形態辨析〉，《中國學術年刊》第 26 期，2004.9，頁 184-186。

仍屬氣化宇宙論進路之「自生」。於漢代，除了王充以氣化
宇宙論言物之生化外，嚴君平、鄭玄、王符等人亦以此而言
物之生化，如嚴君平曰：「道德不生萬物，而萬物自生焉。」
[6]似與郭象所言無異，然而其《道德指歸論・萬物之奧篇》曰：
「華實生於有氣，有氣生於四時，四時生於陰陽，陰陽生於
天地，天地受之於無形。」[7]則見其所謂之「自生」乃一氣化
宇宙論之「自生」，異於郭象緊扣存在本體而言之「自生」。
鄭玄曰：「元氣之所本始，太易既自寂然無物矣，焉能生此
太初哉？則太初者，亦忽然而自生。」[8]王符曰：「上古之世，
太素之時，元氣窈冥，未有形兆，萬精合并，混而為一，莫
制莫御。若斯久之，翻然自化，清濁分別，變成陰陽。」[9]由
此可見兩漢所謂之「自生」乃一氣化宇宙論之「自生」，乃
剋就事物存在變化的規律、秩序而言，與老莊透過自然、無
為等工夫修養而言生、繫於存在主體而言生者相去甚遠。

　　及至魏晉，王弼言「不塞其源，則物自生，何功之有！
不禁其性，則物自濟，何為之恃！物自長足，不吾宰成，有
德無主，非玄而何！」（《老子・十章》注）向秀曰：「吾
之生也，非吾之所生，則生自生耳。生生者豈有物哉？無物
也，故不生也。吾之化也，非物之所化，則化自化耳。化化

6 〔西漢〕嚴遵：《道德指歸論・卷五・江海篇》（《無求備齋老子集成初
　編》1，臺北：藝文印書館，1965.3），頁 13。
7 嚴遵：《道德指歸論・卷五・萬物之奧篇》，頁 1。
8 〔東漢〕鄭玄注：《易緯乾鑿度》（《無求備齋易經集成續編》157，臺
　北：成文出版，1976），頁 4。
9 〔東漢〕王符著，汪繼培箋，彭鐸校正：《潛夫論箋校正・本訓》（北
　京：中華書局，2010.1），頁 365。

者豈有物哉？無物也，故不化焉。若使生物者亦生，化物者
亦化，則與物俱化，亦奚異於物！明夫不生不化者，然後能
爲生化之本也。」[10]以不塞、不禁、不宰、不生等無心無爲
之意而言「自生」，始從漢代之氣化進路轉回存在主體言「自
生」，然而王弼之言不塞、不禁、不宰者，乃就道之不塞、
不禁、不宰而言，因其言「能爲生化之本」必爲一「不生不
化者」，可見其「本」爲一超越的道體；向秀之言不生、不
化雖亦與郭象之言自生獨化相似，然而其生化背後卻以「自
然」爲先於眾物者，[11]可見向秀是以「自然」爲本、爲一超
越的道體。因王弼、向秀所論乃肯定有一超越的道體存在，
並以此超越的道體生化萬物，其言「自生」只能就萬物之生
化無心的作用義而言，而非如郭象所謂之「自生」義之「外
不資於道」、「上不資於無」，不依賴一形上主宰來生化萬
物。至於與郭象同期之裴頠，其〈崇有論〉雖亦言「夫至無
者無以能生，故始生者自生也。自生而必體有，則有遺而生
虧矣。」[12]然而其所謂「無」並不同於道家意義的「無」，
即裴頠之「無」並非與形上道體同層或具有無心無爲的工夫
意義之「無」，而是僅爲客觀存在上之「空無」義，其言「有」
亦僅就形而下與「空無」相對之「有」而言，故裴氏所論並
未及形上道體，亦未就一切的存在價值作出說明，僅爲「有

---

10　〔東晉〕張湛注，楊伯峻撰：《列子集釋》（北京：中華書局，2008.12），
　　頁 4，張湛注引向秀說。〔無物也〕三字據王叔岷之說補之。
11　《列子集釋》引向秀注曰：「同是形色之物耳，未足以相先也。以相
　　先者，唯自然也。」頁 49。
12　《晉書‧列傳第五‧裴秀傳》附〈頠傳〉，頁 1046。

之一層論」。[13]縱觀魏晉時期之言生化者，王弼、向秀雖就
存在本身而言「自生」，其「自生」義亦具《莊子》之無為
而生的意義，然而卻有一道體作為其生化的主宰，即使如裴
頠所論，不立一超越道體為其生化主宰，亦僅能就現象上之
生化而言「自生」。

　　「自生」一詞雖非郭象發明，然而其義理內涵卻異於前
說，其論不僅銷融了前人的生化之說，於其哲學體系上亦極
具意義。就其銷融前人說法而言：郭象以客觀性分作為「自
生」的內容，則保留了漢魏以來重氣稟性分的一面；以自然
自爾的工夫來實現性分所有，達致自生獨化之境，則繼承了
老莊作用層上無為生化萬物的一面。就其哲學體系上的重要
性來說：萬物以自生獨化的方式實現性分內容，能自生獨化
者，即是能體逍遙、齊物之境，只有萬物均能自生獨化，如
如實現自己，天下神器方能獨化於玄冥之境，其道化政治的
理想方能達成，於此即見其自生之說，為達致道化政治理想
的必要條件。由此可見，郭象所論之「自生」，吸收並銷融
了前人說法，既不以一形上主宰作為生化根源，亦不從宇宙
論切入來說明物之如何生成，僅就物之存在當下之如何充分
實現其自己而論，直接肯定存在本身而言「自生」，實為郭
象之哲學洞見。[14]

---

13 「有之一層論」乃牟宗三先生對裴頠〈崇有論〉的哲學內涵的定位，
　　見先生著《才性與玄理》，頁369。
14 湯一介認為自生的概念雖被過去的哲學家使用過，但「在郭象的哲學
　　體系裡往往都是具有否定『造物主』、否定本體之『無』的意義」。見
　　氏著《郭象與魏晉玄學》（第三版），頁234。案：郭象之哲學洞見在
　　於把「自生」賦予了道的層次，透過無心任性的工夫實現性分所有的

　　郭象《莊子注》中，不僅所論「自生獨化」甚具特色，能顯其哲學洞見，承其「自生獨化」之說的立論指向而致的道化政治理境，更是其哲學之宗趣，亦為哲學史上論道化政治之極致者。老莊道化之治，基於無為而治，然而所論以君主之主體修養為主，不若郭象之自君臣以至百姓均有其相應的工夫論，使天下國家達至無為而治，神器獨化之境。《老子》曰：「其政悶悶，其民淳淳；其政察察，其民缺缺。」（〈五十八章〉）「我無為而民自化，我好靜而民自正，我無事而民自富，我無欲而民自樸。」（〈五十七章〉）均從聖王之無心治國而說，因其無心而治，故百姓亦能自然而為，無所爭執，在這種情況下聖王雖有治國之功，然而卻不以此居功，以不治治天下；百姓在此無為之治的情況下，「自化」、「自正」、「自富」、「自樸」，遂認為一切功在於己，而不在聖王，故曰：「功成事遂，百姓皆謂我自然。」（〈十七章〉）於此，《老子》僅就無心無為而言治國之道，雖亦顯一無為而治的理境，然而並未具體展開就聖王之如何順民、使天下大治，百姓之如何自生自化作出具體說明。《莊子》亦然，內篇〈應帝王〉透過寓言揭示明王治國之不居功、無所尚，外雜篇談及君人南面之術者，更不勝枚舉，然而《莊子》之所重者，乃君人者的主體修養，至於天下臣民之依何

---

內容，而非僅在否定「造物主」及「本體之『無』的意義」。誠如周雅清亦言：「最高最後的哲學理境，必須回到存在本身來決定，存在本身才是最高最後的究竟真實。此一大洞見，即是郭象所主張之『自生獨化』說的哲學洞見，亦是實踐進路所極成之偉大的哲學智慧。」見氏著〈郭象「自生獨化」論與老莊「道生」說的義理形態辨析〉，頁 196。

基礎，依何方式而能自適，國家神器之如何能獨化玄冥，仍未作出具體說明。

無為而治發展至兩漢黃老治術，其言「君道無為，臣道有為」尚不及道化的層次；縱或言「無為」、「自化」亦落於宇宙氣化之下，而刊落了道的主體義，如王充曰：「黃、老之操，身中恬澹，其治無為，正身共己。而陰陽自和，無心於為而物自化，無意於生而物自成。」（《論衡校釋·自然篇》，頁 781）便只能就現象上物之生化而言「自化」、「自成」。及至魏晉王弼、嵇康、阮籍等人筆下道化政治之境，雖已回歸到君臣百姓之無為而無不為而言無為之治，然而道化政治之內容，及如何達至無為之治，無為之治所體證之境界為何，均未充分展開說明。嵇康言「君無文於上，臣無競於下，物全理順，莫不自得。」（《嵇康集校注·難自然好學論》，頁 259）又曰：「聖人不得已而臨天下，以萬物為心，在宥群生，由身以道，與天下同於自得。穆然以無事為業，坦爾以天下為公。雖居君位，饗萬國，恬若素士接賓客也。雖建龍旂，服華袞，忽若布衣之在身。故君臣相忘於上，蒸民家足於下。豈勸百姓之尊己，割天下以自私，以富貴為崇高，心欲之而不已哉？」（《嵇康集校注·答難養生論》，頁 171）其論雖開郭象論迹冥之先河，然而聖王之如何在宥群生，何以能與天下同得，百姓之如何自得，則尚無具體工夫說明，於此即見其一點靈光之論，未成系統性的論述。阮籍所謂「君臣垂拱，完太素之樸；百姓熙怡，保性

命之和。」<sup>15</sup>之說同於《老子》所言，乃之就君臣百姓均無
心而為，則天下大治而言垂拱而治。至於與郭象同時之裴頠，
雖亦曰「無為而治」，然而其所謂「無為而治」乃就「人知
厥務，各守其所，下無越分之臣，然後治道可降，頌聲能舉」
而言，「故稱舜勞於求賢，逸於使能，分業既辨，居任得人，
無為而治，岩不宜哉！」<sup>16</sup>裴頠所論似與郭象所謂「各安其
分」之說無異，均就各安其位，不越其分而說，然而裴頠所
論並無修養工夫在，僅就治國之術而言，雖謂「治道可降」，
然而其所謂「治道」乃就治國之方法而言，其言「無為而治」
亦僅就君人者之「逸於使能」、相對於勞役而曰「無為」，
可見其「無為而治」是就形而下、現實上之無須勞心便能治
國來說，與道家之透過無為工夫來治國之「無為而治」、「以
不治治天下」者有所不同。王弼注《老》雖亦言「聖人達自
然之性，暢萬物之情，故因而不為，順而不施。除其所以迷，
去其所以惑，故心不亂而物性自得之也」（〈二十九章〉注）、
「明物之性，因之而已，故雖不為，而使之成矣」（〈四十
七章〉注）、「因物之性，令其自戮」（〈三十六章注〉）
亦從因順、自得來成就萬物之性，似與郭象所言明王就物足
性之說相類同，然而其因順的方式為一消極的去礙工夫，以
虛靜、自然無為的方式來順成萬物，故曰：「為治者務欲立
功生事，而有道者務欲還反無為。」（〈三十章注〉）可見

15 〔三國・魏〕阮籍：《阮嗣宗集・通老論》（臺北：華正書局，1979.3），
頁 29。
16 〔西晉〕裴頠著〈上疏言庶政宜委宰輔詔命不應數改〉，收於嚴可均
輯《全上古三代秦漢三國六朝文・全晉文》卷 33（《續修四庫全書》
1605 冊，上海：上海古籍，2002），頁 224。

王弼之道化政治，是聖王以不生之生、不治之治，讓開一步來使物自生，異於郭象由聖王順物，積極成就萬物，使物自生之道化政治理境。於此可見，郭象道化之治的義理內涵確實不同於魏晉時期各家所說。

由以上討論得見，郭象所論除了繼承老莊無爲而治的思想，亦把黃老之治的「君道無爲，臣道有爲」之說融於性分自然的理論之中，主張聖王無心任順天下臣民之性，使之各得其所待而能自生獨化，從而達成「神器獨化於玄冥之境」的道化政治理想。就其銷融黃老治術而言：真正落實君臣百姓之「無爲而無不爲」，則不至如黃老治術一樣把君道、臣道斷成兩截，在上位者無爲，居下位者有爲。於繼承並發展道家無爲之治而言：郭象之道化政治繼承老莊無爲而治的義理內涵，以不治治天下，更把《莊子》道化政治的一面積極展開，郭象透過逍遙、齊物、自生獨化等說法來極成道化政治的理想境界，其積極任順的工夫進路是爲了成就天下之自生獨化，繼而完成「神器獨化於玄冥之境」的政治理境。其哲學體系的關懷重點，亦自《莊子》之重視個人主體修養轉向政治社會之安立，並建構了達成道化政治的工夫方法，具體地呈現神器獨化的境界，落實道化之治的理想，並由此可見道家圓教的一面。

由郭象《莊子注》之主題內容、工夫論、境界論以及詮釋方法的分析所見，可以「神器獨化於玄冥之境」一語，來說明郭象《莊子注》的詮釋轉向，並由此而見郭象哲學之體系，及其體系之特色、洞見所在。郭象以注《莊》的方式來詮釋魏晉時期的《莊子》，以「神器獨化於玄冥之境」的政

治理想回應當時之政治局面，並賦予《莊子》在魏晉之時代意義，活化了《莊子》，亦把《老子》「功成事遂，百姓皆謂我自然」的思想發揮到極致，也是《莊子・天下》篇「內聖外王」之道的積極展開，實為道家思想之一大結穴。

# 參考書目

## 以下參考書目按作者筆劃順序排列

# 一、古代典籍

## （一）郭象著作

郭象注：《莊子》（宋刊本）（《無求備齋莊子集成初編》1），
　　臺北：藝文印書館，1972。

郭象注：《論語體略》（《玉函山房輯佚書》3），臺北：文
　　海出版社，1974.12。

郭象注，成玄英疏，郭慶藩集釋，王孝魚點校：《莊子集釋》，
　　臺北：萬卷樓圖書，1993.3。

郭象注，成玄英疏，曹礎基，黃蘭發點校：《南華真經注疏》，
　　北京：中華書局，1998.7。

## （二）《莊子》

方勇、陸永品：《莊子詮評》，四川：巴蜀書社，2007.5。

方潛：《南華真經解》（《無求備齋莊子集成續編》36），
　　臺北：藝文印書館，1974。

王夫之著，王孝魚點校：《老子衍、莊子通、莊子解》，北京：中華書局，2009.5。

王先謙：《莊子集解》，北京：中華書局，2004.2。

王叔岷：《莊子校詮》，北京：中華書局，2007.6。

吳峻：《莊子解》（《無求備齋莊子集成初編》22），臺北：藝文印書館，1972。

呂惠卿，湯君集校：《莊子義集校》，北京：中華書局，2009.2。

林希逸著，周啓成校注：《莊子鬳齋口義校注》，北京：中華書局，2009.2。

林雲銘：《莊子因》（《無求備齋莊子集成初編》18），臺北：藝文印書館，1972。

宣穎：《南華真經評注》（《無求備齋莊子集成續編》31），臺北：藝文印書館，1974。

高鼻：《郭子翼莊》（《無求備齋莊子集成初編》11），臺北：藝文印書館，1972。

郭良翰：《南華經薈解說》，（《無求備齋莊子集成初編》13，臺北：藝文印書館，1972。

陳鼓應：《莊子今註今譯》，北京：中華書局，2009.2。

楊慎：《莊子解》（《無求備齋莊子集成續編》3），臺北：藝文印書館，1974。

褚伯秀：《南華真經義海纂微》一百六卷（《正統道藏》25冊，）臺北：新文豐出版社，1977。

劉鳳苞：《南華雪心編》（《無求備齋莊子集成初編》24），臺北：藝文印書館，1972。

歐陽景賢、歐陽超：《莊子釋譯》，臺北：里仁書局，1998。

鍾泰：《莊子發微》，上海：上海古籍出版，2008.3。

歸有光：《南華真經評注》（《無求備齋莊子集成續編》19），
　臺北：藝文印書館，1974。

歸有光批閱，文震孟訂正：《南華經評注》（影印明刊本），
　杭州：杭州古舊書店，1983。

嚴靈峰：《莊子選注》，臺北：正中書局，1982.5。

釋德清：《莊子內篇注》，上海：華東師範大學出版社，2009.8。

### （三）魏晉玄學相關典籍

王弼著，樓宇烈校釋：《王弼集校釋》，臺北：中華書局，
　1999.12。

阮籍：《阮嗣宗集》，臺北：華正書局，1979.3。

房玄齡：《晉書》，北京：中華書局，2008.2。

張湛注，楊伯峻撰：《列子集釋》，北京：中華書局，2008.12。

章炳麟：《太炎文錄初編》（《續修四庫全書》1577冊），
　上海：上海古籍，2002。

陳壽著，裴松之注：《三國志》，北京：中華書局，2008.12。

嵇康著，戴明揚校注：《嵇康集校注》，臺北：河洛圖書，
　1978.5。

劉劭：《人物志》（《四部備要》本），臺北：臺灣中華書
　局，1966.3。

劉義慶著，劉孝標注，余嘉錫箋疏：《世說新語箋疏》，北
　京：中華書局，2009.3。

劉壎：《隱居通議》（《叢書集成初編》8），臺北：新文豐
　出版社，1985。

嚴可均輯：《全上古三代秦漢三國六朝文》（《續修四庫全
　　書》1605 冊），上海：上海古籍，2002。

## （四）其　他

《四庫全書總目》，北京：中華書局，1987.7。

孔融：《孔北海集》（《景印文淵閣四庫全書》1063 冊），
　　臺北：臺灣商務印書館，1983。

王夫之：《薑齋文集》（四部備要本）臺北：中華書局，1966.3。

王夫之：《讀通鑑論》（宋論合刊），臺北：里仁書局，
　　1985.2.25。

王充著，黃暉撰：《論衡校釋》，北京：中華書局，1990.2。

王守仁：《王陽明全集》，上海：上海古籍出版社，1992.12。

王符著，汪繼培箋，彭鐸校正：《潛夫論箋校正》，北京：
　　中華書局，2010.1。

北涼天竺三藏曇無讖譯：《大般涅槃經》（《大藏經》20 冊）
　　臺北：新文豐出版，1973.6。

司馬光著，胡三省注：《資治通鑑》，臺北：天工書局，1988。

朱熹：《四書章句集註》，臺北：鵝湖出版社，2000.9。

呂不韋著，陳奇猷校釋：《呂氏春秋校釋》，上海：學林出
　　版社，1990.12。

李滌生：《荀子集釋》，臺北：臺灣學生書局，2000.3。

姚範：《援鶉堂筆記》，臺北：廣文書局，1971.8。

姚鼐：《惜抱軒文集》（《續修四庫全書》1453 冊），上海：
　　上海古籍，2002。

皇侃撰，陳蘇鎮、李暢然、李中華、張學智、王博、吳榮曾

校點：《論語義疏》（《儒藏（精華篇104）》），北京：
　北京大學出版社，2007.4。

馬端臨：《文獻通考——經籍考》，臺北：新文豐出版公司，
　1986.9。

陳天祥：《四書辨疑》（《四庫全書薈要》75冊），臺北：
　世界書局，1986。

陳獻章：《陳獻章集》，北京：中華書局，1987.7。

陸德明撰，吳承仕疏證：《經典釋文序錄疏證》，北京：中
　華書局，2008.6。

傅山著，劉貫文等主編：《傅山全書》，太原：山西人民出
　版社，1991。

焦竑：《焦氏筆乘》（《續修四庫全書》1129冊），上海：
　上海古籍，2002。

程顥、程頤著，王孝魚點校：《二程集》，北京：中華書局，
　2004.2。

黃宗羲著：《黃宗羲全集》，臺北：里仁書局，1987.4。

楊祖漢：《中庸義理疏解》，臺北：鵝湖出版社，2002.8。

董仲舒著，蘇輿撰，鍾哲點校：《春秋繁露義證》，北京：
　中華書局，2010.1。

虞世南撰，陳禹謨補註：《北堂書鈔》（《景印文淵閣四庫
　全書》889冊），臺北：臺灣商務，1986。

虞世南編撰，孔廣陶校註：《北堂書鈔》，北京：學苑出版
　社，1998.3。

趙松谷：《王右丞集箋註》，臺北：廣文書局，1977.12。

劉宗周著，戴璉璋等編：《劉宗周全集》，臺灣：中央研究

　院中國文哲研究所，1987.6。

劉知己：《史通》，（《景印文淵閣四庫全書》685 冊），
　臺北：臺灣商務，1983。

劉昫：《舊唐書》，臺北：臺灣商務印書館，2010.11。

劉勰著，周振甫：《文心雕龍今譯》，北京：中華書局，1990.3。

墨子著，孫詒讓校注：《墨子閒詁》，臺北：河洛圖書出版
　社，1975.5。

慧皎著，湯用彤點校：《高僧傳》（《湯用彤全集》第六卷），
　石家莊：河北人民出版社，2000。

慧遠述：《大般涅槃經義記》（《大藏經》73），臺北：新
　文豐出版，1973.6。

龍樹著，鳩摩羅什譯：《大智度論》（《大藏經》25），臺
　北：新文豐出版，1973.6。

魏了翁：《鶴山集》（《景印文淵閣四庫全書》1173 冊），
　臺北：臺灣商務，1986。

嚴遵：《嚴遵道德指歸論》（《無求備齋老子集成初編》1），
　臺北：藝文印書館，1965.3。

蘊聞：《大慧普覺禪師法語》（《大藏經》47 冊）臺北：新
　文豐出版，1973.6。

權德輿著，郭廣偉校點：《權德輿詩文集》，上海：上海古
　籍出版社，2008.10。

# 二、現代專書

## （一）郭象《莊子注》相關研究

王叔岷：《郭象莊子注校記》，臺北：中央研究院歷史語言研究所，1993.3。

王曉毅：《郭象評傳》，南京：南京大學出版社，2006.8。

林聰舜：《向郭莊學之研究》，臺北：文史哲出版社，1981.12。

莊耀郎：《郭象玄學》，臺北：里仁出版社，2002.8。

湯一介：《郭象與魏晉玄學》（第三版），北京：北京大學出版社，2009.11。

湯一介：《郭象與魏晉玄學》（增訂本），北京：北京大學出版社，2007.7。

湯一介：《郭象與魏晉玄學》，臺北：谷風出版社，1987.3。

楊立華：《郭象《莊子注》研究》，北京：北京大學出版社，2010.2。

盧國龍：《郭象評傳——理性的薔薇》，廣西：廣西教育出版社，1997.8。

蘇新鋈：《郭象莊學平議》，臺北：臺灣學生書局，1980.10。

## （二）《莊子》相關研究

方勇：《莊子學史》，北京：人民出版社，2008.10。

王叔岷：《莊子管闚》，北京：中華書局，2007.8。

吳怡：《逍遙的莊子》，臺北：三民書局，2005.6。

李日章：《莊子逍遙境的裡與外》，高雄：麗文文化，2000。

涂光社：《莊子範疇心解》，北京：中國社會科學出版社，2003.12。

高柏園：《莊子內七篇思想研究》，臺北：文津出版社，2000.5。

張釆民：《《莊子》研究》，北京：中華書局，2011.7。

陳少明：《齊物論及其影響》，北京：北京大學出版社，2005.9。

陳鼓應：《老莊新論》，北京：商務印書館，2008.5。

陳鼓應：《莊子哲學》，臺北：臺灣商務印書館，1978.10。

楊國榮：《莊子的思想世界》，上海：華東師範大學出版社，2009.6。

劉笑敢：《莊子哲學及其演變》（修訂版），北京：中國人民大學出版社，2010.12。

鄧聯合：《逍遙遊釋論 —— 莊子的哲學精神及其多元流變》，北京：北京大學出版社，2010.11。

賴錫三：《莊子靈光的當代詮釋》，新竹：國立清華大學出版社，2008.12。

錢穆：《莊老通辨》，臺北：東大圖書，1991.12。

謝祥皓、李思樂輯校：《莊子序跋論評輯要》，武漢：湖北教育出版社，2001。

## （三）魏晉玄學相關研究

牟宗三：《才性與玄理》，臺北：臺灣學生書局，2002.8。

余敦康：《魏晉玄學史》，北京：北京大學出版社，2004.12。

宋鋼：《六朝論語學研究》，北京：中華書局，2007.9。

周大興：《東晉玄學論集》，臺北：中研院文哲所，2004。

容肇祖：《魏晉的自然主義》，臺北：商務印書館，1999.10。

康中乾：《有無之辨 —— 魏晉玄學本體思想再解讀》，北京：人民出版社，2003.5。

康中乾：《魏晉玄學》，北京：北京大學出版社，2008.9。

莊耀郎：《王弼玄學》，新北：花木蘭文化出版社，2011.4。

許杭生、李中華、陳戰國、那薇：《魏晉玄學史》，陝西：陝西師範大學出版社，1989.7。

許建良：《魏晉玄學倫理思想研究》，北京：人民出版社，2003.11。

湯用彤：《魏晉玄學》（《湯用彤全集》卷六），臺北：佛光文化事業有限公司，2001.4。

熊鐵基、劉固盛、劉韶華：《中國莊學史》，湖南：湖南人民出版社，2008.3。

蔡忠道：《魏晉儒道互補之研究》，臺北：文津出版社，2000.6。

魯迅、容肇祖、湯用彤：《魏晉思想》乙編三種，臺北：里仁書局，1995.8。

盧桂珍：《境界‧思維‧語言 —— 魏晉玄理研究》，臺北：臺大出版中心，2010.7。

戴璉璋：《玄智、玄理與文化發展》，臺北：中研院文哲所，2003.6。

### （四）其　他

王邦雄：《中國哲學論集》，臺北：臺灣學生書局，2004.3。

王叔岷：《先秦道法思想講稿》，北京：中華書局，2007.7。

牟宗三：《中國哲的特質》，臺北：臺灣學生書局，1987.10。

牟宗三：《中國哲學十九講》，臺北：臺灣學生書局，1999.9。

牟宗三：《心體與性體》（一），臺北：正中書局，1999.8。

牟宗三：《宋明儒學的問題與發展》，臺北：聯經出版，2003.7。

牟宗三：《政道與治道》，臺北：臺灣學生書局，2003.3。

牟宗三：《從陸象山到劉蕺山》，臺北：臺灣學生書局，2000.5。

牟宗三：《現象與物自身》，臺北：臺灣學生書局，2004.9。

牟宗三：《智的直覺與中國哲學》，臺北：臺灣商務印書館，
　　2000.6。

牟宗三：《圓善論》，臺北：臺灣學生書局，1996.4。

牟宗三主講，盧雪崑錄音整理：《四因說演講錄》，臺北：
　　鵝湖出版社，1997.9。

牟宗三譯註：《康德的道德哲學》，臺北：臺灣學生書局，
　　2000.5。

伽達默爾著，洪漢鼎譯：《真理與方法》，北京：商務印書
　　館，2005.10。

周雅清：《成玄英思想研究》，臺北：新文豐出版公司，2003.9。

帕瑪著，嚴平譯：《詮釋學》，臺北：桂冠圖書，2002.10。

洪漢鼎：《詮釋學 —— 它的歷史和當代發展》，北京：人民
　　出版社，2005.10。

唐君毅：《中國哲學原論》原性篇，臺北：臺灣學生書局，
　　1991.6。

唐君毅：《中國哲學原論》原道篇　卷一，臺北：臺灣學生
　　書局，2004.10。

唐君毅：《中國哲學原論》原道篇　卷二，臺北：臺灣學生
　　書局，1993.2。

唐君毅：《中國哲學原論》導論篇，臺北：臺灣學生書局，
　　2004.10。

徐復觀：《中國人性論史》，臺北：商務印書館，1999.9。

袁保新：《老子哲學之詮釋與重建》，臺北：文津出版社，
　　1997.12。

袁保新：《從海德格、老子、孟子到當代新儒學》，臺北：
　　臺灣學生書局，2008.12。

張蓓蓓：《中古學術論略》，臺北：大安出版社，1991.5。

陳寅恪：《陳寅恪先生全集》，臺北：九思出版，1977.12。

傅偉勳：《從創造的詮釋學到大乘佛學》，臺北：東大圖書
　　館，1990.7。

勞思光：《新編中國哲學史》（二），臺北：三民書局，2002.10。

馮友蘭：《中國哲學史》，香港：三聯書店，2000.2。

馮友蘭：《中國哲學史新編》，臺北：藍燈出版社，1981.12。

楊祖漢：《儒家的心學傳統》臺北：文津出版社，1992。

維特根什坦著，牟宗三先生譯：《名理論》，臺北：臺灣學
　　生書局，1987.8。

劉笑敢：《詮釋與定向 —— 中國哲學研究方法之探究》，北
　　京：商務印書館，2009.3。

劉笑敢主編：《中國哲學與文化》第二輯，桂林：廣西師範
　　大學，2007.11。

劉貴傑：《支道林思想之研究》，臺北：臺灣商務印書館，
　　1987.8。

錢穆：《中國思想史》，臺北：蘭臺出版社，2001.2。

# 三、期刊論文

## （一）郭象《莊子注》相關研究

王奕然：〈析論郭象《莊子注》的創造性詮釋 —— 以「堯讓天下於許由」為觀察中心〉第 30 期（秋季號），《中國學術年刊》，2008.9，頁 1-32。

沈素因：〈郭象《莊子注》之工夫論探究〉，《宗教哲學》第 44 期，2008.6，頁 1-16。

沈素因：〈郭象自生義之深層意涵探析〉，《鵝湖月刊》第 389 期，2007.11，頁 32-40。

沈維華：〈莊子、向郭與支遁之逍遙觀試析〉，《中國學術年刊》第 19 期，1998.3，頁 145-160。

周雅清：〈《莊子·齊物論》與向郭《注》的義理殊異辨析〉，《鵝湖學誌》第 34 期，2005.6，頁 33-74。

周雅清：〈郭象「自生獨化」論與老莊「道生」說的義理形態辨析〉，《中國學術年刊》第 26 期，2004.9，頁 181-198。

唐端正：〈郭《注》《齊物論》糾繆 —— 論天籟、真宰、道樞、環中、天鈞、兩行〉，《鵝湖月刊》第 326 期，2002.8，頁 21-25。

唐端正：〈齊物論郭《注》平議〉，《鵝湖月刊》第 92 期，1983.2，頁 31-40。

袁光儀：〈郭能逍遙？ —— 由向郭《注》「逍遙」義進一步思考莊子之「逍遙」〉，《鵝湖學誌》第 45 期，2010.12，

頁 123-156。

莊耀郎：〈莊子跟向郭《注》逍遙遊之義理形態辨析〉，《第三屆魏晉南北朝文學與思想學術研討會論文集》，1996，頁 443-463。

莊耀郎：〈郭象《莊子注》的方法論〉，《中國學術年刊》第 20 期，1999.3，頁 227-240。

莊耀郎：〈郭象《莊子注》的性分論〉，《中國詮釋學》第五輯，濟南：山東人民出版社：2008.3，頁 163-182。

莊耀郎：〈郭象獨化論的再省思〉，《世新中文研究集刊》第 8 期，2012.7。

陳榮灼：〈王弼與郭象玄學思想之異同〉，《東海學報》第 33 期，1992.6，頁 123-137。

曾春海：〈對郭象人生論的考察〉，《哲學與文化》24 卷第 5 期，1997.5，頁 420-435。

馮友蘭：〈郭象《莊子注》的哲學體系〉，《中國學術論文集》，北京：中華書局，1981.11，頁 523-595。

黃聖平：〈郭象名教觀探微〉，《哲學與文化》第 33 卷第 5 期，2006.5，頁 139-158。

楊祖漢：〈比較牟宗三先生對天臺圓教及郭象玄學的詮釋〉，《新亞學報》第 28 期，2010.03，頁 203-221。

楊儒賓：〈向郭莊子注的適性說與向郭支道林對於逍遙義的爭辯〉，《史學評論》第 9 期，1985.1，頁 93-127。

廖文毅：〈論向郭《莊子注》「逍遙義」之轉變〉，《鵝湖月刊》第 409 期，2009.7，頁 26-39。

盧桂珍：〈郭象《莊子注》誤詮之舉要與解析〉，《魏晉南

北朝文學與思想學術研討會論文集》第五輯，2004.11，頁
885-923。

謝大寧：〈論郭象與支遁之逍遙義及支遁義之淵源〉，《中
國學術年刊》第 9 期，1987.6，頁 97-109。

## （二）《莊子》相關研究

王邦雄：〈老莊道家論齊物兩行之道〉，《鵝湖學誌》第 30
期，2003.6，頁 43-65。

王邦雄：〈從「物論」平齊到「天下」一家〉，《鵝湖月刊》
第 432 期，2011.6，頁 9-13。

伍至學：〈吾喪我與「天籟」〉，《鵝湖月刊》第 409 期，
2009.7，頁 10-17。

牟宗三主講，盧雪崑記錄：〈莊子〈齊物論〉講演錄（5）〉，
《鵝湖月刊》第 323 期，2002.5，頁 1-11。

牟宗三主講，盧雪崑記錄：〈莊子〈齊物論〉講演錄（13）〉，
《鵝湖月刊》第 330 期，2002.12，頁 2-9。

周雅清：〈〈齊物論〉詮釋及其疑義辨析〉，《中國學術年
刊》第 27 期，2005.9，頁 23-58。

金貞姬：〈論「人籟」、「地籟」、「天籟」喻在《莊子‧
齊物論》篇中的結構性意義〉，《鵝湖學誌》第 27 期，
2005.9，頁 1-32。

侯潔之：〈《莊子‧齊物論》中籟音的義理蘊涵〉，《國立
中央大學人文學報》第 36 期，2008.10，頁 257-275。

莊耀郎：〈怎麼讀〈大宗師〉〉，《國文天地》第 265 期，
2007.6，頁 28-31。

陳政揚：〈「人籟、地籟、天籟」與「吾喪我」之內在相似
　　性的另類詮釋〉，《鵝湖月刊》第 290 期，1999.8，頁 28-37。

楊自平：〈《莊子》「逍遙」概念義涵的探討〉，《哲學與
　　文化》第 26 卷第 9 期，1999.9，頁 880-888。

楊祖漢：〈齊物論的言說方式〉，《鵝湖月刊》第 354 期，
　　2004.12，頁 5-11。

楊祖漢：〈論莊子的知與無知〉，《鵝湖月刊》第 373 期 2005.7，
　　頁 24-32。

楊穎詩：〈〈齊物論〉與〈秋水〉義理異同辨析〉，《世新
　　中文研究集刊》第 7 期，2011.7，頁 49-70。

謝明陽：〈〈齊物論〉「成心」舊注詮評〉，《東華漢學》
　　第 3 期，2005.5，頁 23-49。

### （三）魏晉玄學相關研究

馬行誼：〈魏晉玄學家「無爲而治」的政治思想與實踐〉，
　　《興大中文學報》第 23 期，2008.6，頁 155-181。

莊耀郎：〈牟宗三先生與魏晉玄學〉，《牟宗三先生與中國
　　哲學之重建》，臺北：文津出版社，1996.12，頁 311-324。

莊耀郎：〈言意之辨與玄學〉，《哲學與文化》第 30 卷第 4
　　期，2003.4，頁 17-33。

莊耀郎：〈魏晉「名教與自然」義蘊之溯源與開展〉，世新
　　五十學術專書《文學、思想與社會》，2006.10，頁 29-81。

莊耀郎：〈魏晉反玄思想析論〉，《國文學報》第 24 期，1995.6，
　　頁 143-181。

莊耀郎：〈魏晉玄學的有無論〉，《含章光化 ── 戴璉璋先

生七秩哲誕論文集》，2002.12，頁 239-284。

莊耀郎：〈魏晉玄學影響論〉，《六朝學刊》第 1 期，2004.12，
　　頁 121-144。

莊耀郎：〈魏晉玄學釋義及其分期之商榷〉，《鵝湖學誌》
　　第 6 期，1991.6，頁 33-61。

莊耀郎：〈魏晉儒道會通理論的省察〉，《中國學術年刊》
　　第 23 期，2002.6，頁 187-210

戴璉璋：〈玄思與詭辭 ── 魏晉玄學契會先秦道家的關鍵〉，
　　《國文學報》第 42 期，2007.12，頁 31-54。

### （四）其　他

周雅清：〈支道林思想研究〉，《中國學術年刊》第 23 期，
　　2002.6，頁 251-275。

莊耀郎：〈論牟宗三先生對道家的定位〉，《中國學術年刊》
　　第 27 期（秋季號），2005.9，頁 59-80。

楊祖漢：〈論蕺山是否屬「以心著性」之型態〉，《鵝湖學
　　誌》第 39 期，2007.12，頁 33-62。

楊祖漢：〈羅近溪思想的當代詮釋〉，《鵝湖學誌》第 37
　　期，2006.12，頁 146-175。

賴錫三：〈「境界形上學」的繼承、釐清和批判與道家式存
　　有論的提出〉，《鵝湖月刊》第 270 期，1997.12，頁 20-31。

賴錫三：〈「實有姿態」的解消轉譯與「道家式存有論」的
　　詮釋還原〉（上），《鵝湖月刊》第 272 期，1998.2，頁
　　23-30。

賴錫三：〈「實有姿態」的解消轉譯與「道家式存有論」的

詮釋還原〉（下），《鵝湖月刊》第 275 期，1998.5，頁
47-56。

賴錫三：〈牟宗三對道家形上學詮釋的反省與轉向 ── 通向
「存有論」與「美學」的整合道路〉，《臺大中文學報》
第 25 期，2006.12，頁 283-332。

# 四、學位論文

戎谷裕美子：《對郭象《莊子注》詮釋方法的反思》，國立
臺灣大學中國文學研究所碩士論文，2005。

余姒倩：《郭象《莊子注》的思想體系》，國立中央大學中
國文學研究所博士論文，2010。

李元耀：《郭象《莊子注》中哲學思想體系及其構成》，輔
仁大學哲學系研究所碩士論文，2008。

周雅清：《莊子哲學詮釋的轉折 ── 從先秦到隋唐階段》，
國立臺灣師範大學國文研究所博士論文，2011。

陳錦湧：《郭象玄冥哲學之研究》，國立臺灣師範大學國文
研究所碩士論文，1998。

黃士恆：《郭象玄理之省察》，國立彰化師範大學國文系碩
士論文，2008。

鍾竹連：《郭象思想研究》，國立高雄師範大學國文學系博
士論文，2000。